에듀윌
기적에서 전설로

6년간 아무도 깨지 못한 기록
합격자 수 1위 에듀윌

업계최초, 업계유일!
KRI 한국기록원 공식 인증

합격자 수 최고 기록
KRI 한국기록원 공식 인증

* 2022 대한민국 브랜드만족도 공인중개사 교육 1위 (한경비즈니스)
* KRI 한국기록원 2016, 2017, 2019년 공인중개사 최다 합격자 배출 공식 인증 (2022년 현재까지 업계 최고 기록)

합격 후 성공까지!
최대 규모의 동문회

그 해 합격자로 가득 찬 인맥북을
매년 발행합니다!

전담 부서가 1만 8천* 명 규모의
동문회를 운영합니다!

* 2022 대한민국 브랜드만족도 공인중개사 교육 1위 (한경비즈니스)
* 에듀윌 인맥북 2011년(22회) ~ 2021년(32회) 누적 등재 인원 수

합격자 수 1위 에듀윌 4만* 건이 넘는 후기

부알못, 육아맘도 딱 1년 만에 합격했어요.

고○희 합격생

저는 부동산에 관심이 전혀 없는 '부알못'이었는데, 부동산에 관심이 많은 남편의 권유로 공부를 시작했습니다. 남편 지인들이 에듀윌을 통해 많이 합격했고, '합격자 수 1위'라는 광고가 좋아 에듀윌을 선택하게 되었습니다. 교수님들이 커리큘럼대로만 하면 된다고 해서 믿고 따라갔는데 정말 반복 학습이 되더라고요. 아이 둘을 키우다 보니 낮에는 시간을 낼 수 없어서 밤에만 공부하는 게 쉽지 않아 포기하고 싶을 때도 있었지만 '에듀윌 지식인'을 통해 합격하신 선배님들과 함께 공부하는 동기들의 위로가 큰 힘이 되었습니다.

유튜브 보듯 강의 보고 직장 생활하며 합격했어요.

박○훈 합격생

공부를 시작하려고 서점에 가서 공인중개사 섹션을 둘러보니 온통 에듀윌의 노란색 책이었습니다. 이렇게 에듀윌 책이 많이 놓여 있는 이유는 베스트셀러가 많기 때문일 거고, 그렇다면 믿을 수 있겠다 싶어 에듀윌을 선택하게 되었습니다. 저는 직장 생활로 바빠서 틈나는 대로 공부하였습니다. 교수님들이 워낙 재미있게 수업 하셔서 설거지할 때, 청소할 때, 점심시간에 유튜브를 보듯이 공부해서 지루하지 않았습니다.

5개월 만에 동차 합격, 낸 돈 그대로 돌려받았죠!

안○원 합격생

저는 야쿠르트 프레시매니저를 하다 60세에 도전하여 합격했습니다. 심화 과정부터 시작하다 보니 기본이 부족했는데, 교수님들이 하라는 대로 기본 과정과 책을 더 보면서 정리하며 따라갔던 게 주효했던 것 같습니다. 합격 후 100만 원 가까이 되는 큰 돈을 환급받아 남편이 주택관리사 공부를 한다고 해서 뒷받침해 줄 생각입니다. 저는 소공(소속 공인중개사)으로 활동을 하고 싶은 포부가 있어 최대 규모의 에듀윌 동문회 활동도 기대가 됩니다.

다음 합격의 주인공은 당신입니다!

더 많은 합격 비법

* 에듀윌 홈페이지 게시 건수 기준 (2022년 4월 기준)

2022

에듀윌 공인중개사

출제예상문제집 + 필수기출

2차 부동산공법

부동산공법 40문항 완벽 정리!

제32회 기출분석집

2차 A형

2022

에듀윌 공인중개사

출제예상문제집 + 필수기출

2022

에듀윌 공인중개사

출제예상문제집 + 필수기출

2차 부동산공법

부동산공법 40문항 완벽 정리!

제32회 기출분석집

2차 A형

제 32 회
기출문제

기출분석으로 40문항 완벽 정리!

부동산공법

41번 광역도시계획

[영역] 국토의 계획 및 이용에 관한 법률 〉 광역도시계획

기출분석 난이도 中

국토의 계획 및 이용에 관한 법령상 광역도시계획에 관한 설명으로 틀린 것은?

① 광역도시계획의 수립기준은 국토교통부장관이 정한다. (O)

② 광역계획권이 같은 도의 관할 구역에 속하여 있는 경우 관할 ~~도지사가~~ 광역도시계획을 수립하여야 한다. (X) → 시장 또는 군수가 공동으로

③ 시·도지사, 시장 또는 군수는 광역도시계획을 수립하거나 변경하려면 미리 관계 시·도, 시 또는 군의 의회와 관계 시장 또는 군수의 의견을 들어야 한다. (O)

④ 시장 또는 군수가 기초조사정보체계를 구축한 경우에는 등록된 정보의 현황을 5년마다 확인하고 변동사항을 반영하여야 한다. (O)

⑤ 광역계획권을 지정한 날부터 3년이 지날 때까지 관할 시장 또는 군수로부터 광역도시계획의 승인 신청이 없는 경우 관할 도지사가 광역도시계획을 수립하여야 한다. (O)

정답 ②

핵심개념 **광역도시계획 수립권자**

국토교통부장관, 시·도지사, 시장 또는 군수는 다음의 구분에 따라 광역도시계획을 수립하여야 한다(법 제11조 제1항).

① 광역계획권이 같은 도의 관할 구역에 속하여 있는 경우 : 관할 시장 또는 군수가 공동으로 수립
② 광역계획권이 둘 이상의 시·도의 관할 구역에 걸쳐 있는 경우 : 관할 시·도지사가 공동으로 수립
③ 광역계획권을 지정한 날부터 3년이 지날 때까지 관할 시장 또는 군수로부터 광역도시계획의 승인 신청이 없는 경우 : 관할 도지사가 수립
④ 국가계획과 관련된 광역도시계획의 수립이 필요한 경우나 광역계획권을 지정한 날부터 3년이 지날 때까지 관할 시·도지사로부터 광역도시계획의 승인 신청이 없는 경우 : 국토교통부장관이 수립

42번 도시·군기본계획

[영역] 국토의 계획 및 이용에 관한 법률 〉 도시·군기본계획

기출분석 난이도 中

국토의 계획 및 이용에 관한 법령상 도시·군기본계획에 관한 설명으로 틀린 것은?

① 「수도권정비계획법」에 의한 수도권에 속하고 광역시와 경계를 같이 하지 아니한 시로서 인구 20만명 이하인 시는 도시·군기본계획을 수립하지 아니할 수 있다. (X)

→ 「수도권정비계획법」에 의한 수도권에 속하지 아니하고 광역시와 경계를 같이 하지 아니한 시로서 인구 10만명 이하인 시는 도시·군기본계획을 수립하지 아니할 수 있다.

② 도시·군기본계획에는 기후변화 대응 및 에너지절약에 관한 사항에 대한 정책 방향이 포함되어야 한다. (O)

③ 광역도시계획이 수립되어 있는 지역에 대하여 수립하는 도시·군기본계획은 그 광역도시계획에 부합되어야 한다. (O)

④ 시장 또는 군수는 5년마다 관할 구역의 도시·군기본계획에 대하여 타당성을 전반적으로 재검토하여 정비하여야 한다. (O)

⑤ 특별시장·광역시장·특별자치시장 또는 특별자치도지사는 도시·군기본계획을 변경하려면 관계 행정기관의 장(국토교통부장관을 포함)과 협의한 후 지방도시계획위원회의 심의를 거쳐야 한다. (O)

정답 ①

핵심개념 도시·군기본계획의 대상지역

특별시장·광역시장·특별자치시장·특별자치도지사·시장 또는 군수는 관할 구역에 대하여 도시·군기본계획을 수립하여야 한다. 다만, 시 또는 군의 위치, 인구의 규모, 인구감소율 등을 고려하여 대통령령으로 정하는 다음의 어느 하나에 해당하는 시 또는 군은 도시·군기본계획을 수립하지 아니할 수 있다(법 제18조 제1항, 영 제14조).

① 「수도권정비계획법」의 규정에 의한 수도권(이하 '수도권'이라 한다)에 속하지 아니하고 광역시와 경계를 같이하지 아니한 시 또는 군으로서 인구 10만명 이하인 시 또는 군

② 관할 구역 전부에 대하여 광역도시계획이 수립되어 있는 시 또는 군으로서 당해 광역도시계획에 도시·군기본계획에 포함될 사항이 모두 포함되어 있는 시 또는 군

43번 도시·군계획시설

[영역] 국토의 계획 및 이용에 관한 법률 〉 도시·군관리계획

기출분석 난이도 中

국토의 계획 및 이용에 관한 법령상 도시·군계획시설에 관한 설명으로 틀린 것은? (단, 조례는 고려하지 않음)

① 도시·군계획시설 부지의 매수의무자인 ~~지방공사~~는 도시·군계획시설채권을 발행하여 그 대금을 지급할 수 있다. (X) → 지방자치단체

도시·군계획시설 부지의 매수의무자가 지방자치단체인 경우에 도시·군계획시설채권을 발행하여 그 대금을 지급할 수 있다. 지방공사는 지방자치단체가 아니므로 도시·군계획시설 부지의 매수의무자인 지방공사는 도시·군계획시설채권을 발행하여 그 대금을 지급할 수 없다.

③ 도시·군계획시설 부지의 매수의무자는 매수하기로 결정한 토지를 매수 결정을 알린 날부터 2년 이내에 매수하여야 한다. (O)

③ 200만m^2를 초과하는 「도시개발법」에 따른 도시개발구역에서 개발사업을 시행하는 자는 공동구를 설치하여야 한다. (O)

④ 국가계획으로 설치하는 광역시설은 그 광역시설의 설치·관리를 사업종목으로 하여 다른 법률에 따라 설립된 법인이 설치·관리할 수 있다. (O)

⑤ 도시·군계획시설채권의 상환기간은 10년 이내로 한다. (O)

정답 ①

핵심개념 매수방법

① 원칙 : 매수의무자는 매수청구를 받은 토지를 매수하는 때에는 현금으로 그 대금을 지급한다(법 제47조 제2항 본문).

② 예외 : 다음에 해당하는 경우로서 매수의무자가 지방자치단체인 경우에는 채권(이하 '도시·군계획시설채권'이라 한다)을 발행하여 지급할 수 있다(법 제47조 제2항 단서, 영 제41조 제4항).

> ㉠ 토지소유자가 원하는 경우
> ㉡ 대통령령으로 정하는 부재부동산 소유자의 토지 또는 비업무용 토지로서 매수대금이 3,000만원을 초과하여 그 초과하는 금액을 지급하는 경우

44번 도시·군관리계획

[영역] 국토의 계획 및 이용에 관한 법률 〉 도시·군관리계획

기출분석 난이도 中

국토의 계획 및 이용에 관한 법령상 도시·군관리계획에 관한 설명으로 틀린 것은?

① 국토교통부장관은 국가계획과 관련된 경우 직접 도시·군관리계획을 입안할 수 있다. (O)

② 주민은 산업·유통개발진흥지구의 지정에 관한 사항에 대하여 도시·군관리계획의 입안권자에게 도시·군관리계획의 입안을 제안할 수 있다. (O)

③ 도시·군관리계획으로 입안하려는 지구단위계획구역이 상업지역에 위치하는 경우에는 재해취약성분석을 하지 아니할 수 있다. (O)

④ 도시·군관리계획 결정의 효력은 지형도면을 ~~고시한 다음 날부터~~ 발생한다. (X)
→ 고시한 날부터

⑤ 인접한 특별시·광역시·특별자치시·특별자치도·시 또는 군의 관할 구역에 대한 도시·군관리계획은 관계 특별시장·광역시장·특별자치시장·특별자치도지사·시장 또는 군수가 협의하여 공동으로 입안하거나 입안할 자를 정한다. (O)

정답 ④

핵심개념 **효력발생 시기**

도시·군관리계획 결정의 효력은 지형도면을 고시한 날부터 발생한다(법 제31조 제1항).

45번 지구단위계획 및 지구단위계획구역

[영역] 국토의 계획 및 이용에 관한 법률 〉 도시·군관리계획

기출분석 난이도 中

국토의 계획 및 이용에 관한 법령상 지구단위계획구역과 지구단위계획에 관한 설명으로 틀린 것은? (단, 조례는 고려하지 않음)

① 지구단위계획이 수립되어 있는 지구단위계획구역에서 공사기간 중 이용하는 공사용 가설건축물을 건축하려면 그 지구단위계획에 맞게 하여야 한다. (X)

→ 지구단위계획이 수립되어 있는 지구단위계획구역에서 공사기간 중 이용하는 공사용 가설건축물은 일정기간 내 철거가 예상되기 때문에 지구단위계획에 맞게 건축하지 않아도 된다.

② 지구단위계획은 해당 용도지역의 특성을 고려하여 수립한다. (O)

③ 시장 또는 군수가 입안한 지구단위계획구역의 지정·변경에 관한 도시·군관리계획은 시장 또는 군수가 직접 결정한다. (O)

④ 지구단위계획구역 및 지구단위계획은 도시·군관리계획으로 결정한다. (O)

⑤ 「관광진흥법」에 따라 지정된 관광단지의 전부 또는 일부에 대하여 지구단위계획구역을 지정할 수 있다. (O)

정답 ①

핵심개념 지구단위계획구역에서의 건축 등

지구단위계획구역에서 건축물(일정기간 내 철거가 예상되는 경우 등 대통령령으로 정하는 가설건축물은 제외)을 건축 또는 용도변경하거나 공작물을 설치하려면 그 지구단위계획에 맞게 하여야 한다. 다만, 지구단위계획이 수립되어 있지 아니한 경우에는 그러하지 아니하다(법 제54조).

46번 공공시설의 귀속

[영역] 국토의 계획 및 이용에 관한 법률 〉 개발행위의 허가 등

기출분석 난이도 中

국토의 계획 및 이용에 관한 법령상 개발행위에 따른 공공시설 등의 귀속에 관한 설명으로 틀린 것은?

① 개발행위허가를 받은 행정청이 기존의 공공시설에 대체되는 공공시설을 설치한 경우에는 새로 설치된 공공시설은 그 시설을 관리할 관리청에 무상으로 귀속된다. (O)

② 개발행위허가를 받은 행정청은 개발행위가 끝나 준공검사를 마친 때에는 해당 시설의 관리청에 공공시설의 종류와 토지의 세목을 통지하여야 한다. (O)

③ 개발행위허가를 받은 자가 행정청이 아닌 경우 개발행위허가를 받은 자가 새로 설치한 공공시설은 그 시설을 관리할 관리청에 무상으로 귀속된다. (O)

④ 개발행위허가를 받은 행정청이 기존의 공공시설에 대체되는 공공시설을 설치한 경우에는 종래의 공공시설은 그 행정청에게 무상으로 귀속된다. (O)

⑤ 개발행위허가를 받은 자가 행정청이 아닌 경우 개발행위로 용도가 폐지되는 공공시설은 개발행위허가를 받은 자에게 무상으로 귀속된다. (X) → 양도할 수 있다.

개발행위허가를 받은 자가 행정청이 아닌 경우 개발행위로 용도가 폐지되는 공공시설은 새로 설치한 공공시설의 설치비용에 상당하는 범위에서 개발행위허가를 받은 자에게 무상으로 양도할 수 있다.

정답 ⑤

핵심개념 공공시설의 귀속

① 새로운 공공시설 : 그 시설을 관리할 관리청에 무상으로 귀속

② 종래의 공공시설

㉠ 개발행위자가 행정청인 경우 : 개발행위허가를 받은 자에게 무상으로 귀속

㉡ 개발행위자가 비행정청인 경우 : 용도폐지되는 공공시설은 새로 설치한 공공시설의 설치비용에 상당하는 범위 안에서 개발행위허가를 받은 자에게 무상양도 가능

47번 개발밀도관리구역과 기반시설부담구역

[영역] 국토의 계획 및 이용에 관한 법률 〉 개발행위의 허가 등

☑ 기출분석 난이도 中

국토의 계획 및 이용에 관한 법령상 개발행위에 따른 기반시설의 설치에 관한 설명으로 옳은 것은? (단, 조례는 고려하지 않음)

① 시장 또는 군수가 개발밀도관리구역을 변경하는 경우 관할 지방도시계획위원회의 심의를 거치지 않아도 된다. (X) → 거쳐야 한다.

② 기반시설부담구역의 지정고시일부터 2년이 되는 날까지 기반시설설치계획을 수립하지 아니하면 그 2년이 되는 날에 기반시설부담구역의 지정은 해제된 것으로 본다. (X)
→ 기반시설부담구역의 지정고시일부터 1년이 되는 날까지 기반시설설치계획을 수립하지 아니하면 그 1년이 되는 날의 다음 날에 기반시설부담구역의 지정은 해제된 것으로 본다.

③ 시장 또는 군수는 기반시설설치비용 납부의무자가 지방자치단체로부터 건축허가를 받은 날부터 3개월 이내에 기반시설설치비용을 부과하여야 한다. (X) → 2개월

④ 시장 또는 군수는 개발밀도관리구역에서는 해당 용도지역에 적용되는 용적률의 최대한도의 50% 범위에서 용적률을 강화하여 적용한다. (O)

⑤ 기반시설설치비용 납부의무자는 사용승인 신청 후 7일까지 그 비용을 내야 한다. (X)
→ 신청 시까지

정답 ④

핵심개념 개발밀도관리구역

1. 지정절차

① 도시계획위원회의 심의 : 특별시장·광역시장·특별자치시장·특별자치도지사·시장 또는 군수는 개발밀도관리구역을 지정하거나 변경하려면 다음의 사항을 포함하여 해당 지방자치단체에 설치된 지방도시계획위원회의 심의를 거쳐야 한다(법 제66조 제3항).

> ㉠ 개발밀도관리구역의 명칭
> ㉡ 개발밀도관리구역의 범위
> ㉢ 건폐율 또는 용적률의 강화 범위

② 지정(변경)의 고시 : 특별시장·광역시장·특별자치시장·특별자치도지사·시장 또는 군수는 개발밀도관리구역을 지정하거나 변경한 경우에는 그 사실을 당해 지방자치단체의 공보에 게재하는 방법에 의하여 고시하여야 한다(법 제66조 제4항, 영 제62조 제2항).

2. 지정의 효과

① 특별시장·광역시장·특별자치시장·특별자치도지사·시장 또는 군수는 개발밀도관리구역에서는 대통령령으로 정하는 범위에서 건폐율 또는 용적률을 강화하여 적용한다(법 제66조 제2항).

② 위 ①에서 '대통령령으로 정하는 범위'라 함은 해당 용도지역에 적용되는 용적률의 최대한도의 50%를 말한다(영 제62조 제1항).

48번 성장관리계획구역

[영역] 국토의 계획 및 이용에 관한 법률 〉 개발행위의 허가 등

기출분석 난이도 中

국토의 계획 및 이용에 관한 법령상 성장관리계획구역을 지정할 수 있는 지역이 아닌 것은?

① 녹지지역 (O)
② 관리지역 (O)
③ 주거지역 (X)
④ 자연환경보전지역 (O)
⑤ 농림지역 (O)

정답 ③

핵심개념 성장관리계획구역의 지정대상지역

특별시장·광역시장·특별자치시장·특별자치도지사·시장 또는 군수는 녹지지역, 관리지역, 농림지역 및 자연환경보전지역 중 다음의 어느 하나에 해당하는 지역의 전부 또는 일부에 대하여 성장관리계획구역을 지정할 수 있다(법 제75조의2 제1항).

① 개발수요가 많아 무질서한 개발이 진행되고 있거나 진행될 것으로 예상되는 지역
② 주변의 토지이용이나 교통여건 변화 등으로 향후 시가화가 예상되는 지역
③ 주변지역과 연계하여 체계적인 관리가 필요한 지역
④ 「토지이용규제 기본법」에 따른 지역·지구 등의 변경으로 토지이용에 대한 행위제한이 완화되는 지역
⑤ 그 밖에 난개발의 방지와 체계적인 관리가 필요한 지역으로서 대통령령으로 정하는 지역

49번 시가화조정구역

[영역] 국토의 계획 및 이용에 관한 법률 〉 도시·군관리계획

✓ 기출분석 난이도 中

국토의 계획 및 이용에 관한 법령상 시가화조정구역에 관한 설명으로 옳은 것은?

① 시가화조정구역은 도시지역과 그 주변지역의 무질서한 시가화를 방지하고 계획적·단계적인 개발을 도모하기 위하여 시·도지사가 ~~도시·군기본계획으로~~ 결정하여 지정하는 용도구역이다. (X) → 도시·군관리계획으로

② 시가화유보기간은 5년 이상 20년 이내의 기간이다. (O)

③ 시가화유보기간이 끝나면 국토교통부장관 또는 시·도지사는 이를 고시하여야 하고, 시가화조정구역 지정 결정은 그 고시일 다음 날부터 그 효력을 잃는다. (X)

→ 시가화조정구역의 지정에 관한 도시·군관리계획의 결정은 시가화유보기간이 끝난 날의 다음 날부터 그 효력을 잃는다.

④ 공익상 그 구역 안에서의 사업 시행이 불가피한 것으로서 주민의 요청에 의하여 시·도지사가 시가화조정구역의 지정목적 달성에 지장이 없다고 인정한 도시·군계획사업은 시가화조정구역에서 시행할 수 있다. (X)

→ 공익상 시가화조정구역 안에서의 사업 시행이 불가피한 것으로서 중앙행정기관의 장의 요청에 의하여 국토교통부장관이 시가화조정구역의 지정목적 달성에 지장이 없다고 인정한 도시·군계획사업은 시가화조정구역에서 시행할 수 있다.

⑤ 시가화조정구역에서 입목의 벌채, 조림, 육림 행위는 ~~허가 없이 할 수 있다~~. (X)

→ 허가를 받아 할 수 있다.

정답 ②

핵심개념 시가화조정구역

1. 지정권자

시·도지사는 직접 또는 관계 행정기관의 장의 요청을 받아 도시지역과 그 주변지역의 무질서한 시가화를 방지하고 계획적·단계적인 개발을 도모하기 위하여 대통령령으로 정하는 기간 동안 시가화를 유보할 필요가 있다고 인정되면 시가화조정구역의 지정 또는 변경을 도시·군관리계획으로 결정할 수 있다. 다만, 국가계획과 연계하여 시가화조정구역의 지정 또는 변경이 필요한 경우에는 국토교통부장관이 직접 시가화조정구역의 지정 또는 변경을 도시·군관리계획으로 결정할 수 있다(법 제39조 제1항).

2. 시가화유보기간

① 시가화조정구역을 지정 또는 변경하고자 하는 때에는 당해 도시지역과 그 주변지역의 인구의 동태, 토지의 이용상황, 산업발전상황 등을 고려하여 5년 이상 20년 이내의 범위 안에서 도시·군관리계획으로 시가화유보기간을 정하여야 한다(영 제32조 제1항·제2항).

② 시가화조정구역의 지정에 관한 도시·군관리계획의 결정은 시가화유보기간이 끝난 날의 다음 날부터 그 효력을 잃는다. 이 경우 국토교통부장관 또는 시·도지사는 대통령령으로 정하는 바에 따라 그 사실을 고시하여야 한다(법 제39조 제2항).

50번 도시·군계획시설사업

[영역] 국토의 계획 및 이용에 관한 법률 〉 도시·군관리계획

☑ 기출분석 난이도 下

국토의 계획 및 이용에 관한 법령상 도시·군계획시설사업에 관한 설명으로 틀린 것은?

① 도시·군계획시설은 기반시설 중 도시·군관리계획으로 결정된 시설이다. (O)

② 도시·군계획시설사업이 같은 도의 관할 구역에 속하는 둘 이상의 시 또는 군에 걸쳐 시행되는 경우에는 ~~국토교통부장관~~이 시행자를 정한다. (X)

→ 시장 또는 군수가 서로 협의하여

도시·군계획시설사업이 같은 도의 관할 구역에 속하는 둘 이상의 시 또는 군에 걸쳐 시행되는 경우에는 시장 또는 군수가 서로 협의하여 시행자를 정한다. 협의가 성립되지 아니한 경우에는 도지사가 시행자를 지정한다.

③ 한국토지주택공사는 도시·군계획시설사업 대상 토지소유자 동의 요건을 갖추지 않아도 도시·군계획시설사업의 시행자로 지정을 받을 수 있다. (O)

④ 도시·군계획시설사업 실시계획에는 사업의 착수예정일 및 준공예정일도 포함되어야 한다. (O)

⑤ 도시·군계획시설사업 실시계획 인가 내용과 다르게 도시·군계획시설사업을 하여 토지의 원상회복 명령을 받은 자가 원상회복을 하지 아니하면 「행정대집행법」에 따른 행정대집행에 따라 원상회복을 할 수 있다. (O)

정답 ②

핵심개념 도시·군계획시설사업의 시행자 – 행정청인 시행자

1. 원칙 – 특별시장·광역시장·특별자치시장·특별자치도지사·시장 또는 군수

① 특별시장·광역시장·특별자치시장·특별자치도지사·시장 또는 군수는 이 법 또는 다른 법률에 특별한 규정이 있는 경우 외에는 관할 구역의 도시·군계획시설사업을 시행한다(법 제86조 제1항).

② 도시·군계획시설사업이 둘 이상의 특별시·광역시·특별자치시·특별자치도·시 또는 군의 관할 구역에 걸쳐 시행되게 되는 경우에는 관계 특별시장·광역시장·특별자치시장·특별자치도지사·시장 또는 군수가 서로 협의하여 시행자를 정한다(법 제86조 제2항).

③ 협의가 성립되지 아니하는 경우 도시·군계획시설사업을 시행하려는 구역이 같은 도의 관할 구역에 속하는 경우에는 관할 도지사가 시행자를 지정하고, 둘 이상의 시·도의 관할 구역에 걸치는 경우에는 국토교통부장관이 시행자를 지정한다(법 제86조 제3항).

2. 예외 – 국토교통부장관 또는 도지사

① 국토교통부장관은 국가계획과 관련되거나 그 밖에 특히 필요하다고 인정되는 경우에는 관계 특별시장·광역시장·특별자치시장·특별자치도지사·시장 또는 군수의 의견을 들어 직접 도시·군계획시설사업을 시행할 수 있다(법 제86조 제4항).

② 도지사는 광역도시계획과 관련되거나 특히 필요하다고 인정되는 경우에는 관계 시장 또는 군수의 의견을 들어 직접 도시·군계획시설사업을 시행할 수 있다(법 제86조 제4항).

51번 기반시설의 종류

[영역] 국토의 계획 및 이용에 관한 법률 〉 도시·군관리계획

기출분석 난이도 中

국토의 계획 및 이용에 관한 법령상 기반시설의 종류와 그 해당 시설의 연결이 <u>틀린</u> 것은?

① 교통시설 – 차량 검사 및 면허시설 (O)

② 공간시설 – 녹지 (O)

③ 유통·공급시설 – 방송·통신시설 (O)

④ 공공·문화체육시설 – 학교 (O)

⑤ ~~보건위생시설~~ – 폐기물처리 및 재활용시설 (X)

→ 환경기초시설

정답 ⑤

핵심개념 기반시설의 종류

기반시설이라 함은 다음의 시설을 말한다(법 제2조 제6호, 영 제2조 제1항).

교통시설	도로·철도·항만·공항·주차장·자동차정류장·궤도·차량 검사 및 면허시설
공간시설	광장·공원·녹지·유원지·공공공지
유통·공급시설	유통업무설비, 수도·전기·가스·열공급설비, 방송·통신시설, 공동구·시장, 유류저장 및 송유설비
공공·문화체육시설	학교·공공청사·문화시설·공공필요성이 인정되는 체육시설·연구시설·사회복지시설·공공직업훈련시설·청소년수련시설
방재시설	하천·유수지·저수지·방화설비·방풍설비·방수설비·사방설비·방조설비
보건위생시설	장사시설·도축장·종합의료시설
환경기초시설	하수도·폐기물처리 및 재활용시설·빗물저장 및 이용시설·수질오염방지시설·폐차장

52번 용적률의 최대한도

[영역] 국토의 계획 및 이용에 관한 법률 〉 도시·군관리계획

기출분석 난이도 中

국토의 계획 및 이용에 관한 법령상 용도지역별 용적률의 최대한도가 큰 순서대로 나열한 것은? (단, 조례 기타 강화·완화조건은 고려하지 않음)

ㄱ. 근린상업지역 - 900%
ㄴ. 준공업지역 - 400%
ㄷ. 준주거지역 - 500%
ㄹ. 보전녹지지역 - 80%
ㅁ. 계획관리지역 - 100%

① ㄱ - ㄴ - ㄷ - ㄹ - ㅁ
② ㄱ - ㄷ - ㄴ - ㅁ - ㄹ
③ ㄴ - ㅁ - ㄱ - ㄹ - ㄷ
④ ㄷ - ㄱ - ㄹ - ㄴ - ㅁ
⑤ ㄷ - ㄴ - ㄱ - ㅁ - ㄹ

정답 ②

핵심개념 용도지역에서의 용적률

용도지역 안에서의 용적률은 다음의 범위에서 관할 구역의 면적, 인구 규모 및 용도지역의 특성 등을 고려하여 특별시·광역시·특별자치시·특별자치도·시 또는 군의 도시·군계획조례가 정하는 비율을 초과할 수 없다(영 제85조 제1항).

용도지역	세분된 용도지역		용적률
도시지역	주거지역	제1종 전용주거지역	50% 이상 100% 이하
		제2종 전용주거지역	50% 이상 150% 이하
		제1종 일반주거지역	100% 이상 200% 이하
		제2종 일반주거지역	100% 이상 250% 이하
		제3종 일반주거지역	100% 이상 300% 이하
		준주거지역	200% 이상 500% 이하
	상업지역	중심상업지역	200% 이상 1,500% 이하
		일반상업지역	200% 이상 1,300% 이하
		유통상업지역	200% 이상 1,100% 이하
		근린상업지역	200% 이상 900% 이하
	공업지역	전용공업지역	150% 이상 300% 이하
		일반공업지역	150% 이상 350% 이하
		준공업지역	150% 이상 400% 이하
	녹지지역	보전녹지지역	50% 이상 80% 이하
		생산녹지지역	50% 이상 100% 이하
		자연녹지지역	50% 이상 100% 이하
관리지역	보전관리지역	-	50% 이상 80% 이하
	생산관리지역	-	50% 이상 80% 이하
	계획관리지역	-	50% 이상 100% 이하
농림지역	-	-	50% 이상 80% 이하
자연환경보전지역	-	-	50% 이상 80% 이하

53번 도시개발구역의 지정권자

[영역] 도시개발법 〉 개발계획의 수립 및 도시개발구역의 지정

☑ 기출분석 난이도 下

도시개발법령상 도시개발구역을 지정할 수 있는 자를 모두 고른 것은?

ㄱ. 시·도지사 (O)
ㄴ. 대도시 시장 (O)
ㄷ. 국토교통부장관 (O)
ㄹ. 한국토지주택공사 (X)

① ㄱ
② ㄴ, ㄹ
③ ㄷ, ㄹ
④ ㄱ, ㄴ, ㄷ
⑤ ㄱ, ㄴ, ㄷ, ㄹ

정답 ④

핵심개념 도시개발구역의 지정권자

1. 원칙 – 시·도지사 또는 대도시 시장

① 다음의 어느 하나에 해당하는 자는 계획적인 도시개발이 필요하다고 인정되는 때에는 도시개발구역을 지정할 수 있다(법 제3조 제1항).

> ㉠ 특별시장·광역시장·도지사·특별자치도지사(이하 '시·도지사'라 한다)
> ㉡ 「지방자치법」에 따른 서울특별시와 광역시를 제외한 인구 50만 이상의 대도시의 시장(이하 '대도시 시장'이라 한다)

② 도시개발사업이 필요하다고 인정되는 지역이 둘 이상의 특별시·광역시·도·특별자치도(이하 '시·도'라 한다) 또는 「지방자치법」에 따른 서울특별시와 광역시를 제외한 인구 50만 이상의 대도시(이하 '대도시'라 한다)의 행정구역에 걸치는 경우에는 관계 시·도지사 또는 대도시 시장이 협의하여 도시개발구역을 지정할 자를 정한다(법 제3조 제2항).

2. 예외 – 국토교통부장관

국토교통부장관은 다음의 어느 하나에 해당하면 도시개발구역을 지정할 수 있다(법 제3조 제3항, 영 제4조).

> ① 국가가 도시개발사업을 실시할 필요가 있는 경우
> ② 관계 중앙행정기관의 장이 요청하는 경우
> ③ 공공기관의 장 또는 정부출연기관의 장이 30만m^2 이상으로서 국가계획과 밀접한 관련이 있는 도시개발구역의 지정을 제안하는 경우
> ④ 둘 이상의 시·도 또는 대도시의 행정구역에 걸치는 경우로서 시·도지사 또는 대도시 시장의 협의가 성립되지 아니하는 경우
> ⑤ 천재지변, 그 밖의 사유로 인하여 도시개발사업을 긴급하게 할 필요가 있는 경우

54번 수용 또는 사용 방식

[영역] 도시개발법 〉 도시개발사업의 시행

기출분석 난이도 上

도시개발법령상 토지등의 수용 또는 사용의 방식에 따른 사업 시행에 관한 설명으로 옳은 것은?

① 도시개발사업을 시행하는 지방자치단체는 도시개발구역 지정 이후 그 시행 방식을 혼용 방식에서 수용 또는 사용 방식으로 변경할 수 있다. (X) → 없다.

② 도시개발사업을 시행하는 정부출연기관이 그 사업에 필요한 토지를 수용하려면 사업대상 토지면적의 3분의 2 이상에 해당하는 토지를 소유하고 토지소유자 총수의 2분의 1 이상에 해당하는 자의 동의를 받아야 한다. (X)

→ 도시개발사업을 시행하는 정부출연기관이 그 사업에 필요한 토지를 수용하려는 경우에는 사업대상 토지면적의 3분의 2 이상에 해당하는 토지를 소유하지 않아도 되고, 토지소유자 총수의 2분의 1 이상에 해당하는 자의 동의를 받지 않아도 된다.

③ 도시개발사업을 시행하는 공공기관은 토지상환채권을 발행할 수 없다. (X) → 있다.

④ 원형지를 공급받아 개발하는 지방공사는 원형지에 대한 공사완료 공고일부터 5년이 지난 시점이라면 해당 원형지를 매각할 수 있다. (O)

⑤ 원형지가 공공택지 용도인 경우 원형지개발자의 선정은 추첨의 방법으로 할 수 있다. (X)

→ 원형지가 아니라 조성토지등이 공공택지인 경우에 추첨의 방법으로 분양할 수 있다.

정답 ④

핵심개념 원형지의 매각금지

원형지개발자(국가 및 지방자치단체는 제외)는 10년의 범위에서 대통령령으로 정하는 기간(원형지에 대한 공사완료 공고일부터 5년 또는 원형지 공급계약일부터 10년 중 먼저 끝나는 기간) 안에는 원형지를 매각할 수 없다. 다만, 이주용 주택이나 공공·문화 시설 등 대통령령으로 정하는 경우(기반시설 용지, 임대주택 용지, 그 밖에 원형지 개발자가 직접 조성하거나 운영하기 어려운 시설의 설치를 위한 용지로 원형지를 사용하는 경우)로서 미리 지정권자의 승인을 받은 경우에는 예외로 한다(법 제25조의2 제6항, 영 제55조의2 제3항·제4항).

55번 환지 방식

[영역] 도시개발법 〉 도시개발사업의 시행

기출분석 난이도 上

도시개발법령상 환지 방식에 의한 사업 시행에 관한 설명으로 틀린 것은?

① 도시개발사업을 입체 환지 방식으로 시행하는 경우에는 환지 계획에 건축계획이 포함되어야 한다. (O)

② 시행자는 토지면적의 규모를 조정할 특별한 필요가 있으면 면적이 넓은 토지는 그 면적을 줄여서 환지를 정하거나 환지대상에서 제외할 수 있다. (X)

→ 시행자는 토지면적의 규모를 조정할 특별한 필요가 있으면 면적이 넓은 토지는 그 면적을 줄여서 환지를 정할 수 있지만, 환지대상에서 제외할 수는 없다.

③ 도시개발구역 지정권자가 정한 기준일의 다음 날부터 단독주택이 다세대주택으로 전환되는 경우 시행자는 해당 건축물에 대하여 금전으로 청산하거나 환지 지정을 제한할 수 있다. (O)

④ 시행자는 환지 예정지를 지정한 경우에 해당 토지를 사용하거나 수익하는 데에 장애가 될 물건이 그 토지에 있으면 그 토지의 사용 또는 수익을 시작할 날을 따로 정할 수 있다. (O)

⑤ 시행자는 환지를 정하지 아니하기로 결정된 토지소유자나 임차권자등에게 날짜를 정하여 그날부터 해당 토지 또는 해당 부분의 사용 또는 수익을 정지시킬 수 있다. (O)

정답 ②

핵심개념 증환지·감환지

시행자는 토지면적의 규모를 조정할 특별한 필요가 있으면 면적이 작은 토지는 과소(過小)토지가 되지 아니하도록 면적을 늘려 환지를 정하거나 환지대상에서 제외할 수 있고, 면적이 넓은 토지는 그 면적을 줄여서 환지를 정할 수 있다(법 제31조 제1항).

56번 도시개발채권

[영역] 도시개발법 〉 비용부담 등

☑ 기출분석 난이도 中

도시개발법령상 도시개발채권에 관한 설명으로 옳은 것은?

① 「국토의 계획 및 이용에 관한 법률」에 따른 공작물의 설치허가를 받은 자는 도시개발채권을 매입하여야 한다. (X) → 토지의 형질변경허가

② 도시개발채권의 이율은 기획재정부장관이 국채·공채 등의 금리와 특별회계의 상황 등을 고려하여 정한다. (X)

→ 도시개발채권의 이율은 채권발행 당시의 국채 · 공채 등의 금리와 특별회계의 상황 등을 고려하여 시 · 도조례로 정한다.

③ 도시개발채권을 발행하려는 시·도지사는 기획재정부장관의 승인을 받은 후 채권의 발행총액 등을 공고하여야 한다. (X) → 행정안전부장관

④ 도시개발채권의 상환기간은 5년보다 짧게 정할 수는 없다. (O)

⑤ 도시개발사업을 공공기관이 시행하는 경우 해당 공공기관의 장은 시·도지사의 승인을 받아 도시개발채권을 발행할 수 있다. (X)

→ 시 · 도지사는 도시개발사업 또는 도시 · 군계획시설사업에 필요한 자금을 조달하기 위하여 도시개발채권을 발행할 수 있다.

정답 ④

핵심개념 도시개발채권의 발행

1. 발행권자 등

① 발행권자 : 지방자치단체의 장(시·도지사)은 도시개발사업 또는 도시·군계획시설사업에 필요한 자금을 조달하기 위하여 도시개발채권을 발행할 수 있다(법 제62조 제1항, 영 제82조 제1항).

② 승인권자 : 시·도지사는 도시개발채권을 발행하려는 경우에는 행정안전부장관의 승인을 받아야 한다(영 제82조 제2항).

2. 발행방법 등

① 발행방법 : 도시개발채권은 「주식·사채 등의 전자등록에 관한 법률」에 따라 전자등록하여 발행하거나 무기명으로 발행할 수 있으며, 발행방법에 필요한 세부적인 사항은 시·도의 조례로 정한다(영 제83조 제1항).

② 이율 : 도시개발채권의 이율은 채권의 발행 당시의 국채·공채 등의 금리와 특별회계의 상황 등을 고려하여 해당 시·도의 조례로 정한다(영 제83조 제2항).

③ 상환기간 : 도시개발채권의 상환은 5년부터 10년까지의 범위에서 지방자치단체의 조례로 정한다(영 제83조 제3항).

④ 사무취급기관 : 도시개발채권의 매출 및 상환업무의 사무취급기관은 해당 시·도지사가 지정하는 은행 또는 「자본시장과 금융투자업에 관한 법률」에 따라 설립된 한국예탁결제원으로 한다(영 제83조 제4항).

3. 소멸시효

도시개발채권의 소멸시효는 상환일부터 기산(起算)하여 원금은 5년, 이자는 2년으로 한다(법 제62조 제3항).

57번 도시개발구역에서의 행위제한

[영역] 도시개발법 〉 개발계획의 수립 및 도시개발구역의 지정

기출분석 난이도 下

도시개발법령상 도시개발구역에서 허가를 받아야 할 행위로 명시되지 않은 것은?

① 토지의 합병 (X)
② 토석의 채취 (O)
③ 죽목의 식재 (O)
④ 공유수면의 매립 (O)
⑤ 「건축법」에 따른 건축물의 용도변경 (O)

정답 ①

핵심개념 도시개발구역에서의 행위제한 – 허가대상 개발행위

도시개발구역 지정에 관한 주민 등의 의견청취를 위한 공고가 있는 지역 및 도시개발구역에서 다음의 행위를 하려는 자는 특별시장·광역시장·특별자치도지사·시장 또는 군수의 허가를 받아야 한다. 허가받은 사항을 변경하려는 경우에도 또한 같다(법 제9조 제5항, 영 제16조).

① 건축물의 건축 등 : 「건축법」에 따른 건축물(가설건축물을 포함)의 건축, 대수선 또는 용도변경
② 공작물의 설치 : 인공을 가하여 제작한 시설물(건축법에 따른 건축물은 제외)의 설치
③ 토지의 형질변경 : 절토·성토·정지·포장 등의 방법으로 토지의 형상을 변경하는 행위, 토지의 굴착 또는 공유수면의 매립
④ 토석의 채취 : 흙·모래·자갈·바위 등의 토석을 채취하는 행위(다만, 토지의 형질변경을 목적으로 하는 것은 위 ③에 따름)
⑤ 토지분할
⑥ 물건을 쌓아놓는 행위 : 옮기기 쉽지 아니한 물건을 1개월 이상 쌓아놓는 행위
⑦ 죽목(竹木)의 벌채 및 식재(植栽)

58번 벌칙

[영역] 도시개발법 〉 보칙 및 벌칙

기출분석 난이도 上

도시개발법령상 도시개발구역 지정권자가 속한 기관에 종사하는 자로부터 제공받은 미공개정보를 지정목적 외로 사용하여 1억 5천만원 상당의 재산상 이익을 얻은 자에게 벌금을 부과하는 경우 그 상한액은?

① 1억 5천만원 (X)
② 4억 5천만원 (X)
③ 5억원 (X)
④ 7억 5천만원 (X)
⑤ 10억원 (O) → 「도시개발법」 제79조의2 제1항

정답 ⑤

핵심개념 행정형벌 - 5년 이하의 징역이나 손실액의 3배 이상 5배 이하의 벌금

미공개정보를 목적 외로 사용하거나 타인에게 제공 또는 누설한 자는 5년 이하의 징역 또는 그 위반행위로 얻은 재산상 이익 또는 회피한 손실액의 3배 이상 5배 이하에 상당하는 벌금에 처한다. 다만, 얻은 이익 또는 회피한 손실액이 없거나 산정하기 곤란한 경우 또는 그 위반행위로 얻은 재산상 이익의 5배에 해당하는 금액이 10억원 이하인 경우에는 벌금의 상한액을 10억원으로 한다.

59번 정비사업의 종류

[영역] 도시 및 주거환경정비법 〉 총 칙

기출분석 난이도 下

도시 및 주거환경정비법령상 다음의 정의에 해당하는 정비사업은?

> 도시저소득 주민이 집단거주하는 지역으로서 정비기반시설이 극히 열악하고 노후·불량건축물이 과도하게 밀집한 지역의 주거환경을 개선하거나 단독주택 및 다세대주택이 밀집한 지역에서 정비기반시설과 공동이용시설 확충을 통하여 주거환경을 보전·정비·개량하기 위한 사업

① 주거환경개선사업 (O)
② 재건축사업 (X)
③ 공공재건축사업 (X)
④ 재개발사업 (X)
⑤ 공공재개발사업 (X)

정답 ①

핵심개념 정비사업

이 법에서 정한 절차에 따라 도시기능을 회복하기 위하여 정비구역에서 정비기반시설을 정비하거나 주택 등 건축물을 개량 또는 건설하는 다음의 사업을 말한다.

주거환경 개선사업	도시저소득 주민이 집단거주하는 지역으로서 정비기반시설이 극히 열악하고 노후·불량건축물이 과도하게 밀집한 지역의 주거환경을 개선하거나 단독주택 및 다세대주택이 밀집한 지역에서 정비기반시설과 공동이용시설 확충을 통하여 주거환경을 보전·정비·개량하기 위한 사업
재개발사업	정비기반시설이 열악하고 노후·불량건축물이 밀집한 지역에서 주거환경을 개선하거나 상업지역·공업지역 등에서 도시기능의 회복 및 상권활성화 등을 위하여 도시환경을 개선하기 위한 사업
공공재개발 사업	다음 요건을 모두 갖추어 시행하는 재개발사업을 '공공재개발사업'이라 한다. ① 특별자치시장, 특별자치도지사, 시장, 군수, 자치구의 구청장(이하 '시장·군수등'이라 한다) 또는 토지주택공사등(조합과 공동으로 시행하는 경우를 포함)이 주거환경개선사업의 시행자, 재개발사업의 시행자나 재개발사업의 대행자(이하 '공공재개발사업 시행자'라 한다)일 것 ② 건설·공급되는 주택의 전체 세대수 또는 전체 연면적 중 토지등소유자 대상 분양분(지분형주택은 제외)을 제외한 나머지 주택의 세대수 또는 연면적의 100분의 50 이상을 지분형주택, 「공공주택 특별법」에 따른 공공임대주택 또는 「민간임대주택에 관한 특별법」에 따른 공공지원민간임대주택으로 건설·공급할 것. 이 경우 주택 수 산정방법 및 주택 유형별 건설비율은 대통령령으로 정한다.
재건축사업	정비기반시설은 양호하나 노후·불량건축물에 해당하는 공동주택이 밀집한 지역에서 주거환경을 개선하기 위한 사업
공공재건축 사업	다음 요건을 모두 갖추어 시행하는 재건축사업을 '공공재건축사업'이라 한다. ① 시장·군수등 또는 토지주택공사등(조합과 공동으로 시행하는 경우를 포함)이 재건축사업의 시행자나 재건축사업의 대행자(이하 '공공재건축사업 시행자'라 한다)일 것 ② 종전의 용적률, 토지면적, 기반시설 현황 등을 고려하여 공공재건축사업을 추진하는 단지의 종전 세대수의 100분의 160세대 이상을 건설·공급할 것. 다만, 정비구역의 지정권자가 「국토의 계획 및 이용에 관한 법률」에 따른 도시·군기본계획, 토지이용 현황 등 대통령령으로 정하는 불가피한 사유로 해당하는 세대수를 충족할 수 없다고 인정하는 경우에는 그러하지 아니하다.

60번 대의원회

[영역] 도시 및 주거환경정비법 〉 정비사업의 시행

기출분석 난이도 中

도시 및 주거환경정비법령상 조합총회의 의결사항 중 대의원회가 대행할 수 <u>없는</u> 사항을 모두 고른 것은?

ㄱ. 조합임원의 해임 (X)
ㄴ. 사업완료로 인한 조합의 해산 (O)
ㄷ. 정비사업비의 변경 (X)
ㄹ. 정비사업전문관리업자의 선정 및 변경 (X)

① ㄱ, ㄴ, ㄷ
② ㄱ, ㄴ, ㄹ
③ ㄱ, ㄷ, ㄹ
④ ㄴ, ㄷ, ㄹ
⑤ ㄱ, ㄴ, ㄷ, ㄹ

정답 ③

핵심개념 대의원의 자격 및 권한

① 조합장이 아닌 조합임원은 대의원이 될 수 없다(법 제46조 제3항).

② 대의원회는 총회의 의결사항 중 대통령령으로 정하는 다음의 사항 외에는 총회의 권한을 대행할 수 있다(법 제46조 제4항, 영 제43조).

㉠ 정관의 변경에 관한 사항
㉡ 자금의 차입과 그 방법·이율 및 상환방법
㉢ 예산으로 정한 사항 외에 조합원의 부담이 될 계약
㉣ 시공자·설계자 또는 감정평가법인등의 선정 및 변경에 관한 사항(시장·군수등이 선정·계약하는 감정평가법인등은 제외)
㉤ 정비사업전문관리업자의 선정 및 변경에 관한 사항
㉥ 조합임원과 대의원의 선임 및 해임에 관한 사항. 다만, 정관이 정하는 바에 따라 임기 중 궐위된 자(조합장은 제외)를 보궐선임하는 경우는 제외한다.
㉦ 사업시행계획서의 작성 및 변경에 관한 사항(경미한 변경은 제외)
㉧ 관리처분계획의 수립 및 변경에 관한 사항(경미한 변경은 제외)
㉨ 법 제45조 제2항에 따라 총회에 상정하여야 하는 사항
㉩ 조합의 합병 또는 해산에 관한 사항. 다만, 사업완료로 인한 해산인 경우는 제외한다.
㉪ 영 제42조 제1항 제3호에 따라 건설되는 건축물의 설계개요의 변경에 관한 사항
㉫ 정비사업비의 변경에 관한 사항

61번 공공재개발사업

[영역] 도시 및 주거환경정비법 〉 정비사업의 시행

기출분석 난이도 上

도시 및 주거환경정비법령상 공공재개발사업에 관한 설명이다. (　　)에 들어갈 내용과 숫자를 바르게 나열한 것은?

> 정비계획의 입안권자가 정비구역의 지정권자에게 공공재개발사업 예정구역 지정을 신청한 경우 지방도시계획위원회는 (ㄱ : 신청일)부터 (ㄴ : 30)일 이내에 심의를 완료해야 한다. 다만, (ㄴ : 30)일 이내에 심의를 완료할 수 없는 정당한 사유가 있다고 판단되는 경우에는 심의기간을 (ㄷ : 30)일의 범위에서 한 차례 연장할 수 있다.

① ㄱ : 신청일, ㄴ : 20, ㄷ : 20
② ㄱ : 신청일, ㄴ : 30, ㄷ : 20
③ ㄱ : 신청일, ㄴ : 30, ㄷ : 30
④ ㄱ : 신청일 다음 날, ㄴ : 20, ㄷ : 20
⑤ ㄱ : 신청일 다음 날, ㄴ : 30, ㄷ : 30

정답 ③

핵심개념 공공재개발사업 예정구역의 지정 등

① 정비구역지정권자는 공공재개발사업 예정구역 지정에 관하여 지방도시계획위원회의 심의를 거치기 전에 미리 관할 시장·군수등의 의견을 들어야 한다. 다만, 정비계획의 입안권자가 공공재개발사업 예정구역의 지정을 신청한 경우에는 의견청취를 생략할 수 있다(영 제80조의2 제1항).
② 지방도시계획위원회는 공공재개발사업 예정구역 지정의 신청이 있는 경우 신청일부터 30일 이내에 심의를 완료해야 한다. 다만, 30일 이내에 심의를 완료할 수 없는 정당한 사유가 있다고 판단되는 경우에는 심의기간을 30일의 범위에서 한 차례 연장할 수 있다(영 제80조의2 제3항).

62번 관리처분계획

[영역] 도시 및 주거환경정비법 〉 정비사업의 시행

☑ 기출분석 난이도 上

도시 및 주거환경정비법령상 관리처분계획 등에 관한 설명으로 옳은 것은? (단, 조례는 고려하지 않음)

① 지분형주택의 규모는 주거전용면적 60m² 이하인 주택으로 한정한다. (O)

② 분양신청기간의 연장은 30일의 범위에서 한 차례만 할 수 있다. (X) → 20일

③ 같은 세대에 속하지 아니하는 3명이 1토지를 공유한 경우에는 3주택을 공급하여야 한다. (X) → 1주택

④ 조합원 10분의 1 이상이 관리처분계획인가 신청이 있은 날부터 30일 이내에 관리처분계획의 타당성 검증을 요청한 경우 시장·군수는 이에 따라야 한다. (X)

→ 조합원 5분의 1 이상이 관리처분계획인가 신청이 있은 날부터 15일 이내에 관리처분계획의 타당성 검증을 요청한 경우 시장 · 군수는 대통령령으로 정하는 공공기관에 타당성 검증을 요청하여야 한다.

⑤ 시장·군수는 정비구역에서 면적이 100m²의 토지를 소유한 자로서 건축물을 소유하지 아니한 자의 요청이 있는 경우에는 인수한 임대주택의 일부를 「주택법」에 따른 토지임대부 분양주택으로 전환하여 공급하여야 한다. (X) → 90m² 미만

정답 ①

핵심개념 지분형주택의 공급

(1) 지분형주택의 규모, 공동 소유기간 및 분양대상자는 다음과 같다(영 제70조 제1항).

① 지분형주택의 규모는 주거전용면적 60m² 이하인 주택으로 한정한다.

② 지분형주택의 공동 소유기간은 소유권을 취득한 날부터 10년의 범위에서 사업시행자가 정하는 기간으로 한다.

③ 지분형주택의 분양대상자는 다음의 요건을 모두 충족하는 자로 한다.

> ㉠ 종전에 소유하였던 토지 또는 건축물의 가격이 위 ①에 따른 주택의 분양가격 이하에 해당하는 사람
> ㉡ 세대주로서 정비계획의 공람 공고일 당시 해당 정비구역에 2년 이상 실제 거주한 사람
> ㉢ 정비사업의 시행으로 철거되는 주택 외 다른 주택을 소유하지 아니한 사람

(2) 지분형주택의 공급방법·절차, 지분 취득비율, 지분 사용료 및 지분 취득가격 등에 관하여 필요한 사항은 사업시행자가 따로 정한다(영 제70조 제2항).

63번 정비사업의 시행

기출분석 난이도 上

도시 및 주거환경정비법령상 정비사업의 시행에 관한 설명으로 옳은 것은?

① 세입자의 세대수가 토지등소유자의 3분의 1에 해당하는 경우 시장·군수등은 토지주택공사등을 주거환경개선사업 시행자로 지정하기 위해서는 세입자의 동의를 받아야 한다. (X)

→ 세입자의 세대수가 토지등소유자의 3분의 1에 해당하는 경우 시장 · 군수등은 세입자의 동의 없이 토지주택공사등을 주거환경개선사업 시행자로 지정할 수 있다.

② 재개발사업은 토지등소유자가 30인인 경우에는 토지등소유자가 직접 시행할 수 있다. (X) → 20인 미만

③ 재건축사업 조합설립추진위원회가 구성승인을 받은 날부터 2년이 되었음에도 조합설립인가를 신청하지 아니한 경우 시장·군수등이 직접 시행할 수 있다. (X) → 3년

④ 조합설립추진위원회는 토지등소유자의 수가 200인인 경우 5명 이상의 이사를 두어야 한다. (X)

→ 추진위원회가 아니라 조합은 토지등소유자의 수가 100명을 초과하는 경우 이사의 수를 5명 이상으로 한다.

⑤ 주민대표회의는 토지등소유자의 과반수의 동의를 받아 구성하며, 위원장과 부위원장 각 1명과 1명 이상 3명 이하의 감사를 둔다. (O)

정답 ⑤

핵심개념 주민대표회의

1. 구성의무

토지등소유자가 시장·군수등 또는 토지주택공사등의 사업시행을 원하는 경우에는 정비구역 지정·고시 후 주민대표기구(이하 '주민대표회의'라 한다)를 구성하여야 한다(법 제47조 제1항).

2. 구성원 및 동의

① 주민대표회의는 위원장을 포함하여 5명 이상 25명 이하로 구성한다(법 제47조 제2항).
② 주민대표회의에는 위원장과 부위원장 각 1명과, 1명 이상 3명 이하의 감사를 둔다(영 제45조 제1항).
③ 주민대표회의는 토지등소유자의 과반수의 동의를 받아 구성하며, 국토교통부령으로 정하는 방법 및 절차에 따라 시장·군수등의 승인을 받아야 한다(법 제47조 제3항).

64번 청산금 및 비용부담

[영역] 도시 및 주거환경정비법 〉 비용의 부담 등

기출분석 난이도 中

도시 및 주거환경정비법령상 청산금 및 비용부담 등에 관한 설명으로 옳은 것은?

① 청산금을 징수할 권리는 소유권이전고시일부터 3년간 행사하지 아니하면 소멸한다. (X) → 다음 날부터 5년간

② 정비구역의 국유·공유재산은 정비사업 외의 목적으로 매각되거나 양도될 수 없다. (O)

③ 청산금을 지급받을 자가 받기를 거부하더라도 사업시행자는 그 청산금을 공탁할 수는 없다. (X)

→ 청산금을 지급받을 자가 받기를 거부한 때에는 사업시행자는 그 청산금을 공탁할 수 있다.

④ 시장·군수등이 아닌 사업시행자는 부과금을 체납하는 자가 있는 때에는 지방세 체납처분의 예에 따라 부과·징수할 수 있다. (X)

→ 시장 · 군수등이 아닌 사업시행자는 부과금을 체납하는 자가 있는 때에는 시장 · 군수등에게 그 부과 · 징수를 위탁할 수 있다. 시장 · 군수등은 부과 · 징수를 위탁받은 경우에는 지방세 체납처분의 예에 따라 부과 · 징수할 수 있다.

⑤ 국가 또는 지방자치단체는 토지임대부 분양주택을 공급받는 자에게 해당 공급비용의 전부를 융자할 수는 없다. (X) → 전부 또는 일부를 보조 또는 융자할 수 있다.

정답 ②

핵심개념 국·공유재산의 처분 – 관리청과의 협의

① 시장·군수등은 인가하려는 사업시행계획 또는 직접 작성하는 사업시행계획서에 국유·공유재산의 처분에 관한 내용이 포함되어 있는 때에는 미리 관리청과 협의하여야 한다. 이 경우 관리청이 불분명한 재산 중 도로·구거(도랑) 등은 국토교통부장관을, 하천은 환경부장관을, 그 외의 재산은 기획재정부장관을 관리청으로 본다(법 제98조 제1항).

② 협의를 받은 관리청은 20일 이내에 의견을 제시하여야 한다(법 제98조 제2항).

③ 정비구역의 국유·공유재산은 정비사업 외의 목적으로 매각되거나 양도될 수 없다(법 제98조 제3항).

65번 분양가상한제 적용주택

[영역] 주택법 〉 주택의 공급

기출분석 난이도 中

주택법령상 한국토지주택공사가 우선 매입하는 분양가상한제 적용주택의 매입금액에 관한 설명이다. ( )에 들어갈 숫자를 바르게 나열한 것은?

> 공공택지 외의 택지에서 건설·공급되는 주택의 분양가격이 인근지역주택매매가격의 80% 이상 100% 미만이고 보유기간이 3년 이상 4년 미만인 경우 : 매입비용의 (ㄱ : 25)%에 인근지역주택매매가격의 (ㄴ : 75)%를 더한 금액

① ㄱ : 25, ㄴ : 50
② ㄱ : 25, ㄴ : 75
③ ㄱ : 50, ㄴ : 50
④ ㄱ : 50, ㄴ : 75
⑤ ㄱ : 75, ㄴ : 25

정답 ②

핵심개념 [별표 3의2] 분양가상한제 적용주택의 매입금액(영 제73조의2 관련)

1. **공통사항**

분양가상한제 적용주택의 보유기간은 해당 주택의 최초 입주가능일부터 계산한다.

2. **공공택지 외의 택지에서 건설·공급되는 주택의 매입금액**

구 분	보유기간	매입금액
① 분양가격이 인근지역주택매매가격의 100% 이상인 경우	-	매입비용의 100%에 해당하는 금액
② 분양가격이 인근지역주택매매가격의 80% 이상 100% 미만인 경우	2년 미만	매입비용의 100%에 해당하는 금액
	2년 이상 3년 미만	매입비용의 50%에 인근지역주택매매가격의 50%를 더한 금액
	3년 이상 4년 미만	매입비용의 25%에 인근지역주택매매가격의 75%를 더한 금액
	4년 이상	인근지역주택매매가격의 100%에 해당하는 금액

66번 주택단지

[영역] 주택법 〉 총 칙

기출분석 난이도 下

주택법령상 주택단지가 일정한 시설로 분리된 토지는 각각 별개의 주택단지로 본다. 그 시설에 해당하지 않는 것은?

① 철도 (O)

② 폭 20m의 고속도로 (O)

③ 폭 10m의 일반도로 (X)

→ 폭 20m 이상의 일반도로로 분리된 토지는 각각 별개의 주택단지로 본다. 따라서 폭 10m의 일반도로로 분리된 토지는 각각 별개의 주택단지로 보는 대상에 해당하지 않는다.

④ 폭 20m의 자동차전용도로 (O)

⑤ 폭 10m의 도시계획예정도로 (O)

정답 ③

핵심개념 주택단지

주택단지란 주택건설사업계획 또는 대지조성사업계획의 승인을 받아 주택과 그 부대시설 및 복리시설을 건설하거나 대지를 조성하는 데 사용되는 일단의 토지를 말한다. 다만, 다음의 시설로 분리된 토지는 각각 별개의 주택단지로 본다(법 제2조 제12호).

① 철도·고속도로·자동차전용도로
② 폭 20m 이상인 일반도로
③ 폭 8m 이상인 도시계획예정도로
④ 위 ①~③의 시설에 준하는 것으로서 대통령령으로 정하는 시설(도로법에 따른 일반국도·특별시도·광역시도 또는 지방도)

67번 용어의 정의

[영역] 주택법 〉 총 칙

기출분석 난이도 中

주택법령상 용어에 관한 설명으로 옳은 것을 모두 고른 것은?

ㄱ. 주택에 딸린 「건축법」에 따른 건축설비는 ~~복리시설~~에 해당한다. (X) → 부대시설
ㄴ. 300세대인 국민주택규모의 단지형 다세대주택은 도시형 생활주택에 해당한다. (X)
→ 도시형 생활주택은 300세대 미만으로 건설하여야 하기 때문에 300세대인 국민주택규모의 단지형 다세대주택은 도시형 생활주택에 해당하지 않는다.
ㄷ. 민영주택은 국민주택을 제외한 주택을 말한다. (O)

① ㄱ
② ㄷ
③ ㄱ, ㄴ
④ ㄴ, ㄷ
⑤ ㄱ, ㄴ, ㄷ

정답 ②

핵심개념 건설자금에 따른 분류

1. 국민주택

다음의 어느 하나에 해당하는 주택으로서 국민주택규모 이하인 주택을 말한다(법 제2조 제5호).

① 국가·지방자치단체, 「한국토지주택공사법」에 따른 한국토지주택공사(이하 '한국토지주택공사'라 한다) 또는 「지방공기업법」에 따라 주택사업을 목적으로 설립된 지방공사가 건설하는 주택
② 국가·지방자치단체의 재정 또는 「주택도시기금법」에 따른 주택도시기금으로부터 자금을 지원받아 건설되거나 개량되는 주택

2. 민영주택

국민주택을 제외한 주택을 말한다(법 제2조 제7호).

68번 투기과열지구의 지정 기준

[영역] 주택법 〉 주택의 공급

기출분석 난이도 中

주택법령상 투기과열지구의 지정 기준에 관한 설명이다. (　　)에 들어갈 숫자와 내용을 바르게 나열한 것은? • 수정

- 투기과열지구로 지정하는 날이 속하는 달의 바로 전달(이하 '투기과열지구지정직전월')부터 소급하여 주택공급이 있었던 (ㄱ : 2)개월 동안 해당 지역에서 공급되는 주택의 월별 평균 청약경쟁률이 모두 5대 1을 초과했거나 국민주택규모 주택의 월별 평균 청약경쟁률이 모두 (ㄴ : 10)대 1을 초과한 곳
- 투기과열지구지정직전월의 (ㄷ : 주택분양실적)이 전달보다 30% 이상 감소하여 주택공급이 위축될 우려가 있는 곳

① ㄱ : 2, ㄴ : 10, ㄷ : 주택분양실적
② ㄱ : 2, ㄴ : 10, ㄷ : 건축허가실적
③ ㄱ : 2, ㄴ : 20, ㄷ : 건축허가실적
④ ㄱ : 3, ㄴ : 10, ㄷ : 주택분양실적
⑤ ㄱ : 3, ㄴ : 20, ㄷ : 건축허가실적

정답 ①

핵심개념 투기과열지구의 지정 기준

투기과열지구의 지정 기준은 다음과 같다.

① 투기과열지구지정직전월부터 소급하여 주택공급이 있었던 2개월 동안 해당 지역에서 공급되는 주택의 월별 평균 청약경쟁률이 모두 5대 1을 초과했거나 국민주택규모 주택의 월별 평균 청약경쟁률이 모두 10대 1을 초과한 곳
② 투기과열지구지정직전월의 주택분양실적이 전달보다 30% 이상 감소하여 주택공급이 위축될 우려가 있는 곳
③ 사업계획승인 건수나 건축허가 건수(투기과열지구지정직전월부터 소급하여 6개월간의 건수를 말함)가 직전 연도보다 급격하게 감소하여 주택공급이 위축될 우려가 있는 곳
④ 시·도별 주택보급률 또는 자가주택비율이 전국 평균 이하인 곳
⑤ 해당 지역의 분양주택(투기과열지구로 지정하는 날이 속하는 연도의 직전 연도에 분양된 주택을 말함)의 수가 입주자저축에 가입한 사람으로서 주택청약 1순위자의 수보다 현저히 적은 곳

69번 사업계획승인

[영역] 주택법 〉 주택의 건설

기출분석 난이도 下

주택법령상 사업계획승인 등에 관한 설명으로 틀린 것은? (단, 다른 법률에 따른 사업은 제외함)

① 주택건설사업을 시행하려는 자는 전체 세대수가 600세대 이상의 주택단지를 공구별로 분할하여 주택을 건설·공급할 수 있다. (O)

② 사업계획승인권자는 착공신고를 받은 날부터 20일 이내에 신고수리 여부를 신고인에게 통지하여야 한다. (O)

③ 사업계획승인권자는 사업계획승인의 신청을 받았을 때에는 정당한 사유가 없으면 신청받은 날부터 60일 이내에 사업주체에게 승인 여부를 통보하여야 한다. (O)

④ 사업주체는 사업계획승인을 받은 날부터 1년 이내에 공사를 착수하여야 한다. (X)
→ 5년

⑤ 사업계획에는 부대시설 및 복리시설의 설치에 관한 계획 등이 포함되어야 한다. (O)

정답 ④

핵심개념 공사착수기간

사업주체는 승인받은 사업계획대로 사업을 시행하여야 하고, 다음의 구분에 따라 공사를 시작하여야 한다. 다만, 사업계획승인권자는 대통령령으로 정하는 정당한 사유가 있다고 인정하는 경우에는 사업주체의 신청을 받아 그 사유가 없어진 날부터 1년의 범위에서 다음의 ① 또는 ②의 ㉠에 따른 공사의 착수기간을 연장할 수 있다(법 제16조 제1항).

① 사업계획승인을 받은 경우 : 승인받은 날부터 5년 이내
② 공구별로 분할하여 시행하는 경우
㉠ 최초로 공사를 진행하는 공구 : 승인받은 날부터 5년 이내
㉡ 최초로 공사를 진행하는 공구 외의 공구 : 해당 주택단지에 대한 최초 착공신고일부터 2년 이내

70번 주택상환사채

[영역] 주택법 〉 주택의 건설

기출분석 난이도 中

주택법령상 주택상환사채의 납입금이 사용될 수 있는 용도로 명시된 것을 모두 고른 것은?

ㄱ. 주택건설자재의 구입 (O)
ㄴ. 택지의 구입 및 조성 (O)
ㄷ. 주택조합 운영비에의 충당 (X)
ㄹ. 주택조합 가입 청약철회자의 가입비 반환 (X)

① ㄱ, ㄴ
② ㄱ, ㄹ
③ ㄷ, ㄹ
④ ㄱ, ㄴ, ㄷ
⑤ ㄴ, ㄷ, ㄹ

정답 ①

핵심개념 주택상환사채

주택상환사채의 납입금이 사용될 수 있는 용도는 다음과 같다(영 제87조 제1항).

① 주택건설자재의 구입
② 택지의 구입 및 조성
③ 건설공사비에의 충당
④ 그 밖에 주택상환을 위하여 필요한 비용으로서 국토교통부장관의 승인을 받은 비용에의 충당

71번 공급질서 교란행위 금지

[영역] 주택법 〉 주택의 공급

기출분석 난이도 下

주택법령상 주택공급과 관련하여 금지되는 공급질서 교란행위에 해당하는 것을 모두 고른 것은?

ㄱ. 주택을 공급받을 수 있는 조합원 지위의 상속 (X)
ㄴ. 입주자저축증서의 저당 (X)
ㄷ. 공공사업의 시행으로 인한 이주대책에 따라 주택을 공급받을 수 있는 지위의 매매 (O)
ㄹ. 주택을 공급받을 수 있는 증서로서 시장·군수·구청장이 발행한 무허가건물 확인서의 증여 (O)

① ㄱ, ㄴ
② ㄱ, ㄹ
③ ㄷ, ㄹ
④ ㄱ, ㄴ, ㄷ
⑤ ㄴ, ㄷ, ㄹ

정답 ③

핵심개념 공급질서 교란행위 금지

누구든지 이 법에 따라 건설·공급되는 주택을 공급받거나 공급받게 하기 위하여 다음의 어느 하나에 해당하는 증서 또는 지위를 양도·양수(매매·증여나 그 밖에 권리변동을 수반하는 모든 행위를 포함하되, 상속·저당의 경우는 제외) 또는 이를 알선하거나 양도·양수 또는 이를 알선할 목적으로 하는 광고(각종 간행물·인쇄물·전화·인터넷, 그 밖의 매체를 통한 행위를 포함)를 하여서는 아니 되며, 누구든지 거짓이나 그 밖의 부정한 방법으로 이 법에 따라 건설·공급되는 증서나 지위 또는 주택을 공급받거나 공급받게 하여서는 아니 된다(법 제65조 제1항, 영 제74조 제1항).

① 주택을 공급받을 수 있는 조합원의 지위
② 입주자저축증서
③ 주택상환사채
④ 시장·군수·구청장이 발행한 무허가건물 확인서, 건물철거예정 증명서 또는 건물철거 확인서
⑤ 공공사업의 시행으로 인한 이주대책에 따라 주택을 공급받을 수 있는 지위 또는 이주대책대상자 확인서

72번 특수구조 건축물

[영역] 건축법 〉 총 칙

기출분석 난이도 上

건축법령상 특수구조 건축물의 특례에 관한 설명으로 옳은 것은? (단, 건축법령상 다른 특례 및 조례는 고려하지 않음)

① 건축 공사현장 안전관리예치금에 관한 규정을 강화하여 적용할 수 있다. (X) → 없다.

② 대지의 조경에 관한 규정을 변경하여 적용할 수 있다. (X) → 없다.

③ 한쪽 끝은 고정되고 다른 끝은 지지되지 아니한 구조로 된 차양이 외벽(외벽이 없는 경우에는 외곽 기둥을 말함)의 중심선으로부터 3m 이상 돌출된 건축물은 특수구조 건축물에 해당한다. (O)

④ 기둥과 기둥 사이의 거리(기둥의 중심선 사이의 거리를 말함)가 15m인 건축물은 특수구조 건축물로서 건축물 내진등급의 설정에 관한 규정을 강화하여 적용할 수 있다. (X) → 20m 이상

⑤ 특수구조 건축물을 건축하려는 건축주는 건축허가 신청 전에 허가권자에게 해당 건축물의 구조안전에 관하여 지방건축위원회의 심의를 신청하여야 한다. (X) → 착공신고를 하기 전에

정답 ③

핵심개념 특수구조 건축물

'특수구조 건축물'이란 다음의 어느 하나에 해당하는 건축물을 말한다.

① 한쪽 끝은 고정되고 다른 끝은 지지(支持)되지 아니한 구조로 된 보·차양 등이 외벽(외벽이 없는 경우에는 외곽기둥을 말한다)의 중심선으로부터 3m 이상 돌출된 건축물
② 기둥과 기둥 사이의 거리(기둥의 중심선 사이의 거리를 말하며, 기둥이 없는 경우에는 내력벽과 내력벽의 중심선 사이의 거리를 말한다. 이하 같다)가 20m 이상인 건축물
③ 특수한 설계·시공·공법 등이 필요한 건축물로서 국토교통부장관이 정하여 고시하는 구조로 된 건축물

73번 건축물의 대지

[영역] 건축법 〉 총 칙

기출분석 난이도 中

건축주 甲은 수면 위에 건축물을 건축하고자 한다. 건축법령상 그 건축물의 대지의 범위를 설정하기 곤란한 경우 甲이 허가권자에게 완화 적용을 요청할 수 없는 기준은? (단, 다른 조건과 조례는 고려하지 않음)

① 대지의 조경 (O)
② 공개공지등의 확보 (O)
③ 건축물의 높이 제한 (O)
④ 대지의 안전 (O)
⑤ 건축물 내진등급의 설정 (X)

정답 ⑤

핵심개념 적용의 완화

수면 위에 건축하는 건축물 등 대지의 범위를 설정하기 곤란한 경우에 법 제5조 제1항에 따라 완화하여 적용하는 건축물 및 기준은 다음과 같다(영 제6조 제1항 제1호).

① 법 제40조부터 제47조 : 대지의 안전 등, 토지 굴착 부분에 대한 조치 등, 대지의 조경, 공개공지등의 확보, 대지와 도로의 관계, 도로의 지정·폐지 또는 변경, 건축선의 지정, 건축선에 따른 건축 제한
② 법 제55조부터 제57조 : 건축물의 건폐율, 건축물의 용적률, 대지의 분할 제한
③ 법 제60조(건축물의 높이 제한) 및 법 제61조(일조 등의 확보를 위한 건축물의 높이 제한)

74번 건축허가의 제한

[영역] 건축법 〉 건축물의 건축 등

☑ 기출분석 난이도 中

건축법령상 건축허가 제한에 관한 설명으로 옳은 것은?

① 국방, 문화재보존 또는 국민경제를 위하여 특히 필요한 경우 주무부장관은 허가권자의 건축허가를 제한할 수 있다. (X) → 없다.

국방, 문화재보존 또는 국민경제를 위하여 특히 필요한 경우 주무부장관은 허가권자의 건축허가를 제한할 수 없고, 국토교통부장관에게 건축허가의 제한을 요청할 수 있다.

② 지역계획을 위하여 특히 필요한 경우 도지사는 특별자치시장의 건축허가를 제한할 수 있다. (X) → 없다.

지역계획을 위하여 특히 필요한 경우 도지사는 특별자치시장의 건축허가를 제한할 수 없고, 시장 · 군수의 건축허가를 제한할 수 있다.

③ 건축허가를 제한하는 경우 건축허가 제한기간은 2년 이내로 하며, 1회에 한하여 1년 이내의 범위에서 제한기간을 연장할 수 있다. (O)

④ 시·도지사가 건축허가를 제한하는 경우에는 「토지이용규제 기본법」에 따라 주민의견을 청취하거나 건축위원회의 심의를 거쳐야 한다. (X) → 청취한 후

⑤ 국토교통부장관은 건축허가를 제한하는 경우 제한 목적·기간, 대상 건축물의 용도와 대상 구역의 위치·면적·경계를 지체 없이 공고하여야 한다. (X)

→ 국토교통부장관은 건축허가를 제한하는 경우 제한 목적 · 기간, 대상 건축물의 용도와 대상 구역의 위치 · 면적 · 경계를 허가권자에게 통보하여야 하며, 통보를 받은 허가권자는 지체 없이 이를 공고하여야 한다.

정답 ③

핵심개념 건축허가 및 착공의 제한

1. 제한권자

① 국토교통부장관의 제한 : 국토교통부장관은 국토관리를 위하여 특히 필요하다고 인정하거나 주무부장관이 국방, 문화재보존, 환경보전 또는 국민경제를 위하여 특히 필요하다고 인정하여 요청하면 허가권자의 건축허가나 허가를 받은 건축물의 착공을 제한할 수 있다(법 제18조 제1항).

② 특별시장·광역시장·도지사의 제한 : 특별시장·광역시장·도지사는 지역계획이나 도시·군계획에 특히 필요하다고 인정하면 시장·군수·구청장의 건축허가나 허가를 받은 건축물의 착공을 제한할 수 있다. 특별시장·광역시장·도지사는 시장·군수·구청장의 건축허가나 건축물의 착공을 제한한 경우 즉시 국토교통부장관에게 보고하여야 하며, 보고를 받은 국토교통부장관은 제한 내용이 지나치다고 인정하면 해제를 명할 수 있다(법 제18조 제2항·제6항).

2. 제한절차

국토교통부장관이나 시·도지사는 건축허가나 건축허가를 받은 건축물의 착공을 제한하려는 경우에는 「토지이용규제 기본법」 제8조에 따라 주민의견을 청취한 후 건축위원회의 심의를 거쳐야 한다(법 제18조 제3항).

3. 제한기간

건축허가나 건축물의 착공을 제한하는 경우 제한기간은 2년 이내로 한다. 다만, 1회에 한하여 1년 이내의 범위에서 제한기간을 연장할 수 있다(법 제18조 제4항).

75번 건축신고

[영역] 건축법 〉 건축물의 건축 등

☑ 기출분석 난이도 中

건축주 甲은 A도 B시에서 연면적이 $100m^2$이고 2층인 건축물을 대수선하고자 건축법 제14조에 따른 신고(이하 '건축신고')**를 하려고 한다. 건축법령상 이에 관한 설명으로 옳은 것은?** (단, 건축법령상 특례 및 조례는 고려하지 않음)

① 甲이 대수선을 하기 전에 B시장에게 건축신고를 하면 건축허가를 받은 것으로 본다. (O)

② 건축신고를 한 甲이 공사시공자를 변경하려면 B시장에게 ~~허가를 받아야 한다~~. (X)
→ 신고하여야 한다.

③ B시장은 건축신고의 수리 전에 건축물 안전영향평가를 실시하여야 한다. (X)
→ B시장은 초고층 건축물 등 대통령령으로 정하는 주요 건축물에 대하여 건축허가를 하기 전에 안전영향평가를 안전영향평가기관에 의뢰하여 실시하여야 한다.

④ 건축신고를 한 甲이 신고일부터 ~~6개월~~ 이내에 공사에 착수하지 아니하면 그 신고의 효력은 없어진다. (X) → 1년

⑤ 건축신고를 한 甲은 건축물의 공사가 끝난 후 ~~사용승인 신청 없이~~ 건축물을 사용할 수 있다. (X) → 사용승인을 받은 후에

정답 ①

핵심개념 신고대상 건축물

(1) 허가대상 건축물이라 하더라도 다음의 건축신고대상 중 어느 하나에 해당하는 경우에는 미리 특별자치시장·특별자치도지사 또는 시장·군수·구청장에게 국토교통부령으로 정하는 바에 따라 신고를 하면 건축허가를 받은 것으로 본다(법 제14조 제1항, 영 제11조).

> ① 바닥면적의 합계가 85m² 이내의 증축·개축 또는 재축. 다만, 3층 이상 건축물인 경우에는 증축·개축 또는 재축하려는 부분의 바닥면적의 합계가 건축물 연면적의 10분의 1 이내인 경우로 한정한다.
> ② 연면적이 200m² 미만이고 3층 미만인 건축물의 대수선
> ③ 주요구조부의 해체가 없는 등 대통령령으로 정하는 다음의 대수선
> ㉠ 내력벽의 면적을 30m² 이상 수선하는 것
> ㉡ 기둥을 세 개 이상 수선하는 것
> ㉢ 보를 세 개 이상 수선하는 것
> ㉣ 지붕틀을 세 개 이상 수선하는 것
> ㉤ 방화벽 또는 방화구획을 위한 바닥 또는 벽을 수선하는 것
> ㉥ 주계단·피난계단 또는 특별피난계단을 수선하는 것
> ④ 그 밖에 소규모 건축물로서 대통령령이 정하는 다음의 건축물의 건축
> ㉠ 연면적의 합계가 100m² 이하인 건축물
> ㉡ 건축물의 높이를 3m 이하의 범위에서 증축하는 건축물

(2) 건축신고를 한 자가 신고일부터 1년 이내에 공사에 착수하지 아니하면 그 신고의 효력은 없어진다. 다만, 건축주의 요청에 따라 허가권자가 정당한 사유가 있다고 인정하면 1년의 범위에서 착수기한을 연장할 수 있다(법 제14조 제5항).

76번 건축물대장

[영역] 건축법 〉 건축물의 건축 등

기출분석 난이도 中

건축법령상 건축물대장에 건축물과 그 대지의 현황 및 건축물의 구조내력에 관한 정보를 적어서 보관하고 이를 지속적으로 정비하여야 하는 경우를 모두 고른 것은? (단, 가설건축물은 제외함)

ㄱ. 허가권자가 건축물의 사용승인서를 내준 경우 (O)
ㄴ. 건축허가 또는 건축신고 대상 건축물 외의 건축물의 공사가 끝난 후 기재 요청이 있는 경우 (O)
ㄷ. 「집합건물의 소유 및 관리에 관한 법률」에 따른 건축물대장의 신규등록 신청이 있는 경우 (O)

① ㄱ
② ㄴ
③ ㄱ, ㄷ
④ ㄴ, ㄷ
⑤ ㄱ, ㄴ, ㄷ

정답 ⑤

핵심개념 건축물대장

특별자치시장·특별자치도지사 또는 시장·군수·구청장은 건축물의 소유·이용 및 유지·관리 상태를 확인하거나 건축정책의 기초 자료로 활용하기 위하여 다음의 어느 하나에 해당하면 건축물대장에 건축물과 그 대지의 현황 및 건축물의 구조내력(構造耐力)에 관한 정보를 적어서 보관하고 이를 지속적으로 정비하여야 한다(법 제38조 제1항, 영 제25조).

① 허가권자가 건축물의 사용승인서를 내준 경우
② 건축허가 또는 건축신고 대상 건축물 외의 건축물의 공사를 끝낸 후 기재를 요청한 경우
③ 「집합건물의 소유 및 관리에 관한 법률」에 따른 건축물대장의 신규등록 및 변경등록의 신청이 있는 경우

77번 특별건축구역

[영역] 건축법 〉 특별건축구역, 건축협정 등, 보칙 및 벌칙

☑ 기출분석 난이도 中

건축법령상 특별건축구역에 관한 설명으로 옳은 것은?

① ~~국토교통부장관은~~ 지방자치단체가 국제행사 등을 개최하는 지역의 사업구역을 특별건축구역으로 지정할 수 있다. (X) → 시 · 도지사는

② 「도로법」에 따른 접도구역은 특별건축구역으로 지정될 수 없다. (O)

③ 특별건축구역에서의 건축기준의 특례사항은 지방자치단체가 건축하는 건축물에는 적용~~되지 않는다~~. (X) → 된다.

특별건축구역에서 국가 또는 지방자치단체가 건축하는 건축물에는 건축기준의 특례사항을 적용하여 건축할 수 있다.

④ 특별건축구역에서 「주차장법」에 따른 부설주차장의 설치에 관한 규정은 개별 건축물마다 적용하여야 한다. (X)

→ 특별건축구역에서 「주차장법」에 따른 부설주차장의 설치에 관한 규정은 개별 건축물마다 적용하지 아니하고 특별건축구역의 전부 또는 일부를 대상으로 통합하여 적용할 수 있다.

⑤ 특별건축구역을 지정한 경우에는 「국토의 계획 및 이용에 관한 법률」에 따른 용도지역 · 지구 · 구역의 지정이 있는 것으로 ~~본다~~. (X) → 보지 않는다.

정답 ②

핵심개념 **특별건축구역의 지정대상지역**

(1) 국토교통부장관 또는 시·도지사는 다음의 구분에 따라 도시나 지역의 일부가 특별건축구역으로 특례 적용이 필요하다고 인정하는 경우에는 특별건축구역을 지정할 수 있다(법 제69조 제1항).

① 국토교통부장관이 지정하는 경우(영 제105조 제1항)

> ㉠ 국가가 국제행사 등을 개최하는 도시 또는 지역의 사업구역
> ㉡ 「신행정수도 후속대책을 위한 연기·공주지역 행정중심복합도시 건설을 위한 특별법」에 따른 행정중심복합도시의 사업구역
> ㉢ 「혁신도시 조성 및 발전에 관한 특별법」에 따른 혁신도시의 사업구역
> ㉣ 「경제자유구역의 지정 및 운영에 관한 특별법」에 따라 지정된 경제자유구역
> ㉤ 「택지개발촉진법」에 따른 택지개발사업구역
> ㉥ 「공공주택 특별법」에 따른 공공주택지구
> ㉦ 「도시개발법」에 따른 도시개발구역

② 시·도지사가 지정하는 경우(영 제105조 제3항)

> ㉠ 지방자치단체가 국제행사 등을 개최하는 도시 또는 지역의 사업구역
> ㉡ 관계 법령에 따른 도시개발·도시재정비 및 건축문화 진흥사업으로서 건축물 또는 공간환경을 조성하기 위하여 대통령령으로 정하는 사업구역
> ㉢ 건축문화 진흥을 위하여 국토교통부령으로 정하는 건축물 또는 공간환경을 조성하는 지역

(2) 다음의 어느 하나에 해당하는 지역·구역 등에 대하여는 특별건축구역으로 지정할 수 없다(법 제69조 제2항).

> ① 「개발제한구역의 지정 및 관리에 관한 특별조치법」에 따른 개발제한구역
> ② 「자연공원법」에 따른 자연공원
> ③ 「도로법」에 따른 접도구역
> ④ 「산지관리법」에 따른 보전산지

78번 건축분쟁전문위원회

[영역] 건축법 〉 특별건축구역, 건축협정 등, 보칙 및 벌칙

기출분석 난이도 中

건축법령상 건축 등과 관련된 분쟁으로서 건축분쟁전문위원회의 조정 및 재정의 대상이 되는 것은? (단, 건설산업기본법 제69조에 따른 조정의 대상이 되는 분쟁은 고려하지 않음)

① '건축주'와 '건축신고수리자' 간의 분쟁 (X)
② '공사시공자'와 '건축지도원' 간의 분쟁 (X)
③ '건축허가권자'와 '공사감리자' 간의 분쟁 (X)
④ '관계전문기술자'와 '해당 건축물의 건축 등으로 피해를 입은 인근주민' 간의 분쟁 (O)
⑤ '건축허가권자'와 '해당 건축물의 건축 등으로 피해를 입은 인근주민' 간의 분쟁 (X)

정답 ④

핵심개념 건축분쟁전문위원회의 조정 및 재정의 대상(법 제88조 제1항)

① 건축관계자와 해당 건축물의 건축 등으로 피해를 입은 인근주민(이하 '인근주민'이라 한다) 간의 분쟁
② 관계전문기술자와 인근주민 간의 분쟁
③ 건축관계자와 관계전문기술자 간의 분쟁
④ 건축관계자 간의 분쟁
⑤ 인근주민 간의 분쟁
⑥ 관계전문기술자 간의 분쟁

79번 농지취득자격증명

[영역] 농지법 〉 농지의 소유

기출분석 난이도 下

농지법령상 농지취득자격증명을 발급받지 아니하고 농지를 취득할 수 있는 경우가 아닌 것은?

① 시효의 완성으로 농지를 취득하는 경우 (O)
② 공유 농지의 분할로 농지를 취득하는 경우 (O)
③ 농업법인의 합병으로 농지를 취득하는 경우 (O)
④ 국가나 지방자치단체가 농지를 소유하는 경우 (O)
⑤ 주말·체험영농을 하려고 농업진흥지역 외의 농지를 소유하는 경우 (X)

정답 ⑤

핵심개념 농지취득자격증명 발급대상의 예외

다음의 어느 하나에 해당하면 농지취득자격증명을 발급받지 아니하고 농지를 취득할 수 있다(법 제8조 제1항 단서)

① 국가나 지방자치단체가 농지를 소유하는 경우
② 상속[상속인에게 한 유증(遺贈)을 포함]으로 농지를 취득하여 소유하는 경우
③ 담보농지를 취득하여 소유하는 경우
④ 농지전용협의를 마친 농지를 소유하는 경우
⑤ 다음의 어느 하나에 해당하는 경우
  ㉠ 「한국농어촌공사 및 농지관리기금법」에 따라 한국농어촌공사가 농지를 취득하여 소유하는 경우
  ㉡ 「농어촌정비법」에 따라 농지를 취득하여 소유하는 경우
  ㉢ 「공유수면 관리 및 매립에 관한 법률」에 따라 매립농지를 취득하여 소유하는 경우
  ㉣ 토지수용으로 농지를 취득하여 소유하는 경우
  ㉤ 농림축산식품부장관과 협의를 마치고 「공익사업을 위한 토지 등의 취득 및 보상에 관한 법률」에 따라 농지를 취득하여 소유하는 경우
⑥ 농업법인의 합병으로 농지를 취득하는 경우
⑦ 공유농지의 분할이나 그 밖에 대통령령으로 정하는 다음의 원인으로 농지를 취득하는 경우(영 제6조)
  ㉠ 시효의 완성으로 농지를 취득하는 경우
  ㉡ 「징발재산정리에 관한 특별조치법」, 「공익사업을 위한 토지 등의 취득 및 보상에 관한 법률」에 따른 환매권자가 환매권에 따라 농지를 취득하는 경우
  ㉢ 「국가보위에 관한 특별조치법 제5조제4항에 의한 동원대상지역 내의 토지의 수용·사용에 관한 특별조치령에 의하여 수용·사용된 토지의 정리에 관한 특별조치법」에 따른 환매권자 등이 환매권 등에 따라 농지를 취득하는 경우
  ㉣ 농지이용증진사업 시행계획에 따라 농지를 취득하는 경우

80번 대리경작자

[영역] 농지법 〉 농지의 이용

☑ 기출분석 난이도 中

농지법령상 유휴농지에 대한 대리경작자의 지정에 관한 설명으로 옳은 것은?

① 지력의 증진이나 토양의 개량·보전을 위하여 필요한 기간 동안 휴경하는 농지에 대하여도 대리경작자를 지정할 수 있다. (X) → 없다.

② 대리경작자 지정은 유휴농지를 경작하려는 농업인 또는 농업법인의 신청이 있을 때에만 할 수 있고, 직권으로는 할 수 없다. (X)

→ 대리경작자 지정은 시장 · 군수 또는 구청장이 직권으로 지정하거나 유휴농지를 경작하려는 농업인 또는 농업법인의 신청을 받아 지정할 수 있다.

③ 대리경작자가 경작을 게을리하는 경우에는 대리경작기간이 끝나기 전이라도 대리경작자 지정을 해지할 수 있다. (O)

④ 대리경작기간은 3년이고, 이와 다른 기간을 따로 정할 수 없다. (X) → 있다.

대리경작기간은 3년으로 하되, 그 기간을 따로 정할 수 있다.

⑤ 농지 소유권자를 대신할 대리경작자만 지정할 수 있고, 농지 임차권자를 대신할 대리경작자를 지정할 수는 없다. (X)

→ 농지 소유권자나 임차권자를 대신하여 대리경작자를 지정할 수 있다.

정답 ③

☑ 핵심개념 대리경작자

1. 대리경작자의 지정

시장·군수 또는 구청장은 유휴농지(농작물 경작이나 다년생식물 재배에 이용되지 아니하는 농지로서 대통령령으로 정하는 농지를 말한다)에 대하여 대통령령으로 정하는 바에 따라 그 농지의 소유권자나 임차권자를 대신하여 농작물을 경작할 자(이하 '대리경작자'라 한다)를 직권으로 지정하거나 농림축산식품부령으로 정하는 바에 따라 유휴농지를 경작하려는 자의 신청을 받아 대리경작자를 지정할 수 있다(법 제20조 제1항).

> ■ 유휴농지의 범위에서 제외되는 농지(영 제18조)
> 1. 지력의 증진이나 토양의 개량·보전을 위하여 필요한 기간 동안 휴경하는 농지
> 2. 연작으로 인하여 피해가 예상되는 재배작물의 경작 또는 재배 전후에 지력의 증진 또는 회복을 위하여 필요한 기간 동안 휴경하는 농지
> 3. 농지전용허가를 받거나 농지전용협의(다른 법률에 따라 농지전용허가가 의제되는 협의를 포함)를 거친 농지
> 4. 농지전용신고를 한 농지
> 5. 농지의 타용도 일시사용허가를 받거나 협의를 거친 농지
> 6. 농지의 타용도 일시사용신고를 하거나 협의를 거친 농지

2. 대리경작기간

대리경작기간은 따로 정하지 아니하면 3년으로 한다(법 제20조 제3항).

3. 대리경작자의 의무

대리경작자는 수확량의 100분의 10을 대리경작농지에서 경작한 농작물의 수확일부터 2월 이내에 토지사용료를 해당 농지의 소유권 또는 임차권을 가진 자에게 지급하여야 한다. 이 경우 수령을 거부하거나 지급이 곤란한 경우에는 토지사용료를 공탁할 수 있다(법 제20조 제4항, 규칙 제18조 제1항).

4. 지정의 해지

① 기간만료에 의한 해지 : 대리경작 농지의 소유권자 또는 임차권자가 그 농지를 스스로 경작하려면 대리경작기간이 끝나기 3개월 전까지, 그 대리경작기간이 끝난 후에는 대리경작자 지정을 중지할 것을 농림축산식품부령으로 정하는 바에 따라 시장·군수 또는 구청장에게 신청하여야 하며, 신청을 받은 시장·군수 또는 구청장은 신청을 받은 날부터 1개월 이내에 대리경작자 지정 중지를 그 대리경작자와 그 농지의 소유권자 또는 임차권자에게 알려야 한다(법 제20조 제5항).

② 기간만료 전의 해지 : 시장·군수 또는 구청장은 다음의 어느 하나에 해당하면 대리경작기간이 끝나기 전이라도 대리경작자 지정을 해지할 수 있다(법 제20조 제6항, 영 제21조).

> ㉠ 대리경작 농지의 소유권자나 임차권자가 정당한 사유를 밝히고 지정해지 신청을 하는 경우
> ㉡ 대리경작자가 경작을 게을리하는 경우
> ㉢ 대리경작자로 지정된 자가 토지사용료를 지급 또는 공탁하지 아니하는 경우
> ㉣ 대리경작자로 지정된 자가 대리경작자의 지정해지를 신청하는 경우

memo

2022 공인중개사 2차 출제예상문제집+필수기출 부동산공법

발 행 일 2022년 5월 16일 초판
편 저 자 김희상
펴 낸 이 권대호
펴 낸 곳 (주)에듀윌
등록번호 제25100-2002-000052호
주 소 08378 서울특별시 구로구 디지털로34길 55
코오롱싸이언스밸리 2차 3층

ISBN 979-11-360-1749-9
979-11-360-1737-6 (2차 세트)

www.eduwill.net
대표전화 1600-6700

여러분의 작은 소리
에듀윌은 크게 듣겠습니다.

본 교재에 대한 여러분의 목소리를 들려주세요.
공부하시면서 어려웠던 점, 궁금한 점,
칭찬하고 싶은 점, 개선할 점, 어떤 것이라도 좋습니다.

에듀윌은 여러분께서 나누어 주신 의견을
통해 끊임없이 발전하고 있습니다.

에듀윌 도서몰 book.eduwill.net
- 부가학습자료 및 정오표: 에듀윌 도서몰 → 도서자료실
- 교재 문의: 에듀윌 도서몰 → 문의하기 → 교재(내용, 출간) / 주문 및 배송

제32회
기출분석집

제32회 기출분석집

고객의 꿈, 직원의 꿈, 지역사회의 꿈을 실현한다

펴낸곳 (주)에듀윌 **펴낸이** 권대호 **출판총괄** 김형석
개발책임 윤대권, 양은숙 **개발** 오세미, 박하영, 김슬기, 정명화
주소 서울시 구로구 디지털로34길 55 코오롱싸이언스밸리 2차 3층
대표번호 1600-6700 **등록번호** 제25100-2002-000052호

에듀윌 도서몰 book.eduwill.net
• 부가학습자료 및 정오표: 에듀윌 도서몰 → 도서자료실
• 교재 문의: 에듀윌 도서몰 → 문의하기 → 교재(내용, 출간) / 주문 및 배송

에듀윌 직영학원에서 합격을 수강하세요

지점	전화번호	위치
서울 강남	02)6338-0600	강남역 1번 출구
서울 노량진	02)815-0600	대방역 2번 출구
서울 노원	02)3391-5600	노원역 9번 출구
서울 종로	02)6367-0600	동묘앞역 7번 출구
서울 천호	02)6314-0600	천호역 6번 출구
서울 신림	02)6269-0600	신림역 7번 출구
서울 홍대	02)6749-0600	홍대입구역 4번 출구
서울 발산	02)6091-0600	발산역 4번 출구
인천 부평	032)523-0500	부평역 지하상가 31번 출구
경기 부천	032)326-0100	상동역 3번 출구
경기 수원	031)813-0600	수원역 지하상가 13번 출구
경기 성남	031)602-0300	모란역 2번 출구
경기 평촌	031)346-0600	범계역 3번 출구
경기 일산	031)817-0600	마두역 1번 출구
경기 안산	031)505-0200	한대앞역 2번 출구
경기 김포LIVE	031)991-0600	사우역(골드라인) 3번 출구
대전	042)331-0700	서대전네거리역 4번 출구
광주	062)453-0600	상무역 5번 출구
대구	053)216-0600	반월당역 12번 출구
부산 서면	051)923-0600	전포역 7번 출구
부산 해운대	051)925-0600	장산역 4번 출구

에듀윌의 상징 노란색의 환한 학원 입구

언제나 전문 학습 매니저와 상담이 가능한 안내데스크

고품질 영상 및 음향 장비를 갖춘 최고의 강의실

재충전을 위한 카페 분위기의 아늑한 휴게실

넉넉한 수납 공간의 개인사물함

2022 대한민국 브랜드만족도 공인중개사 교육 1위 (한경비즈니스)

회독용 정답표

활 용 방 법

- 교재에 정답을 바로 체크하지 말고, 본 정답표를 활용하여 여러 번 풀어보세요.
- 오지선다 뿐만 아니라 보기지문까지 본 정답표에 표기해보세요.
- 체크 칸에는 문제를 풀면서 정확히 알고 풀었으면 ○, 찍었거나 헷갈리면 △, 전혀 모르면 ×로 표시하세요.
- 파트별 실력점검표와 함께 활용하여 취약 단원을 파악하고, 보완하세요.

회독용 정답표는 [에듀윌 도서몰 > 도서자료실 > 부가학습자료]에서 다운받아 추가로 사용하실 수 있습니다.

PART 1 국토의 계획 및 이용에 관한 법률

CHAPTER 01 총칙

번 호	오지선다	보기지문	체 크	번 호	오지선다	보기지문	체 크
예 시	① ② ③ ● ⑤	㉠ ㉡ ● ● ㉤	○	04	① ② ③ ④ ⑤		
01	① ② ③ ④ ⑤			05	① ② ③ ④ ⑤		
02	① ② ③ ④ ⑤			06	① ② ③ ④ ⑤		
03	① ② ③ ④ ⑤			07	① ② ③ ④ ⑤		

CHAPTER 02 광역도시계획

번 호	오지선다	보기지문	체 크	번 호	오지선다	보기지문	체 크
01	① ② ③ ④ ⑤			05	① ② ③ ④ ⑤		
02	① ② ③ ④ ⑤			06	① ② ③ ④ ⑤		
03	① ② ③ ④ ⑤			07	① ② ③ ④ ⑤		
04	① ② ③ ④ ⑤						

CHAPTER 03 도시 · 군기본계획

번 호	오지선다	보기지문	체 크	번 호	오지선다	보기지문	체 크
01	① ② ③ ④ ⑤			05	① ② ③ ④ ⑤		
02	① ② ③ ④ ⑤			06	① ② ③ ④ ⑤		
03	① ② ③ ④ ⑤			07	① ② ③ ④ ⑤		
04	① ② ③ ④ ⑤			08	① ② ③ ④ ⑤		

번 호	오지선다	보기지문	체 크	번 호	오지선다	보기지문	체 크
01	① ② ③ ④ ⑤			39	① ② ③ ④ ⑤		
02	① ② ③ ④ ⑤			40	① ② ③ ④ ⑤		
03	① ② ③ ④ ⑤			41	① ② ③ ④ ⑤		
04	① ② ③ ④ ⑤			42	① ② ③ ④ ⑤		
05	① ② ③ ④ ⑤			43	① ② ③ ④ ⑤		
06	① ② ③ ④ ⑤			44	① ② ③ ④ ⑤		
07	① ② ③ ④ ⑤			45	① ② ③ ④ ⑤		
08	① ② ③ ④ ⑤			46	① ② ③ ④ ⑤		
09	① ② ③ ④ ⑤			47	① ② ③ ④ ⑤		
10	① ② ③ ④ ⑤			48	① ② ③ ④ ⑤		
11	① ② ③ ④ ⑤			49	① ② ③ ④ ⑤		
12	① ② ③ ④ ⑤			50	① ② ③ ④ ⑤		
13	① ② ③ ④ ⑤			51	① ② ③ ④ ⑤		
14	① ② ③ ④ ⑤			52	① ② ③ ④ ⑤		
15	① ② ③ ④ ⑤			53	① ② ③ ④ ⑤	㉠ ㉡ ㉢ ㉣	
16	① ② ③ ④ ⑤			54	① ② ③ ④ ⑤		
17	① ② ③ ④ ⑤			55	① ② ③ ④ ⑤		
18	① ② ③ ④ ⑤			56	① ② ③ ④ ⑤		
19	① ② ③ ④ ⑤			57	① ② ③ ④ ⑤	㉠ ㉡ ㉢ ㉣ ㉤	
20	① ② ③ ④ ⑤	㉠ ㉡ ㉢ ㉣		58	① ② ③ ④ ⑤		
21	① ② ③ ④ ⑤			59	① ② ③ ④ ⑤		
22	① ② ③ ④ ⑤			60	① ② ③ ④ ⑤		
23	① ② ③ ④ ⑤			61	① ② ③ ④ ⑤		
24	① ② ③ ④ ⑤			62	① ② ③ ④ ⑤		
25	① ② ③ ④ ⑤			63	① ② ③ ④ ⑤		
26	① ② ③ ④ ⑤			64	① ② ③ ④ ⑤		
27	① ② ③ ④ ⑤	㉠ ㉡ ㉢ ㉣		65	① ② ③ ④ ⑤		
28	① ② ③ ④ ⑤			66	① ② ③ ④ ⑤		
29	① ② ③ ④ ⑤			67	① ② ③ ④ ⑤		
30	① ② ③ ④ ⑤			68	① ② ③ ④ ⑤		
31	① ② ③ ④ ⑤			69	① ② ③ ④ ⑤		
32	① ② ③ ④ ⑤			70	① ② ③ ④ ⑤		
33	① ② ③ ④ ⑤	㉠ ㉡ ㉢ ㉣ ㉤		71	① ② ③ ④ ⑤		
34	① ② ③ ④ ⑤			72	① ② ③ ④ ⑤		
35	① ② ③ ④ ⑤			73	① ② ③ ④ ⑤		
36	① ② ③ ④ ⑤			74	① ② ③ ④ ⑤		
37	① ② ③ ④ ⑤			75	① ② ③ ④ ⑤		
38	① ② ③ ④ ⑤			76	① ② ③ ④ ⑤		

번 호	오지선다	보기지문	체 크	번 호	오지선다	보기지문	체 크
77	① ② ③ ④ ⑤			84	① ② ③ ④ ⑤		
78	① ② ③ ④ ⑤			85	① ② ③ ④ ⑤		
79	① ② ③ ④ ⑤			86	① ② ③ ④ ⑤		
80	① ② ③ ④ ⑤			87	① ② ③ ④ ⑤		
81	① ② ③ ④ ⑤			88	① ② ③ ④ ⑤		
82	① ② ③ ④ ⑤			89	① ② ③ ④ ⑤		
83	① ② ③ ④ ⑤						

CHAPTER 05 개발행위의 허가 등

번 호	오지선다	보기지문	체 크	번 호	오지선다	보기지문	체 크
01	① ② ③ ④ ⑤			12	① ② ③ ④ ⑤		
02	① ② ③ ④ ⑤			13	① ② ③ ④ ⑤		
03	① ② ③ ④ ⑤			14	① ② ③ ④ ⑤		
04	① ② ③ ④ ⑤			15	① ② ③ ④ ⑤		
05	① ② ③ ④ ⑤			16	① ② ③ ④ ⑤		
06	① ② ③ ④ ⑤			17	① ② ③ ④ ⑤		
07	① ② ③ ④ ⑤			18	① ② ③ ④ ⑤		
08	① ② ③ ④ ⑤			19	① ② ③ ④ ⑤		
09	① ② ③ ④ ⑤			20	① ② ③ ④ ⑤		
10	① ② ③ ④ ⑤			21	① ② ③ ④ ⑤		
11	① ② ③ ④ ⑤			22	① ② ③ ④ ⑤		

CHAPTER 06 보칙 및 벌칙

번 호	오지선다	보기지문	체 크	번 호	오지선다	보기지문	체 크
01	① ② ③ ④ ⑤			05	① ② ③ ④ ⑤		
02	① ② ③ ④ ⑤			06	① ② ③ ④ ⑤		
03	① ② ③ ④ ⑤			07	① ② ③ ④ ⑤		
04	① ② ③ ④ ⑤			08	① ② ③ ④ ⑤		

PART 1 실력점검표

CHAPTER	○ 문항 수	△ 문항 수	× 문항 수	총 문항 수
01 총 칙				/ 7
02 광역도시계획				/ 7
03 도시 · 군기본계획				/ 8
04 도시 · 군관리계획				/89
05 개발행위의 허가 등				/22
06 보칙 및 벌칙				/ 8

나의 취약 단원

PART 2 도시개발법

CHAPTER 01 개발계획의 수립 및 도시개발구역의 지정

번 호	오지선다	보기지문	체 크	번 호	오지선다	보기지문	체 크
01	① ② ③ ④ ⑤			12	① ② ③ ④ ⑤		
02	① ② ③ ④ ⑤			13	① ② ③ ④ ⑤		
03	① ② ③ ④ ⑤			14	① ② ③ ④ ⑤		
04	① ② ③ ④ ⑤			15	① ② ③ ④ ⑤		
05	① ② ③ ④ ⑤			16	① ② ③ ④ ⑤		
06	① ② ③ ④ ⑤			17	① ② ③ ④ ⑤		
07	① ② ③ ④ ⑤			18	① ② ③ ④ ⑤		
08	① ② ③ ④ ⑤			19	① ② ③ ④ ⑤		
09	① ② ③ ④ ⑤			20	① ② ③ ④ ⑤		
10	① ② ③ ④ ⑤			21	① ② ③ ④ ⑤		
11	① ② ③ ④ ⑤						

CHAPTER 02 도시개발사업의 시행자 및 실시계획

번 호	오지선다	보기지문	체 크	번 호	오지선다	보기지문	체 크
01	① ② ③ ④ ⑤			09	① ② ③ ④ ⑤		
02	① ② ③ ④ ⑤			10	① ② ③ ④ ⑤		
03	① ② ③ ④ ⑤			11	① ② ③ ④ ⑤		
04	① ② ③ ④ ⑤			12	① ② ③ ④ ⑤		
05	① ② ③ ④ ⑤	㉠ ㉡ ㉢ ㉣ ㉤ ㉥		13	① ② ③ ④ ⑤	㉠ ㉡ ㉢ ㉣	
06	① ② ③ ④ ⑤			14	① ② ③ ④ ⑤		
07	① ② ③ ④ ⑤			15	① ② ③ ④ ⑤		
08	① ② ③ ④ ⑤			16	① ② ③ ④ ⑤		

CHAPTER 03 도시개발사업의 시행

번 호	오지선다	보기지문	체 크	번 호	오지선다	보기지문	체 크
01	① ② ③ ④ ⑤	㉠ ㉡ ㉢ ㉣		12	① ② ③ ④ ⑤		
02	① ② ③ ④ ⑤			13	① ② ③ ④ ⑤		
03	① ② ③ ④ ⑤			14	① ② ③ ④ ⑤		
04	① ② ③ ④ ⑤			15	① ② ③ ④ ⑤		
05	① ② ③ ④ ⑤			16	① ② ③ ④ ⑤		
06	① ② ③ ④ ⑤			17	① ② ③ ④ ⑤		
07	① ② ③ ④ ⑤			18	① ② ③ ④ ⑤		
08	① ② ③ ④ ⑤			19	① ② ③ ④ ⑤		
09	① ② ③ ④ ⑤			20	① ② ③ ④ ⑤		
10	① ② ③ ④ ⑤			21	① ② ③ ④ ⑤		
11	① ② ③ ④ ⑤			22	① ② ③ ④ ⑤		

23	① ② ③ ④ ⑤			27	① ② ③ ④ ⑤		
24	① ② ③ ④ ⑤			28	① ② ③ ④ ⑤		
25	① ② ③ ④ ⑤			29	① ② ③ ④ ⑤		
26	① ② ③ ④ ⑤			30	① ② ③ ④ ⑤		

CHAPTER 04 **비용부담 등**

번 호	오지선다	보기지문	체 크	번 호	오지선다	보기지문	체 크
01	① ② ③ ④ ⑤			03	① ② ③ ④ ⑤		
02	① ② ③ ④ ⑤			04	① ② ③ ④ ⑤	㉠ ㉡ ㉢	

PART 2 실력점검표

CHAPTER	○ 문항 수	△ 문항 수	× 문항 수	총 문항 수
01 개발계획의 수립 및 도시개발구역의 지정				/21
02 도시개발사업의 시행자 및 실시계획				/16
03 도시개발사업의 시행				/30
04 비용부담 등				/ 4

나의 취약 단원

PART 3 도시 및 주거환경정비법

CHAPTER 01 총 칙

번 호	오지선다	보기지문	체 크	번 호	오지선다	보기지문	체 크
01	① ② ③ ④ ⑤			04	① ② ③ ④ ⑤		
02	① ② ③ ④ ⑤			05	① ② ③ ④ ⑤		
03	① ② ③ ④ ⑤						

CHAPTER 02 기본계획의 수립 및 정비구역의 지정

번 호	오지선다	보기지문	체 크	번 호	오지선다	보기지문	체 크
01	① ② ③ ④ ⑤			07	① ② ③ ④ ⑤		
02	① ② ③ ④ ⑤			08	① ② ③ ④ ⑤		
03	① ② ③ ④ ⑤			09	① ② ③ ④ ⑤		
04	① ② ③ ④ ⑤			10	① ② ③ ④ ⑤		
05	① ② ③ ④ ⑤			11	① ② ③ ④ ⑤	㉠ ㉡ ㉢ ㉣	
06	① ② ③ ④ ⑤			12	① ② ③ ④ ⑤		

CHAPTER 03 정비사업의 시행

번 호	오지선다	보기지문	체 크	번 호	오지선다	보기지문	체 크
01	① ② ③ ④ ⑤			22	① ② ③ ④ ⑤		
02	① ② ③ ④ ⑤	㉠ ㉡ ㉢ ㉣		23	① ② ③ ④ ⑤		
03	① ② ③ ④ ⑤	㉠ ㉡ ㉢		24	① ② ③ ④ ⑤		
04	① ② ③ ④ ⑤			25	① ② ③ ④ ⑤		
05	① ② ③ ④ ⑤			26	① ② ③ ④ ⑤		
06	① ② ③ ④ ⑤			27	① ② ③ ④ ⑤		
07	① ② ③ ④ ⑤			28	① ② ③ ④ ⑤		
08	① ② ③ ④ ⑤			29	① ② ③ ④ ⑤		
09	① ② ③ ④ ⑤			30	① ② ③ ④ ⑤		
10	① ② ③ ④ ⑤			31	① ② ③ ④ ⑤		
11	① ② ③ ④ ⑤			32	① ② ③ ④ ⑤		
12	① ② ③ ④ ⑤			33	① ② ③ ④ ⑤		
13	① ② ③ ④ ⑤			34	① ② ③ ④ ⑤		
14	① ② ③ ④ ⑤			35	① ② ③ ④ ⑤		
15	① ② ③ ④ ⑤			36	① ② ③ ④ ⑤		
16	① ② ③ ④ ⑤			37	① ② ③ ④ ⑤		
17	① ② ③ ④ ⑤			38	① ② ③ ④ ⑤		
18	① ② ③ ④ ⑤			39	① ② ③ ④ ⑤		
19	① ② ③ ④ ⑤			40	① ② ③ ④ ⑤		
20	① ② ③ ④ ⑤			41	① ② ③ ④ ⑤		
21	① ② ③ ④ ⑤			42	① ② ③ ④ ⑤		

43	① ② ③ ④ ⑤		49	① ② ③ ④ ⑤	㉠ ㉡ ㉢	
44	① ② ③ ④ ⑤	㉠ ㉡ ㉢	50	① ② ③ ④ ⑤		
45	① ② ③ ④ ⑤		51	① ② ③ ④ ⑤		
46	① ② ③ ④ ⑤		52	① ② ③ ④ ⑤		
47	① ② ③ ④ ⑤		53	① ② ③ ④ ⑤		
48	① ② ③ ④ ⑤		54	① ② ③ ④ ⑤		

PART 3 실력점검표

CHAPTER	○ 문항 수	△ 문항 수	× 문항 수	총 문항 수
01 총 칙				/ 5
02 기본계획의 수립 및 정비구역의 지정				/12
03 정비사업의 시행				/54

나의 취약 단원

PART 4 건축법

CHAPTER 01 총 칙

번 호	오지선다	보기지문	체 크	번 호	오지선다	보기지문	체 크
01	① ② ③ ④ ⑤			14	① ② ③ ④ ⑤		
02	① ② ③ ④ ⑤			15	① ② ③ ④ ⑤		
03	① ② ③ ④ ⑤	㉠ ㉡ ㉢ ㉣		16	① ② ③ ④ ⑤		
04	① ② ③ ④ ⑤			17	① ② ③ ④ ⑤		
05	① ② ③ ④ ⑤			18	① ② ③ ④ ⑤		
06	① ② ③ ④ ⑤			19	① ② ③ ④ ⑤		
07	① ② ③ ④ ⑤			20	① ② ③ ④ ⑤		
08	① ② ③ ④ ⑤			21	① ② ③ ④ ⑤		
09	① ② ③ ④ ⑤			22	① ② ③ ④ ⑤	㉠ ㉡ ㉢ ㉣ ㉤	
10	① ② ③ ④ ⑤			23	① ② ③ ④ ⑤		
11	① ② ③ ④ ⑤			24	① ② ③ ④ ⑤		
12	① ② ③ ④ ⑤			25	① ② ③ ④ ⑤		
13	① ② ③ ④ ⑤	㉠ ㉡ ㉢ ㉣					

CHAPTER 02 건축물의 건축 등

번 호	오지선다	보기지문	체 크	번 호	오지선다	보기지문	체 크
01	① ② ③ ④ ⑤			10	① ② ③ ④ ⑤		
02	① ② ③ ④ ⑤			11	① ② ③ ④ ⑤		
03	① ② ③ ④ ⑤			12	① ② ③ ④ ⑤		
04	① ② ③ ④ ⑤			13	① ② ③ ④ ⑤		
05	① ② ③ ④ ⑤	㉠ ㉡ ㉢		14	① ② ③ ④ ⑤		
06	① ② ③ ④ ⑤			15	① ② ③ ④ ⑤		
07	① ② ③ ④ ⑤			16	① ② ③ ④ ⑤		
08	① ② ③ ④ ⑤			17	① ② ③ ④ ⑤		
09	① ② ③ ④ ⑤	㉠ ㉡ ㉢ ㉣ ㉤		18	① ② ③ ④ ⑤		

CHAPTER 03 건축물의 대지와 도로

번 호	오지선다	보기지문	체 크	번 호	오지선다	보기지문	체 크
01	① ② ③ ④ ⑤			09	① ② ③ ④ ⑤		
02	① ② ③ ④ ⑤	㉠ ㉡ ㉢		10	① ② ③ ④ ⑤		
03	① ② ③ ④ ⑤			11	① ② ③ ④ ⑤		
04	① ② ③ ④ ⑤			12	① ② ③ ④ ⑤		
05	① ② ③ ④ ⑤			13	① ② ③ ④ ⑤		
06	① ② ③ ④ ⑤			14	① ② ③ ④ ⑤		
07	① ② ③ ④ ⑤			15	① ② ③ ④ ⑤		
08	① ② ③ ④ ⑤						

CHAPTER 04 건축물의 구조 및 재료

번 호	오지선다	보기지문	체 크	번 호	오지선다	보기지문	체 크
01	① ② ③ ④ ⑤			04	① ② ③ ④ ⑤		
02	① ② ③ ④ ⑤			05	① ② ③ ④ ⑤		
03	① ② ③ ④ ⑤						

CHAPTER 05 지역 및 지구 안의 건축물

번 호	오지선다	보기지문	체 크	번 호	오지선다	보기지문	체 크
01	① ② ③ ④ ⑤			09	① ② ③ ④ ⑤		
02	① ② ③ ④ ⑤			10	① ② ③ ④ ⑤		
03	① ② ③ ④ ⑤			11	① ② ③ ④ ⑤		
04	① ② ③ ④ ⑤			12	① ② ③ ④ ⑤		
05	① ② ③ ④ ⑤			13	① ② ③ ④ ⑤		
06	① ② ③ ④ ⑤			14	① ② ③ ④ ⑤		
07	① ② ③ ④ ⑤			15	① ② ③ ④ ⑤		
08	① ② ③ ④ ⑤						

CHAPTER 06 특별건축구역, 건축협정, 결합건축, 벌칙

번 호	오지선다	보기지문	체 크	번 호	오지선다	보기지문	체 크
01	① ② ③ ④ ⑤			06	① ② ③ ④ ⑤		
02	① ② ③ ④ ⑤			07	① ② ③ ④ ⑤		
03	① ② ③ ④ ⑤			08	① ② ③ ④ ⑤		
04	① ② ③ ④ ⑤	㉠ ㉡ ㉢ ㉣ ㉤		09	① ② ③ ④ ⑤		
05	① ② ③ ④ ⑤			10	① ② ③ ④ ⑤		

PART 4 실력점검표

CHAPTER	○ 문항 수	△ 문항 수	× 문항 수	총 문항 수
01 총 칙				/25
02 건축물의 건축 등				/18
03 건축물의 대지와 도로				/15
04 건축물의 구조 및 재료				/ 5
05 지역 및 지구 안의 건축물				/15
06 특별건축구역, 건축협정, 결합건축, 벌칙				/10

나의 취약 단원

PART 5 주택법

CHAPTER 01 총칙

번 호	오지선다	보기지문	체 크	번 호	오지선다	보기지문	체 크
01	① ② ③ ④ ⑤			08	① ② ③ ④ ⑤		
02	① ② ③ ④ ⑤			09	① ② ③ ④ ⑤		
03	① ② ③ ④ ⑤	㉠ ㉡ ㉢		10	① ② ③ ④ ⑤		
04	① ② ③ ④ ⑤			11	① ② ③ ④ ⑤		
05	① ② ③ ④ ⑤			12	① ② ③ ④ ⑤		
06	① ② ③ ④ ⑤			13	① ② ③ ④ ⑤		
07	① ② ③ ④ ⑤			14	① ② ③ ④ ⑤		

CHAPTER 02 주택의 건설

번 호	오지선다	보기지문	체 크	번 호	오지선다	보기지문	체 크
01	① ② ③ ④ ⑤			12	① ② ③ ④ ⑤		
02	① ② ③ ④ ⑤			13	① ② ③ ④ ⑤		
03	① ② ③ ④ ⑤			14	① ② ③ ④ ⑤		
04	① ② ③ ④ ⑤			15	① ② ③ ④ ⑤		
05	① ② ③ ④ ⑤			16	① ② ③ ④ ⑤		
06	① ② ③ ④ ⑤			17	① ② ③ ④ ⑤		
07	① ② ③ ④ ⑤			18	① ② ③ ④ ⑤		
08	① ② ③ ④ ⑤			19	① ② ③ ④ ⑤		
09	① ② ③ ④ ⑤			20	① ② ③ ④ ⑤		
10	① ② ③ ④ ⑤			21	① ② ③ ④ ⑤		
11	① ② ③ ④ ⑤			22	① ② ③ ④ ⑤		

CHAPTER 03 주택의 공급 및 리모델링

번 호	오지선다	보기지문	체 크	번 호	오지선다	보기지문	체 크
01	① ② ③ ④ ⑤			11	① ② ③ ④ ⑤		
02	① ② ③ ④ ⑤			12	① ② ③ ④ ⑤		
03	① ② ③ ④ ⑤			13	① ② ③ ④ ⑤		
04	① ② ③ ④ ⑤			14	① ② ③ ④ ⑤		
05	① ② ③ ④ ⑤			15	① ② ③ ④ ⑤		
06	① ② ③ ④ ⑤	㉠ ㉡ ㉢ ㉣		16	① ② ③ ④ ⑤		
07	① ② ③ ④ ⑤			17	① ② ③ ④ ⑤		
08	① ② ③ ④ ⑤			18	① ② ③ ④ ⑤		
09	① ② ③ ④ ⑤			19	① ② ③ ④ ⑤		
10	① ② ③ ④ ⑤			20	① ② ③ ④ ⑤		

PART 5 실력점검표

CHAPTER	○ 문항 수	△ 문항 수	× 문항 수	총 문항 수
01 총 칙				/14
02 주택의 건설				/22
03 주택의 공급 및 리모델링				/20

나의 취약 단원

PART 6 농지법

CHAPTER 01 총 칙

번 호	오지선다	보기지문	체 크	번 호	오지선다	보기지문	체 크
01	① ② ③ ④ ⑤			04	① ② ③ ④ ⑤		
02	① ② ③ ④ ⑤			05	① ② ③ ④ ⑤		
03	① ② ③ ④ ⑤						

CHAPTER 02 농지의 소유

번 호	오지선다	보기지문	체 크	번 호	오지선다	보기지문	체 크
01	① ② ③ ④ ⑤			08	① ② ③ ④ ⑤		
02	① ② ③ ④ ⑤			09	① ② ③ ④ ⑤		
03	① ② ③ ④ ⑤			10	① ② ③ ④ ⑤		
04	① ② ③ ④ ⑤			11	① ② ③ ④ ⑤		
05	① ② ③ ④ ⑤			12	① ② ③ ④ ⑤		
06	① ② ③ ④ ⑤			13	① ② ③ ④ ⑤		
07	① ② ③ ④ ⑤						

CHAPTER 03 농지의 이용

번 호	오지선다	보기지문	체 크	번 호	오지선다	보기지문	체 크
01	① ② ③ ④ ⑤			04	① ② ③ ④ ⑤		
02	① ② ③ ④ ⑤			05	① ② ③ ④ ⑤		
03	① ② ③ ④ ⑤						

CHAPTER 04 농지의 보전

번 호	오지선다	보기지문	체 크	번 호	오지선다	보기지문	체 크
01	① ② ③ ④ ⑤			05	① ② ③ ④ ⑤		
02	① ② ③ ④ ⑤			06	① ② ③ ④ ⑤		
03	① ② ③ ④ ⑤			07	① ② ③ ④ ⑤		
04	① ② ③ ④ ⑤			08	① ② ③ ④ ⑤		

PART 4 실력점검표

CHAPTER	○ 문항 수	△ 문항 수	× 문항 수	총 문항 수
01 총 칙				/ 5
02 농지의 소유				/13
03 농지의 이용				/ 5
04 농지의 보전				/ 8

나의 취약 단원

시작하라.

그 자체가 천재성이고,
힘이며, 마력이다.

– 요한 볼프강 폰 괴테(Johann Wolfgang von Goethe)

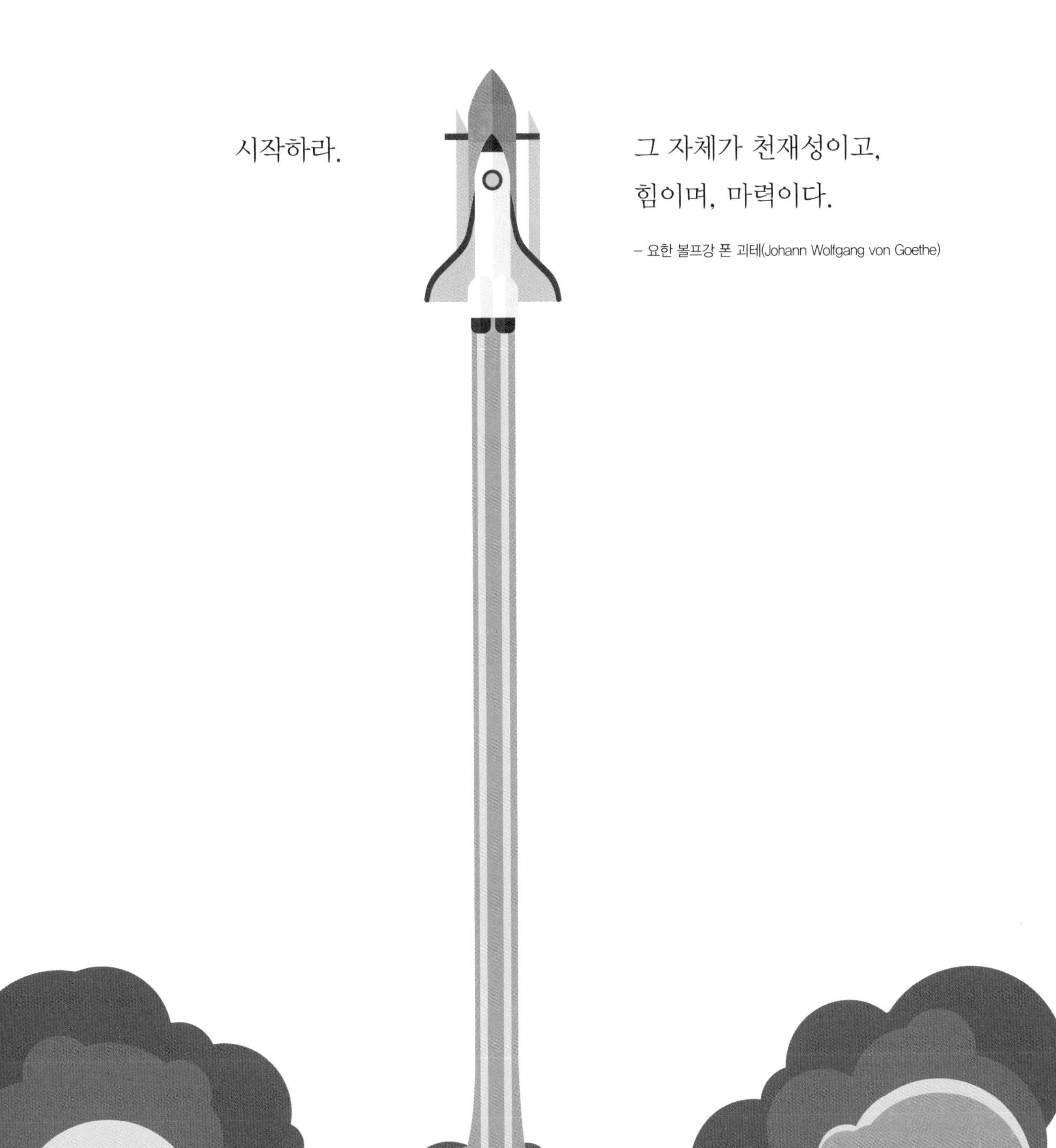

2022

에듀윌 공인중개사

출제예상문제집 + 필수기출

2차 부동산공법

왜 에듀윌 출제예상문제집일까요?

1 유형, 지문이 실제 시험과 유사한 문제집!

제32회 부동산공법 기출문제 A형

41 국토의 계획 및 이용에 관한 법령상 광역도시계획에 관한 설명으로 틀린 것은?

① 광역도시계획의 수립기준은 국토교통부장관이 정한다.
② 광역계획권이 같은 도의 관할 구역에 속하여 있는 경우 관할 도지사가 광역도시계획을 수립하여야 한다.
③ 시·도지사, 시장 또는 군수는 광역도시계획을 수립하거나 변경하려면 미리 관계 시·도, 시 또는 군의 의회와 관계 시장 또는 군수의 의견을 들어야 한다.
④ 시장 또는 군수가 기초조사정보체계를 구축한 경우에는 등록된 정보의 현황을 5년마다 확인하고 변동사항을 반영하여야 한다.
⑤ 광역계획권을 지정한 날부터 3년이 지날 때까지 관할 시장 또는 군수로부터 광역도시계획의 승인 신청이 없는 경우 관할 도지사가 광역도시계획을 수립하여야 한다.

2021 에듀윌 출제예상문제집+필수기출 부동산공법 p.23

03 국토의 계획 및 이용에 관한 법령상 광역도시계획의 수립권자에 관한 설명으로 틀린 것은?

① 광역계획권이 같은 도의 관할 구역에 속하여 있는 경우에는 관할 시장 또는 군수가 공동으로 수립하여야 한다.
② 광역계획권이 둘 이상의 시·도의 관할 구역에 걸쳐 있는 경우에는 관할 시·도지사가 공동으로 수립하여야 한다.
③ 국토교통부장관은 시·도지사가 요청하는 경우와 그 밖에 필요하다고 인정되는 경우에는 관할 시·도지사와 공동으로 광역도시계획을 수립할 수 있다.
④ 광역계획권을 지정한 날부터 3년이 지날 때까지 관할 시·도지사로부터 광역도시계획의 승인 신청이 없는 경우에는 국토교통부장관이 수립하여야 한다.
⑤ 시장 또는 군수가 협의를 거쳐 요청하는 경우에는 도지사가 관할 시장 또는 군수와 공동으로 광역도시계획을 수립할 수 있지만, 단독으로 광역도시계획을 수립할 수는 없다.

지문 일치

2 예상문제부터 필수기출까지 한 권으로 끝!

예상문제로
약점 체크, 변형문제 대비!

필수기출로
출제경향 완벽 파악!

합격생A

문제집으로 내 약점을 찾아라!

예상문제를 풀고 나면 단원마다 정답을 맞힌 개수를 적었습니다. 이렇게 하면 내가 취약한 부분이 어느 부분인지 파악이 됩니다.

합격생B

변형문제로 개념 완벽 정리!

기출지문에만 익숙해지면 안 됩니다. 개념을 정확하게 이해했는지 예상문제를 풀어보면서 점검해야 완전히 내 것이 됩니다.

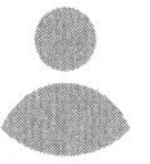

합격생C

과목별, 단원별 중요도 확인!

기출문제를 반복적으로 풀다보니 과목별, 단원별 중요도가 눈에 들어왔습니다.

합격생D

기출문제로 출제패턴 파악!

기출문제 분석을 통해 출제패턴을 확인했습니다. 긍정형과 부정형 문제의 패턴을 확인하고, 보기와 지문을 확실히 정리하였습니다.

출제될 문제만을 엄선한 합격 최적화 문제집

합격이 눈앞에 있습니다!

이 책의 활용법

워밍업!

CHAPTER별 5개년 출제빈도와
빈출 키워드, 제33회 합격전략 확인!

PART 1 기출 REPORT

CHAPTER	문항 수					비 중	빈출 키워드
	28회	29회	30회	31회	32회		
01 총 칙		1	2			5.1%	용어의 정의, 기반시설
02 광역도시계획	1	1		1	1	6.7%	광역도시계획의 수립권자
03 도시·군기본계획				1	1	3.3%	도시·군기본계획
04 도시·군관리계획	9	8	6	5	7	58.3%	도시·군관리계획, 건폐율과 용적률의 최대한도, 도시·군계획시설, 지구단위계획구역 및 지구단위계획
05 개발행위의 허가 등	1	2	4	4	3	23.3%	개발행위허가, 기반시설유발계수, 기반시설부담구역
06 보칙 및 벌칙	1			1		3.3%	도시·군계획의 조정요구

| 세줄요약 제33회 합격전략

- PART 1은 평균 약 12문제 출제!
- CHAPTER 04 도시·군관리계획 위주로 학습!
- 용도지역·용도지구, 도시·군계획사업에 대한 개념 정리는 필수!!

본격적인 문제풀이 전 기출지문
OX문제로 실력점검!

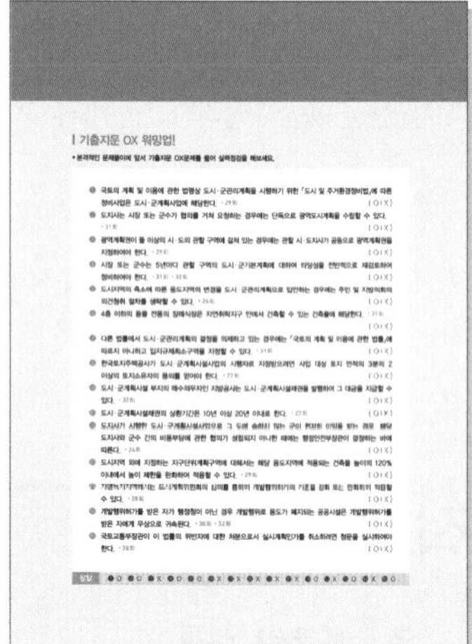

⊕ 더 많은 기출지문 OX문제를 풀고 싶다면 기출지문 OX 암기노트 PDF (모바일용)를 활용하세요!

대표기출로 문제 유형 파악!

단원별 기출문제집 연계학습 페이지 수록

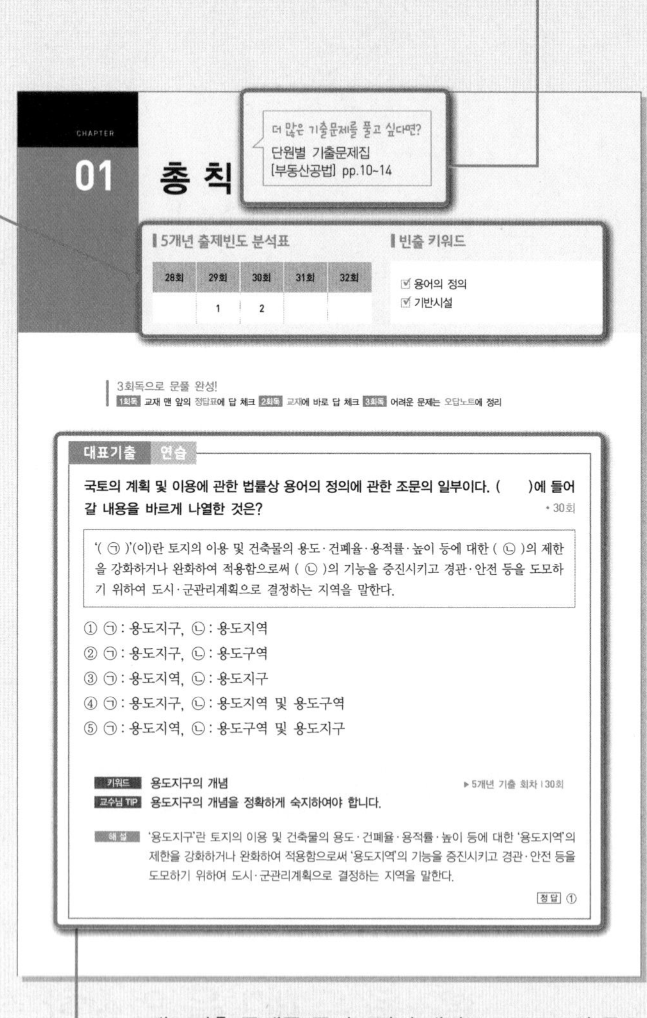

CHAPTER 01 총 칙

더 많은 기출문제를 풀고 싶다면?
단원별 기출문제집
[부동산공법] pp.10~14

| 5개년 출제빈도 분석표

28회	29회	30회	31회	32회
	1	2		

| 빈출 키워드

☑ 용어의 정의
☑ 기반시설

| 3회독으로 문풀 완성!
1회독 교재 맨 앞의 정답표에 답 체크 2회독 교재에 바로 답 체크 3회독 어려운 문제는 오답노트에 정리

대표기출 연습

국토의 계획 및 이용에 관한 법률상 용어의 정의에 관한 조문의 일부이다. (　　)에 들어갈 내용을 바르게 나열한 것은? • 30회

'(㉠)'(이)란 토지의 이용 및 건축물의 용도·건폐율·용적률·높이 등에 대한 (㉡)의 제한을 강화하거나 완화하여 적용함으로써 (㉡)의 기능을 증진시키고 경관·안전 등을 도모하기 위하여 도시·군관리계획으로 결정하는 지역을 말한다.

① ㉠: 용도지구, ㉡: 용도지역
② ㉠: 용도지구, ㉡: 용도구역
③ ㉠: 용도지역, ㉡: 용도지구
④ ㉠: 용도지구, ㉡: 용도지역 및 용도구역
⑤ ㉠: 용도지역, ㉡: 용도구역 및 용도지구

키워드 용도지구의 개념 ▸5개년 기출 회차 | 30회
교수님 TIP 용도지구의 개념을 정확하게 숙지하여야 합니다.

해설 '용도지구'란 토지의 이용 및 건축물의 용도·건폐율·용적률·높이 등에 대한 '용도지역'의 제한을 강화하거나 완화하여 적용함으로써 '용도지역'의 기능을 증진시키고 경관·안전 등을 도모하기 위하여 도시·군관리계획으로 결정하는 지역을 말한다.

정답 ①

- 대표기출 문제를 풀어보면서 해당 CHAPTER의 중요 이론과 키워드 파악
- 대표기출의 키워드를 통해 최근 5개년 출제빈도를 확인, 교수님 TIP을 통해 학습 세부전략 수립

예상문제로 개념 정리!

난이도를 上/中/下로 나누어
학습 수준에 맞는 문제풀이 가능

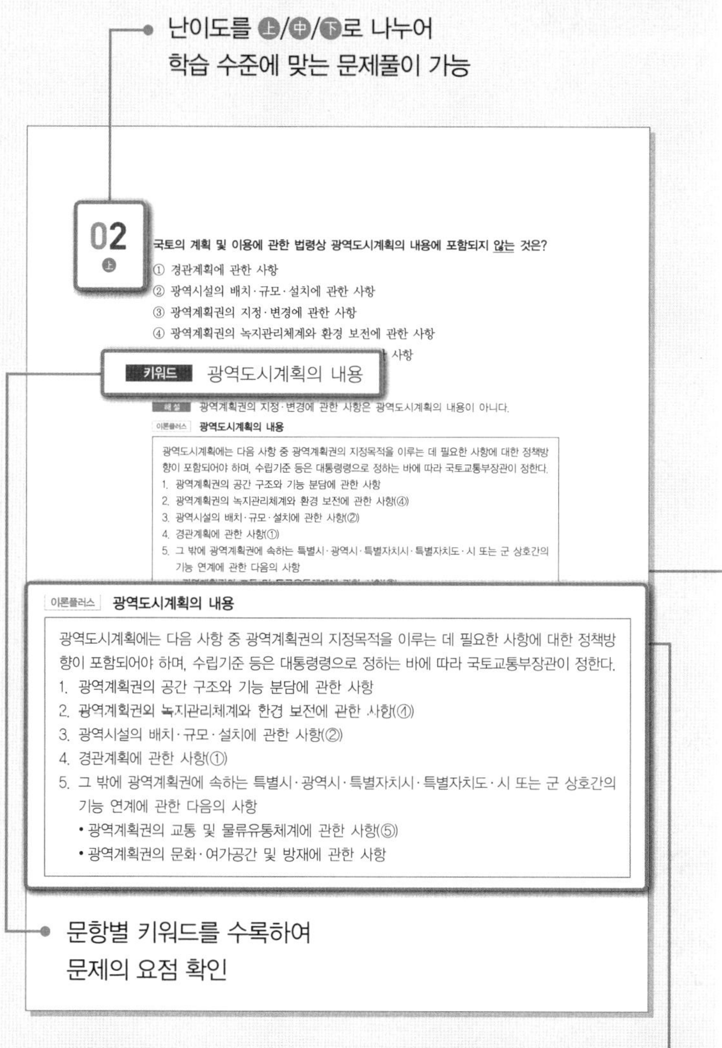

문항별 키워드를 수록하여
문제의 요점 확인

함께 학습하면 좋은 이론을
추가하여 폭넓은 학습 가능

3회독으로 문풀 완성!

1회독

교재 맨 앞의 정답표에 답 체크!

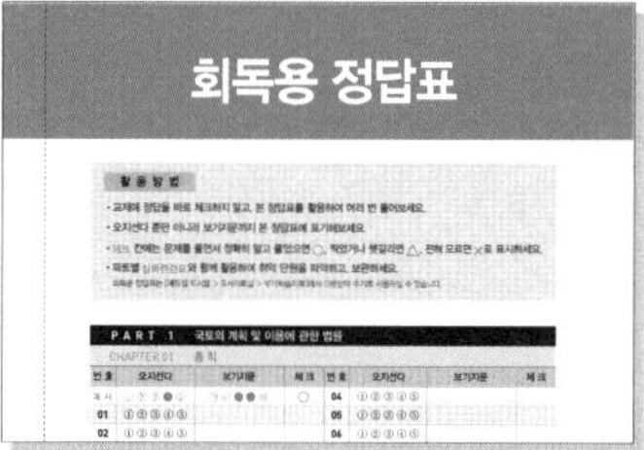

2회독

교재에 바로 답 체크!

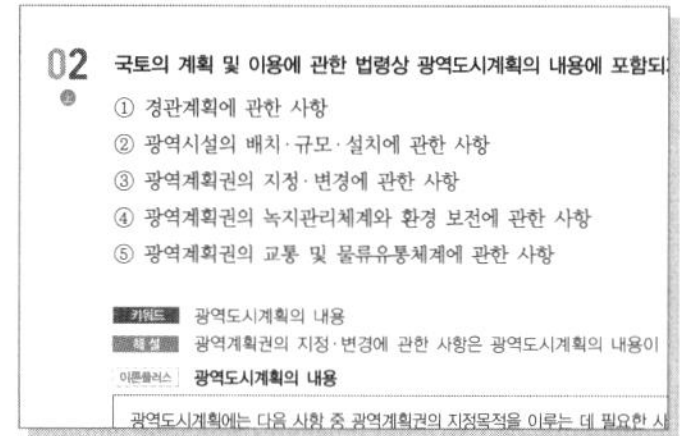

3회독

어려운 문제는 교재 뒤 오답노트에 정리!

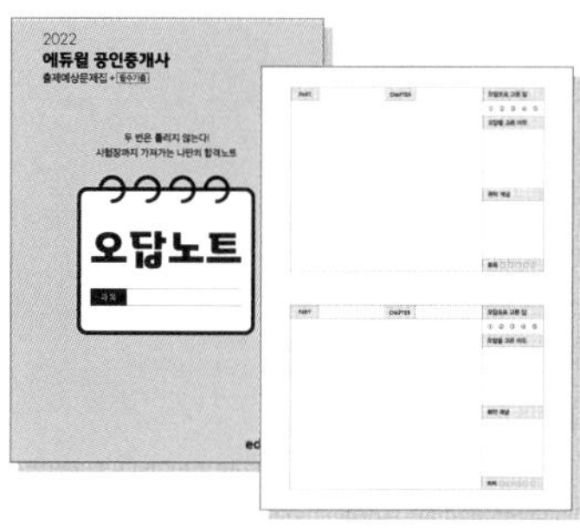

교재 뒤 오답노트 양식 추가 다운 경로

에듀윌 도서몰(book.eduwill.net) > 부가학습자료

⊕ 특별제공

제32회 기출분석집

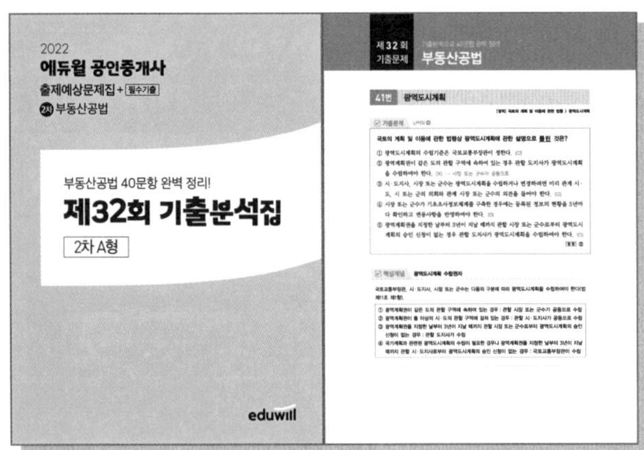

가장 최신 기출인 제32회 기출문제를 지문 하나하나 분석하였습니다. 각 지문별로 옳은 내용과 틀린 내용의 근거가 되는 첨삭 해설을 통해 최신 시험 출제 경향과 이론까지 확인할 수 있습니다.

기출지문 OX 암기노트 PDF(모바일용)

기출지문 OX문제를 더 풀어보고 싶은 수험생들을 위해 모바일에 최적화된 기출지문 OX 암기노트 PDF를 제공합니다. 스마트폰으로 다운로드 받은 후 언제 어디서나 편리하게 학습하세요(출력하여 수첩 형태로 들고 다니면서 학습하셔도 좋습니다).

(2022년 6월 중 오픈 예정)

PDF 다운로드 받기

스마트폰 카메라 어플 또는 QR코드 스캔 어플을 사용하여 QR코드 스캔(에듀윌 도서몰 부가학습자료 접속)
> 카테고리 '공인중개사' 선택 후 교재명 입력하여 검색
> 해당 과목의 다운로드 아이콘 클릭하여 PDF 파일 다운로드 받기

머리말

제33회 시험의 합격자는 바로 당신입니다.

부동산공법은 수험생들에게 쉽게 접근하기 어려운 과목으로 인식되지만, 이러한 인식을 바꿔 재밌고 친숙한 공법으로 수험생들에게 접근할 수 있도록 이 책을 집필하게 되었습니다.

이 책은 부동산공법의 합격전략을 제시하는 최적화된 문제집으로서, 이 책을 통해 수험생 여러분들이 제33회 공인중개사 시험에 합격할 수 있도록 마지막까지 최선을 다하여 연구하고 노력할 것을 약속드립니다.

이번 출제예상문제집은 다음의 사항을 중심으로 집필하였습니다.

첫째, 단순 암기식 문제가 아니라 전체적인 내용을 얼마만큼 이해하고 정리했는지를 묻는 종합적인 유형으로 출제되는 최근의 공인중개사 시험의 출제경향에 맞춰 중요 기출문제와 응용문제를 연계하여 수험생들의 문제 적응력을 높였습니다.

둘째, 출제 가능성이 높은 중요한 부분은 반복 정리할 수 있도록 매년 출제되는 문제를 다양하게 수록하여 시험 적응력을 높일 수 있도록 문제를 구성하였습니다.

셋째, 최근 개정법령을 완벽하게 반영하여 수험생들이 별도로 보완하여야 하는 번거로움을 줄여 학습에만 집중할 수 있게 하였습니다.

"제2의 도약을 위한 뜨거운 열정으로 합격을 위해 노력하시는 모든 수험생 여러분이 이 책을 통하여 합격하시기를 진심으로 기원합니다."

저자 김희상

약 력

- 現 에듀윌 부동산공법 전임 교수
- 前 방송대학TV 부동산공법 강사
- 前 삼성 SDI e-campus 부동산공법 강사
- 前 한국자산관리공사 공법 특강 강사
- 前 주요 공인중개사학원 부동산공법 강사

저 서

에듀윌 공인중개사 부동산공법 기초서, 기본서, 단원별/회차별 기출문제집, 핵심요약집, 출제예상문제집+필수기출, 실전모의고사, 공법 체계도, 공법 합격노트, 우선끝장 민개공, 한손끝장 집필

시험 안내

✔ 시험일정 연 1회, 1·2차 동시 시행

구 분	인터넷 원서 접수기간		시험시행일
2022년도 제33회 제1, 2차 시험 (동시접수·시행)	정기(5일간)	매년 8월 2번째 월요일부터 금요일까지 (2022.8.8.~8.12. 예정)	매년 10월 마지막 주 토요일 (2022.10.29. 예정)
	빈자리(2일간)	매년 10월 2번째 목요일부터 금요일까지 (2022.10.13.~10.14. 예정)	

※ 정확한 시험 일정은 큐넷 홈페이지(www.Q-Net.or.kr)에서 확인이 가능합니다.

✔ 응시자격 제한 없음

※ 단, ① 공인중개사법 제4조의3에 따라 공인중개사 시험 부정행위로 처분받은 날로부터 시험시행일 전일까지 5년이 경과되지 않은 자, ② 법 제6조에 따라 공인중개사 자격이 취소된 후 3년이 경과되지 않은 자, ③ 시행규칙 제2조에 따른 기자격취득자는 응시할 수 없음

✔ 시험과목 및 방법

구 분	시험과목	문항 수	시험시간	시험방법
제1차 시험 1교시 (2과목)	1. 부동산학개론(부동산감정평가론 포함) 2. 민법 및 민사특별법 중 부동산 중개에 관련되는 규정	과목당 40문항 (1번~80번)	100분 (09:30~11:10)	객관식 5지선택형
제2차 시험 1교시 (2과목)	1. 공인중개사의 업무 및 부동산거래신고 등에 관한 법령 및 중개실무 2. 부동산공법 중 부동산 중개에 관련되는 규정	과목당 40문항 (1번~80번)	100분 (13:00~14:40)	
제2차 시험 2교시 (1과목)	1. 부동산공시에 관한 법령(부동산등기법, 공간정보의 구축 및 관리 등에 관한 법률) 및 부동산 관련 세법	40문항 (1번~40번)	50분 (15:30~16:20)	

※ 답안은 시험시행일에 시행되고 있는 법령을 기준으로 작성

✔ 합격기준

구 분	합격결정기준
제1차 시험	매 과목 100점을 만점으로 하여 매 과목 40점 이상, 전 과목 평균 60점 이상 득점한 자
제2차 시험	매 과목 100점을 만점으로 하여 매 과목 40점 이상, 전 과목 평균 60점 이상 득점한 자

✔ 공인중개사 시험과목 및 출제비율

<table>
<tr><th>구 분</th><th>시험과목</th><th>시험범위</th><th>출제비율</th></tr>
<tr><td rowspan="4">제1차 시험
1교시
(2과목)</td><td rowspan="2">① 부동산학개론</td><td>1. 부동산학개론</td><td>85% 내외</td></tr>
<tr><td>2. 부동산감정평가론</td><td>15% 내외</td></tr>
<tr><td rowspan="2">② 민법 및 민사특별법 중 부동산 중개에 관련되는 규정</td><td>1. 민법</td><td>85% 내외</td></tr>
<tr><td>2. 민사특별법</td><td>15% 내외</td></tr>
<tr><td rowspan="5">제2차 시험
1교시
(2과목)</td><td rowspan="2">① 공인중개사의 업무 및 부동산 거래신고 등에 관한 법령 및 중개실무</td><td>1. 공인중개사법
2. 부동산 거래신고 등에 관한 법률</td><td>70% 내외</td></tr>
<tr><td>3. 중개실무</td><td>30% 내외</td></tr>
<tr><td rowspan="3">② 부동산공법 중 부동산 중개에 관련되는 규정</td><td>1. 국토의 계획 및 이용에 관한 법률</td><td>30% 내외</td></tr>
<tr><td>2. 도시개발법
3. 도시 및 주거환경정비법</td><td>30% 내외</td></tr>
<tr><td>4. 주택법
5. 건축법
6. 농지법</td><td>40% 내외</td></tr>
<tr><td rowspan="3">제2차 시험
2교시
(1과목)</td><td rowspan="3">① 부동산공시에 관한 법령(부동산등기법, 공간정보의 구축 및 관리 등에 관한 법률) 및 부동산 관련 세법</td><td>1. 부동산등기법</td><td>30% 내외</td></tr>
<tr><td>2. 공간정보의 구축 및 관리 등에 관한 법률 제2장 제4절 및 제3장</td><td>30% 내외</td></tr>
<tr><td>3. 부동산 관련 세법
(상속세, 증여세, 법인세, 부가가치세 제외)</td><td>40% 내외</td></tr>
</table>

차 례

PART 1 국토의 계획 및 이용에 관한 법률

CHAPTER 01 총 칙 ··· 18
CHAPTER 02 광역도시계획 ··· 24
CHAPTER 03 도시 · 군기본계획 ··· 30
CHAPTER 04 도시 · 군관리계획 ··· 37
CHAPTER 05 개발행위의 허가 등 ··· 104
CHAPTER 06 보칙 및 벌칙 ··· 123

PART 2 도시개발법

CHAPTER 01 개발계획의 수립 및 도시개발구역의 지정 ··· 134
CHAPTER 02 도시개발사업의 시행자 및 실시계획 ··· 149
CHAPTER 03 도시개발사업의 시행 ··· 160
CHAPTER 04 비용부담 등 ··· 181

PART 3 도시 및 주거환경정비법

CHAPTER 01 총 칙 ··· 188
CHAPTER 02 기본계획의 수립 및 정비구역의 지정 ··· 192
CHAPTER 03 정비사업의 시행 ··· 202

PART 4 건축법

CHAPTER 01 총 칙 ······ 246
CHAPTER 02 건축물의 건축 등 ······ 262
CHAPTER 03 건축물의 대지와 도로 ······ 276
CHAPTER 04 건축물의 구조 및 재료 ······ 286
CHAPTER 05 지역 및 지구 안의 건축물 ······ 291
CHAPTER 06 특별건축구역, 건축협정, 결합건축, 벌칙 ······ 302

PART 5 주택법

CHAPTER 01 총 칙 ······ 316
CHAPTER 02 주택의 건설 ······ 325
CHAPTER 03 주택의 공급 및 리모델링 ······ 342

PART 6 농지법

CHAPTER 01 총 칙 ······ 366
CHAPTER 02 농지의 소유 ······ 371
CHAPTER 03 농지의 이용 ······ 382
CHAPTER 04 농지의 보전 ······ 386

PART

1 국토의 계획 및 이용에 관한 법률

CHAPTER 01 총 칙

CHAPTER 02 광역도시계획

CHAPTER 03 도시·군기본계획

CHAPTER 04 도시·군관리계획

CHAPTER 05 개발행위의 허가 등

CHAPTER 06 보칙 및 벌칙

최근 5개년 PART 1 출제비중

30%

PART 1 기출 REPORT

5개년 CHAPTER별 출제빈도 분석표 & 빈출 키워드

* 복합문제이거나, 법률이 개정 및 제정된 경우 분류 기준에 따라 아래 수치와 달라질 수 있습니다.

CHAPTER	문항 수					비 중	빈출 키워드
	28회	29회	30회	31회	32회		
01 총 칙		1	2			5.1%	용어의 정의, 기반시설
02 광역도시계획	1	1		1	1	6.7%	광역도시계획의 수립권자
03 도시·군기본계획				1	1	3.3%	도시·군기본계획
04 도시·군관리계획	9	8	6	5	7	58.3%	도시·군관리계획, 건폐율과 용적률의 최대한도, 도시·군계획시설, 지구단위계획구역 및 지구단위계획
05 개발행위의 허가 등	1	2	4	4	3	23.3%	개발행위허가, 기반시설유발계수, 기반시설부담구역
06 보칙 및 벌칙	1			1		3.3%	도시·군계획의 조정요구

세줄요약 제33회 합격전략

☑ PART 1은 평균 약 12문제 출제!

☑ CHAPTER 04 도시·군관리계획 위주로 학습!

☑ 용도지역·용도지구, 도시·군계획사업에 대한 개념 정리는 필수!!

기출지문 OX 워밍업!

* 본격적인 문제풀이에 앞서 기출지문 OX문제를 풀어 실력점검을 해보세요.

❶ 국토의 계획 및 이용에 관한 법령상 도시·군관리계획을 시행하기 위한 「도시 및 주거환경정비법」에 따른 정비사업은 도시·군계획사업에 해당한다. • 29회 (O | X)

❷ 도지사는 시장 또는 군수가 협의를 거쳐 요청하는 경우에는 단독으로 광역도시계획을 수립할 수 있다. • 31회 (O | X)

❸ 광역계획권이 둘 이상의 시·도의 관할 구역에 걸쳐 있는 경우에는 관할 시·도지사가 공동으로 광역계획권을 지정하여야 한다. • 29회 (O | X)

❹ 시장 또는 군수는 5년마다 관할 구역의 도시·군기본계획에 대하여 타당성을 전반적으로 재검토하여 정비하여야 한다. • 31회 • 32회 (O | X)

❺ 도시지역의 축소에 따른 용도지역의 변경을 도시·군관리계획으로 입안하는 경우에는 주민 및 지방의회의 의견청취 절차를 생략할 수 있다. • 26회 (O | X)

❻ 4층 이하의 동물 전용의 장례식장은 자연취락지구 안에서 건축할 수 있는 건축물에 해당한다. • 31회 (O | X)

❼ 다른 법률에서 도시·군관리계획의 결정을 의제하고 있는 경우에는 「국토의 계획 및 이용에 관한 법률」에 따르지 아니하고 입지규제최소구역을 지정할 수 있다. • 31회 (O | X)

❽ 한국토지주택공사가 도시·군계획시설사업의 시행자로 지정받으려면 사업 대상 토지 면적의 3분의 2 이상의 토지소유자의 동의를 얻어야 한다. • 27회 (O | X)

❾ 도시·군계획시설 부지의 매수의무자인 지방공사는 도시·군계획시설채권을 발행하여 그 대금을 지급할 수 있다. • 32회 (O | X)

❿ 도시·군계획시설채권의 상환기간은 10년 이상 20년 이내로 한다. • 22회 (O | X)

⓫ 도지사가 시행한 도시·군계획시설사업으로 그 도에 속하지 않는 군이 현저히 이익을 받는 경우, 해당 도지사와 군수 간의 비용부담에 관한 협의가 성립되지 아니한 때에는 행정안전부장관이 결정하는 바에 따른다. • 24회 (O | X)

⓬ 도시지역 외에 지정하는 지구단위계획구역에 대해서는 해당 용도지역에 적용되는 건축물 높이의 120% 이내에서 높이 제한을 완화하여 적용할 수 있다. • 29회 (O | X)

⓭ 자연녹지지역에서는 도시계획위원회의 심의를 통하여 개발행위허가의 기준을 강화 또는 완화하여 적용할 수 있다. • 25회 (O | X)

⓮ 개발행위허가를 받은 자가 행정청이 아닌 경우 개발행위로 용도가 폐지되는 공공시설은 개발행위허가를 받은 자에게 무상으로 귀속된다. • 30회 • 32회 (O | X)

⓯ 국토교통부장관이 이 법률의 위반자에 대한 처분으로서 실시계획인가를 취소하려면 청문을 실시하여야 한다. • 28회 (O | X)

정답 ❶ O ❷ O ❸ X ❹ O ❺ O ❻ X ❼ X ❽ X ❾ X ❿ X ⓫ O ⓬ X ⓭ O ⓮ X ⓯ O

CHAPTER

01 총 칙

더 많은 기출문제를 풀고 싶다면?
단원별 기출문제집
[부동산공법] pp.10~14

5개년 출제빈도 분석표

28회	29회	30회	31회	32회
	1	2		

빈출 키워드

☑ 용어의 정의
☑ 기반시설

3회독으로 문풀 완성!
1회독 교재 맨 앞의 정답표에 답 체크 2회독 교재에 바로 답 체크 3회독 어려운 문제는 오답노트에 정리

대표기출 연습

국토의 계획 및 이용에 관한 법률상 용어의 정의에 관한 조문의 일부이다. ( )에 들어갈 내용을 바르게 나열한 것은? • 30회

> '(㉠)'(이)란 토지의 이용 및 건축물의 용도·건폐율·용적률·높이 등에 대한 (㉡)의 제한을 강화하거나 완화하여 적용함으로써 (㉡)의 기능을 증진시키고 경관·안전 등을 도모하기 위하여 도시·군관리계획으로 결정하는 지역을 말한다.

① ㉠ : 용도지구, ㉡ : 용도지역
② ㉠ : 용도지구, ㉡ : 용도구역
③ ㉠ : 용도지역, ㉡ : 용도지구
④ ㉠ : 용도지구, ㉡ : 용도지역 및 용도구역
⑤ ㉠ : 용도지역, ㉡ : 용도구역 및 용도지구

키워드 용도지구의 개념 ▶ 5개년 기출 회차 | 30회

교수님 TIP 용도지구의 개념을 정확하게 숙지하여야 합니다.

해설 '용도지구'란 토지의 이용 및 건축물의 용도·건폐율·용적률·높이 등에 대한 '용도지역'의 제한을 강화하거나 완화하여 적용함으로써 '용도지역'의 기능을 증진시키고 경관·안전 등을 도모하기 위하여 도시·군관리계획으로 결정하는 지역을 말한다.

정답 ①

01 난이도 中

국토의 계획 및 이용에 관한 법령상 용어에 관한 설명으로 옳은 것은?

① 광역도시계획은 시·군·구의 관할 구역에 대하여 기본적인 공간구조와 장기발전 방향을 제시하는 종합계획이다.

② 지구단위계획은 도시·군계획 수립대상 지역의 전부나 일부를 체계적·계획적으로 관리하기 위하여 수립하는 도시·군관리계획이다.

③ 광역시설이란 전기·가스·수도 등의 공급설비, 통신시설, 하수도시설 등 지하매설물을 공동 수용함으로써 미관의 개선, 도로구조의 보전 및 교통의 원활한 소통을 위하여 지하에 설치하는 시설물을 말한다.

④ 용도구역은 토지의 이용 및 건축물의 용도·건폐율·용적률·높이 등에 대한 용도지역 및 용도지구의 행위제한을 강화하거나 완화하기 위하여 도시·군관리계획으로 결정하는 지역을 말한다.

⑤ 도시·군계획시설이란 기반시설 중 도시·군기본계획으로 결정된 시설을 말한다.

키워드 용도구역의 개념

해설 ① 광역도시계획은 광역계획권의 장기발전방향을 제시하는 계획을 말한다.
② 지구단위계획은 도시·군계획 수립대상 지역의 일부를 체계적·계획적으로 관리하기 위하여 수립하는 도시·군관리계획이다.
③ 공동구란 전기·가스·수도 등의 공급설비, 통신시설, 하수도시설 등 지하매설물을 공동 수용함으로써 미관의 개선, 도로구조의 보전 및 교통의 원활한 소통을 위하여 지하에 설치하는 시설물을 말한다.
⑤ 도시·군계획시설이란 기반시설 중 도시·군관리계획으로 결정된 시설을 말한다.

정답 01 ④

02 국토의 계획 및 이용에 관한 법령의 내용으로 틀린 것은?

中

① 도시·군계획이란 특별시·광역시·특별자치시·특별자치도·시 또는 군(광역시의 관할 구역에 있는 군은 제외)의 관할 구역에 대하여 수립하는 공간구조와 발전방향에 대한 계획으로서 도시·군기본계획과 도시·군관리계획으로 구분한다.

② 도시·군계획시설사업이란 도시·군계획시설을 설치·정비 또는 개량하는 사업을 말한다.

③ 도시·군기본계획은 광역도시계획 수립의 지침이 되는 계획이다.

④ 도시·군관리계획을 시행하기 위한 「도시 및 주거환경정비법」에 따른 정비사업은 도시·군계획사업에 포함된다.

⑤ 국가계획이란 중앙행정기관이 법률에 따라 수립하거나 국가의 정책적인 목적을 이루기 위하여 수립하는 계획 중 도시·군관리계획으로 결정하여야 할 사항이 포함된 계획을 말한다.

키워드 도시·군기본계획의 하위계획

해설 도시·군기본계획은 도시·군관리계획 수립의 지침이 되는 계획이다.

03 국토의 계획 및 이용에 관한 법령상 용어에 관한 설명으로 틀린 것은?

中

① 용도지역이란 토지의 이용 및 건축물의 용도, 건폐율, 용적률, 높이 등을 제한함으로써 토지를 경제적·효율적으로 이용하고 공공복리의 증진을 도모하기 위하여 서로 중복되지 아니하게 도시·군관리계획으로 결정하는 지역을 말한다.

② 용도지구란 토지의 이용 및 건축물의 용도·건폐율·용적률·높이 등에 대한 용도지역의 제한을 강화하거나 완화하여 적용함으로써 용도지역의 기능을 증진시키고 경관·안전 등을 도모하기 위하여 도시·군관리계획으로 결정하는 지역을 말한다.

③ 도시·군기본계획이란 특별시·광역시·특별자치시·특별자치도·시 또는 군의 관할 구역에 대하여 기본적인 공간구조와 장기발전방향을 제시하는 종합계획으로서 도시·군관리계획 수립의 지침이 되는 계획을 말한다.

④ 도시·군관리계획이란 특별시·광역시·특별자치시·특별자치도·시 또는 군의 개발·정비 및 보전을 위하여 수립하는 토지 이용, 교통, 환경 등에 관한 계획을 말한다.

⑤ 기반시설부담구역이란 개발로 인하여 기반시설이 부족할 것이 예상되나 기반시설의 설치가 곤란한 지역을 대상으로 건폐율 또는 용적률을 강화하여 적용하기 위하여 지정하는 구역을 말한다.

키워드 기반시설부담구역의 개념

해설 기반시설부담구역이란 개발밀도관리구역 외의 지역으로서 개발로 인하여 도로, 공원, 녹지 등 대통령령으로 정하는 기반시설의 설치가 필요한 지역을 대상으로 기반시설을 설치하거나 그에 필요한 용지를 확보하게 하기 위하여 지정·고시하는 구역을 말한다. ⑤ 지문은 '개발밀도관리구역'에 대한 설명이다.

04 국토의 계획 및 이용에 관한 법령상 도시·군계획의 지위에 관한 설명으로 옳은 것은?

上

① 도시·군계획은 특별시·광역시·특별자치시·특별자치도·시 또는 군(광역시의 관할 구역에 있는 군은 제외)의 관할 구역에서 수립되는 다른 법률에 따른 토지의 이용·개발 및 보전에 관한 계획의 기본이 된다.

② 광역도시계획이 수립되어 있는 지역에 대하여 수립하는 도시·군기본계획은 그 광역도시계획에 부합되어야 하며, 도시·군기본계획의 내용이 광역도시계획의 내용과 다를 때에는 도시·군기본계획의 내용이 우선한다.

③ 특별시장·광역시장·특별자치시장·특별자치도지사·시장 또는 군수가 관할 구역에 대하여 다른 법률에 따른 환경·교통·수도·하수도·주택 등에 관한 부문별 계획을 수립할 때에는 도시·군관리계획의 내용에 부합되게 하여야 한다.

④ 도시·군계획이란 광역도시계획과 도시·군기본계획을 말한다.

⑤ 특별시장·광역시장·특별자치시장·특별자치도지사·시장 또는 군수는 도시의 지속 가능하고 균형 있는 발전을 위하여 도시의 지속가능성을 평가할 수 있다.

키워드 도시·군계획의 개념

해설 ② 도시·군기본계획의 내용이 광역도시계획의 내용과 다를 때에는 광역도시계획의 내용이 우선한다.

③ 특별시장·광역시장·특별자치시장·특별자치도지사·시장 또는 군수가 관할 구역에 대하여 다른 법률에 따른 환경·교통·수도·하수도·주택 등에 관한 부문별 계획을 수립할 때에는 도시·군기본계획의 내용에 부합되게 하여야 한다.

④ 도시·군계획은 도시·군기본계획과 도시·군관리계획으로 구분한다.

⑤ 국토교통부장관은 도시의 지속 가능하고 균형 있는 발전을 위하여 도시의 지속가능성을 평가할 수 있다.

정답 02 ③ 03 ⑤ 04 ①

05 国토의 계획 및 이용에 관한 법령에서 규정한 국토의 용도 구분 및 용도지역별 관리 의무에 관한 설명으로 틀린 것은?

中

① 국가나 지방자치단체는 용도지역의 효율적인 이용 및 관리를 위하여 용도지역에 관한 개발·정비 및 보전에 필요한 조치를 마련하여야 한다.

② 도시지역은 인구와 산업이 밀집되어 있거나 밀집이 예상되어 그 지역에 대하여 체계적인 개발·정비·관리·보전 등이 필요한 지역이다.

③ 관리지역은 도시지역의 인구와 산업을 수용하기 위하여 도시지역에 준하여 체계적으로 관리하거나 농림업의 진흥, 자연환경 또는 산림의 보전을 위하여 농림지역 또는 자연환경보전지역에 준하여 관리가 필요한 지역이다.

④ 농림지역은 도시지역에 속하는 「농지법」에 따른 농업진흥지역 또는 「산지관리법」에 따른 보전산지 등으로서 농림업을 진흥시키고 산림을 보전하기 위하여 필요한 지역이다.

⑤ 자연환경보전지역은 자연환경·수자원·해안·생태계·상수원 및 문화재의 보전과 수산자원의 보호·육성 등을 위하여 필요한 지역이다.

키워드 용도지역별 관리 의무

해 설 농림지역은 도시지역에 속하지 아니하는 「농지법」에 따른 농업진흥지역 또는 「산지관리법」에 따른 보전산지 등으로서 농림업을 진흥시키고 산림을 보전하기 위하여 필요한 지역이다.

06 국토의 계획 및 이용에 관한 법령의 내용으로 틀린 것은?

中

① 개발밀도관리구역이란 개발로 인하여 기반시설이 부족할 것이 예상되나 기반시설의 설치가 곤란한 지역을 대상으로 건폐율이나 용적률을 강화하여 적용하기 위하여 지정하는 구역을 말한다.

② 기반시설부담구역이란 개발밀도관리구역 외의 지역으로서 개발로 인하여 도로, 공원, 대학 등 기반시설을 설치하기 위하여 지정·고시하는 구역을 말한다.

③ 광역도시계획은 국가계획의 내용에 부합되어야 하며, 광역도시계획의 내용이 국가계획의 내용과 다를 때에는 국가계획의 내용이 우선한다.

④ 도시·군계획의 내용이 국가계획의 내용과 다를 때에는 국가계획의 내용이 우선한다.

⑤ 도시·군기본계획의 내용이 광역도시계획의 내용과 다를 때에는 광역도시계획의 내용이 우선한다.

키워드 기반시설부담구역

해설 대학은 기반시설부담구역에서 설치가 필요한 기반시설에 해당하지 않는다.

07 中 **국토의 계획 및 이용에 관한 법령상의 용어에 관한 설명으로 틀린 것은?** • 21회 수정

① 도시·군계획은 도시·군기본계획과 도시·군관리계획으로 구분한다.

② 용도지역·용도지구의 지정 및 변경에 관한 계획은 도시·군관리계획으로 결정한다.

③ 지구단위계획은 도시· 군관리계획으로 결정한다.

④ 도시·군관리계획을 시행하기 위한 「도시개발법」에 따른 도시개발사업은 도시·군계획사업에 포함된다.

⑤ 기반시설은 도시·군계획시설 중 도시·군관리계획으로 결정된 시설을 말한다.

키워드 도시·군계획시설

해설 도시·군계획시설이란 기반시설 중 도시·군관리계획으로 결정된 시설을 말한다.

정답 05 ④ 06 ② 07 ⑤

CHAPTER

02 광역도시계획

더 많은 기출문제를 풀고 싶다면?
단원별 기출문제집
[부동산공법] pp.15~20

5개년 출제빈도 분석표

28회	29회	30회	31회	32회
1	1		1	1

빈출 키워드

☑ 광역도시계획의 수립권자

대표기출 연습

국토의 계획 및 이용에 관한 법령상 광역도시계획에 관한 설명으로 틀린 것은? • 32회

① 광역도시계획의 수립기준은 국토교통부장관이 정한다.

② 광역계획권이 같은 도의 관할 구역에 속하여 있는 경우 관할 도지사가 광역도시계획을 수립하여야 한다.

③ 시·도지사, 시장 또는 군수는 광역도시계획을 수립하거나 변경하려면 미리 관계 시·도, 시 또는 군의 의회와 관계 시장 또는 군수의 의견을 들어야 한다.

④ 시장 또는 군수가 기초조사정보체계를 구축한 경우에는 등록된 정보의 현황을 5년마다 확인하고 변동사항을 반영하여야 한다.

⑤ 광역계획권을 지정한 날부터 3년이 지날 때까지 관할 시장 또는 군수로부터 광역도시계획의 승인 신청이 없는 경우 관할 도지사가 광역도시계획을 수립하여야 한다.

키워드 광역도시계획 28회, 29회, 31회, 32회

교수님 TIP 광역도시계획의 수립권자와 절차에 관한 정확한 이해가 필요합니다.

해설 광역계획권이 같은 도의 관할 구역에 속하여 있는 경우 관할 시장 또는 군수가 공동으로 광역도시계획을 수립하여야 한다.

정답 ②

01 中 **국토의 계획 및 이용에 관한 법령상 광역계획권의 지정에 관한 설명으로 틀린 것은?**

① 광역계획권이 둘 이상의 시·도의 관할 구역에 걸쳐 있는 경우에는 국토교통부장관이 지정할 수 있다.

② 광역계획권이 도의 관할 구역에 속하여 있는 경우에는 도지사가 지정할 수 있다.

③ 중앙행정기관의 장, 시·도지사, 시장 또는 군수는 국토교통부장관이나 도지사에게 광역계획권의 지정 또는 변경을 요청할 수 있다.

④ 광역계획권은 인접한 둘 이상의 특별시·광역시·특별자치시·특별자치도·시 또는 군의 관할 구역 단위로 지정하여야 하며, 그 관할 구역의 일부만을 광역계획권에 포함시킬 수 없다.

⑤ 국토교통부장관 또는 도지사는 광역계획권을 지정하거나 변경하면 지체 없이 관계 시·도지사, 시장 또는 군수에게 그 사실을 통보하여야 한다.

키워드 광역계획권

해설 광역계획권은 인접한 둘 이상의 특별시·광역시·특별자치시·특별자치도·시 또는 군의 관할 구역의 전부 또는 일부를 대상으로 지정할 수 있다.

정답 01 ④

02 上

국토의 계획 및 이용에 관한 법령상 광역도시계획의 내용에 포함되지 않는 것은?

① 경관계획에 관한 사항
② 광역시설의 배치·규모·설치에 관한 사항
③ 광역계획권의 지정·변경에 관한 사항
④ 광역계획권의 녹지관리체계와 환경 보전에 관한 사항
⑤ 광역계획권의 교통 및 물류유통체계에 관한 사항

키워드 광역도시계획의 내용

해 설 광역계획권의 지정·변경에 관한 사항은 광역도시계획의 내용이 아니다.

이론플러스 **광역도시계획의 내용**

광역도시계획에는 다음 사항 중 광역계획권의 지정목적을 이루는 데 필요한 사항에 대한 정책방향이 포함되어야 하며, 수립기준 등은 대통령령으로 정하는 바에 따라 국토교통부장관이 정한다.

1. 광역계획권의 공간 구조와 기능 분담에 관한 사항
2. 광역계획권의 녹지관리체계와 환경 보전에 관한 사항(④)
3. 광역시설의 배치·규모·설치에 관한 사항(②)
4. 경관계획에 관한 사항(①)
5. 그 밖에 광역계획권에 속하는 특별시·광역시·특별자치시·특별자치도·시 또는 군 상호간의 기능 연계에 관한 다음의 사항
   - 광역계획권의 교통 및 물류유통체계에 관한 사항(⑤)
   - 광역계획권의 문화·여가공간 및 방재에 관한 사항

03 中

국토의 계획 및 이용에 관한 법령상 광역도시계획의 수립권자에 관한 설명으로 틀린 것은?

① 광역계획권이 같은 도의 관할 구역에 속하여 있는 경우에는 관할 시장 또는 군수가 공동으로 수립하여야 한다.
② 광역계획권이 둘 이상의 시·도의 관할 구역에 걸쳐 있는 경우에는 관할 시·도지사가 공동으로 수립하여야 한다.
③ 국토교통부장관은 시·도지사가 요청하는 경우와 그 밖에 필요하다고 인정되는 경우에는 관할 시·도지사와 공동으로 광역도시계획을 수립할 수 있다.
④ 광역계획권을 지정한 날부터 3년이 지날 때까지 관할 시·도지사로부터 광역도시계획의 승인 신청이 없는 경우에는 국토교통부장관이 수립하여야 한다.

⑤ 시장 또는 군수가 협의를 거쳐 요청하는 경우에는 도지사가 관할 시장 또는 군수와 공동으로 광역도시계획을 수립할 수 있지만, 단독으로 광역도시계획을 수립할 수는 없다.

키워드 광역도시계획의 수립권자

해설 도지사는 시장 또는 군수가 요청하는 경우와 그 밖에 필요하다고 인정하는 경우에는 관할 시장 또는 군수와 공동으로 광역도시계획을 수립할 수 있으며, 시장 또는 군수가 협의를 거쳐 요청하는 경우에는 단독으로 광역도시계획을 수립할 수 있다.

04 中

국토의 계획 및 이용에 관한 법령상 광역도시계획에 관한 설명으로 틀린 것은?

① 도지사가 시장 또는 군수의 요청으로 관할 시장 또는 군수와 공동으로 광역도시계획을 수립하는 경우에는 국토교통부장관의 승인을 받지 아니하고 광역도시계획을 수립할 수 있다.

② 광역도시계획은 국민에게는 직접적인 효력이 없는 비구속적 계획이고 행정쟁송의 대상이 되지 않는다.

③ 국토교통부장관, 시·도지사, 시장 또는 군수는 5년마다 관할 구역의 광역도시계획에 대하여 그 타당성 여부를 전반적으로 재검토하여 정비하여야 한다.

④ 광역도시계획에 관한 기초조사로 인하여 손실을 받은 자가 있는 때에는 그 행위자가 속한 행정청이 그 손실을 보상하여야 한다.

⑤ 광역도시계획의 수립 기준 등은 대통령령으로 정하는 바에 따라 국토교통부장관이 정한다.

키워드 타당성 검토 규정

해설 광역도시계획에 5년마다 타당성 여부를 전반적으로 재검토하는 규정은 없다.

정답 02 ③ 03 ⑤ 04 ③

05 下

국토의 계획 및 이용에 관한 법령상 광역도시계획의 수립 및 승인 절차에 관한 설명으로 틀린 것은?

① 시·도지사는 광역도시계획을 수립하거나 변경하려면 미리 인구, 경제, 사회, 문화, 토지 이용, 환경, 교통, 주택 등을 대통령령으로 정하는 바에 따라 조사하거나 측량하여야 한다.

② 시장 또는 군수는 광역도시계획을 수립하거나 변경하려면 미리 공청회를 열어 주민과 관계 전문가 등으로부터 의견을 들어야 하며, 공청회에서 제시된 의견이 타당하다고 인정하면 광역도시계획에 반영하여야 한다.

③ 광역도시계획의 경미한 변경 사항에 대해서는 공청회를 거치지 아니할 수 있다.

④ 시·도지사는 광역도시계획을 수립하려면 국토교통부장관의 승인을 받아야 한다.

⑤ 국토교통부장관이 광역도시계획을 승인하려면 관계 중앙행정기관의 장과 협의한 후 중앙도시계획위원회의 심의를 거쳐야 한다.

키워드 광역도시계획 수립절차

해 설 광역도시계획을 수립하기 위한 공청회는 경미한 변경이라도 그 절차를 생략할 수 없다.

06 中

국토의 계획 및 이용에 관한 법령상 광역도시계획의 조정에 관한 설명으로 틀린 것은?

① 광역도시계획을 공동으로 수립하는 시·도지사는 그 내용에 관하여 서로 협의가 되지 아니하면 공동이나 단독으로 국토교통부장관에게 조정을 신청할 수 있다.

② 국토교통부장관은 단독 또는 공동으로 조정의 신청을 받은 경우에 기한을 정하여 당사자간에 다시 협의를 하도록 권고할 수 있으며, 기한까지 협의가 이루어지지 아니하는 경우에는 직접 조정할 수 있다.

③ 국토교통부장관은 조정의 신청을 받거나 직접 조정하려는 경우에 중앙도시계획위원회의 심의를 거쳐 광역도시계획의 내용을 조정하여야 한다.

④ 광역도시계획을 공동으로 수립하는 시장 또는 군수는 그 내용에 관하여 서로 협의가 되지 아니하면 공동이나 단독으로 도지사에게 조정을 신청할 수 있다.

⑤ 광역도시계획을 수립하는 자는 조정 결과를 광역도시계획에 반영하여야 한다.

키워드 광역도시계획의 조정

해 설 단독으로 조정신청을 받은 경우에만 기한을 정하여 당사자간에 다시 협의할 것을 권고할 수 있다.

07 中 **국토의 계획 및 이용에 관한 법령상 광역계획권 및 광역도시계획에 관한 설명으로 옳은 것은?**

① 중앙행정기관의 장은 국토교통부장관에게 광역계획권의 지정 또는 변경을 요청할 수 없다.

② 시장 또는 군수가 광역도시계획을 변경하려면 국토교통부장관의 승인을 받아야 한다.

③ 시·도지사가 협의를 거쳐 요청하는 경우에는 국토교통부장관이 광역도시계획을 단독으로 수립할 수 있다.

④ 국토교통부장관이 광역계획권을 지정하려면 지방도시계획위원회의 심의를 거쳐야 한다.

⑤ 국토교통부장관, 시·도지사, 시장 또는 군수가 기초조사정보체계를 구축한 경우에는 등록된 정보의 현황을 5년마다 확인하고 변동사항을 반영하여야 한다.

키워드 기초조사정보체계

해설 ① 중앙행정기관의 장은 국토교통부장관에게 광역계획권의 지정 또는 변경을 요청할 수 있다.
② 시장 또는 군수가 광역도시계획을 변경하려면 도지사의 승인을 받아야 한다.
③ 시·도지사가 협의를 거쳐 요청하는 경우에는 국토교통부장관이 광역도시계획을 단독으로 수립할 수 없다.
④ 국토교통부장관이 광역계획권을 지정하려면 중앙도시계획위원회의 심의를 거쳐야 한다.

정답 05 ③ 06 ② 07 ⑤

CHAPTER

03 도시·군기본계획

더 많은 기출문제를 풀고 싶다면?
단원별 기출문제집
[부동산공법] pp.21~26

5개년 출제빈도 분석표

28회	29회	30회	31회	32회
			1	1

빈출 키워드

☑ 도시·군기본계획

대표기출 연습

국토의 계획 및 이용에 관한 법령상 도시·군기본계획에 관한 설명으로 틀린 것은? • 31회

① 시장 또는 군수는 인접한 시 또는 군의 관할 구역을 포함하여 도시·군기본계획을 수립하려면 미리 그 시장 또는 군수와 협의하여야 한다.

② 도시·군기본계획 입안일부터 5년 이내에 토지적성평가를 실시한 경우에는 토지적성평가를 하지 아니할 수 있다.

③ 시장 또는 군수는 도시·군기본계획을 수립하려면 미리 그 시 또는 군 의회의 의견을 들어야 한다.

④ 시장 또는 군수는 도시·군기본계획을 변경하려면 도지사와 협의한 후 지방도시계획위원회의 심의를 거쳐야 한다.

⑤ 시장 또는 군수는 5년마다 관할 구역의 도시·군기본계획에 대하여 타당성을 전반적으로 재검토하여 정비하여야 한다.

키워드 도시·군기본계획 31회

교수님 TIP 도시·군기본계획의 수립절차와 타당성 검토에 관한 내용을 정확하게 숙지해야 합니다.

해설 시장 또는 군수는 도시·군기본계획을 수립하거나 변경하려면 대통령령으로 정하는 바에 따라 도지사의 승인을 받아야 한다. 도지사는 도시·군기본계획을 승인하려면 관계 행정기관의 장과 협의한 후 지방도시계획위원회의 심의를 거쳐야 한다.

정답 ④

01 中

국토의 계획 및 이용에 관한 법령상 도시·군기본계획에 관한 설명으로 틀린 것은?

① 특별시장·광역시장·특별자치시장·특별자치도지사·시장 또는 군수는 관할 구역에 대하여 도시·군기본계획을 수립하여야 한다.

② 특별시장·광역시장·특별자치시장·특별자치도지사·시장 또는 군수는 지역여건상 필요하다고 인정되면 인접한 특별시·광역시·특별자치시·특별자치도·시 또는 군의 관할 구역 전부 또는 일부를 포함하여 도시·군기본계획을 수립할 수 있다.

③ 특별시장·광역시장·특별자치시장·특별자치도지사·시장 또는 군수는 인접한 특별시·광역시·특별자치시·특별자치도·시 또는 군의 관할 구역을 포함하여 도시·군기본계획을 수립하려면 미리 그 특별시장·광역시장·특별자치시장·특별자치도지사·시장 또는 군수와 협의하여야 한다.

④ 수도권에 속하지 아니하고 광역시와 경계를 같이하는 인구 10만명 이하의 시 또는 군의 경우에는 도시·군기본계획을 수립하지 아니할 수 있다.

⑤ 관할 구역 전부에 대하여 광역도시계획이 수립되어 있는 시 또는 군으로서 당해 광역도시계획에 도시·군기본계획의 내용사항이 모두 포함되어 있는 시 또는 군의 경우에는 도시·군기본계획을 수립하지 아니할 수 있다.

키워드 도시·군기본계획의 재량적 수립대상

해 설 「수도권정비계획법」의 규정에 의한 수도권에 속하지 아니하고 광역시와 경계를 같이하지 아니한 시 또는 군으로서 인구 10만명 이하인 시 또는 군의 경우에는 도시·군기본계획을 수립하지 아니할 수 있다.

정답 01 ④

02 中

국토의 계획 및 이용에 관한 법령상 도시·군기본계획에 관한 설명으로 옳은 것은?

① 국토교통부장관은 특별시장·광역시장·특별자치시장 또는 특별자치도지사의 의견을 들은 후에 도시·군기본계획을 수립할 수 있다.

② 도시·군기본계획은 특별시·광역시·특별자치시·특별자치도·시 또는 군의 관할 구역에 대하여 10년 단위로 수립하는 종합계획이다.

③ 시장 또는 군수가 도시·군기본계획을 수립한 후 3년 이내에 도지사의 승인을 받지 못한 경우에는 도지사가 도시·군기본계획을 수립하여야 한다.

④ 특별시장·광역시장·특별자치시장 또는 특별자치도지사는 도시·군기본계획을 수립하거나 변경하려면 국토교통부장관의 승인을 받아야 한다.

⑤ 시장 또는 군수는 5년마다 관할 구역의 도시·군기본계획에 대하여 타당성을 전반적으로 재검토하여 정비하여야 한다.

키워드 도시·군기본계획의 수립 및 승인

해 설 ① 특별시장·광역시장·특별자치시장·특별자치도지사·시장 또는 군수가 관할 구역에 대하여 도시·군기본계획을 수립하여야 하며, 국토교통부장관은 도시·군기본계획의 수립권자가 될 수 없다.

② 도시·군기본계획의 수립기간(10년 단위)에 대해서는 법률에서 명시적 규정을 두고 있지 않다.

③ 도지사는 도시·군기본계획의 수립권자가 될 수 없다.

④ 특별시장·광역시장·특별자치시장 또는 특별자치도지사는 도시·군기본계획을 수립하거나 변경하려면 관계 행정기관의 장과 협의한 후 지방도시계획위원회의 심의를 거쳐 확정한다. 따라서 국토교통부장관의 승인을 받지 아니한다.

⑤ 특별시장·광역시장·특별자치시장·특별자치도지사·시장 또는 군수는 5년마다 관할 구역의 도시·군기본계획에 대하여 타당성을 전반적으로 재검토하여 정비하여야 한다.

03 下

국토의 계획 및 이용에 관한 법령상 도시·군기본계획의 내용에 해당하지 않는 것은?

① 공원·녹지에 관한 사항
② 토지의 이용 및 개발에 관한 사항
③ 기반시설의 설치·정비 또는 개량에 관한 계획
④ 지역적 특성 및 계획의 방향·목표에 관한 사항
⑤ 방재·방범 등 안전에 관한 사항

키워드 도시·군기본계획의 내용
해 설 기반시설의 설치·정비 또는 개량에 관한 계획은 도시·군관리계획의 내용이다.

04 中

국토의 계획 및 이용에 관한 법령상 도시·군기본계획의 수립 기준으로 틀린 것은?

① 특별시·광역시·특별자치시·특별자치도·시 또는 군의 기본적인 공간구조와 장기발전방향을 제시하는 토지이용·교통·환경 등에 관한 종합계획이 되도록 할 것
② 계획의 연속성을 유지하도록 하고 구체적이고 상세한 계획이 되도록 할 것
③ 도시·군기본계획을 정비할 때에는 종전의 도시·군기본계획의 내용 중 수정이 필요한 부분만을 발췌하여 보완함으로써 계획의 연속성이 유지되도록 할 것
④ 도시와 농어촌 및 산촌지역의 인구밀도, 토지이용의 특성 및 주변환경 등을 종합적으로 고려하여 지역별로 계획의 상세 정도를 다르게 하되, 기반시설의 배치 계획, 토지 용도 등은 도시와 농어촌 및 산촌지역이 서로 연계되도록 할 것
⑤ 도시지역 등에 위치한 개발가능 토지는 단계별로 시차를 두어 개발되도록 할 것

키워드 도시·군기본계획의 수립기준
해 설 여건 변화에 탄력적으로 대응할 수 있도록 포괄적·개략적으로 수립하여야 한다.

정답 02 ⑤ 03 ③ 04 ②

05 中 **국토의 계획 및 이용에 관한 법령상 광역도시계획과 도시·군계획에 관한 설명으로 옳은 것은?**

① 광역도시계획은 광역시의 장기발전방향을 제시하는 계획이다.

② 광역도시계획과 도시·군기본계획은 장기발전방향을 제시하는 계획으로서 5년마다 관할 구역의 타당성을 재검토하여 이를 정비하여야 한다.

③ 도시·군관리계획은 특별시·광역시·특별자치시·특별자치도·시 또는 군의 개발·정비 및 보전을 목적으로 수립하는 계획이다.

④ 관할 구역 전부에 대하여 광역도시계획이 수립되어 있는 시 또는 군으로서 당해 광역도시계획에 도시·군기본계획의 내용이 일부 포함되어 있는 시 또는 군은 도시·군기본계획을 수립하지 아니할 수 있다.

⑤ 시장 또는 군수가 도시·군기본계획을 수립하거나 변경하려면 지방도시계획위원회의 심의를 거쳐야 한다.

키워드 도시·군관리계획의 개념

해 설 ① 광역도시계획은 광역계획권의 장기발전방향을 제시하는 계획을 말한다.

② 5년마다 타당성을 검토하는 계획은 도시·군기본계획과 도시·군관리계획이다. 광역도시계획은 5년마다 타당성을 검토하지 않는다.

④ 다음에 해당하는 시·군은 시 또는 군의 위치, 인구의 규모, 인구 감소율 등을 고려하여 도시·군기본계획을 수립하지 아니할 수 있다.

> 1. 「수도권정비계획법」에 의한 수도권에 속하지 아니하고 광역시와 경계를 같이 하지 아니한 시 또는 군으로서 인구 10만명 이하인 시 또는 군
> 2. 관할 구역 전부에 대하여 광역도시계획이 수립되어 있는 시 또는 군으로서 당해 광역도시계획에 도시·군기본계획의 내용이 모두 포함되어 있는 시 또는 군

⑤ 시장 또는 군수가 도시·군기본계획을 수립하거나 변경하려면 기초조사, 공청회, 지방의회 의견을 들어야 하고, 도지사가 도시·군기본계획을 승인하려면 관계 행정기관의 장과 협의한 후 지방도시계획위원회의 심의를 거쳐야 한다.

06 下 **국토의 계획 및 이용에 관한 법령상 도시·군기본계획의 수립 및 정비에 관한 조문의 일부이다. (   )에 들어갈 숫자를 옳게 연결한 것은?** • 27회

> • 도시·군기본계획 입안일부터 (㉠)년 이내에 토지적성평가를 실시한 경우 등 대통령령으로 정하는 경우에는 토지적성평가 또는 재해취약성분석을 하지 아니할 수 있다.
> • 시장 또는 군수는 (㉡)년마다 관할 구역의 도시·군기본계획에 대하여 타당성을 전반적으로 재검토하여 정비하여야 한다.

① ㉠:2, ㉡:5 ② ㉠:3, ㉡:2
③ ㉠:3, ㉡:5 ④ ㉠:5, ㉡:5
⑤ ㉠:5, ㉡:10

키워드 도시·군기본계획의 수립 및 정비

해설 • 도시·군기본계획 입안일부터 '5'년 이내에 토지적성평가를 실시한 경우 등 대통령령으로 정하는 경우에는 토지적성평가 또는 재해취약성분석을 하지 아니할 수 있다.
• 시장 또는 군수는 '5'년마다 관할 구역의 도시·군기본계획에 대하여 타당성을 전반적으로 재검토하여 정비하여야 한다.

07 中 **국토의 계획 및 이용에 관한 법령상 도시·군기본계획에 관한 설명으로 옳은 것은?**

① 도시·군기본계획을 변경하는 경우에는 공청회를 거치지 아니할 수 있다.
② 시장·군수는 관할 구역에 대해서만 도시·군기본계획을 수립할 수 있으며, 인접한 시 또는 군의 관할 구역을 포함하여 계획을 수립할 수 없다.
③ 이해관계자를 포함한 주민은 지구단위계획구역의 변경에 관한 사항에 대하여 도시·군기본계획의 입안을 제안할 수 있다.
④ 특별시장이 도시·군기본계획을 수립하거나 변경하는 경우에는 국토교통부장관의 승인을 받지 않아도 된다.
⑤ 도시·군기본계획의 내용이 광역도시계획의 내용과 다를 때에는 국토교통부장관이 결정한다.

키워드 도시·군기본계획의 확정

해설 ① 공청회는 생략할 수 없다.
② 도시·군기본계획은 인접한 시 또는 군의 관할 구역을 포함하여 계획을 수립할 수 있다.
③ 이해관계자를 포함한 주민은 도시·군기본계획의 입안을 제안할 수 없다.
⑤ 도시·군기본계획의 내용이 광역도시계획의 내용과 다를 때에는 광역도시계획의 내용이 우선한다.

정답 05 ③ 06 ④ 07 ④

08 下 **국토의 계획 및 이용에 관한 법령상 도시·군기본계획을 수립하지 아니할 수 있는 지방자치단체는?** (단, 수도권은 수도권정비계획법상의 수도권을 의미함)

① 수도권에 속하는 인구 10만명 이하의 군
② 수도권에서 광역시와 경계를 같이하는 인구 10만명 이하의 시
③ 관할 구역 일부에 대하여 광역도시계획이 수립되어 있는 시로서 광역도시계획에 도시·군기본계획의 내용이 모두 포함되어 있는 시
④ 관할 구역 전부에 대하여 광역도시계획이 수립되어 있는 군으로서 광역도시계획에 도시·군기본계획의 내용이 일부 포함되어 있는 군
⑤ 수도권 외의 지역에서 광역시와 경계를 같이하지 않는 인구 10만명 이하의 시

키워드 도시·군기본계획의 재량적 수립대상

해 설 「수도권정비계획법」에 의한 수도권에 속하지 아니하고 광역시와 경계를 같이하지 아니하는 인구 10만명 이하인 시 또는 군은 도시·군기본계획을 수립하지 아니할 수 있다.

정답 08 ⑤

CHAPTER

04 도시·군관리계획

더 많은 기출문제를 풀고 싶다면?
단원별 기출문제집
[부동산공법] pp.27~78

5개년 출제빈도 분석표

28회	29회	30회	31회	32회
9	8	6	5	7

빈출 키워드

- ☑ 도시·군관리계획
- ☑ 건폐율과 용적률의 최대한도
- ☑ 도시·군계획시설
- ☑ 지구단위계획구역 및 지구단위계획

제1절 도시·군관리계획

대표기출 연습

국토의 계획 및 이용에 관한 법령상 도시·군관리계획 등에 관한 설명으로 옳은 것은?

• 28회

① 시가화조정구역의 지정에 관한 도시·군관리계획결정 당시 승인받은 사업이나 공사에 이미 착수한 자는 신고 없이 그 사업이나 공사를 계속할 수 있다.
② 국가계획과 연계하여 시가화조정구역의 지정이 필요한 경우 국토교통부장관이 직접 그 지정을 도시·군관리계획으로 결정할 수 있다.
③ 도시·군관리계획의 입안을 제안받은 자는 도시·군관리계획의 입안 및 결정에 필요한 비용을 제안자에게 부담시킬 수 없다.
④ 수산자원보호구역의 지정에 관한 도시·군관리계획은 국토교통부장관이 결정한다.
⑤ 도시·군관리계획결정은 지형도면을 고시한 날의 다음 날부터 효력이 발생한다.

키워드 도시·군관리계획의 입안 및 결정 28회, 29회, 30회, 31회, 32회

교수님 TIP 도시·군관리계획의 입안 및 결정에 관한 전체적인 내용을 정리하여야 합니다.

해설 ① 시가화조정구역의 지정에 관한 도시·군관리계획결정 당시 승인받은 사업이나 공사에 이미 착수한 자는 3월 이내에 신고하고 그 사업이나 공사를 계속할 수 있다.
③ 도시·군관리계획의 입안 및 결정에 필요한 비용을 제안자에게 부담시킬 수 있다.
④ 수산자원보호구역은 국토교통부장관이 아니라 해양수산부장관이 결정한다.
⑤ 도시·군관리계획결정은 지형도면을 고시한 날부터 효력이 발생한다.

정답 ②

01
中

국토의 계획 및 이용에 관한 법령상 도시·군관리계획에 관한 설명으로 옳은 것은?

① 도시·군관리계획은 계획을 수립한 행정청은 물론 일반국민에게 직접 효력이 미치지 않는 비구속적 행정계획이다.

② 도시·군기본계획은 광역도시계획과 도시·군관리계획에 부합되어야 한다.

③ 도시·군관리계획의 수립 기준, 도시·군관리계획도서 및 계획설명서의 작성 기준·작성 방법 등은 대통령령으로 정하는 바에 따라 시·도지사가 정한다.

④ 주민은 입지규제최소구역의 지정 및 변경에 관한 사항에 대하여 도시·군관리계획을 입안할 수 있는 자에게 도시·군관리계획의 입안을 제안할 수 있다.

⑤ 도시·군관리계획은 계획의 상세 정도, 기반시설의 종류 등에 대하여 도시 및 농·산·어촌 지역의 인구밀도, 토지 이용의 특성 및 주변 환경 등을 종합적으로 고려하여 균등하게 입안하여야 한다.

키워드 도시·군관리계획의 입안제안대상

해설 ① 도시·군관리계획은 계획을 수립한 행정청은 물론 일반국민에게 직접 효력이 미치는 구속적 행정계획이다.
② 도시·군관리계획은 광역도시계획과 도시·군기본계획에 부합되어야 한다.
③ 도시·군관리계획의 수립 기준, 도시·군관리계획도서 및 계획설명서의 작성 기준·작성 방법 등은 대통령령으로 정하는 바에 따라 국토교통부장관이 정한다.
⑤ 도시·군관리계획은 계획의 상세 정도, 도시·군관리계획으로 결정하여야 하는 기반시설의 종류 등에 대하여 도시 및 농·산·어촌 지역의 인구밀도, 토지 이용의 특성 및 주변 환경 등을 종합적으로 고려하여 차등을 두어 입안하여야 한다.

02
中

국토의 계획 및 이용에 관한 법령상 도시·군관리계획으로 결정할 수 있는 내용이 아닌 것은?

① 공원의 설치에 관한 계획

② 개발진흥지구에 지구단위계획구역의 지정에 관한 계획

③ 「농지법」에 따른 농업진흥지역 지정에 관한 계획

④ 「도시개발법」에 따른 주거단지조성사업에 관한 계획

⑤ 관리지역에 산업·유통개발진흥지구의 지정에 관한 계획

키워드 도시·군관리계획의 내용

해설 「농지법」에 따른 농업진흥지역 지정은 도시·군관리계획으로 결정하지 않는다.

03 下 **국토의 계획 및 이용에 관한 법령상 도시·군관리계획의 내용에 해당하지 않는 것은?**

① 자연환경보전지역 지정에 관한 계획
② 특정용도제한지구의 변경에 관한 계획
③ 수산자원보호구역의 해제에 관한 계획
④ 정비사업에 관한 계획
⑤ 기반시설부담구역 지정에 관한 계획

키워드 도시·군관리계획의 내용

해 설 기반시설부담구역이란 개발밀도관리구역 외의 지역으로서 개발로 인하여 도로, 공원, 녹지 등 대통령령으로 정하는 기반시설의 설치가 필요한 지역을 대상으로 기반시설을 설치하거나 그에 필요한 용지를 확보하게 하기 위하여 특별시장·광역시장·특별자치시장·특별자치도지사·시장 또는 군수가 지정·고시하는 구역을 말한다.

이론플러스 **도시·군관리계획의 내용**

1. 용도지역·용도지구의 지정 또는 변경에 관한 계획
2. 개발제한구역·도시자연공원구역·시가화조정구역·수산자원보호구역의 지정 또는 변경에 관한 계획
3. 기반시설의 설치·정비 또는 개량에 관한 계획
4. 도시개발사업이나 정비사업에 관한 계획
5. 지구단위계획구역의 지정 또는 변경에 관한 계획과 지구단위계획
6. 입지규제최소구역의 지정 또는 변경에 관한 계획과 입지규제최소구역계획

정답 01 ④ 02 ③ 03 ⑤

04 中 **국토의 계획 및 이용에 관한 법령상 도시·군관리계획의 입안에 관한 내용으로 틀린 것은?**

① 특별시장·광역시장·특별자치시장·특별자치도지사·시장 또는 군수는 관할 구역에 대하여 도시·군관리계획을 입안하여야 한다.

② 국가계획과 관련된 경우에는 국토교통부장관이 도시·군관리계획을 입안할 수 있다.

③ 둘 이상의 시·도에 걸쳐 지정되는 용도지역·용도지구·용도구역은 도지사가 직접 도시·군관리계획을 입안할 수 있다.

④ 인접한 특별시·광역시·특별자치시·특별자치도·시 또는 군의 관할 구역에 대한 도시·군관리계획은 관계 특별시장·광역시장·특별자치시장·특별자치도지사·시장 또는 군수가 협의하여 공동으로 입안하거나 입안할 자를 정한다.

⑤ 도시·군관리계획을 입안할 때에는 대통령령으로 정하는 바에 따라 도시·군관리계획도서와 이를 보조하는 계획설명서를 작성하여야 한다.

키워드 도시·군관리계획의 입안

해설 둘 이상의 시·도에 걸쳐 지정되는 용도지역·용도지구·용도구역은 국토교통부장관이 직접 도시·군관리계획을 입안할 수 있다.

05 上 **국토의 계획 및 이용에 관한 법령상 도시·군관리계획에 관한 설명으로 옳은 것은?**

① 도시·군관리계획결정은 지형도면을 고시한 날의 다음 날부터 효력이 발생한다.

② 국가계획과 연계하여 시가화조정구역의 지정이 필요한 경우, 시·도지사가 직접 그 지정을 도시·군관리계획으로 결정할 수 있다.

③ 도시·군기본계획을 수립한 지역에 대하여는 도시·군관리계획을 입안하지 아니할 수 있다.

④ 도시·군관리계획의 입안을 제안받은 자는 도시·군관리계획의 입안 및 결정에 필요한 비용의 전부를 제안자에게 부담시킬 수 없다.

⑤ 개발제한구역 안에 기반시설을 설치하는 경우에는 도시·군관리계획을 입안할 때 토지적성평가를 실시하지 않아도 된다.

키워드 토지적성평가의 생략

해 설 ① 도시·군관리계획의 결정은 지형도면을 고시한 날부터 효력이 발생한다.
② 국가계획과 연계하여 시가화조정구역의 지정이 필요한 경우, 국토교통부장관이 직접 그 지정을 도시·군관리계획으로 결정할 수 있다.
③ 시 또는 군의 위치, 인구의 규모, 인구 감소율 등을 고려하여 대통령령으로 정하는 시 또는 군은 도시·군기본계획을 수립하지 아니할 수 있는 경우는 있어도, 도시·군관리계획의 입안을 생략하는 경우는 없다.
④ 도시·군관리계획의 입안을 제안받은 자는 도시·군관리계획의 입안 및 결정에 필요한 비용의 전부를 제안자와 협의하여 제안자에게 부담시킬 수 있다.

06 下 **국토의 계획 및 이용에 관한 법령상 도시·군관리계획에 관한 설명으로 틀린 것은?**

① 입지규제최소구역의 지정 및 변경과 입지규제최소구역계획에 관한 도시·군관리계획은 구청장이 결정한다.
② 주민(이해관계자 포함)은 기반시설의 설치에 관한 사항에 대하여 도시·군관리계획의 입안을 제안할 수 있으며, 입안권자는 제안일부터 45일 이내에 그 도시·군관리계획 입안에의 반영 여부를 제안자에게 통보하여야 한다.
③ 국토교통부장관, 시·도지사, 시장 또는 군수는 도시·군관리계획의 입안을 위한 기초조사의 내용에 환경성 검토, 토지적성평가와 재해취약성분석을 포함하여야 한다.
④ 도시·군관리계획에 있어 계획의 상세 정도, 도시·군관리계획으로 결정하여야 하는 기반시설의 종류 등은 지역 여건을 고려하여 차등을 두어 입안하여야 한다.
⑤ 도시·군관리계획은 광역도시계획 및 도시·군기본계획 등에서 제시한 내용을 수용하고 개별 사업계획과의 관계 및 도시의 성장 추세를 고려하여 수립하여야 한다.

키워드 도시·군관리계획의 결정권자

해 설 입지규제최소구역의 지정 및 변경과 입지규제최소구역계획에 관한 도시·군관리계획은 도시·군관리계획의 결정권자가 결정한다. 구청장은 결정권자가 될 수 없다.

정답 04 ③ 05 ⑤ 06 ①

07 上

국토의 계획 및 이용에 관한 법령상 도시·군관리계획에 관한 내용으로 옳은 것은?

① 시장 또는 군수가 입안한 지구단위계획구역의 지정·변경에 관한 도시·군관리계획은 도지사가 결정한다.

② 공업지역에서 도시·군관리계획을 입안하는 경우에는 재해취약성분석을 실시하지 아니할 수 있다.

③ 도시·군관리계획의 결정권자가 도시·군관리계획을 결정하고자 하는 때에는 미리 지방의회의 의견을 들어야 한다.

④ 도시지역의 축소에 따른 용도지역의 변경을 도시·군관리계획으로 입안하는 경우에는 지방의회 의견청취 절차를 생략할 수 없다.

⑤ 도시·군관리계획은 계획의 상세 정도, 도시·군관리계획으로 결정하여야 하는 기반시설의 종류 등에 대하여 도시 및 농·산·어촌 지역의 인구밀도, 토지 이용의 특성 및 주변 환경 등을 종합적으로 고려하여 차등을 두어 입안하여야 한다.

키워드 도시·군관리계획의 입안 및 결정

해 설 ① 시장 또는 군수가 입안한 지구단위계획구역의 지정·변경에 관한 도시·군관리계획은 시장 또는 군수가 직접 결정한다.

② 공업지역에서 도시·군관리계획을 입안하는 경우에는 토지적성평가를 실시하지 아니할 수 있다.

③ 도시·군관리계획을 결정할 때에는 관계 행정기관의 장과 협의하고, 도시계획위원회의 심의를 거치면 된다. 지방의회의 의견청취는 입안권자가 거쳐야 하는 입안절차에 해당한다.

④ 도시지역의 축소에 따른 용도지역의 변경을 도시·군관리계획으로 입안하는 경우에는 지방의회 의견청취 절차를 생략할 수 있다.

08 中 **국토의 계획 및 이용에 관한 법령상 도시·군관리계획에 관한 설명으로 틀린 것은?**

① 개발제한구역의 지정에 관한 도시·군관리계획은 국토교통부장관이 결정한다.

② 입안권자가 주민의 의견을 청취하려는 때에는 지방자치단체의 공보나 2 이상의 일간신문에 게재하고, 해당 지방자치단체의 인터넷 홈페이지 등에 공고해야 하며, 도시·군관리계획안을 14일 이상 일반이 열람할 수 있도록 해야 한다.

③ 국토교통부장관, 시·도지사, 시장 또는 군수는 열람기간 내에 제출된 의견을 도시·군관리계획안에 반영할 것인지 여부를 검토하여 그 결과를 열람기간이 종료된 날부터 30일 이내에 해당 의견을 제출한 자에게 통보해야 한다.

④ 주민은 입지규제최소구역계획의 수립 및 변경에 관한 사항에 대한 도시·군관리계획의 입안을 제안할 수 있다.

⑤ 도시·군관리계획의 수립 기준, 도시·군관리계획도서 및 계획설명서의 작성 기준·작성 방법 등은 대통령령으로 정하는 바에 따라 국토교통부장관이 정한다.

키워드 도시·군관리계획의 입안절차

해 설 국토교통부장관, 시·도지사, 시장 또는 군수는 열람기간 내에 제출된 의견을 도시·군관리계획안에 반영할 것인지 여부를 검토하여 그 결과를 열람기간이 종료된 날부터 60일 이내에 당해 의견을 제출한 자에게 통보해야 한다.

정답 07 ⑤ 08 ③

09 上

국토의 계획 및 이용에 관한 법령상 주민이 도시·군관리계획의 입안을 제안하는 경우에 관한 설명으로 틀린 것은?

① 제안서에는 도시·군관리계획도서뿐만 아니라 계획설명서도 첨부하여야 한다.

② 주민은 용도지역의 지정 또는 변경에 관한 사항과 기반시설의 설치·정비 또는 개량에 관한 사항을 제안할 수 있다.

③ 도시·군관리계획의 입안을 제안받은 자는 제안일부터 45일 이내에 도시·군관리계획 입안에의 반영 여부를 제안자에게 통보하여야 한다. 다만, 부득이한 사정이 있는 경우에는 1회에 한하여 30일을 연장할 수 있다.

④ 도시·군관리계획의 입안을 제안하려는 자가 토지소유자의 동의를 받아야 하는 경우 국·공유지는 동의대상 토지 면적에서 제외한다.

⑤ 도시·군관리계획의 입안을 제안받은 자는 제안자와 협의하여 제안된 도시·군관리계획의 입안 및 결정에 필요한 비용의 전부 또는 일부를 제안자에게 부담시킬 수 있다.

키워드 도시·군관리계획의 입안제안

해설 주민은 용도지역의 지정 또는 변경에 관한 사항에 대하여는 입안을 제안할 수 없다.

이론플러스 **도시·군관리계획 입안의 제안**

주민(이해관계자를 포함)은 다음의 사항에 대하여 도시·군관리계획을 입안할 수 있는 자에게 도시·군관리계획의 입안을 제안할 수 있다.

1. 기반시설의 설치·정비 또는 개량에 관한 사항
2. 지구단위계획구역의 지정 및 변경과 지구단위계획의 수립 및 변경에 관한 사항
3. 산업·유통개발진흥지구의 지정 및 변경에 관한 사항
4. 용도지구 중 해당 용도지구에 따른 건축물이나 그 밖의 시설의 용도·종류 및 규모 등의 제한을 지구단위계획으로 대체하기 위한 용도지구의 지정 및 변경에 관한 사항
5. 입지규제최소구역의 지정 및 변경과 입지규제최소구역계획의 수립 및 변경에 관한 사항

10 中 **국토의 계획 및 이용에 관한 법령상 도시·군관리계획의 입안 제안에 관한 설명으로 옳은 것은?**

① 지구단위계획구역의 지정 및 변경과 지구단위계획의 수립 및 변경에 관한 사항에 대한 입안을 제안하려는 자는 국·공유지를 제외한 대상 토지 면적의 5분의 4 이상의 동의를 받아야 한다.

② 산업·유통개발진흥지구의 지정을 제안할 수 있는 대상 지역의 면적은 10만m^2 이상이어야 한다.

③ 산업·유통개발진흥지구의 지정에 관한 사항에 대한 입안을 제안하려는 자는 국·공유지를 포함한 대상 토지 면적의 3분의 2 이상의 동의를 받아야 한다.

④ 기반시설의 설치·정비·개량에 관한 사항에 대한 입안을 제안하려는 자는 국·공유지를 제외한 대상 토지 면적의 2분의 1 이상의 동의를 받아야 한다.

⑤ 산업·유통개발진흥지구의 지정을 제안할 수 있는 대상 지역은 지정대상 지역의 전체 면적에서 계획관리지역의 면적이 차지하는 비율이 100분의 50 이상이어야 한다.

키워드 도시·군관리계획의 입안제안

해설 ① 지구단위계획구역의 지정 및 변경과 지구단위계획의 수립 및 변경에 관한 사항에 대한 입안을 제안하려는 자는 국·공유지를 제외한 대상 토지 면적의 3분의 2 이상의 동의를 받아야 한다.

② 산업·유통개발진흥지구의 지정을 제안할 수 있는 대상 지역의 면적은 1만m^2 이상 3만m^2 미만이다.

③ 산업·유통개발진흥지구의 지정에 관한 사항에 대한 입안을 제안하려는 자는 국·공유지를 제외한 대상 토지 면적의 3분의 2 이상의 동의를 받아야 한다.

④ 기반시설의 설치·정비·개량에 관한 사항에 대한 입안을 제안하려는 자는 국·공유지를 제외한 대상 토지 면적의 5분의 4 이상의 동의를 받아야 한다.

정답 09 ② 10 ⑤

11 下 **국토의 계획 및 이용에 관한 법령상 주민이 도시·군관리계획의 입안을 제안하려는 경우 요구되는 제안 사항별 토지소유자의 동의 요건으로 틀린 것은?** (단, 동의 대상 토지 면적에서 국·공유지는 제외함)

① 기반시설의 설치에 관한 사항 : 대상 토지 면적의 5분의 4 이상
② 기반시설의 정비에 관한 사항 : 대상 토지 면적의 3분의 2 이상
③ 지구단위계획구역의 지정과 지구단위계획의 수립에 관한 사항 : 대상 토지 면적의 3분의 2 이상
④ 산업·유통개발진흥지구의 지정에 관한 사항 : 대상 토지 면적의 3분의 2 이상
⑤ 용도지구 중 해당 용도지구에 따른 건축물이나 그 밖의 시설의 용도·종류 및 규모 등의 제한을 지구단위계획으로 대체하기 위한 용도지구의 지정에 관한 사항 : 대상 토지 면적의 3분의 2 이상

키워드 도시·군관리계획의 입안제안

해 설 주민이 기반시설의 정비에 관한 사항에 대하여 입안을 제안하려면 대상 토지 면적의 5분의 4 이상의 토지소유자의 동의를 받아야 한다.

이론플러스 **토지소유자의 동의(영 제19조의2 제2항)**

도시·군관리계획의 입안을 제안하려는 자는 다음의 구분에 따라 토지소유자의 동의를 받아야 한다. 이 경우 동의 대상 토지 면적에서 국·공유지는 제외한다.

1. 기반시설의 설치·정비 또는 개량에 관한 사항 : 대상 토지 면적의 5분의 4 이상
2. 지구단위계획구역의 지정 및 변경과 지구단위계획의 수립 및 변경에 관한 사항 : 대상 토지 면적의 3분의 2 이상
3. 개발진흥지구 중 산업·유통개발진흥지구의 지정 및 변경에 관한 사항 : 대상 토지 면적의 3분의 2 이상
4. 용도지구 중 해당 용도지구에 따른 건축물이나 그 밖의 시설의 용도·종류 및 규모 등의 제한을 지구단위계획으로 대체하기 위한 용도지구의 지정 및 변경에 관한 사항 : 대상 토지 면적의 3분의 2 이상
5. 입지규제최소구역의 지정 및 변경과 입지규제최소구역계획의 수립 및 변경에 관한 사항 : 대상 토지 면적의 3분의 2 이상

12 上 **국토의 계획 및 이용에 관한 법령상 도시·군관리계획을 입안하는 경우, 토지적성평가를 실시하지 않아도 되는 경우가 아닌 것은?**

① 해당 지구단위계획구역이 도심지(상업지역과 상업지역에 연접한 지역)에 위치하는 경우
② 해당 도시·군계획시설의 결정을 해제하려는 경우
③ 해당 지구단위계획구역 안의 나대지 면적이 구역 면적의 2%에 미달하는 경우
④ 도시·군관리계획 입안일부터 5년 이내에 토지적성평가를 실시한 지역에 대하여 도시·군관리계획을 입안하는 경우
⑤ 해당 지구단위계획구역의 지정 목적이 해당 구역을 정비 또는 관리하고자 하는 경우로서 지구단위계획의 내용에 너비 12m 이상 도로의 설치 계획이 있는 경우

키워드 도시·군관리계획의 토지적성평가

해 설 해당 지구단위계획구역의 지정 목적이 해당 구역을 정비 또는 관리하고자 하는 경우로서 지구단위계획의 내용에 너비 12m 이상 도로의 설치 계획이 없는 경우에는 기초조사, 환경성 검토, 토지적성평가 또는 재해취약성분석을 하지 아니할 수 있다.

이론플러스 **토지적성평가를 실시하지 아니할 수 있는 경우(영 제21조 제2항 제3호)**

1. 해당 지구단위계획구역이 도심지(상업지역과 상업지역에 연접한 지역)에 위치하는 경우
2. 해당 지구단위계획구역 안의 나대지 면적이 구역 면적의 2%에 미달하는 경우
3. 해당 지구단위계획구역 또는 도시·군계획시설부지가 다른 법률에 따라 지역·지구 등으로 지정되거나 개발계획이 수립된 경우
4. 해당 지구단위계획구역의 지정목적이 해당 구역을 정비 또는 관리하고자 하는 경우로서 지구단위계획의 내용에 너비 12m 이상 도로의 설치계획이 없는 경우
5. 해당 도시·군계획시설의 결정을 해제하려는 경우
6. 기존의 용도지구를 폐지하고 지구단위계획을 수립 또는 변경하여 그 용도지구에 따른 건축물이나 그 밖의 시설의 용도·종류 및 규모 등의 제한을 그대로 대체하려는 경우
7. 도시·군관리계획 입안일부터 5년 이내에 토지적성평가를 실시한 경우
8. 주거지역·상업지역 또는 공업지역에 도시·군관리계획을 입안하는 경우
9. 법 또는 다른 법령에 따라 조성된 지역에 도시·군관리계획을 입안하는 경우
10. 개발제한구역에서 조정 또는 해제된 지역에 대하여 도시·군관리계획을 입안하는 경우
11. 개발제한구역 안에 기반시설을 설치하는 경우
12. 「도시개발법」에 따른 도시개발사업의 경우
13. 지구단위계획구역 또는 도시·군계획시설부지에서 도시·군관리계획을 입안하는 경우

정답 11 ② 12 ⑤

13 국토의 계획 및 이용에 관한 법령상 도시·군관리계획결정에 관한 설명으로 틀린 것은?

下

① 시·도지사는 도시·군관리계획을 결정하려면 관계 행정기관의 장과 미리 협의하여야 하며, 국토교통부장관이 도시·군관리계획을 결정하려면 관계 중앙행정기관의 장과 미리 협의하여야 한다.

② 시·도지사가 지구단위계획을 결정하려면 「건축법」에 따라 시·도에 두는 건축위원회와 도시계획위원회가 공동으로 하는 심의를 거쳐야 한다.

③ 시·도지사는 국토교통부장관이 입안하여 결정한 도시·군관리계획을 변경하거나 그 밖에 대통령령으로 정하는 중요한 사항에 관한 도시·군관리계획을 결정하려면 미리 국토교통부장관과 협의하여야 한다.

④ 「지방자치법」에 따른 서울특별시와 광역시 및 특별자치시를 제외한 인구 50만 이상의 대도시의 경우에는 국토교통부장관이 직접 결정한다.

⑤ 국토교통부장관이나 시·도지사는 국방상 또는 국가안전보장상 기밀을 지켜야 할 필요가 있다고 인정되면(관계 중앙행정기관의 장이 요청할 때만 해당된다) 그 도시·군관리계획의 전부 또는 일부에 대하여 협의와 심의절차를 생략할 수 있다.

키워드 도시·군관리계획의 결정

해 설 「지방자치법」에 따른 서울특별시와 광역시 및 특별자치시를 제외한 인구 50만 이상의 대도시의 경우에는 해당 대도시 시장이 직접 결정한다.

14 국토의 계획 및 이용에 관한 법령상 시·도지사가 도시·군관리계획을 결정하는 경우 건축위원회와 도시계획위원회가 공동으로 하는 심의를 거쳐야 하는 것으로 옳은 것은?

下

① 도시자연공원구역의 지정에 관한 사항

② 기반시설의 개량에 관한 사항

③ 개발밀도관리구역의 변경에 관한 사항

④ 지구단위계획으로 대체하는 용도지구 폐지에 관한 사항

⑤ 복합용도지구의 지정에 관한 사항

키워드 도시·군관리계획의 공동심의

해 설 시·도지사가 지구단위계획(지구단위계획과 지구단위계획구역을 동시에 결정할 때에는 지구단위계획구역의 지정 또는 변경에 관한 사항을 포함할 수 있다)이나 지구단위계획으로 대체하는 용도지구 폐지에 관한 사항을 결정하려면 대통령령으로 정하는 바에 따라 「건축법」에 따라 시·도에 두는 건축위원회와 도시계획위원회가 공동으로 하는 심의를 거쳐야 한다.

15 中 **국토의 계획 및 이용에 관한 법령상 도시·군관리계획 등에 관한 설명으로 옳은 것은?**

① 도시·군관리계획결정은 지형도면을 작성한 날부터 효력이 발생한다.
② 수산자원보호구역의 변경은 국토교통부장관이 도시·군관리계획으로 결정할 수 있다.
③ 시가화조정구역의 지정에 관한 도시·군관리계획결정 당시 승인받은 사업이나 공사에 이미 착수한 자는 허가를 받아 그 사업이나 공사를 계속할 수 있다.
④ 도시·군관리계획의 입안을 제안받은 자는 제안자와 협의하여 제안된 도시·군관리계획의 입안 및 결정에 필요한 비용의 전부 또는 일부를 제안자에게 부담시켜야 한다.
⑤ 도시·군관리계획을 조속히 입안할 필요가 있다고 인정되면 도시·군기본계획을 수립할 때에 도시·군관리계획을 함께 입안할 수 있다.

키워드 도시·군관리계획의 동시입안

해 설 ① 도시·군관리계획결정은 지형도면을 고시한 날부터 효력이 발생한다.
② 수산자원보호구역의 변경은 해양수산부장관이 도시·군관리계획으로 결정할 수 있다.
③ 시가화조정구역의 지정에 관한 도시·군관리계획결정 당시 승인받은 사업이나 공사에 이미 착수한 자는 3월 이내에 신고를 하고 그 사업이나 공사를 계속할 수 있다.
④ 도시·군관리계획의 입안을 제안받은 자는 제안자와 협의하여 제안된 도시·군관리계획의 입안 및 결정에 필요한 비용의 전부 또는 일부를 제안자에게 부담시킬 수 있다.

정답 13 ④ 14 ④ 15 ⑤

16 中 **국토의 계획 및 이용에 관한 법령상 시장 또는 군수가 주민의 의견을 들어야 하는 경우로 명시되어 있지 않은 것은?** (단, 국토교통부장관이 따로 정하는 경우는 고려하지 않음)

• 30회 수정

① 광역도시계획을 수립하려는 경우
② 성장관리계획을 수립하려는 경우
③ 시범도시사업계획을 수립하려는 경우
④ 기반시설부담구역을 지정하려는 경우
⑤ 개발밀도관리구역을 지정하려는 경우

키워드 주민의 의견청취

해설 시장 또는 군수가 개발밀도관리구역을 지정하려는 경우에는 주민의 의견을 듣는 절차는 없고, 지방도시계획위원회의 심의만 거치면 된다.

17 下 **국토의 계획 및 이용에 관한 법령상 도시·군관리계획에 관한 설명으로 옳은 것은?**

① 주민은 기반시설의 설치에 관한 도시·군관리계획의 입안 제안권을 갖지 아니한다.
② 도시·군관리계획의 입안권은 시장·군수·구청장의 고유 권한이다.
③ 광역도시계획이 수립되어 있는 시·군에서는 도시·군관리계획을 수립하지 아니할 수 있다.
④ 도심지의 상업지역에 지구단위계획을 입안하는 경우에는 토지적성평가를 실시하지 아니할 수 있다.
⑤ 도시·군관리계획의 수립 기준은 시·도지사가 정한다.

키워드 도시·군관리계획의 입안

해설 ① 주민은 기반시설의 설치·정비·개량과 지구단위계획구역의 지정·변경 및 지구단위계획의 수립·변경에 관한 도시·군관리계획의 입안을 제안할 수 있다.
② 도시·군관리계획은 원칙적으로 관할 특별시장·광역시장·특별자치시장·특별자치도지사·시장·군수가 입안하며, 예외적으로 도지사나 국토교통부장관이 입안할 수 있다.
③ 광역도시계획이 수립되어 있는 시·군에서는 일정한 경우 도시·군기본계획을 수립하지 아니할 수 있다.
⑤ 도시·군관리계획의 수립 기준은 대통령령으로 정하는 바에 따라 국토교통부장관이 정한다.

18 中 **국토의 계획 및 이용에 관한 법령상 도시·군기본계획과 도시·군관리계획에 관한 설명으로 틀린 것은?**

① 시장 또는 군수는 도시·군기본계획을 수립하거나 변경하려면 도지사의 승인을 받아야 한다.

② 도시·군기본계획 입안일부터 5년 이내에 재해취약성분석을 실시한 경우에는 재해취약성분석을 하지 아니할 수 있다.

③ 하천·유수지·저수지 등 방재시설의 설치·정비 또는 개량에 관한 계획은 도시·군관리계획에 속한다.

④ 둘 이상의 시·군에 걸쳐 용도지역·용도지구·용도구역을 지정하는 도시·군관리계획은 도지사가 직접 입안할 수 있다.

⑤ 도시·군계획시설부지에서 도시·군관리계획을 입안하는 경우에는 환경성 검토를 실시하지 아니할 수 있다.

키워드 도시·군관리계획의 입안

해설 도시·군계획시설부지에서 도시·군관리계획을 입안하는 경우에는 토지적성평가를 실시하지 아니할 수 있다.

정답 16 ⑤ 17 ④ 18 ⑤

19 中 **국토의 계획 및 이용에 관한 법령상 지형도면의 작성 및 고시에 관한 설명으로 틀린 것은?**

① 특별시장·광역시장·특별자치시장·특별자치도지사·시장 또는 군수는 도시·군관리계획결정이 고시되면 지적(地籍)이 표시된 지형도에 도시·군관리계획에 관한 사항을 자세히 밝힌 도면을 작성하여야 한다.

② A도 B군수가 지구단위계획구역의 지정 및 변경에 관한 지형도면을 작성하면 A도지사의 승인을 받아야 한다.

③ 지형도면의 승인 신청을 받은 도지사는 그 지형도면과 결정·고시된 도시·군관리계획을 대조하여 착오가 없다고 인정되면 30일 이내에 그 지형도면을 승인하여야 한다.

④ 국토교통부장관이나 도지사는 도시·군관리계획을 직접 입안한 경우에는 관계 특별시장·광역시장·특별자치시장·특별자치도지사·시장 또는 군수의 의견을 들어 직접 지형도면을 작성할 수 있다.

⑤ 국토교통부장관, 시·도지사, 시장 또는 군수는 직접 지형도면을 작성하거나 지형도면을 승인한 경우에는 이를 고시하여야 한다.

키워드 지형도면의 작성 및 승인

해설 A도 B군수가 지구단위계획구역의 지정 및 변경에 관한 지형도면을 작성하면 A도지사의 승인을 받지 않아도 된다.

20 下 **국토의 계획 및 이용에 관한 법령상 행정계획을 수립하거나 변경하려면 공청회를 열어서 주민과 관계 전문가의 의견을 들어야 하는 경우로 옳은 것은?**

㉠ 광역도시계획	㉡ 지구단위계획
㉢ 도시·군기본계획	㉣ 도시·군관리계획

① ㉠, ㉡ ② ㉠, ㉢
③ ㉡, ㉢ ④ ㉢, ㉣
⑤ ㉡, ㉣

키워드 공청회

해설 광역도시계획(㉠)과 도시·군기본계획(㉢)을 수립하거나 변경하려면 공청회를 열어 주민과 관계 전문가로부터 의견을 들어야 한다.

제2절 용도지역·용도지구·용도구역

대표기출 연습

국토의 계획 및 이용에 관한 법령상 용도지역·용도지구·용도구역에 관한 설명으로 틀린 것은? • 28회

① 국토교통부장관이 용도지역을 지정하는 경우에는 도시·군관리계획으로 결정한다.
② 시·도지사는 도시자연공원구역의 변경을 도시·군관리계획으로 결정할 수 있다.
③ 시·도지사는 법률에서 정하고 있는 용도지구 외에 새로운 용도지구를 신설할 수 없다.
④ 집단취락지구란 개발제한구역 안의 취락을 정비하기 위하여 필요한 지구를 말한다.
⑤ 방재지구의 지정을 도시·군관리계획으로 결정하는 경우, 도시·군관리계획의 내용에는 해당 방재지구의 재해저감대책을 포함하여야 한다.

키워드 용도지구의 신설 28회, 29회, 30회, 31회, 32회
교수님 TIP 용도지역·용도지구·용도구역의 전체적인 내용을 비교·정리하고 숙지하여야 합니다.

해설 시·도지사는 법률에서 정하고 있는 용도지구 외에 새로운 용도지구를 신설할 수 있다.

정답 ③

정답 19 ② 20 ②

21 下

국토의 계획 및 이용에 관한 법령상 용도지역·용도지구·용도구역에 관한 설명으로 틀린 것은?

① 용도지역이란 토지의 이용 및 건축물의 용도·건폐율·용적률·높이 등을 제한함으로써 토지를 경제적·효율적으로 이용하고 공공복리의 증진을 도모하기 위하여 서로 중복되지 아니하게 도시·군관리계획으로 결정하는 지역을 말한다.

② 용도지구란 토지의 이용 및 건축물의 용도·건폐율·용적률·높이 등에 대한 용도지역의 제한을 강화하거나 완화하여 적용함으로써 용도지역의 기능을 증진시키고 경관·안전 등을 도모하기 위하여 도시·군관리계획으로 결정하는 지역을 말한다.

③ 용도구역이란 토지의 이용 및 건축물의 용도·건폐율·용적률·높이 등에 대한 용도지역 및 용도지구의 제한을 강화하거나 완화하여 따로 정함으로써 시가지의 무질서한 확산 방지 등을 위하여 도시·군관리계획으로 결정하는 지역을 말한다.

④ 용도지역은 다른 용도지역과 중복하여 지정할 수 있다.

⑤ 용도지구는 다른 용도지구와 중복하여 지정할 수 있다.

키워드 용도지역·용도지구·용도구역

해 설 용도지역은 다른 용도지역과 중복하여 지정할 수 없다.

22 下

국토의 계획 및 이용에 관한 법령상 용도지역에 관한 설명으로 옳은 것은?

① 용도지역의 지정 또는 변경은 도시·군기본계획으로 결정·고시한다.

② 용도지역은 도시지역, 준도시지역, 농림지역 및 자연환경보전지역으로 구분된다.

③ 계획관리지역은 도시지역으로의 편입이 예상되는 지역이나 자연환경을 고려하여 제한적인 이용·개발을 하려는 지역으로서 계획적·체계적인 관리가 필요한 지역이다.

④ 도시지역은 주거지역, 상업지역, 공업지역, 녹지지역 및 보전지역으로 구분된다.

⑤ 주거지역 중 전용주거지역은 주택의 층수에 따라 제1종, 제2종 및 제3종으로 세분된다.

키워드 용도지역

해 설 ① 용도지역의 지정 또는 변경은 도시·군관리계획으로 결정·고시한다.
② 용도지역은 도시지역·관리지역·농림지역·자연환경보전지역으로 구분된다.
④ 도시지역은 주거지역·상업지역·공업지역·녹지지역으로 구분된다.
⑤ 일반주거지역에 대한 설명이다.

23 中 **국토의 계획 및 이용에 관한 법령상 용도지역·용도지구·용도구역에 관한 설명으로 옳은 것은?**

① 보전관리지역과 자연녹지지역은 서로 중복하여 지정할 수 없다.
② 생산녹지지역에는 자연취락지구를 지정할 수 없다.
③ 관리지역에서 「농지법」에 따른 농업진흥지역으로 지정·고시된 지역은 자연환경보전지역으로 결정·고시된 것으로 본다.
④ 시·도지사, 대도시 시장은 보안상 도시의 개발을 제한하기 위하여 필요한 경우에는 도시자연공원구역의 지정 또는 변경을 도시·군관리계획으로 결정할 수 있다.
⑤ 관리지역이 세부 용도지역으로 지정되지 아니한 경우, 건폐율에 대하여는 계획관리지역에 관한 규정을 적용한다.

키워드 용도지역·용도지구·용도구역

해설 ① 용도지역은 다른 용도지역과 중복하여 지정할 수 없다.
② 생산녹지지역에는 자연취락지구를 지정할 수 있다.
③ 관리지역에서 「농지법」에 따른 농업진흥지역으로 지정·고시된 지역은 이 법에 따른 농림지역으로 결정·고시된 것으로 본다.
④ 시·도지사, 대도시 시장은 도시의 자연환경 및 경관을 보호하고 도시민에게 건전한 여가·휴식공간을 제공하기 위하여 도시지역 안의 식생이 양호한 산지(山地)의 개발을 제한할 필요가 있다고 인정하는 경우에는 도시자연공원구역의 지정 또는 변경을 도시·군관리계획으로 결정할 수 있다.
⑤ 관리지역이 세분되지 아니한 경우 건폐율에 대하여는 보전관리지역에 관한 규정을 적용한다.

정답 21 ④ 22 ③ 23 ①

24 上

국토의 계획 및 이용에 관한 법령상 관리지역에 관한 설명으로 틀린 것은?

① 생산관리지역은 농업·임업·어업 생산 등을 위하여 관리가 필요하나, 주변 용도지역과의 관계 등을 고려할 때 농림지역으로 지정하여 관리하기가 곤란한 지역이다.

② 관리지역 안의 취락을 정비하기 위하여 취락지구로 지정할 수 있다.

③ 보전관리지역에서 건축할 수 있는 건축물은 4층 이하의 범위 안에서 도시·군계획조례로 따로 층수를 정하는 경우에는 그에 따른다.

④ 국토환경보전을 위하여 필요한 경우라도 생산관리지역은 농림지역과 중복하여 지정할 수 없다.

⑤ 관리지역의 산림 중 「산지관리법」에 따라 보전산지로 지정·고시된 지역은 그 고시에서 구분하는 바에 따라 이 법에 따른 자연환경보전지역으로 결정·고시된 것으로 본다.

키워드 관리지역

해 설 관리지역의 산림 중 「산지관리법」에 따라 보전산지로 지정·고시된 지역은 그 고시에서 구분하는 바에 따라 이 법에 따른 농림지역 또는 자연환경보전지역으로 결정·고시된 것으로 본다.

25 下

국토의 계획 및 이용에 관한 법령상 용도지역의 종류를 설명한 것으로 틀린 것은?

① 주거지역 – 거주의 안녕과 건전한 생활환경의 보호를 위하여 필요한 지역

② 상업지역 – 상업과 기타 업무의 편익증진을 위하여 필요한 지역

③ 공업지역 – 공업의 편익증진을 위하여 필요한 지역

④ 녹지지역 – 자연환경, 농지 및 산림의 보호, 보건위생, 보안, 도시의 무질서한 확산 방지를 위하여 녹지의 보전이 필요한 지역

⑤ 관리지역 – 「농지법」에 따른 농업진흥지역 또는 「산지관리법」에 따른 보전산지 등으로서 농림업의 진흥과 산림의 보전을 위하여 필요한 지역

키워드 용도지역의 종류

해 설 농림지역에 대한 설명이다. 관리지역은 도시지역의 인구와 산업을 수용하기 위하여 도시지역에 준하여 체계적으로 관리하거나 농림업의 진흥, 자연환경 또는 산림의 보전을 위하여 농림지역 또는 자연환경보전지역에 준하여 관리할 필요가 있는 지역을 말한다.

26 국토의 계획 및 이용에 관한 법령상 용도지역에 관한 설명으로 옳은 것은?

中

① 제1종 일반주거지역 – 단독주택 중심의 양호한 주거환경을 보호하기 위하여 필요한 지역

② 일반상업지역 – 도심·부도심의 업무 및 상업기능의 확충을 위하여 필요한 지역

③ 준공업지역 – 경공업 그 밖의 공업을 수용하되, 주거기능·상업기능 및 업무기능의 보완이 필요한 지역

④ 생산녹지지역 – 도시의 자연환경·경관·산림 및 녹지공간을 보전할 필요가 있는 지역

⑤ 보전관리지역 – 농업·임업·어업 생산 등을 위하여 관리가 필요하나, 주변의 용도지역과의 관계 등을 고려할 때 농림지역으로 지정하여 관리하기가 곤란한 지역

키워드 용도지역의 개념

해 설 ① 제1종 전용주거지역에 대한 설명이다. 제1종 일반주거지역은 저층주택을 중심으로 편리한 주거환경을 조성하기 위하여 필요한 지역이다.

② 중심상업지역에 대한 설명이다. 일반상업지역은 일반적인 상업기능 및 업무기능을 담당하게 하기 위하여 필요한 지역이다.

④ 보전녹지지역에 대한 설명이다. 생산녹지지역은 주로 농업적 생산을 위하여 개발을 유보할 필요가 있는 지역이다.

⑤ 생산관리지역에 대한 설명이다. 보전관리지역은 자연환경 보호, 산림 보호, 수질오염 방지, 녹지공간 확보 및 생태계 보전 등을 위하여 보전이 필요하나, 주변 용도지역과의 관계 등을 고려할 때 자연환경보전지역으로 지정하여 관리하기가 곤란한 지역이다.

정답 24 ⑤ 25 ⑤ 26 ③

27 中 **국토의 계획 및 이용에 관한 법령상 도시지역에 관한 설명으로 틀린 것을 모두 고른 것은?**

> ㉠ 도시지역 중 주거지역에서는 「농지법」에 따른 농지취득자격증명제를 적용하지 아니한다.
> ㉡ 도시지역이 세부 용도지역으로 지정되지 아니한 경우 적용되는 건폐율의 최대한도는 40%이다.
> ㉢ 주로 농업적 생산을 위하여 개발을 유보할 필요가 있는 지역은 보전녹지지역이다.
> ㉣ 「항만법」에 따른 항만구역으로서 도시지역에 연접한 공유수면은 이 법에 따른 도시지역으로 결정·고시된 것으로 본다.

① ㉠, ㉡　　② ㉡, ㉢
③ ㉠, ㉣　　④ ㉠, ㉡, ㉣
⑤ ㉠, ㉡, ㉢, ㉣

키워드 도시지역

해 설 ㉡ 도시지역이 세부 용도지역으로 지정되지 아니한 경우 적용되는 건폐율의 최대한도는 20%이다.
㉢ 주로 농업적 생산을 위하여 개발을 유보할 필요가 있는 지역은 생산녹지지역이다.

28 下 **국토의 계획 및 이용에 관한 법령상 공유수면**(바다만 해당한다)**매립지의 용도지역 지정에 관한 설명으로 틀린 것은?**

① 용도지역이란 도시지역·관리지역·농림지역·자연환경보전지역을 말한다.
② 공유수면의 매립 목적이 그 매립구역과 이웃하고 있는 용도지역의 내용과 같으면 그 매립준공구역은 도시·군관리계획을 입안·결정하여 지정하여야 한다.
③ 공유수면의 매립 목적이 그 매립구역과 이웃하고 있는 용도지역의 내용과 다른 경우, 그 매립구역이 속할 용도지역은 도시·군관리계획결정으로 지정하여야 한다.
④ 공유수면의 매립구역이 둘 이상의 용도지역에 걸쳐 있는 경우, 그 매립구역이 속할 용도지역은 도시·군관리계획결정으로 지정하여야 한다.
⑤ 공유수면의 매립구역이 둘 이상의 용도지역과 이웃하고 있는 경우, 그 매립구역이 속할 용도지역은 도시·군관리계획결정으로 지정하여야 한다.

키워드 용도지역 지정절차의 특례

해 설 공유수면(바다만 해당)의 매립 목적이 그 매립구역과 이웃하고 있는 용도지역의 내용과 같으면 도시·군관리계획의 입안 및 결정 절차 없이 그 매립준공구역은 그 매립의 준공인가일부터 이와 이웃하고 있는 용도지역으로 지정된 것으로 본다. 이 경우 관계 특별시장·광역시장·특별자치시장·특별자치도지사·시장 또는 군수는 그 사실을 지체 없이 고시하여야 한다.

29 下 **국토의 계획 및 이용에 관한 법령상 다른 법률에 의하여 지정된 지역이 도시지역으로 결정·고시된 것으로 볼 수 있는 경우에 해당하지 않는 것은?**

① 「항만법」에 따른 항만구역으로서 도시지역에 연접한 공유수면
② 「어촌·어항법」에 따른 어항구역으로서 도시지역에 연접한 공유수면
③ 「산업입지 및 개발에 관한 법률」에 따른 농공단지
④ 「택지개발촉진법」에 따른 택지개발지구
⑤ 「전원개발촉진법」에 따른 전원개발사업구역 및 예정구역(수력발전소 또는 송·변전설비만을 설치하기 위한 전원개발사업구역 및 예정구역은 제외)

키워드 도시지역으로 결정·고시 의제

해 설 「산업입지 및 개발에 관한 법률」 규정에 따른 국가산업단지, 일반산업단지 및 도시첨단산업단지는 도시지역으로 결정·고시된 것으로 본다.

정답 27 ② 28 ② 29 ③

30 中 **국토의 계획 및 이용에 관한 법령상 용도지역 지정 등이 의제되는 경우에 관한 설명으로 옳은 것은?**

① 「어촌·어항법」에 따른 어항구역은 도시지역으로 결정·고시된 것으로 본다.

② 「전원개발촉진법」에 따른 수력발전소는 도시지역으로 결정·고시된 것으로 본다.

③ 관리지역에서 「농지법」에 따른 농업진흥지역으로 지정·고시된 지역은 자연환경보전지역으로 결정·고시된 것으로 본다.

④ 농림지역에 「택지개발촉진법」에 따른 택지개발지구로 지정·고시되었다가 택지개발사업의 완료로 택지개발지구의 지정이 해제되면 그 지역은 농림지역으로 환원된 것으로 본다.

⑤ 관리지역의 산림 중 「산지관리법」에 따라 보전산지로 지정·고시된 지역은 농림지역 또는 자연환경보전지역으로 결정·고시된 것으로 본다.

키워드 용도지역 결정·고시의 의제

해 설 ① 「어촌·어항법」에 따른 어항구역으로서 도시지역에 연접한 공유수면은 도시지역으로 결정·고시된 것으로 본다.

② 「전원개발촉진법」에 따른 수력발전소는 도시지역으로 결정·고시된 것으로 보지 않는다.

③ 관리지역에서 「농지법」에 따른 농업진흥지역으로 지정·고시된 지역은 농림지역으로 결정·고시된 것으로 본다.

④ 농림지역에 「택지개발촉진법」에 따른 택지개발지구로 지정·고시되었다가 택지개발사업의 완료로 택지개발지구의 지정이 해제되더라도 그 지역은 농림지역으로 환원된 것으로 보지 않는다.

31 中 **국토의 계획 및 이용에 관한 법령상 용도지역에서의 행위제한에 관한 설명으로 <u>틀린</u> 것은?**

① 용도지역 안에서의 건축물이나 그 밖의 시설의 용도·종류 및 규모 등의 제한에 관한 사항은 대통령령으로 정한다.

② 농림지역 중 보전산지의 경우에는 「산지관리법」이 정하는 바에 따른다.

③ 도시지역에서는 「도로법」에 따른 접도구역제의 규정을 적용하지 아니한다.

④ 도시지역, 관리지역, 농림지역 또는 자연환경보전지역으로 용도가 지정되지 아니한 지역에 대하여는 건축물의 건축제한, 건폐율, 용적률의 규정을 적용할 때에 농림지역에 관한 규정을 적용한다.

⑤ 자연환경보전지역 중 「수도법」에 따른 상수원보호구역의 경우에는 「수도법」에서 정하는 바에 따른다.

키워드 용도지역에서의 행위제한

해설 도시지역, 관리지역, 농림지역 또는 자연환경보전지역으로 용도가 지정되지 아니한 지역에 대하여는 건축물의 건축제한, 건폐율, 용적률의 규정을 적용할 때에 자연환경보전지역에 관한 규정을 적용한다.

32 (上) **국토의 계획 및 이용에 관한 법령상 농림지역 안에서 건축할 수 있는 건축물로 옳은 것은?** (단, 도시·군계획조례로 규정한 것은 제외)

① 의료시설 ② 수련시설
③ 발전시설 ④ 방송통신시설
⑤ 장례시설

키워드 농림지역에서의 건축제한

해설 농림지역에서는 단독주택 중 농어가주택, 제2종 근린생활시설 중 변전소·양수장·정수장·대피소·공중화장실, 교육연구시설 중 초등학교, 창고(농업·임업·축산업·수산업용만 해당), 동물 및 식물관련시설 중 작물재배사, 종묘배양시설, 화초 및 분재 등의 온실, 발전시설의 설치가 허용된다.

33 (上) **국토의 계획 및 이용에 관한 법령상 제3종 일반주거지역 안에서 도시·군계획조례가 정하는 바에 따라 건축할 수 있는 건축물을 모두 고른 것은?**

㉠ 창고시설	㉡ 방송통신시설
㉢ 자동차관련시설 중 주기장	㉣ 제2종 근린생활시설 중 안마시술소
㉤ 의료시설 중 격리병원	

① ㉠, ㉡, ㉢ ② ㉠, ㉡, ㉣
③ ㉡, ㉢, ㉣ ④ ㉡, ㉢, ㉤
⑤ ㉢, ㉣, ㉤

키워드 제3종 일반주거지역에서의 건축제한

해설 제3종 일반주거지역 안에서는 제2종 근린생활시설 중 안마시술소(㉣)와 의료시설 중 격리병원(㉤)을 건축할 수 없다. 따라서 창고시설, 방송통신시설, 자동차관련시설 중 주기장은 건축할 수 있다.

정답 30 ⑤ 31 ④ 32 ③ 33 ①

34 中

국토의 계획 및 이용에 관한 법령상 아파트를 건축할 수 없는 용도지역으로 옳은 것은? (단, 도시·군계획조례는 고려하지 않음)

① 일반공업지역
② 제2종 전용주거지역
③ 준주거지역
④ 제3종 일반주거지역
⑤ 준공업지역

키워드 용도지역에서의 건축제한

해 설 아파트는 제1종 전용주거지역, 제1종 일반주거지역, 전용공업지역, 일반공업지역, 유통상업지역과 녹지지역·관리지역·농림지역 및 자연환경보전지역 안에서 건축이 금지된다.

35 上

국토의 계획 및 이용에 관한 법령상 용도지역 안에서 건축물의 건축제한 등이 개별 법률에 의하여야 하는 경우가 있다. 각 경우와 그 근거법률의 연결이 틀린 것은?

① 농림지역 중 농업진흥지역 –「농지법」
② 자연환경보전지역 중 천연기념물과 그 보호구역 –「문화재보호법」
③ 국가산업단지 –「산업입지 및 개발에 관한 법률」
④ 농림지역 중 초지 –「초지법」
⑤ 자연환경보전지역 중 공원구역 –「자연공원법」

키워드 개별법에 따른 건축제한

해 설 「산업입지 및 개발에 관한 법률」에 따른 농공단지 안에서는 「산업입지 및 개발에 관한 법률」이 정하는 바에 의한다.

36 上 **국토의 계획 및 이용에 관한 법령상 용도지역에서의 행위제한에 관한 설명으로 틀린 것은?**

① 도시지역·관리지역·농림지역 또는 자연환경보전지역으로 용도가 지정되지 아니한 지역에 대하여는 용도지역의 용적률의 규정을 적용할 때 자연환경보전지역에 관한 규정을 적용한다.

② 자연환경보전지역 중 수산자원보호구역으로 지정된 경우 건축제한은 「수산자원관리법」이 정하는 바에 따른다.

③ 녹지지역에 자연취락지구가 지정될 경우 건폐율에 관한 기준을 60% 이하의 범위 안에서 조례로 정하는 비율을 초과하여서는 아니 된다.

④ 농림지역 중 보전산지로 지정된 경우의 건축제한은 「산지관리법」이 정하는 바에 따른다.

⑤ 관리지역에 농공단지가 지정될 경우 용적률에 관한 기준을 100% 이하의 범위 안에서 조례로 정하는 비율을 초과하여서는 아니 된다.

키워드 용도지역에서의 건축제한

해 설 관리지역(도시지역 외의 지역)에 농공단지가 지정될 경우 용적률에 관한 기준을 150% 이하의 범위 안에서 조례로 정하는 비율을 초과하여서는 아니 된다.

이론플러스 **용적률의 특례(도시·군계획조례로 정할 수 있는 용적률)**

1. 도시지역 외의 지역에 지정된 개발진흥지구 – 100% 이하
2. 수산자원보호구역 – 80% 이하
3. 「자연공원법」에 따른 자연공원 – 100% 이하
4. 「산업입지 및 개발에 관한 법률」에 따른 농공단지(도시지역 외의 지역에 지정된 농공단지에 한함) – 150% 이하

정답 34 ① 35 ③ 36 ⑤

37 下 **국토의 계획 및 이용에 관한 법령상 용도지역 안에서 건폐율의 최대한도를 옳게 연결한 것은?** (단, 도시·군계획조례로 규정한 사항은 제외)

① 제2종 전용주거지역 – 60% 이하
② 제2종 일반주거지역 – 50% 이하
③ 유통상업지역 – 70% 이하
④ 계획관리지역 – 40% 이하
⑤ 자연환경보전지역 – 40% 이하

키워드 용도지역에서의 건폐율

해 설 ① 제2종 전용주거지역 – 50% 이하
② 제2종 일반주거지역 – 60% 이하
③ 유통상업지역 – 80% 이하
⑤ 자연환경보전지역 – 20% 이하

이론플러스 **용도지역별 건폐율**

용도지역 \ 내 용		법 률	시행령
도시지역	주거지역	70% 이하	제1종 전용주거지역 50% 이하
			제2종 전용주거지역 50% 이하
			제1종 일반주거지역 60% 이하
			제2종 일반주거지역 60% 이하
			제3종 일반주거지역 50% 이하
			준주거지역 70% 이하
	상업지역	90% 이하	중심상업지역 90% 이하
			일반상업지역 80% 이하
			유통상업지역 80% 이하
			근린상업지역 70% 이하
	공업지역	70% 이하	전용공업지역 70% 이하
			일반공업지역 70% 이하
			준공업지역 70% 이하
	녹지지역	20% 이하	보전녹지지역 20% 이하
			자연녹지지역 20% 이하
			생산녹지지역 20% 이하
관리지역	보전관리지역	20% 이하	20% 이하
	생산관리지역	20% 이하	20% 이하
	계획관리지역	40% 이하	40% 이하
농림지역		20% 이하	20% 이하
자연환경보전지역		20% 이하	20% 이하

38 上 **국토의 계획 및 이용에 관한 법령상 도시·군계획조례로 정할 수 있는 건폐율의 최대한도를 연결한 것으로 틀린 것은?**

① 공업지역에 있는 「산업입지 및 개발에 관한 법률」에 따른 국가산업단지 – 80% 이하

② 도시지역 외의 지역에 지정된 개발진흥지구 – 50% 이하

③ 자연녹지지역에 지정된 개발진흥지구 – 30% 이하

④ 「산업입지 및 개발에 관한 법률」에 따른 농공단지 – 70% 이하

⑤ 수산자원보호구역 – 40% 이하

키워드 용도지역에서의 건폐율

해 설 도시지역 외의 지역에 지정된 개발진흥지구 – 40% 이하

이론플러스 **건폐율의 특례(도시·군계획조례로 정할 수 있는 건폐율)**

1. 취락지구 – 60% 이하(자연취락지구에 한함)
2. 도시지역 외의 지역에 지정된 개발진흥지구 – 40% 이하
3. 자연녹지지역에 지정된 개발진흥지구 – 30% 이하
4. 수산자원보호구역 – 40% 이하
5. 「자연공원법」에 따른 자연공원 – 60% 이하
6. 「산업입지 및 개발에 관한 법률」에 따른 농공단지 – 70% 이하
7. 공업지역에 있는 「산업입지 및 개발에 관한 법률」에 따른 국가산업단지, 일반산업단지, 도시첨단산업단지 및 준산업단지 – 80% 이하

39 下 **국토의 계획 및 이용에 관한 법령상 건폐율의 최대한도가 다른 것끼리 연결된 것은? (단, 도시·군계획조례로 규정한 사항은 제외)**

① 제2종 전용주거지역 – 제3종 일반주거지역

② 전용공업지역 – 일반상업지역

③ 보전녹지지역 – 생산관리지역

④ 일반공업지역 – 준공업지역

⑤ 준주거지역 – 근린상업지역

키워드 용도지역에서의 건폐율

해 설 전용공업지역 – 70% 이하, 일반상업지역 – 80% 이하

정답 37 ④ 38 ② 39 ②

40 下

국토의 계획 및 이용에 관한 법령상 도시지역인 A지역이 세부 용도지역으로 지정되지 않은 경우, 이 지역에 적용되는 건폐율의 최대한도(%)는? (단, 조례는 고려하지 않음)

① 20% 이하
② 30% 이하
③ 40% 이하
④ 50% 이하
⑤ 60% 이하

키워드 용도지역에서의 건폐율

해설 용도지역이 미세분된 도시지역의 경우에는 보전녹지지역의 규정을 적용하므로 건폐율의 최대한도는 20% 이하이다.

41 中

다음에서 설명하는 용도지역과 해당 용적률의 최대한도를 옳게 연결한 것은?

> 농업·임업·어업 생산 등을 위하여 관리가 필요하나, 주변 용도지역과의 관계 등을 고려할 때 농림지역으로 지정하여 관리하기가 곤란한 지역

① 보전녹지지역 – 80% 이하
② 생산녹지지역 – 100% 이하
③ 보전관리지역 – 80% 이하
④ 생산관리지역 – 80% 이하
⑤ 계획관리지역 – 100% 이하

키워드 용도지역에서의 용적률

해설 생산관리지역에 대한 설명이다.

42 下 **국토의 계획 및 이용에 관한 법령상 용적률의 최대한도를 옳게 연결한 것은?** (단, 도시·군계획조례는 고려하지 않음)

① 준주거지역 – 500% 이하
② 유통상업지역 – 1,300% 이하
③ 일반공업지역 – 400% 이하
④ 생산녹지지역 – 80% 이하
⑤ 계획관리지역 – 80% 이하

키워드 용도지역에서의 용적률

해설 ② 유통상업지역 – 1,100% 이하
③ 일반공업지역 – 350% 이하
④ 생산녹지지역 – 100% 이하
⑤ 계획관리지역 – 100% 이하

43 中 **국토의 계획 및 이용에 관한 법령상 건폐율과 용적률의 최대한도를 순서대로 옳게 연결한 것은?** (단, 도시·군계획조례는 고려하지 않음)

① 제3종 일반주거지역 – 60% 이하, 300% 이하
② 근린상업지역 – 70% 이하, 900% 이하
③ 자연녹지지역 – 20% 이하, 80% 이하
④ 생산관리지역 – 40% 이하, 80% 이하
⑤ 농림지역 – 20% 이하, 100% 이하

키워드 용도지역에서의 건폐율과 용적률

해설 ① 제3종 일반주거지역 – 건폐율의 최대한도 50% 이하, 용적률의 최대한도 300% 이하
③ 자연녹지지역 – 건폐율의 최대한도 20% 이하, 용적률의 최대한도 100% 이하
④ 생산관리지역 – 건폐율의 최대한도 20% 이하, 용적률의 최대한도 80% 이하
⑤ 농림지역 – 건폐율의 최대한도 20% 이하, 용적률의 최대한도 80% 이하

정답 40 ① 41 ④ 42 ① 43 ②

44 下

국토의 계획 및 이용에 관한 법령상 용도지역이 세부 용도지역으로 지정되지 아니한 경우에 관한 설명이다. (　　)에 들어갈 내용이 옳게 연결된 것은?

> 도시지역 또는 관리지역이 세부 용도지역으로 지정되지 아니한 경우에는 건축물의 건축제한, 건폐율, 용적률을 적용할 때에 해당 용도지역이 도시지역인 경우에는 (㉠)에 관한 규정을 적용하고, 관리지역인 경우에는 (㉡)에 관한 규정을 적용한다.

① ㉠ : 보전녹지지역, ㉡ : 보전관리지역
② ㉠ : 보전녹지지역, ㉡ : 계획관리지역
③ ㉠ : 생산녹지지역, ㉡ : 생산관리지역
④ ㉠ : 자연녹지지역, ㉡ : 계획관리지역
⑤ ㉠ : 생산녹지지역, ㉡ : 보전관리지역

키워드 미세분된 용도지역에서의 행위제한

해 설 도시지역 또는 관리지역이 세부 용도지역으로 지정되지 아니한 경우에는 건축물의 건축제한, 건폐율, 용적률을 적용할 때에 해당 용도지역이 도시지역인 경우에는 '보전녹지지역'에 관한 규정을 적용하고, 관리지역인 경우에는 '보전관리지역'에 관한 규정을 적용한다.

45 中

국토의 계획 및 이용에 관한 법령상 용도지구에 관한 설명으로 옳은 것은?

① 용도지구는 토지의 이용 및 건축물의 용도·건폐율 등에 대한 용도지역의 제한을 강화하거나 완화하여 적용하기 위하여 도시·군기본계획으로 결정한다.
② 시·도지사 또는 대도시 시장은 경관지구를 자연경관지구, 수변경관지구, 시가지경관지구로 세분하여 지정할 수 있다.
③ 복합개발진흥지구는 주거기능, 공업기능, 유통·물류기능 및 관광·휴양기능 외의 기능을 중심으로 특정한 목적을 위하여 개발·정비할 필요가 있는 지구를 말한다.
④ 시·도지사 또는 대도시 시장은 지역여건상 필요하면 시·도 또는 대도시 조례로 법정된 용도지구 외의 용도지구의 지정 또는 변경을 도시·군관리계획으로 결정할 수 있다.
⑤ 특정용도제한지구와 고도지구는 중복하여 지정할 수 없다.

키워드 용도지구

해설 ① 용도지구는 도시·군관리계획으로 결정한다.
② 시·도지사 또는 대도시 시장은 경관지구를 자연경관지구, 시가지경관지구, 특화경관지구로 세분하여 지정할 수 있다.
③ 주거기능, 공업기능, 유통·물류기능 및 관광·휴양기능 외의 기능을 중심으로 특정한 목적을 위하여 개발·정비할 필요가 있는 지구는 특정개발진흥지구에 해당한다.
⑤ 특정용도제한지구와 고도지구는 중복하여 지정할 수 있다.

46 下 **국토의 계획 및 이용에 관한 법령상 일반주거지역에 지정된 복합용도지구에서 허용되는 건축물로 옳은 것은?**

① 관람장
② 바닥면적의 합계가 300m²인 다중생활시설
③ 안마시술소
④ 장례시설
⑤ 동물 및 식물 관련 시설

키워드 복합용도지구에서의 건축제한

해설 일반주거지역에 지정된 복합용도지구에서는 준주거지역에서 허용되는 건축물을 건축할 수 있다. 다만, 안마시술소(③), 관람장(①), 공장, 위험물 저장 및 처리시설, 동물 및 식물 관련 시설(⑤), 장례시설(④)은 건축할 수 없다.

47 中 **국토의 계획 및 이용에 관한 법령상 자연취락지구 안에서 건축할 수 있는 건축물에 해당하지 <u>않는</u> 것은?** (단, 4층 이하의 건축물이고, 조례는 고려하지 않음) • 31회

① 동물 전용의 장례식장
② 단독주택
③ 도축장
④ 마을회관
⑤ 한의원

키워드 자연취락지구에서의 건축제한

해설 단독주택, 도축장(동물 및 식물 관련 시설), 마을회관(제1종 근린생활시설), 한의원(제1종 근린생활시설)은 자연취락지구에서 건축할 수 있는 건축물에 해당한다. 하지만 동물 전용의 장례식장은 자연취락지구에서 건축할 수 있는 건축물에 해당하지 않는다.

정답 44 ① 45 ④ 46 ② 47 ①

48 中

국토의 계획 및 이용에 관한 법령상 용도지구의 종류와 그 내용으로 틀린 것은?

① 시가지경관지구 – 지역 내 주거지, 중심지 등 시가지의 경관을 보호 또는 유지하거나 형성하기 위하여 필요한 지구

② 특화경관지구 – 지역 내 주요 수계의 수변 또는 문화적 보존가치가 큰 건축물 주변의 경관 등 특별한 경관을 보호 또는 유지하거나 형성하기 위하여 필요한 지구

③ 역사문화환경보호지구 – 문화재·전통사찰 등 역사·문화적으로 보존가치가 큰 시설 및 지역의 보호와 보존을 위하여 필요한 지구

④ 집단취락지구 – 녹지지역·관리지역·농림지역 또는 자연환경보전지역 안의 취락을 정비하기 위하여 필요한 지구

⑤ 산업·유통개발진흥지구 – 공업기능 및 유통·물류기능을 중심으로 개발·정비할 필요가 있는 지구

키워드 용도지구의 종류

해 설 녹지지역·관리지역·농림지역 또는 자연환경보전지역 안의 취락을 정비하기 위하여 필요한 지구는 자연취락지구이다.

이론플러스 **용도지구별 지정 목적**

용도지구	지정 목적
경관지구	• 자연경관지구 : 산지·구릉지 등 자연경관을 보호하거나 유지하기 위하여 필요한 지구 • 시가지경관지구 : 지역 내 주거지, 중심지 등 시가지의 경관을 보호 또는 유지하거나 형성하기 위하여 필요한 지구 • 특화경관지구 : 지역 내 주요 수계의 수변 또는 문화적 보존가치가 큰 건축물 주변의 경관 등 특별한 경관을 보호 또는 유지하거나 형성하기 위하여 필요한 지구
보호지구	• 역사문화환경보호지구 : 문화재·전통사찰 등 역사·문화적으로 보존가치가 큰 시설 및 지역의 보호와 보존을 위하여 필요한 지구 • 중요시설물보호지구 : 중요시설물(항만, 공항, 공용시설, 교정시설, 군사시설)의 보호와 기능의 유지 및 증진 등을 위하여 필요한 지구 • 생태계보호지구 : 야생동식물서식처 등 생태적으로 보존가치가 큰 지역의 보호와 보존을 위하여 필요한 지구

개발진흥지구	• 주거개발진흥지구 : 주거기능을 중심으로 개발·정비할 필요가 있는 지구 • 산업·유통개발진흥지구 : 공업기능 및 유통·물류기능을 중심으로 개발·정비할 필요가 있는 지구 • 관광·휴양개발진흥지구 : 관광·휴양기능을 중심으로 개발·정비할 필요가 있는 지구 • 복합개발진흥지구 : 주거기능, 공업기능, 유통·물류기능 및 관광·휴양기능 중 2 이상의 기능을 중심으로 개발·정비할 필요가 있는 지구 • 특정개발진흥지구 : 주거기능, 공업기능, 유통·물류기능 및 관광·휴양기능 외의 기능을 중심으로 특정한 목적을 위하여 개발·정비할 필요가 있는 지구
취락지구	• 자연취락지구 : 녹지지역·관리지역·농림지역 또는 자연환경보전지역 안의 취락을 정비하기 위하여 필요한 지구 • 집단취락지구 : 개발제한구역 안의 취락을 정비하기 위하여 필요한 지구
방재지구	• 시가지방재지구 : 건축물·인구가 밀집되어 있는 지역으로서 시설 개선 등을 통하여 재해 예방이 필요한 지구 • 자연방재지구 : 토지의 이용도가 낮은 해안변, 하천변, 급경사지 주변 등의 지역으로서 건축제한 등을 통하여 재해 예방이 필요한 지구

49 下 **국토의 계획 및 이용에 관한 법령상 복합용도지구의 지정 대상으로 옳은 것은?**

① 일반주거지역, 일반공업지역, 계획관리지역

② 전용주거지역, 준공업지역, 생산관리지역

③ 준주거지역, 준공업지역, 계획관리지역

④ 일반주거지역, 일반공업지역, 생산관리지역

⑤ 전용주거지역, 일반공업지역, 보전관리지역

키워드 복합용도지구의 지정대상

해설 시·도지사 또는 대도시 시장은 일반주거지역, 일반공업지역, 계획관리지역에 복합용도지구를 지정할 수 있다.

정답 48 ④ 49 ①

50 中 **국토의 계획 및 이용에 관한 법령상 용도지구의 세분으로 옳게 연결된 것은?**

① 취락지구 – 자연취락지구, 주거취락지구
② 개발진흥지구 – 주거개발진흥지구, 상업개발진흥지구, 관광·휴양개발진흥지구, 복합개발진흥지구, 특정개발진흥지구
③ 보호지구 – 문화자원보호지구, 중요시설물보호지구, 생태계보호지구
④ 경관지구 – 자연경관지구, 일반경관지구, 특화경관지구
⑤ 방재지구 – 시가지방재지구, 자연방재지구

키워드 용도지구의 세분

해설 ① 취락지구는 자연취락지구, 집단취락지구로 세분된다.
② 개발진흥지구는 주거개발진흥지구, 산업·유통개발진흥지구, 관광·휴양개발진흥지구, 복합개발진흥지구, 특정개발진흥지구로 세분된다.
③ 보호지구는 역사문화환경보호지구, 중요시설물보호지구, 생태계보호지구로 세분된다.
④ 경관지구는 자연경관지구, 시가지경관지구, 특화경관지구로 세분된다.

51 中 **국토의 계획 및 이용에 관한 법령상 용도지구에 관한 설명으로 <u>틀린</u> 것은?**

① 용도지구 안에서의 도시·군계획시설에 대하여는 건축물의 용도·종류 및 규모의 제한에 관한 규정을 적용하지 아니한다.
② 방재지구의 지정을 도시·군관리계획으로 결정하는 경우 도시·군관리계획의 내용에는 해당 방재지구의 재해저감대책을 포함하여야 한다.
③ 시·도지사 또는 대도시 시장이 법령에서 정한 용도지구 외의 용도지구를 신설하는 경우, 해당 용도지역 또는 용도구역의 행위제한을 강화하는 용도지구를 신설하여서는 아니 된다.
④ 시·도지사 또는 대도시 시장이 법령에서 정한 용도지구 외의 용도지구를 신설하는 경우, 용도지구 안에서의 행위제한은 용도지구의 지정 목적 달성에 필요한 최소한도에 그치도록 하여야 한다.
⑤ 시·도지사 또는 대도시 시장은 지역 여건상 필요한 때에는 해당 시·도 또는 대도시의 조례로 정하는 바에 따라 특정용도제한지구를 세분하여 지정할 수 있다.

키워드 조례로 정하는 용도지구

해설 시·도지사 또는 대도시 시장이 법령에서 정한 용도지구 외의 용도지구를 신설하는 경우, 해당 용도지역 또는 용도구역의 행위제한을 완화하는 용도지구를 신설하여서는 아니 된다.

52 上 **국토의 계획 및 이용에 관한 법령상 용도지구에서의 건축제한에 관한 설명으로 옳은 것은?**

① 경관지구 안에서는 그 지구의 경관의 보전·관리·형성에 장애가 된다고 인정하여 도시·군관리계획으로 정하는 건축물을 건축할 수 없다.

② 고도지구 안에서 건축물을 신축하는 경우 도시·군계획조례로 정하는 높이를 초과하는 건축물을 건축할 수 없다.

③ 자연취락지구 안에서는 층수가 3층인 제2종 근린생활시설 중 일반음식점을 건축할 수 있다.

④ 자연취락지구 안에서의 건축제한에 관하여는 개발제한구역의 지정 및 관리에 관한 특별조치법령이 정하는 바에 의한다.

⑤ 특정용도제한지구 안에서는 주거기능 및 교육환경을 훼손하거나 청소년 정서에 유해하다고 인정하여 도시·군계획조례가 정하는 건축물을 건축할 수 없다.

키워드 용도지구에서의 건축제한

해 설 ① 경관지구 안에서는 그 지구의 경관의 보전·관리·형성에 장애가 된다고 인정하여 도시·군계획조례가 정하는 건축물을 건축할 수 없다.

② 고도지구 안에서는 도시·군관리계획으로 정하는 높이를 초과하는 건축물을 건축할 수 없다.

③ 자연취락지구 안에서는 층수가 3층인 제2종 근린생활시설 중 일반음식점을 건축할 수 없다.

④ 집단취락지구 안에서의 건축제한에 관하여는 개발제한구역의 지정 및 관리에 관한 특별조치법령이 정하는 바에 의한다.

정답 50 ⑤ 51 ③ 52 ⑤

53 上 **국토의 계획 및 이용에 관한 법령상 국가 또는 지방자치단체가 자연취락지구 안의 주민의 생활편익과 복지증진 등을 위하여 시행하거나 지원할 수 있는 사업만을 모두 고른 것은?** • 30회

> ㉠ 어린이놀이터·마을회관의 설치
> ㉡ 쓰레기처리장·하수처리시설의 개량
> ㉢ 하천정비 등 재해방지를 위한 시설의 설치
> ㉣ 주택의 개량

① ㉠, ㉡, ㉢
② ㉠, ㉡, ㉣
③ ㉠, ㉢, ㉣
④ ㉡, ㉢, ㉣
⑤ ㉠, ㉡, ㉢, ㉣

키워드 취락지구에 대한 지원

해 설 국가 또는 지방자치단체가 자연취락지구 안의 주민의 생활편익과 복지증진 등을 위하여 시행하거나 지원할 수 있는 사업은 다음과 같다.

> 1. 자연취락지구 안에 있거나 자연취락지구에 연결되는 도로·수도공급설비·하수도 등의 정비
> 2. 어린이놀이터·공원·녹지·주차장·학교·마을회관 등의 설치·정비(㉠)
> 3. 쓰레기처리장·하수처리시설 등의 설치·개량(㉡)
> 4. 하천정비 등 재해방지를 위한 시설의 설치·개량(㉢)
> 5. 주택의 신축·개량(㉣)

54 中 **국토의 계획 및 이용에 관한 법령상 용도구역에 관한 설명으로 틀린 것은?**

① 시·도지사는 직접 또는 관계 행정기관의 장의 요청을 받아 도시지역과 그 주변지역의 무질서한 시가화를 방지하고 계획적·단계적인 개발을 도모하기 위하여 시가화조정구역의 지정 또는 변경을 도시·군관리계획으로 결정할 수 있다.

② 개발제한구역에서의 행위제한이나 그 밖에 개발제한구역의 관리에 필요한 사항은 따로 법률로 정한다.

③ 국토교통부장관은 도시자연공원구역의 지정 또는 변경을 도시·군관리계획으로 결정할 수 있다.

④ 도시자연공원구역의 행위제한 등 도시자연공원구역의 관리에 필요한 사항은 따로 법률로 정한다.

⑤ 해양수산부장관은 직접 또는 관계 행정기관의 장의 요청을 받아 수산자원을 보호·육성하기 위하여 필요한 공유수면이나 그에 인접한 토지에 대한 수산자원보호구역의 지정 또는 변경을 도시·군관리계획으로 결정할 수 있다.

키워드 용도구역의 지정

해설 도시자연공원구역 지정은 시·도지사 또는 대도시 시장이 도시·군관리계획으로 결정한다.

55 上

국토의 계획 및 이용에 관한 법령상 용도구역에 관한 설명으로 옳은 것은?

① 개발밀도관리구역과 기반시설부담구역은 도시·군관리계획으로 결정하는 용도구역이다.

② 시·도지사는 시가화조정구역에서 해제되는 구역 중 계획적인 개발이 필요한 지역의 전부 또는 일부에 대하여 지구단위계획구역으로 지정할 수 있다.

③ 도시의 무질서한 확산을 방지하고 도시민의 건전한 생활환경의 확보를 위하여 도시자연공원구역을 지정한다.

④ 국방과 관련하여 보안상 도시의 개발을 제한할 필요가 있을 경우, 도시·군관리계획에 의해 시가화조정구역을 지정할 수 있다.

⑤ 시·도지사 또는 대도시 시장은 도시자연공원구역의 지정 또는 변경을 광역도시계획으로 결정할 수 있다.

키워드 용도구역의 지정

해설 ① 개발밀도관리구역과 기반시설부담구역은 도시·군관리계획으로 결정하는 용도구역에 해당하지 않는다.
③ 도시의 무질서한 확산을 방지하고 도시민의 건전한 생활환경의 확보를 위하여 개발제한구역을 지정한다.
④ 국토교통부장관은 국방부장관의 요청이 있어 보안상 도시의 개발을 제한할 필요가 있다고 인정되면 개발제한구역의 지정 또는 변경을 도시·군관리계획으로 결정할 수 있다.
⑤ 시·도지사 또는 대도시 시장은 도시자연공원구역의 지정 또는 변경을 도시·군관리계획으로 결정할 수 있다.

정답 53 ⑤ 54 ③ 55 ②

56 국토의 계획 및 이용에 관한 법령상 시가화조정구역에 관한 설명으로 옳은 것은?

中

① 국방부장관의 요청이 있어 보안상 도시의 개발을 제한할 필요가 있다고 인정되면 시가화조정구역의 지정 또는 변경을 도시·군관리계획으로 결정할 수 있다.

② 시가화유보기간은 10년 이상 20년 이내의 범위에서 도시·군관리계획으로 결정한다.

③ 시가화조정구역에서 도시·군계획사업에 의한 행위가 아닌 경우 모든 개발행위를 허가할 수 없다.

④ 시가화조정구역은 시가화유보기간이 끝나는 날부터 효력을 잃는다.

⑤ 국가계획과 연계하여 시가화조정구역의 지정 또는 변경이 필요한 경우에는 국토교통부장관이 직접 시가화조정구역의 지정 또는 변경을 도시·군관리계획으로 결정할 수 있다.

키워드 시가화조정구역

해설 ① 국방부장관의 요청이 있어 보안상 도시의 개발을 제한할 필요가 있다고 인정되면 개발제한구역의 지정 또는 변경을 도시·군관리계획으로 결정할 수 있다.

② 시가화유보기간은 5년 이상 20년 이내의 범위에서 도시·군관리계획으로 결정한다.

③ 시가화조정구역에서 도시·군계획사업에 의한 행위가 아닌 경우 대통령령으로 정하는 행위에 한정하여 특별시장·광역시장·특별자치시장·특별자치도지사·시장 또는 군수의 허가를 받아 그 행위를 할 수 있다.

④ 시가화조정구역의 지정에 관한 도시·군관리계획의 결정은 시가화유보기간이 끝나는 날의 다음 날부터 그 효력을 잃는다.

57 上 **국토의 계획 및 이용에 관한 법령상 입지규제최소구역으로 지정할 수 있는 지역을 모두 고른 것은?**

> ㉠ 도시·군기본계획에 따른 도심·부도심 또는 생활권의 중심지역
> ㉡ 철도역사, 터미널, 항만, 공공청사, 문화시설 등의 기반시설 중 지역의 거점 역할을 수행하는 시설을 중심으로 주변 지역을 집중적으로 정비할 필요가 있는 지역
> ㉢ 두 개 이상의 노선이 교차하는 대중교통 결절지로부터 2km 이내에 위치한 지역
> ㉣ 「도시 및 주거환경정비법」에 따른 노후·불량건축물이 밀집한 주거지역 또는 공업지역으로 정비가 시급한 지역
> ㉤ 「도시재생 활성화 및 지원에 관한 특별법」에 따른 도시재생활성화지역 중 근린재생형 활성화계획을 수립하는 지역

① ㉠, ㉡, ㉤
② ㉠, ㉡, ㉢, ㉣
③ ㉠, ㉡, ㉣, ㉤
④ ㉡, ㉢, ㉣, ㉤
⑤ ㉠, ㉡, ㉢, ㉣, ㉤

키워드 입지규제최소구역의 지정대상
해설 입지규제최소구역 지정대상지역은 다음과 같다.

> 1. 도시·군기본계획에 따른 도심·부도심 또는 생활권의 중심지역(㉠)
> 2. 철도역사, 터미널, 항만, 공공청사, 문화시설 등의 기반시설 중 지역의 거점 역할을 수행하는 시설을 중심으로 주변 지역을 집중적으로 정비할 필요가 있는 지역(㉡)
> 3. 세 개 이상의 노선이 교차하는 대중교통 결절지로부터 1km 이내에 위치한 지역
> 4. 「도시 및 주거환경정비법」에 따른 노후·불량건축물이 밀집한 주거지역 또는 공업지역으로 정비가 시급한 지역(㉣)
> 5. 「도시재생 활성화 및 지원에 관한 특별법」에 따른 도시재생활성화지역 중 도시경제기반형 활성화계획을 수립하는 지역
> 6. 그 밖에 창의적인 지역개발이 필요한 지역으로 대통령령으로 정하는 다음의 지역
>   - 「산업입지 및 개발에 관한 법률」에 따른 도시첨단산업단지
>   - 「빈집 및 소규모주택 정비에 관한 특례법」에 따른 소규모주택정비사업의 시행구역
>   - 「도시재생 활성화 및 지원에 관한 특별법」에 따른 근린재생형 활성화계획을 수립하는 지역(㉤)

정답 56 ⑤ 57 ③

58 上 **국토의 계획 및 이용에 관한 법령상 입지규제최소구역에 관한 설명으로 옳은 것은?**

① 다른 법률에서 도시·군관리계획의 결정을 의제하고 있는 경우에도 「국토의 계획 및 이용에 관한 법률」에 따르지 아니하고 입지규제최소구역의 지정과 입지규제최소구역계획을 결정할 수 없다.

② 도시·군관리계획의 결정권자가 도시·군관리계획을 결정하기 위하여 관계 행정기관의 장과 협의하는 경우, 협의 요청을 받은 기관의 장은 그 요청을 받은 날부터 30일(근무일 기준) 이내에 의견을 회신하여야 한다.

③ 입지규제최소구역의 지정 및 변경은 도시·군기본계획으로 결정할 수 있다.

④ 특별건축구역으로 지정된 지역은 「건축법」에 따른 입지규제최소구역으로 지정된 것으로 본다.

⑤ 입지규제최소구역에 대하여는 「주차장법」에 따른 부설주차장의 설치에 관한 규정을 적용하여야 한다.

키워드 입지규제최소구역의 지정

해설 ② 도시·군관리계획의 결정권자가 관계 행정기관의 장과 협의하는 경우, 협의 요청을 받은 기관의 장은 그 요청을 받은 날부터 10일(근무일 기준) 이내에 의견을 회신하여야 한다.

③ 입지규제최소구역의 지정 및 변경은 도시·군관리계획으로 결정한다.

④ 입지규제최소구역으로 지정된 지역은 「건축법」에 따른 특별건축구역으로 지정된 것으로 본다.

⑤ 입지규제최소구역에 대하여는 「주차장법」에 따른 부설주차장의 설치에 관한 규정을 적용하지 아니할 수 있다.

59 中 **국토의 계획 및 이용에 관한 법령상 하나의 대지가 둘 이상의 용도지역 등**(용도지역·용도지구 또는 용도구역을 말한다. 이하 같다)**에 걸치는 경우의 행위제한에 관한 설명으로 틀린 것은?**

① 하나의 대지가 둘 이상의 용도지역에 걸치는 경우로서 각 용도지역에 걸치는 부분 중 가장 작은 부분의 규모가 330m² 이하인 경우에는 전체 대지의 건폐율 및 용적률은 가중평균한 값을 적용한다.

② 하나의 대지가 둘 이상의 용도지역에 걸치는 경우로서 도로변에 띠 모양으로 지정된 상업지역에 걸쳐 있는 토지의 경우에는 660m² 이하를 기준으로 건폐율 및 용적률에 관한 규정을 적용한다.

③ 하나의 대지가 둘 이상의 용도지역에 걸치는 경우로서 용도지역에 걸치는 부분 중 가장 작은 부분의 규모가 330m² 이하인 경우 건축제한 등에 관한 사항은 그 대지 중 가장 넓은 면적이 속하는 용도지역 등에 관한 규정을 적용한다.

④ 건축물이 고도지구에 걸치는 경우에는 그 건축물 및 대지의 전부에 대하여 고도지구의 건축물 및 대지 등에 관한 규정을 적용한다.

⑤ 하나의 건축물이 방화지구와 그 밖의 용도지역 등에 걸치는 경우에는 그 건축물 및 대지 전부에 대하여 방화지구의 건축물에 관한 규정을 적용한다.

키워드 둘 이상의 용도지역에 걸치는 경우의 행위제한

해설 하나의 건축물이 방화지구와 그 밖의 용도지역 등에 걸치는 경우에는 그 건축물 전부에 대하여 방화지구의 건축물에 관한 규정을 적용한다.

정답 58 ① 59 ⑤

60 上

A시에서 甲이 소유하고 있는 1,000m²의 대지는 제1종 일반주거지역에 800m², 제2종 일반주거지역에 200m²씩 걸쳐 있다. 甲이 대지 위에 건축할 수 있는 최대 연면적이 1,200m²일 때, 제1종 일반주거지역의 용적률은? (단, 조례상 제2종 일반주거지역의 용적률은 200%이며, 기타 건축제한은 고려하지 않음) • 21회

① 100%
② 120%
③ 150%
④ 180%
⑤ 200%

키워드 둘 이상의 용도지역에 걸치는 경우의 용적률

해 설 제2종 일반주거지역에 걸쳐 있는 대지면적이 200m²이기 때문에 전체 대지에 적용되는 용적률은 가중평균하여 적용한다. 가중평균한 용적률 = 1,200 ÷ 1,000 × 100 = 120%가 된다. 가중평균한 용적률 120% = [(800 × x%) + (200 × 200%)] ÷ 1,000으로 계산하면 120,000 = 800x + 40,000이 된다. 따라서 제1종 일반주거지역의 용적률은 100%가 된다.

61 中

A시에 소재하는 甲의 대지 1,000m² 중 700m²는 제3종 일반주거지역에 걸쳐 있고, 나머지 300m²는 일반공업지역에 걸쳐 있을 경우, 이 토지에 건축할 수 있는 최대 연면적으로 옳은 것은? (단, A시의 제3종 일반주거지역의 용적률은 300%이고 일반공업지역에 적용되는 용적률은 250%이며, 그 밖의 다른 조건은 고려하지 않음)

① 1,650m²
② 2,200m²
③ 2,500m²
④ 2,850m²
⑤ 3,200m²

키워드 둘 이상의 용도지역에 걸치는 경우의 연면적

해 설 하나의 대지가 둘 이상의 용도지역에 걸치는 경우로서 각 용도지역에 걸치는 부분 중 가장 작은 부분의 규모가 330m² 이하인 경우에는 전체 대지의 건폐율 및 용적률은 각 부분이 전체 대지 면적에서 차지하는 비율을 고려하여 가중평균한 값을 적용하므로, 용적률은 (700 × 3 + 300 × 2.5) ÷ 1,000 × 100 = 285%이다. 용적률 285%란 대지면적의 2.85배가 연면적이 된다는 뜻이므로, 건축 가능한 최대 연면적은 2,850m²이다.

제3절 기반시설과 도시·군계획시설 등

대표기출 연습

국토의 계획 및 이용에 관한 법령상 도시·군계획시설에 관한 설명으로 틀린 것은? (단, 조례는 고려하지 않음) • 32회

① 도시·군계획시설 부지의 매수의무자인 지방공사는 도시·군계획시설채권을 발행하여 그 대금을 지급할 수 있다.

③ 도시·군계획시설 부지의 매수의무자는 매수하기로 결정한 토지를 매수 결정을 알린 날부터 2년 이내에 매수하여야 한다.

③ 200만m^2를 초과하는 「도시개발법」에 따른 도시개발구역에서 개발사업을 시행하는 자는 공동구를 설치하여야 한다.

④ 국가계획으로 설치하는 광역시설은 그 광역시설의 설치·관리를 사업종목으로 하여 다른 법률에 따라 설립된 법인이 설치·관리할 수 있다.

⑤ 도시·군계획시설채권의 상환기간은 10년 이내로 한다.

키워드 도시·군계획시설 28회, 30회, 31회, 32회

교수님 TIP 도시·군계획시설 부지의 매수의무자에 대하여 정확하게 숙지해야 합니다.

해설 도시·군계획시설 부지의 매수의무자가 지방자치단체인 경우에 도시·군계획시설채권을 발행하여 그 대금을 지급할 수 있다. 지방공사는 지방자치단체가 아니므로 도시·군계획시설 부지의 매수의무자인 지방공사는 도시·군계획시설채권을 발행하여 그 대금을 지급할 수 없다.

정답 ①

정답 60 ① 61 ④

62 中 **국토의 계획 및 이용에 관한 법령상 기반시설의 종류와 그 해당 시설의 연결이 <u>틀린</u> 것은?**

① 공간시설 – 광장·공원·녹지·유원지·공공공지
② 공공·문화체육시설 – 학교·사회복지시설·청소년수련시설
③ 방재시설 – 하천·유수지·하수도
④ 보건위생시설 – 장사시설·도축장·종합의료시설
⑤ 환경기초시설 – 폐기물처리 및 재활용시설·빗물저장 및 이용시설·수질오염방지시설·폐차장

키워드 기반시설의 종류
해설 하수도는 기반시설 중 환경기초시설에 해당한다.

63 上 **국토의 계획 및 이용에 관한 법령상 도시·군관리계획으로 결정하지 아니하고 설치할 수 있는 기반시설에 해당하지 <u>않는</u> 것은?**

① 도시지역에 설치하는 폐차장
② 지구단위계획구역에 설치하는 사회복지시설
③ 도시지역에 설치하는 빗물저장 및 이용시설
④ 지구단위계획구역에 설치하는 종합의료시설
⑤ 도시지역에 설치하는 도로

키워드 기반시설의 설치
해설 도시지역에 설치하는 도로는 도시·군관리계획으로 결정하여야 한다.

64 中 **국토의 계획 및 이용에 관한 법령상 공동구의 설치 및 관리에 관한 설명으로 틀린 것은?**

① 「도시개발법」에 따른 도시개발구역에서 200만m^2를 초과하는 경우 해당 지역 등에서 개발사업을 시행하는 자는 공동구를 설치하여야 한다.

② 특별시장·광역시장·특별자치시장·특별자치도지사·시장 또는 군수(이하 '공동구관리자'라 함)는 5년마다 해당 공동구의 안전 및 유지관리계획을 수립·시행하여야 한다.

③ 공동구의 설치에 필요한 비용은 공동구 점용예정자가 전부를 부담하되, 그 부담액은 사업시행자와 협의하여 정한다.

④ 공동구가 설치된 경우 가스관과 하수도관은 공동구협의회의 심의를 거쳐 공동구에 수용할 수 있다.

⑤ 공동구의 설치비용을 부담하지 아니한 자가 공동구를 점용하거나 사용하려면 그 공동구를 관리하는 공동구관리자의 허가를 받아야 한다.

키워드 공동구의 설치 및 관리

해설 공동구의 설치에 필요한 비용은 이 법 또는 다른 법률에 특별한 규정이 있는 경우를 제외하고는 공동구 점용예정자와 사업시행자가 부담한다.

65 上 **국토의 계획 및 이용에 관한 법령상 광역시설에 관한 설명으로 틀린 것은?**

① 광역시설의 설치 및 관리는 도시·군계획시설의 설치·관리의 규정에 따른다.

② 관계 특별시장·광역시장·특별자치시장·특별자치도지사·시장 또는 군수는 협약을 체결하거나 협의회 등을 구성하여 광역시설을 설치·관리할 수 있다.

③ 위 ②의 경우 협약의 체결이나 협의회 등의 구성이 이루어지지 아니하는 경우 그 시 또는 군이 같은 도에 속할 때에는 관할 도지사가 광역시설을 설치·관리할 수 있다.

④ 도로·철도·광장은 광역시설이 될 수 없다.

⑤ 국가계획으로 설치하는 광역시설은 그 광역시설의 설치·관리를 사업목적 또는 사업종목으로 하여 다른 법률에 따라 설립된 법인이 설치·관리할 수 있다.

키워드 광역시설의 설치 및 관리

해설 도로·철도·광장은 광역시설이 될 수 있다.

정답 62 ③ 63 ⑤ 64 ③ 65 ④

66 中 **국토의 계획 및 이용에 관한 법령상 단계별 집행계획에 관한 설명으로 틀린 것은?** (단, 도시·군관리계획이 의제되는 경우는 제외함)

① 단계별 집행계획은 원칙적으로 특별시장·광역시장·특별자치시장·특별자치도지사·시장 또는 군수가 수립한다.

② 특별시장·광역시장·특별자치시장·특별자치도지사·시장 또는 군수는 단계별 집행계획을 수립하고자 하는 때에는 미리 관계 행정기관의 장과 협의하여야 하며, 해당 지방의회의 의견을 들어야 한다.

③ 도시·군계획시설결정의 고시일부터 3개월 이내에 단계별 집행계획을 수립하여야 한다.

④ 단계별 집행계획은 제1단계 집행계획과 제2단계 집행계획으로 구분하여 수립한다.

⑤ 단계별 집행계획의 내용에는 설계도서, 자금계획, 시행기간 등이 포함되어야 한다.

키워드 단계별 집행계획

해설 단계별 집행계획의 내용에는 재원조달계획, 보상계획 등이 포함되어야 한다.

67 中 **국토의 계획 및 이용에 관한 법령상 도시·군계획시설사업의 절차에 관한 설명으로 틀린 것은?**

① 국토교통부장관, 시·도지사, 시장 또는 군수로부터 시행자로 지정을 받은 자도 사업을 시행할 수 있다.

② 시행자(국토교통부장관, 시·도지사 또는 대도시 시장 제외)가 실시계획을 작성한 때에는 국토교통부장관, 시·도지사 또는 대도시 시장의 인가를 받아야 한다.

③ 도시·군계획시설결정의 고시일부터 3개월 이내에 단계별 집행계획의 공고가 없는 경우에는 3개월이 되는 날의 다음 날에 그 결정은 효력을 잃는다.

④ 실시계획의 고시가 있은 때에는 「공익사업을 위한 토지 등의 취득 및 보상에 관한 법률」에 따른 사업 인정 및 그 고시가 있었던 것으로 본다.

⑤ 시행자는 사업 시행을 위하여 특히 필요하다고 인정되는 때에는 도시·군계획시설에 인접한 토지·건축물 또는 그 토지에 정착된 물건을 일시 사용할 수 있다.

키워드 단계별 집행계획

해설 단계별 집행계획에 대하여는 실효에 관한 규정이 없다.

68 中 **국토의 계획 및 이용에 관한 법령상 도시·군계획시설사업의 시행자에 관한 설명으로 틀린 것은?**

① 특별시장·광역시장·특별자치시장·특별자치도지사·시장 또는 군수는 이 법 또는 다른 법률에 특별한 규정이 있는 경우 외에는 관할 구역의 도시·군계획시설사업을 시행한다.

② 「지방공기업법」에 의한 지방공사 및 지방공단이 도시·군계획시설사업의 시행자로 지정을 받으려면 사업 대상 토지 면적의 3분의 2 이상에 해당하는 토지를 소유하여야 한다.

③ 국토교통부장관은 국가계획과 관련되거나 그 밖에 특히 필요하다고 인정되는 때에는 관계 특별시장·광역시장·특별자치시장·특별자치도지사·시장 또는 군수의 의견을 들어 직접 도시·군계획시설사업을 시행할 수 있다.

④ 도지사는 광역도시계획과 관련되는 경우 관계 시장 또는 군수의 의견을 들어 직접 사업을 시행할 수 있다.

⑤ 행정청이 아닌 시행자의 처분에 대하여는 그 시행자를 지정한 자에게 행정심판을 제기하여야 한다.

키워드 도시·군계획시설사업의 시행자

해 설 「지방공기업법」에 의한 지방공사 및 지방공단은 도시·군계획시설사업의 대상인 토지 면적의 3분의 2 이상에 해당하는 토지를 소유하지 않아도 도시·군계획시설사업의 시행자로 지정받을 수 있다.

정답 66 ⑤ 67 ③ 68 ②

69 下

국토의 계획 및 이용에 관한 법령상 도시·군계획시설사업의 시행 등에 관한 설명으로 틀린 것은?

① 국토교통부장관, 시·도지사 또는 대도시 시장은 기반시설의 설치나 그에 필요한 용지의 확보, 위해 방지, 환경오염 방지, 경관 조성, 조경 등의 조치를 할 것을 조건으로 실시계획을 인가할 수 있다.

② 실시계획에는 사업 시행에 필요한 설계도서, 자금계획, 시행기간, 그 밖에 대통령령으로 정하는 사항을 자세히 밝히거나 첨부하여야 한다.

③ 지방자치단체가 직접 시행하는 경우에는 이행보증금 예치대상에서 제외한다.

④ 기존 시설의 용도변경을 수반하지 아니하는 대수선·재축 및 개축의 경우에는 실시계획 변경인가를 받아야 한다.

⑤ 국토교통부장관, 시·도지사 또는 대도시 시장은 실시계획을 인가하려면 미리 그 사실을 공고하고, 관계 서류의 사본을 14일 이상 일반이 열람할 수 있도록 하여야 한다.

키워드 도시·군계획시설사업의 시행

해설 기존 시설의 용도변경을 수반하지 아니하는 대수선·재축 및 개축의 경우에는 실시계획 변경인가를 받을 필요가 없다.

70 中

국토의 계획 및 이용에 관한 법령상 도시·군계획시설사업의 시행에 관한 설명으로 틀린 것은?

① 「도시 및 주거환경정비법」에 따라 도시·군관리계획의 결정이 의제되는 경우에는 도시·군계획시설결정의 고시일부터 2년 이내에 단계별 집행계획을 수립할 수 있다.

② 도시·군계획시설사업을 분할 시행하는 때에는 분할된 지역별로 실시계획을 작성할 수 있다.

③ 사업구역경계의 변경이 없는 범위 안에서 행하는 건축물의 연면적 10% 미만을 변경하는 경우에는 실시계획 변경인가를 받아야 한다.

④ 도시·군계획시설사업의 시행자는 도시·군계획시설사업을 시행하기 위하여 필요하면 등기소나 그 밖의 관계 행정기관의 장에게 필요한 서류의 열람 또는 복사나 그 등본 또는 초본의 발급을 무료로 청구할 수 있다.

⑤ 행정청인 시행자는 이해관계인의 주소 또는 거소(居所)가 불분명하여 서류를 송달할 수 없는 경우, 그 서류의 송달을 갈음하여 그 내용을 공시할 수 있다.

키워드 도시·군계획시설사업의 시행

해설 사업구역경계의 변경이 없는 범위 안에서 행하는 건축물의 연면적 10% 미만을 변경하는 경우에는 실시계획 변경인가를 받을 필요가 없다.

71 下

국토의 계획 및 이용에 관한 법령상 도시·군계획시설사업의 시행자에 관한 설명으로 틀린 것은?

① 도시·군계획시설사업의 시행자는 도시·군계획시설사업을 효율적으로 추진하기 위하여 필요하다고 인정되면 사업시행대상지역을 둘 이상으로 분할하여 도시·군계획시설사업을 시행할 수 있다.

② 국토교통부장관이 지정한 시행자는 도시·군계획시설사업 실시계획에 대해 국토교통부장관의 인가를 받아야 한다.

③ 도시·군계획시설사업의 시행자는 도시·군계획시설사업에 필요한 토지 등을 수용하거나 사용할 수 있다.

④ 도시·군계획시설사업의 시행자는 사업시행을 위하여 특히 필요하다고 인정되는 때에는 도시·군계획시설에 인접한 토지나 건축물을 수용할 수 있다.

⑤ 재결 신청은 「공익사업을 위한 토지 등의 취득 및 보상에 관한 법률」에도 불구하고 실시계획에서 정한 도시·군계획시설사업의 시행기간에 하여야 한다.

키워드 도시·군계획시설사업의 시행자

해설 도시·군계획시설사업의 시행자는 사업시행을 위하여 특히 필요하다고 인정되는 때에는 도시·군계획시설에 인접한 토지나 건축물을 일시 사용할 수 있다.

정답 **69** ④ **70** ③ **71** ④

72 中

국토의 계획 및 이용에 관한 법령상 도시·군계획시설부지의 매수청구에 관한 설명으로 틀린 것은?

① 매수청구 대상은 도시·군계획시설결정의 고시일부터 10년 이내에 사업이 시행되지 아니한 도시·군계획시설부지로서 지목이 대(垈)인 토지이다.

② 매수의무자가 지방자치단체인 경우로서 토지소유자가 원하는 경우에는 도시·군계획시설채권을 발행할 수 있다.

③ 도시·군계획시설채권의 발행절차 및 그 밖의 필요한 사항에 관하여 이 법에 특별한 규정이 있는 경우를 제외하고는 「지방재정법」에서 정하는 바에 따른다.

④ 지방자치단체인 매수의무자는 비업무용 토지로서 매수대금이 2천만원을 초과하여 그 초과하는 금액을 지급하는 경우에 도시·군계획시설채권을 발행하여 지급할 수 있다.

⑤ 매수청구된 토지의 매수가격·매수절차 등에 관하여 이 법에 특별한 규정이 있는 경우를 제외하고는 「공익사업을 위한 토지 등의 취득 및 보상에 관한 법률」의 규정을 준용한다.

키워드 매수청구

해설 지방자치단체인 매수의무자는 비업무용 토지로서 매수대금이 3천만원을 초과하여 그 초과하는 금액을 지급하는 경우에 도시·군계획시설채권을 발행할 수 있다.

73 下 **국토의 계획 및 이용에 관한 법령상 도시·군계획시설부지에서의 매수청구에 관한 설명으로 옳은 것은?**

① 매수의무자는 매수청구를 받은 날부터 2년 이내에 매수 여부를 결정하여 토지소유자와 특별시장·광역시장·특별자치시장·특별자치도지사·시장 또는 군수에게 알려야 한다.

② 매수의무자는 매수하기로 결정한 토지를 매수결정을 알린 날부터 6개월 이내에 매수하여야 한다.

③ 매수의무자는 특별시장·광역시장·특별자치시장·특별자치도지사·시장 또는 군수로 한정된다.

④ 매수의무자가 매수하는 때에는 현금이나 도시·군계획시설채권 중 임의로 선택하여 지급할 수 있다.

⑤ 매수의무자가 매수하지 아니하기로 결정한 경우, 매수청구를 한 토지의 소유자는 개발행위허가를 받아 3층 이하의 한의원을 건축할 수 있다.

키워드 매수청구

해설 ① 매수의무자는 매수청구를 받은 날부터 6개월 이내에 매수 여부를 결정하여야 한다.

② 매수의무자는 매수하기로 결정한 토지를 매수결정을 알린 날부터 2년 이내에 매수하여야 한다.

③ 매수의무자는 특별시장·광역시장·특별자치시장·특별자치도지사·시장 또는 군수이나, 다음의 경우에는 그에 해당하는 자에게 그 토지의 매수를 청구할 수 있다.

> 1. 사업시행자 : 이 법에 의하여 당해 도시·군계획시설사업의 시행자가 정하여진 경우에는 그 시행자
> 2. 설치·관리의무자 : 이 법 또는 다른 법률에 의하여 도시·군계획시설을 설치하거나 관리하여야 할 의무가 있는 자가 있는 경우에는 그 의무가 있는 자. 이 경우 도시·군계획시설을 설치하거나 관리하여야 할 의무가 있는 자가 서로 다른 경우에는 설치하여야 할 의무가 있는 자에게 매수청구하여야 한다.

④ 매수청구된 토지의 매수대금은 현금으로 지급하는 것이 원칙이다. 단, 매수의무자가 지방자치단체인 경우로서 토지소유자가 원하는 경우에는 도시·군계획시설채권을 발행하여 매수할 수 있다.

⑤ 매수청구토지를 매수하지 아니하기로 결정한 경우, 매수청구를 한 토지의 소유자는 개발행위허가를 받아 3층 이하의 제1종 근린생활시설인 한의원을 건축할 수 있다.

정답 72 ④ 73 ⑤

74 中 **국토의 계획 및 이용에 관한 법령상 도시·군계획시설사업이 시행되지 아니한 도시·군계획시설에 관한 설명으로 옳은 것은?**

① 건축물·정착물이 있는 토지의 지목이 대(垈)가 아니더라도 법령에서 정한 기한 내에 도시·군계획시설사업이 시행되지 아니한 경우 매수청구를 할 수 있다.

② 도시·군계획시설부지의 매수의무자는 매수결정을 알린 날부터 6개월 이내에 토지를 매수하여야 한다.

③ 매수청구에 대해 매수의무자가 매수하지 아니하기로 결정한 경우, 매수청구자는 자신의 토지에 2층의 다세대주택을 건축할 수 없다.

④ 매수청구된 토지의 매수가격은 공시지가로 한다.

⑤ 도시·군계획시설의 결정 고시일부터 10년이 지날 때까지 그 사업이 시행되지 아니한 경우, 그 고시일부터 10년이 되는 날의 다음 날에 도시·군계획시설결정의 효력을 잃는다.

키워드 매수청구 및 실효

해 설 ① 매수청구의 대상은 지목이 대(垈)인 경우에 한한다.

② 매수하기로 결정한 토지는 매수결정을 알린 날부터 2년 이내에 매수하여야 한다.

③ 다세대주택은 공동주택이기 때문에 건축할 수 없다.

④ 매수청구된 토지의 매수가격·매수절차 등에 관하여 이 법에 특별한 규정이 있는 경우를 제외하고는 「공익사업을 위한 토지 등의 취득 및 보상에 관한 법률」의 규정을 준용한다.

⑤ 도시·군계획시설의 결정 고시일부터 20년이 지날 때까지 그 시설의 설치에 관한 도시·군계획시설사업이 시행되지 아니한 경우, 그 고시일부터 20년이 되는 날의 다음 날에 도시·군계획시설결정의 효력을 잃는다.

75 中 **국토의 계획 및 이용에 관한 법령상 도시·군계획시설부지의 매수청구에 관한 설명으로 틀린 것은?**

① 토지소유자가 원하는 경우로서 매수의무자가 지방자치단체인 경우에는 도시·군계획시설채권을 발행하여 지급할 수 있다.

② 매수청구 대상이 되는 토지가 비업무용 토지로서 매수의무자가 지방자치단체인 경우에는 매수대금이 3천만원을 초과하는 경우, 모든 금액에 대하여 도시·군계획시설채권을 발행하여 지급할 수 있다.

③ 도시·군계획시설채권의 상환 기간은 10년 이내로 하며, 구체적인 상환 기간은 조례로 정한다.

④ 도시·군계획시설채권 발행 절차 및 그 밖에 필요한 사항에 관하여 「국토의 계획 및 이용에 관한 법률」에 특별한 규정이 없으면 「지방재정법」이 정하는 바에 의한다.

⑤ 매수청구된 토지의 매수가격에 관하여 「국토의 계획 및 이용에 관한 법률」에 특별한 규정이 있는 경우 외에는 「공익사업을 위한 토지 등의 취득 및 보상에 관한 법률」을 준용한다.

키워드 매수청구

해설 매수청구 대상이 되는 토지가 비업무용 토지로서 매수의무자가 지방자치단체인 경우에는 매수대금이 3천만원을 초과하는 경우, 그 초과하는 금액에 대하여 도시·군계획시설채권을 발행하여 지급할 수 있다.

정답 74 ③ 75 ②

76 국토의 계획 및 이용에 관한 법령상 도시·군계획시설에 관한 설명으로 옳은 것은?

上

• 24회 수정

① 도시지역에서 장사시설·종합의료시설·폐차장 등의 기반시설을 설치하고자 하는 경우에는 미리 도시·군관리계획으로 결정하여야 한다.

② 도시·군계획시설결정의 고시일부터 10년 이내에 도시·군계획시설사업에 관한 실시계획의 인가만 있고 사업이 시행되지 아니하는 경우에는 그 시설부지의 매수청구권이 인정된다.

③ 지방의회로부터 장기미집행시설의 해제권고를 받은 시장·군수는 도지사가 결정한 도시·군관리계획의 해제를 도시·군관리계획으로 결정할 수 있다.

④ 도지사가 시행한 도시·군계획시설사업으로 그 도에 속하지 않는 군이 현저히 이익을 받는 경우, 해당 도지사와 군수 간의 비용부담에 관한 협의가 성립되지 아니하는 때에는 행정안전부장관이 결정하는 바에 따른다.

⑤ 도시·군계획시설사업이 둘 이상의 지방자치단체의 관할 구역에 걸쳐 시행되는 경우, 사업시행자에 대한 협의가 성립되지 아니하는 때에는 사업 면적이 가장 큰 지방자치단체가 사업시행자가 된다.

키워드 도시·군계획시설

해 설 ① 도시지역에서 장사시설·종합의료시설·폐차장 등의 기반시설을 설치하고자 하는 경우에는 도시·군관리계획으로 결정하지 않아도 된다.

② 도시·군계획시설결정의 고시일부터 10년 이내에 도시·군계획시설사업에 관한 실시계획의 인가가 있는 경우에는 그 시설부지는 매수청구 대상에서 제외한다.

③ 지방의회로부터 장기미집행시설의 해제권고를 받은 시장 또는 군수는 도지사가 결정한 도시·군관리계획의 해제가 필요한 경우에는 도지사에게 그 결정을 신청하여야 한다.

⑤ 도시·군계획시설사업이 둘 이상의 지방자치단체의 관할 구역에 걸쳐 시행되는 경우 사업시행자에 대한 협의가 성립되지 아니하는 때에는 도시·군계획시설사업을 시행하려는 구역이 같은 도의 관할 구역에 속하는 경우에는 관할 도지사가 시행자를 지정하고, 둘 이상의 시·도의 관할 구역에 걸치는 경우에는 국토교통부장관이 시행자를 지정한다.

77 中 **국토의 계획 및 이용에 관한 법령상 도시·군계획시설에 관한 설명으로 옳은 것은?** (단, 도시·군관리계획이 의제되는 경우는 제외함)

① 도시·군계획시설부지에 대한 매수청구의 대상은 지목이 대(垈)인 토지에 한정되며, 그 토지에 있는 건축물은 포함되지 않는다.

② 용도지역 안에서의 건축물의 용도·종류 및 규모의 제한에 대한 규정은 도시·군계획시설에 대해서도 적용된다.

③ 「공공주택 특별법」에 따른 공공주택지구의 규모가 300만m²인 경우, 해당 구역의 개발사업시행자는 공동구를 설치하여야 한다.

④ 도시·군계획시설부지에서 도시·군관리계획을 입안하는 경우에는 그 계획의 입안을 위한 토지적성평가를 실시하여야 한다.

⑤ 도시·군계획시설사업의 시행자가 행정청인 경우, 시행자의 처분에 대해서는 행정심판을 제기할 수 없다.

키워드 도시·군계획시설

해 설 ① 도시·군계획시설부지에서의 매수청구의 대상은 토지에 있는 건축물과 정착물을 포함한다.

② 용도지역·용도지구 안에서의 도시·군계획시설에 대하여는 용도지역·용도지구 안에서의 건축제한에 관한 규정을 적용하지 아니한다.

④ 도시·군계획시설부지에서 도시·군관리계획을 입안하는 경우에는 그 계획의 입안을 위한 토지적성평가를 실시하지 아니할 수 있다.

⑤ 도시·군계획시설사업의 시행자가 행정청인 경우, 시행자의 처분에 대하여 행정심판을 제기할 수 있다.

정답 76 ④ 77 ③

78 中 **국토의 계획 및 이용에 관한 법령상 도시·군계획시설사업에 관한 설명으로 옳은 것은?**

① 행정청인 도시·군계획시설사업의 시행자가 도시·군계획시설사업에 의하여 새로 공공시설을 설치한 경우, 새로 설치된 공공시설은 그 시설을 관리할 관리청에 유상으로 귀속된다.

② 도시·군계획시설결정의 고시일부터 20년이 지날 때까지 그 시설의 설치에 관한 도시·군계획시설사업이 시행되지 아니하는 경우, 그 도시·군계획시설결정은 그 고시일부터 20년이 되는 날에 효력을 잃는다.

③ 도시·군관리계획결정을 고시한 경우 사업에 필요한 국·공유지는 그 도시·군관리계획으로 정해진 목적 외의 목적으로 양도할 수 없고, 처분 제한을 위반한 행위는 무효로 한다.

④ 행정청인 시행자만이 도시·군계획시설사업의 시행을 위하여 필요한 토지 등을 수용하거나 사용할 수 있다.

⑤ 행정청이 아닌 도시·군계획시설사업의 시행자는 도시·군계획시설사업에 관한 조사·측량 또는 시행을 위하여 필요한 때에는 허가를 받지 아니하고 타인의 토지에 출입할 수 있다.

키워드 도시·군계획시설사업

해설 ① 행정청인 도시·군계획시설사업의 시행자가 도시·군계획시설사업에 의하여 새로 공공시설을 설치한 경우, 새로 설치된 공공시설은 그 시설을 관리할 관리청에 무상으로 귀속된다.

② 도시·군계획시설결정의 고시일부터 20년이 지날 때까지 그 시설의 설치에 관한 도시·군계획시설사업이 시행되지 아니하는 경우, 그 도시·군계획시설결정은 그 고시일부터 20년이 되는 날의 다음 날에 효력을 잃는다.

④ 행정청이 아닌 시행자도 도시·군계획시설사업의 시행을 위하여 필요한 토지 등을 수용하거나 사용할 수 있다.

⑤ 행정청이 아닌 도시·군계획시설사업의 시행자는 도시·군계획시설사업에 관한 조사·측량 또는 시행을 위하여 필요한 때에는 허가를 받아야 타인의 토지에 출입할 수 있다.

제4절 지구단위계획구역과 지구단위계획

대표기출 연습

국토의 계획 및 이용에 관한 법령상 도시지역 외 지구단위계획구역에서 지구단위계획에 의한 건폐율 등의 완화적용에 관한 설명으로 틀린 것은? • 29회

① 해당 용도지역 또는 개발진흥지구에 적용되는 건폐율의 150% 이내에서 건폐율을 완화하여 적용할 수 있다.

② 해당 용도지역 또는 개발진흥지구에 적용되는 용적률의 200% 이내에서 용적률을 완화하여 적용할 수 있다.

③ 해당 용도지역에 적용되는 건축물 높이의 120% 이내에서 높이제한을 완화하여 적용할 수 있다.

④ 계획관리지역에 지정된 개발진흥지구 내의 지구단위계획구역에서는 건축물의 용도·종류 및 규모 등을 완화하여 적용할 수 있다.

⑤ 계획관리지역 외의 지역에 지정된 개발진흥지구 내의 지구단위계획구역에서는 건축물의 용도·종류 및 규모 등을 완화하여 적용할 경우 아파트 및 연립주택은 허용되지 아니한다.

키워드 지구단위계획구역에서의 완화규정 29회

교수님 TIP 지구단위계획으로 완화하여 적용할 수 있는 규정을 정확하게 이해하고 숙지하여야 합니다.

해 설 해당 용도지역에 적용되는 건축물 높이의 120% 이내에서 높이제한을 완화하여 적용할 수 있는 지역은 도시지역에 개발진흥지구를 지정하는 지구단위계획구역에서 적용되는 규정이다.

정답 ③

정답 **78** ③

79 下

국토의 계획 및 이용에 관한 법령상 지구단위계획구역으로 지정할 수 있는 지역에 해당하지 않는 것은?

① 도시개발구역

② 정비구역

③ 세 개 이상의 노선이 교차하는 대중교통 결절지로부터 2km 이내에 위치한 지역

④ 택지개발지구

⑤ 개발제한구역에서 해제되는 구역

키워드 지구단위계획구역 지정대상

해 설 일반주거지역, 준주거지역, 준공업지역 및 상업지역에서 낙후된 도심 기능을 회복하거나 도시균형발전을 위한 중심지 육성이 필요한 경우로서 세 개 이상의 노선이 교차하는 대중교통 결절지로부터 1km 이내에 위치한 지역의 전부 또는 일부에 대하여 지구단위계획구역으로 지정할 수 있다.

80 上

국토의 계획 및 이용에 관한 법령상 지구단위계획구역의 지정에 관한 설명으로 옳은 것은?

① 지구단위계획구역은 국토교통부장관, 시·도지사, 시장 또는 군수가 도시·군관리계획으로 지정한다.

② 「주택법」에 따른 대지조성사업지구는 그 일부에 대하여만 지구단위계획구역으로 지정할 수 있다.

③ 도시개발구역에서 시행되는 사업이 끝난 후 10년이 지난 지역은 지구단위계획구역으로 지정하여야 한다.

④ 녹지지역에서 공업지역으로 변경되는 면적이 20만m^2이면 지구단위계획구역으로 지정하여야 한다.

⑤ 지구단위계획구역의 지정에 관한 도시·군관리계획결정의 고시일부터 3년 이내에 그 지구단위계획구역에 관한 지구단위계획이 결정·고시되지 아니하면 그 3년이 되는 날에 도시·군관리계획결정은 효력을 잃는다.

키워드 지구단위계획구역의 지정

해설 ② 「주택법」에 따른 대지조성사업지구는 그 전부 또는 일부에 대하여 지구단위계획구역으로 지정할 수 있다.
③ 도시개발구역에서 시행되는 사업이 끝난 후 10년이 지난 지역은 의무적 지정대상 지역에 해당하지 않는다.
④ 녹지지역에서 공업지역으로 변경되는 면적이 30만m^2 이상이면 지구단위계획구역으로 지정하여야 한다.
⑤ 3년이 되는 날의 다음 날에 도시·군관리계획결정은 효력을 잃는다.

81 中 **국토의 계획 및 이용에 관한 법령상 지구단위계획구역에 관한 설명으로 옳은 것은?**

① 용도지구로 지정된 지역에 대하여는 지구단위계획구역을 지정할 수 없다.
② 택지개발지구에서 사업이 끝난 후 5년이 지난 지역은 지구단위계획구역으로 지정하여야 한다.
③ 지구단위계획구역의 결정은 도시·군관리계획으로 하여야 하나, 지구단위계획의 결정은 그러하지 아니하다.
④ 주민은 도시·군관리계획 입안권자에게 지구단위계획의 변경에 관한 도시·군관리계획의 입안을 제안할 수 없다.
⑤ 도시자연공원구역에서 해제되는 구역의 전부 또는 일부에 대하여 지구단위계획구역을 지정할 수 있다.

키워드 지구단위계획구역 지정

해설 ① 용도지구로 지정된 지역에 대하여는 지구단위계획구역을 지정할 수 있다.
② 택지개발지구에서 사업이 끝난 후 10년이 지난 지역은 지구단위계획구역으로 지정하여야 한다.
③ 지구단위계획구역과 지구단위계획의 결정은 도시·군관리계획으로 하여야 한다.
④ 주민은 도시·군관리계획 입안권자에게 지구단위계획의 변경에 관한 도시·군관리계획의 입안을 제안할 수 있다.

정답 **79** ③ **80** ① **81** ⑤

82 上

국토의 계획 및 이용에 관한 법령상 일반상업지역 내의 지구단위계획구역에서 건폐율이 60%이고, 대지 면적이 400m²인 부지에 건축물을 건축하려는 자가 그 부지 중 100m²를 공공시설의 부지로 제공하는 경우, 지구단위계획으로 완화하여 적용할 수 있는 건폐율의 최대한도(%)는 얼마인가? (단, 조례는 고려하지 않으며, 건축주가 용도 폐지되는 공공시설을 무상양수받은 경우가 아님) • 27회

① 60
② 65
③ 70
④ 75
⑤ 80

키워드 지구단위계획구역에서 건폐율 완화

해설 완화할 수 있는 건폐율 = 해당 용도지역에 적용되는 건폐율 × [1 + 공공시설 등의 부지로 제공하는 면적(공공시설 등의 부지를 제공하는 자가 법 제65조 제2항에 따라 용도가 폐지되는 공공시설을 무상으로 양수받은 경우에는 그 양수받은 부지면적을 빼고 산정) ÷ 원래의 대지면적] 이내이다. 따라서 60 × (1 + 100 ÷ 400) = 75%이다.

83 中

국토의 계획 및 이용에 관한 법령상 지구단위계획구역 및 지구단위계획에 관한 설명으로 틀린 것은?

① 도시지역에 개발진흥지구를 지정하고 당해 지구를 지구단위계획구역으로 지정한 경우에는 지구단위계획으로 「건축법」에 따라 제한된 건축물 높이의 120% 이내에서 높이제한을 완화하여 적용할 수 있다.
② 준주거지역에서 낙후된 도심기능을 회복하기 위하여 필요한 경우로서 「역세권의 개발 및 이용에 관한 법률」에 따른 역세권개발구역으로 지정된 지역은 지구단위계획구역으로 지정하여야 한다.
③ 지구단위계획의 수립 기준은 국토교통부장관이 정한다.
④ 도시지역 외의 지역으로서 용도지구를 폐지하고 그 용도지구에서의 행위제한 등을 지구단위계획으로 대체하려는 지역은 지구단위계획구역으로 지정될 수 있다.
⑤ 「관광진흥법」에 따라 지정된 관광특구의 전부에 대하여 지구단위계획구역을 지정할 수 있다.

키워드 지구단위계획구역 및 지구단위계획

해설 준주거지역에서 낙후된 도심기능을 회복하기 위하여 필요한 경우로서 「역세권의 개발 및 이용에 관한 법률」에 따른 역세권개발구역으로 지정된 지역은 지구단위계획구역을 지정할 수 있다.

84 上 **국토의 계획 및 이용에 관한 법령상 지구단위계획구역과 지구단위계획에 관한 설명으로 틀린 것은?**

① 시장 또는 군수가 입안한 지구단위계획의 수립·변경에 관한 도시·군관리계획은 해당 시장 또는 군수가 직접 결정한다.

② 생산관리지역에 주거개발진흥지구가 지정된 경우에 해당 지구를 체계적·계획적으로 개발하기 위하여 이를 지구단위계획구역으로 지정할 수 있다.

③ 계획관리지역 안의 개발진흥지구에 지정된 지구단위계획구역에서는 건축물의 용도·종류 및 규모 등을 완화하여 적용할 경우 아파트 및 연립주택은 허용된다.

④ 시장 또는 군수는 「도시 및 주거환경정비법」에 따른 정비구역의 전부 또는 일부에 대하여 지구단위계획구역을 지정할 수 있다.

⑤ 환경관리계획 또는 경관계획에 관한 사항은 지구단위계획의 내용에 포함될 수 있다.

키워드 지구단위계획구역 및 지구단위계획

해 설 생산관리지역에 주거개발진흥지구가 지정된 경우에 해당 지구를 체계적·계획적으로 개발하기 위하여 이를 지구단위계획구역으로 지정할 수 없다.

이론플러스 **개발진흥지구의 지정요건**

개발진흥지구가 다음의 지역에 위치할 것(도시지역 외의 지역에 지구단위계획구역을 지정할 수 있는 요건)

1. 주거개발진흥지구, 복합개발진흥지구(주거기능이 포함된 경우에 한함) 및 특정개발진흥지구 ⇨ 계획관리지역
2. 산업·유통개발진흥지구 및 복합개발진흥지구(주거기능이 포함되지 않은 경우에 한함) ⇨ 계획관리지역·생산관리지역 또는 농림지역
3. 관광·휴양개발진흥지구 ⇨ 도시지역 외의 지역

정답 82 ④ 83 ② 84 ②

85 국토의 계획 및 이용에 관한 법령상 지구단위계획에 관한 설명으로 옳은 것은?
中

① 지구단위계획은 도시·군계획 수립 대상지역의 일부에 대하여 토지 이용을 합리화하기 위하여 도시·군기본계획으로 결정한다.
② 목욕장을 불허하고 있는 지구단위계획구역이라 하더라도 일반상업지역인 경우에는 목욕장을 건축할 수 있다.
③ 용도지역을 변경하는 지구단위계획에는 건축물의 용도제한이 포함되어야 한다.
④ 지구단위계획구역은 계획관리지역에 한하여 지정할 수 있다.
⑤ 지구단위계획구역의 지정권자는 국토교통부장관, 시·도지사, 시장 또는 군수이며, 지정 이후 1년 이내에 지구단위계획이 결정·고시되어야 한다.

키워드 지구단위계획

해 설 ① 지구단위계획은 도시·군계획 수립 대상지역의 일부에 대하여 토지 이용을 합리화하기 위하여 도시·군관리계획으로 결정한다.
② 목욕장을 불허하고 있는 지구단위계획구역에서는 일반상업지역인 경우라도 목욕장을 건축할 수 없다.
④ 지구단위계획구역은 계획관리지역에 한하여 지정할 수 있는 것은 아니다.
⑤ 지구단위계획구역의 지정권자는 국토교통부장관, 시·도지사, 시장 또는 군수이며, 지정에 관한 도시·군관리계획결정의 고시일부터 3년 이내에 지구단위계획이 결정·고시되어야 한다.

86 국토의 계획 및 이용에 관한 법령상의 지구단위계획에 관한 설명으로 <u>틀린</u> 것은?
上

① 역세권의 체계적·계획적 개발이 필요한 지역에 지정된 지구단위계획구역 내 준주거지역에서는 지구단위계획으로 「건축법」에 따른 채광(採光) 등의 확보를 위한 건축물의 높이제한을 200% 이내의 범위에서 완화하여 적용할 수 있다.
② 지구단위계획에 의해 제2종 일반주거지역을 준주거지역으로 변경할 수 있다.
③ 도시지역 내 지구단위계획구역의 지정이 차 없는 거리를 조성하고자 하는 경우 지구단위계획으로 「주차장법」에 따른 부설주차장 설치기준을 100%까지 완화하여 적용할 수 있다.
④ 생산관리지역에 지정된 특정개발진흥지구는 지구단위계획을 수립하여 개발할 수 있다.
⑤ 도시지역 내에 지정하는 지구단위계획구역에 대해서는 당해 용도지역 및 용도지구에 적용되는 건폐율의 150% 및 용적률의 200%를 각각 초과할 수 없다.

키워드 지구단위계획

해설 특정개발진흥지구는 계획관리지역에 지정된 경우에 지구단위계획을 수립하여 개발할 수 있다.

87 下 **국토의 계획 및 이용에 관한 법령상 지구단위계획에 의무적으로 포함되어야 하는 사항으로 규정되어 있지 않은 것은?** (단, 기존의 용도지구를 폐지하고 그 용도지구에서의 건축물이나 그 밖의 시설의 용도·종류 및 규모 등의 제한을 대체하는 사항은 아님)

① 건축물의 건폐율 또는 용적률

② 기반시설의 배치와 규모

③ 건축물 높이의 최고한도 또는 최저한도

④ 건축물의 용도 제한

⑤ 건축물의 배치·형태·색채 또는 건축선에 관한 계획

키워드 지구단위계획의 내용

해설 건축물의 배치·형태·색채 또는 건축선에 관한 계획은 필수적 포함사항이 아니다.

이론플러스 **지구단위계획에 의무적으로 포함되어야 하는 사항**

1. 대통령령으로 정하는 기반시설의 배치와 규모
2. 건축물의 용도 제한, 건축물의 건폐율 또는 용적률, 건축물 높이의 최고한도 또는 최저한도

정답 85 ③ 86 ④ 87 ⑤

88 中 **국토의 계획 및 이용에 관한 법령상 지구단위계획구역과 지구단위계획에 관한 설명으로 틀린 것은?** (단, 조례는 고려하지 않음) • 32회

① 지구단위계획이 수립되어 있는 지구단위계획구역에서 공사기간 중 이용하는 공사용 가설건축물을 건축하려면 그 지구단위계획에 맞게 하여야 한다.

② 지구단위계획은 해당 용도지역의 특성을 고려하여 수립한다.

③ 시장 또는 군수가 입안한 지구단위계획구역의 지정·변경에 관한 도시·군관리계획은 시장 또는 군수가 직접 결정한다.

④ 지구단위계획구역 및 지구단위계획은 도시·군관리계획으로 결정한다.

⑤ 「관광진흥법」에 따라 지정된 관광단지의 전부 또는 일부에 대하여 지구단위계획구역을 지정할 수 있다.

키워드 지구단위계획 및 지구단위계획구역

해 설 지구단위계획이 수립되어 있는 지구단위계획구역에서 공사기간 중 이용하는 공사용 가설건축물은 일정기간 내 철거가 예상되기 때문에 지구단위계획에 맞게 건축하지 않아도 된다.

89 下 **국토의 계획 및 이용에 관한 법령상 지구단위계획구역 등의 실효규정이다. (　　)에 들어갈 내용을 바르게 나열한 것은?**

> • 지구단위계획구역의 지정에 관한 도시·군관리계획결정의 고시일부터 (㉠) 이내에 그 지구단위계획구역에 관한 지구단위계획이 결정·고시되지 아니하면 그 (㉠)이 되는 날의 다음 날에 그 지구단위계획구역의 지정에 관한 도시·군관리계획결정은 효력을 잃는다.
> • 지구단위계획(주민이 입안을 제안한 것에 한정)에 관한 도시·군관리계획결정의 고시일부터 (㉡) 이내에 이 법 또는 다른 법률에 따라 허가·인가·승인 등을 받아 사업이나 공사에 착수하지 아니하면 그 (㉡)이 된 날의 다음 날에 그 지구단위계획에 관한 도시·군관리계획결정은 효력을 잃는다.

	㉠	㉡
①	3년	3년
②	3년	5년
③	5년	3년
④	5년	5년
⑤	1년	3년

키워드 지구단위계획구역 및 지구단위계획의 실효

해 설 • 지구단위계획구역의 지정에 관한 도시·군관리계획결정의 고시일부터 '3년' 이내에 그 지구단위계획구역에 관한 지구단위계획이 결정·고시되지 아니하면 그 '3년'이 되는 날의 다음 날에 그 지구단위계획구역의 지정에 관한 도시·군관리계획결정은 효력을 잃는다.

• 지구단위계획(주민이 입안을 제안한 것에 한정)에 관한 도시·군관리계획결정의 고시일부터 '5년' 이내에 이 법 또는 다른 법률에 따라 허가·인가·승인 등을 받아 사업이나 공사에 착수하지 아니하면 그 '5년'이 된 날의 다음 날에 그 지구단위계획에 관한 도시·군관리계획결정은 효력을 잃는다.

정답 88 ① 89 ②

CHAPTER

05 개발행위의 허가 등

더 많은 기출문제를 풀고 싶다면?
단원별 기출문제집
[부동산공법] pp.79~95

5개년 출제빈도 분석표

28회	29회	30회	31회	32회
1	2	4	4	3

빈출 키워드

☑ 개발행위허가
☑ 기반시설유발계수
☑ 기반시설부담구역

대표기출 연습

국토의 계획 및 이용에 관한 법령상 개발행위허가에 관한 설명으로 옳은 것은? (단, 다른 법령은 고려하지 않음) • 30회

① 재해복구를 위한 응급조치로서 공작물의 설치를 하려는 자는 도시·군계획사업에 의한 행위가 아닌 한 개발행위허가를 받아야 한다.
② 국가나 지방자치단체가 시행하는 개발행위에도 이행보증금을 예치하게 하여야 한다.
③ 환경오염 방지조치를 할 것을 조건으로 개발행위허가를 하려는 경우에는 미리 개발행위허가를 신청한 자의 의견을 들어야 한다.
④ 개발행위허가를 받은 자가 행정청인 경우, 그가 기존의 공공시설에 대체되는 공공시설을 설치하면 기존의 공공시설은 대체되는 공공시설의 설치비용에 상당하는 범위 안에서 개발행위허가를 받은 자에게 무상으로 양도될 수 있다.
⑤ 개발행위허가를 받은 자가 행정청이 아닌 경우, 개발행위로 용도가 폐지되는 공공시설은 개발행위허가를 받은 자에게 전부 무상으로 귀속된다.

키워드 개발행위허가 30회, 31회, 32회
교수님 TIP 허가대상 개발행위와 조건부 허가를 정확하게 숙지하여야 합니다.

해설 ① 재해복구를 위한 응급조치로서 공작물의 설치를 하려는 자는 도시·군계획사업에 의한 행위가 아니더라도 개발행위허가를 받지 않아도 된다.
② 국가나 지방자치단체가 시행하는 개발행위에는 이행보증금을 예치하게 하지 않아도 된다.
④ 개발행위허가를 받은 자가 행정청인 경우, 그가 기존의 공공시설에 대체되는 공공시설을 설치하면 기존의 공공시설은 개발행위허가를 받은 자에게 전부 무상으로 귀속된다.
⑤ 개발행위허가를 받은 자가 행정청이 아닌 경우, 개발행위로 용도가 폐지되는 공공시설은 새로 설치한 공공시설의 설치비용에 상당하는 범위에서 개발행위허가를 받은 자에게 무상으로 양도될 수 있다.

정답 ③

01 中

국토의 계획 및 이용에 관한 법령상 개발행위허가에 관한 설명으로 옳은 것은?

① 재해복구나 재난수습을 위한 응급조치는 개발행위허가를 받아야 한다.

② 공업지역·관리지역·농림지역 안에서 개발행위허가를 받아 할 수 있는 형질변경 면적은 50,000m² 미만이다.

③ 특별시장·광역시장·특별자치시장·특별자치도지사·시장 또는 군수는 개발행위허가를 하려면 그 개발행위가 도시·군계획사업의 시행에 지장을 주는지에 관하여 해당 지역에서 시행되는 도시·군계획사업의 시행자의 의견을 들어야 한다.

④ 토지의 일부를 공공용지 또는 공용지로 하기 위한 토지의 분할은 개발행위허가를 받아야 한다.

⑤ 특별시장·광역시장·특별자치시장·특별자치도지사·시장 또는 군수는 개발행위허가를 받지 아니하고 개발행위를 하는 자에게는 그 토지의 원상회복을 명할 수 없다.

키워드 개발행위허가

해설 ① 재해복구나 재난수습을 위한 응급조치는 허가를 받지 아니하고 할 수 있다.
② 공업지역·관리지역·농림지역 안에서 개발행위허가를 받아 할 수 있는 형질변경 면적은 30,000m² 미만이다.
④ 토지의 일부를 공공용지 또는 공용지로 하기 위한 토지의 분할은 개발행위허가를 받지 않아도 된다.
⑤ 특별시장·광역시장·특별자치시장·특별자치도지사·시장 또는 군수는 개발행위허가를 받지 아니하고 개발행위를 하는 자에게는 그 토지의 원상회복을 명할 수 있다.

정답 01 ③

02 (下)

국토의 계획 및 이용에 관한 법령상 허가대상 개발행위가 아닌 것은?

① 「건축법」에 따른 건축물의 건축
② 도시·군계획사업으로 공유수면을 매립하는 행위
③ 토지의 형질변경을 목적으로 하지 아니하는 토석의 채취
④ 건축물이 없는 대지에서 「건축법」에 따른 분할제한면적 미만으로의 토지분할
⑤ 녹지지역 안에서 건축물의 울타리 안(적법한 절차에 의하여 조성된 대지에 한함)에 위치하지 아니한 토지에 물건을 1개월 이상 쌓아놓는 행위

키워드 허가대상 개발행위

해설 도시·군계획사업으로 공유수면을 매립하는 행위는 허가대상 개발행위가 아니다.

이론플러스 **허가대상 개발행위**

허가대상 개발행위는 다음과 같다. 다만, 도시·군계획사업(다른 법률에 따라 도시·군계획사업을 의제한 사업을 포함)에 의하는 경우에는 그러하지 아니하다.

1. 건축물의 건축 또는 공작물(인공을 가하여 제작한 시설물)의 설치
2. 토지의 형질변경(경작을 위한 토지의 형질변경은 제외) : 절토(땅깎기)·성토(흙쌓기)·정지(땅고르기)·포장 등의 방법으로 토지의 형상을 변경하는 행위와 공유수면의 매립
3. 토석의 채취 : 흙·모래·자갈·바위 등의 토석을 채취하는 행위(토지의 형질변경을 목적으로 하는 것은 제외)
4. 다음 어느 하나에 해당하는 토지의 분할(건축법에 따른 건축물이 있는 대지는 제외)
   - 녹지지역·관리지역·농림지역 및 자연환경보전지역 안에서 관계 법령에 따른 허가·인가 등을 받지 아니하고 행하는 토지의 분할
   - 「건축법」에 따른 분할제한면적 미만으로의 토지의 분할
   - 관계 법령에 의한 허가·인가 등을 받지 아니하고 행하는 너비 5m 이하로의 토지의 분할
5. 물건을 쌓아놓는 행위 : 녹지지역·관리지역 또는 자연환경보전지역 안에서 건축물의 울타리 안(적법한 절차에 의하여 조성된 대지에 한함)에 위치하지 아니한 토지에 물건을 1개월 이상 쌓아놓는 행위

03 中 **국토의 계획 및 이용에 관한 법령상 특별시장·광역시장·특별자치시장·특별자치도지사·시장 또는 군수의 개발행위허가에 관한 설명으로 옳은 것은?**

① 「도시개발법」에 따른 도시개발사업에 의해 건축물을 건축하는 경우에는 개발행위허가를 받아야 한다.

② 도시·군계획사업에 의하지 않는 개발행위로서 주거지역 내 면적 9,000m²의 토지형질변경을 하는 경우에는 허가를 요하지 아니한다.

③ 개발행위허가의 대상인 토지가 2 이상의 용도지역에 걸치는 경우, 개발행위허가의 규모를 적용할 때에는 가장 큰 규모의 용도지역에 대한 규정을 적용한다.

④ 지구단위계획구역으로 지정된 지역으로서 도시·군관리계획상 특히 필요하다고 인정하는 지역에 대해서는 최장 3년의 기간 동안 개발행위허가를 제한할 수 있다.

⑤ 토석의 채취에 대하여 개발행위허가를 받은 자가 개발행위를 마치면 준공검사를 받아야 한다.

키워드 개발행위허가

해설 ① 「도시개발법」에 따른 도시개발사업에 의해 건축물을 건축하는 경우에는 허가를 받지 않아도 된다.

② 도시·군계획사업에 의하지 않는 개발행위로서 주거지역 내 면적 9,000m²의 토지형질변경을 하는 경우에는 허가를 받아야 한다.

③ 개발행위허가의 대상인 토지가 2 이상의 용도지역에 걸치는 경우, 개발행위허가의 규모를 적용할 때에는 각각의 용도지역에 대한 규정을 적용한다.

④ 지구단위계획구역으로 지정된 지역으로서 도시·군관리계획상 특히 필요하다고 인정하는 지역에 대해서는 최장 5년의 기간 동안 개발행위허가를 제한할 수 있다.

정답 02 ② 03 ⑤

04 국토의 계획 및 이용에 관한 법령상 개발행위허가에 관한 설명으로 틀린 것은?

中

① 개발행위를 하고자 하는 자는 해당 개발행위에 따른 기반시설의 설치 또는 그에 필요한 용지의 확보, 위해 방지, 환경오염 방지, 경관, 조경 등에 관한 계획서를 첨부한 신청서를 개발행위허가권자에게 제출하여야 한다.

② 위 ①의 경우, 개발밀도관리구역 안에서는 기반시설의 설치 또는 그에 필요한 용지의 확보에 관한 계획서를 제출하지 아니한다.

③ 허가권자는 개발행위허가를 하고자 하는 때에는 공청회를 열어 주민과 관계 전문가 등으로부터 의견을 들어야 한다.

④ 허가권자는 개발행위허가의 신청에 대하여 특별한 사유가 없으면 15일 이내에 허가 또는 불허가의 처분을 하여야 한다.

⑤ 허가권자는 허가 또는 불허가의 처분을 하는 때에는 지체 없이 그 신청인에게 허가내용이나 불허가처분의 사유를 서면 또는 국토이용정보체계를 통하여 알려야 한다.

키워드 개발행위허가 절차

해 설 개발행위가 도시·군계획사업의 시행에 지장을 주는지의 여부에 관하여 해당 지역에서 시행되는 도시·군계획사업의 시행자의 의견을 들어야 한다.

05 국토의 계획 및 이용에 관한 법령상 개발행위허가에 관한 설명으로 틀린 것은?

中

① 허가권자가 개발행위허가를 하는 경우에는 그 개발행위에 따른 기반시설의 설치 또는 그에 필요한 용지의 확보, 위해 방지, 환경오염 방지, 경관, 조경 등에 관한 조치를 할 것을 조건으로 개발행위허가를 할 수 있다.

② 허가권자가 개발행위허가에 조건을 붙이려는 때에는 미리 개발행위허가를 신청한 자의 의견을 들어야 한다.

③ 개발행위허가를 받은 사항으로서 부지면적 또는 연면적을 5% 범위에서 축소하는 경우에는 별도의 변경허가를 받을 필요가 없다.

④ 국가 또는 지방자치단체가 시행하는 개발행위의 경우에는 이행보증금을 예치하지 아니한다.

⑤ 토지분할에 대하여 개발행위허가를 받은 자가 개발행위를 마치면 준공검사를 받아야 한다.

키워드 준공검사 대상

해 설 토지분할과 물건을 쌓아놓는 행위는 준공검사의 대상이 아니다.

06 中 **국토의 계획 및 이용에 관한 법령상 개발행위허가의 기준으로 옳지 않은 것은?**

① 개발행위를 원활하게 수행하기 위한 자금조달계획이 적합할 것
② 주변지역의 토지이용실태 또는 토지이용계획, 건축물의 높이, 토지의 경사도, 수목의 상태, 물의 배수, 하천·호소·습지의 배수 등 주변 환경이나 경관과 조화를 이룰 것
③ 도시·군관리계획 및 성장관리계획의 내용에 어긋나지 아니할 것
④ 용도지역별 특성을 고려하여 대통령령으로 정하는 개발행위의 규모에 적합할 것
⑤ 해당 개발행위에 따른 기반시설의 설치나 그에 필요한 용지 확보계획이 적절할 것

키워드 개발행위허가의 기준
해 설 개발행위를 원활하게 수행하기 위한 자금조달계획은 개발행위허가의 기준이 아니다.
이론플러스 **개발행위허가의 기준**

특별시장·광역시장·특별자치시장·특별자치도지사·시장 또는 군수는 개발행위허가의 신청내용이 다음의 기준에 적합한 경우에 한하여 개발행위허가를 하여야 한다.

1. 용도지역별 특성을 고려하여 대통령령으로 정하는 다음의 개발행위(토지의 형질변경 면적)의 규모에 적합할 것
   - 5천m^2 미만 : 보전녹지지역, 자연환경보전지역
   - 1만m^2 미만 : 주거지역, 상업지역, 자연녹지지역, 생산녹지지역
   - 3만m^2 미만 : 관리지역, 농림지역, 공업지역
2. 도시·군관리계획 및 성장관리계획의 내용에 어긋나지 아니할 것
3. 도시·군계획사업의 시행에 지장이 없을 것
4. 주변지역의 토지이용실태 또는 토지이용계획, 건축물의 높이, 토지의 경사도, 수목의 상태, 물의 배수, 하천·호소·습지의 배수 등 주변환경이나 경관과 조화를 이룰 것
5. 해당 개발행위에 따른 기반시설의 설치나 그에 필요한 용지의 확보계획이 적절할 것

정답 04 ③ 05 ⑤ 06 ①

07 中 **국토의 계획 및 이용에 관한 법령상 개발행위허가의 제한에 관한 설명으로 옳은 것은?**

① 시장·군수는 도시·군관리계획상 특히 필요하다고 인정되는 지역에 대하여는 중앙도시계획위원회의 심의를 거쳐 개발행위허가를 제한할 수 있다.

② 개발행위허가는 원칙적으로 한 차례만 2년 이내의 기간 동안 제한할 수 있다.

③ 자연녹지지역에서는 도시계획위원회의 심의를 통하여 개발행위허가의 기준을 강화 또는 완화하여 적용할 수 있다.

④ 개발밀도관리구역으로 지정된 지역은 최장 5년까지 개발행위허가를 제한할 수 있다.

⑤ 광역도시계획을 수립하고 있는 지역으로서 광역도시계획이 결정될 경우 용도지역의 변경이 예상되고, 그에 따라 개발행위허가의 기준이 크게 달라질 것으로 예상되는 지역은 최장 5년까지 개발행위허가를 제한할 수 있다.

키워드 개발행위허가의 제한

해 설 ① 시장 또는 군수는 도시·군관리계획상 특히 필요하다고 인정되는 지역에 대하여는 지방도시계획위원회의 심의를 거쳐 개발행위허가를 제한할 수 있다.

② 개발행위허가는 원칙적으로 한 차례만 3년 이내의 기간 동안 제한할 수 있다.

④ 개발밀도관리구역으로 지정된 지역은 개발행위허가를 제한할 수 있는 지역에 해당하지 않는다.

⑤ 도시·군기본계획이나 도시·군관리계획을 수립하고 있는 지역으로서 그 도시·군기본계획이나 도시·군관리계획이 결정될 경우 용도지역·용도지구 또는 용도구역의 변경이 예상되고, 그에 따라 개발행위허가의 기준이 크게 달라질 것으로 예상되는 지역은 최장 5년까지 개발행위허가를 제한할 수 있다.

08 中 **국토의 계획 및 이용에 관한 법령상 개발행위허가 제한에 관한 설명으로 틀린 것은?**

① 녹지지역으로서 수목이 집단적으로 자라고 있는 지역은 최장 3년까지 개발행위허가를 제한할 수 있다.

② 개발행위로 인하여 주변의 환경·경관·미관·문화재 등이 크게 손상될 우려가 있는 지역은 최장 3년까지 개발행위허가를 제한할 수 있다.

③ 도시·군관리계획을 수립하고 있는 지역으로서 도시·군관리계획이 결정될 경우 용도지역의 변경이 예상되고, 그에 따라 개발행위허가의 기준이 크게 달라질 것으로 예상되는 지역은 최장 5년까지 개발행위허가를 제한할 수 있다.

④ 도시·군기본계획을 수립하고 있는 지역으로서 그 도시·군기본계획이 결정될 경우 용도구역의 변경이 예상되고, 그에 따라 개발행위허가의 기준이 크게 달라질 것으로 예상되는 지역은 최장 3년까지 개발행위허가를 제한할 수 있다.

⑤ 기반시설부담구역으로 지정된 지역은 최장 5년까지 개발행위허가를 제한할 수 있다.

키워드 개발행위허가의 제한

해설 ③④ 도시·군기본계획이나 도시·군관리계획을 수립하고 있는 지역으로서 그 도시·군기본계획이나 도시·군관리계획이 결정될 경우 용도지역·용도지구 또는 용도구역의 변경이 예상되고, 그에 따라 개발행위허가의 기준이 크게 달라질 것으로 예상되는 지역은 개발행위허가를 제한할 수 있다. 이 경우 최장 5년까지 개발행위허가를 제한할 수 있다.

정답 07 ③ 08 ④

09 上 **국토의 계획 및 이용에 관한 법령상 개발행위에 따른 공공시설 등의 귀속에 관한 설명으로 옳은 것은?**

① 개발행위허가를 받은 자가 행정청인 경우, 개발행위허가를 받은 자가 새로 공공시설을 설치한 때에는 「국유재산법」 및 「공유재산 및 물품 관리법」의 규정에도 불구하고 새로 설치된 공공시설은 그 시설을 관리할 관리청에 무상으로 귀속된다.

② 개발행위허가를 받은 자가 행정청이 아닌 경우, 개발행위허가를 받은 자가 새로 설치한 공공시설은 그 시설을 관리할 관리청에 유상으로 귀속된다.

③ 특별시장·광역시장·특별자치시장·특별자치도지사·시장 또는 군수는 공공시설의 귀속에 관한 사항이 포함된 개발행위허가를 하려면 미리 해당 공공시설의 관리청의 의견을 들을 필요는 없다.

④ 행정청이 아닌 자가 개발행위허가를 받아 새로 공공시설을 설치한 경우, 종래의 공공시설은 개발행위허가를 받은 자에게 전부 무상으로 귀속된다.

⑤ 개발행위허가를 받은 자가 행정청인 경우, 개발행위허가를 받은 자는 그에게 귀속된 공공시설의 처분으로 인한 수익금을 도시·군계획사업 외의 목적에 사용할 수 있다.

키워드 공공시설의 귀속

해 설 ② 개발행위허가를 받은 자가 행정청이 아닌 경우, 개발행위허가를 받은 자가 새로 설치한 공공시설은 그 시설을 관리할 관리청에 무상으로 귀속된다.

③ 특별시장·광역시장·특별자치시장·특별자치도지사·시장 또는 군수는 공공시설의 귀속에 관한 사항이 포함된 개발행위허가를 하려면 미리 해당 공공시설의 관리청의 의견을 들어야 한다.

④ 행정청인 자가 개발행위허가를 받아 새로 공공시설을 설치한 경우, 종래의 공공시설은 개발행위허가를 받은 자에게 무상으로 귀속된다.

⑤ 개발행위허가를 받은 자가 행정청인 경우, 개발행위허가를 받은 자는 그에게 귀속된 공공시설의 처분으로 인한 수익금을 도시·군계획사업 외의 목적으로 사용하여서는 아니 된다.

10 中 **국토의 계획 및 이용에 관한 법령상 개발밀도관리구역에 관한 설명으로 옳은 것은?**

① 개발밀도관리구역을 지정하고자 할 때에는 도시·군관리계획으로 결정하여야 한다.

② 특별시장·광역시장·특별자치시장·특별자치도지사·시장 또는 군수는 주거지역·상업지역·공업지역에서의 개발행위로 인하여 기반시설이 부족할 것으로 예상되는 지역 중 기반시설의 설치가 곤란한 지역을 대상으로 개발밀도관리구역으로 지정할 수 있다.

③ 개발밀도관리구역에서는 해당 용도지역에 적용되는 건폐율의 최대한도의 50% 범위에서 건폐율을 강화하여 적용한다.

④ 특별시장·광역시장·특별자치시장·특별자치도지사·시장 또는 군수는 개발밀도관리구역의 지정 기준, 개발밀도관리구역의 관리 등에 관하여 필요한 사항을 개발밀도관리계획으로 수립하여 이를 시행하여야 한다.

⑤ 특별시장·광역시장·특별자치시장·특별자치도지사·시장 또는 군수가 개발밀도관리구역을 지정하거나 변경한 때에는 별도의 고시를 요하지 않는다.

키워드 개발밀도관리구역

해 설 ① 개발밀도관리구역은 특별시장·광역시장·특별자치시장·특별자치도지사·시장 또는 군수가 해당 지역의 기반시설의 용량을 고려하여 지정하는 구역에 해당하며, 도시·군관리계획으로 지정하는 구역이 아니다.
③ 용적률의 최대한도의 50% 범위에서 용적률을 강화하여 적용한다.
④ 개발밀도관리계획은 수립하지 않는다.
⑤ 공보에 게재하는 방법에 의하여 고시하여야 한다.

정답 09 ① 10 ②

11 下 **국토의 계획 및 이용에 관한 법령상 개발밀도관리구역 지정 기준에 관한 설명으로 틀린 것은?**

① 개발밀도관리구역의 지정 기준, 개발밀도관리구역의 관리 등에 관하여 필요한 사항은 국토교통부장관이 정한다.

② 향후 2년 이내에 해당 지역의 하수발생량이 하수시설의 시설용량을 초과할 것으로 예상되는 지역은 개발밀도관리구역으로 지정할 수 있다.

③ 향후 3년 이내에 해당 지역의 학생 수가 학교수용능력을 30% 이상 초과할 것으로 예상되는 지역은 개발밀도관리구역으로 지정할 수 있다.

④ 개발밀도관리구역의 경계는 도로·하천, 그 밖에 특색 있는 지형지물을 이용하거나 용도지역의 경계선을 따라 설정하는 등 경계선이 분명하게 구분되도록 하여야 한다.

⑤ 개발밀도관리구역 안의 기반시설의 변화를 주기적으로 검토하여 용적률을 강화 또는 완화하거나 개발밀도관리구역을 해제하는 등 필요한 조치를 취하도록 하여야 한다.

키워드 개발밀도관리구역

해 설 향후 2년 이내에 해당 지역의 학생 수가 학교수용능력을 20% 이상 초과할 것으로 예상되는 지역은 개발밀도관리구역으로 지정할 수 있다.

12 上 **국토의 계획 및 이용에 관한 법령상 개발밀도관리구역에 관한 설명으로 옳은 것은?**

① 개발밀도관리구역에서는 해당 용도지역에 적용되는 용적률의 최대한도의 50% 범위에서 용적률을 강화하여 적용한다.

② 개발밀도관리구역에 대하여는 기반시설의 변화가 있는 경우, 이를 즉시 검토하여 그 구역의 해제 등 필요한 조치를 취하여야 한다.

③ 개발밀도관리구역의 명칭 변경에 대하여는 지방도시계획위원회의 심의를 요하지 아니한다.

④ 공업지역에서의 개발행위로 인하여 기반시설의 수용능력이 부족할 것으로 예상되는 지역 중 기반시설의 설치가 곤란한 지역은 개발밀도관리구역으로 지정될 수 없다.

⑤ 개발밀도관리구역은 국토교통부장관이 도시·군관리계획으로 결정하여 지정한다.

키워드 개발밀도관리구역

해설 ② 개발밀도관리구역 안의 기반시설의 변화를 주기적으로 검토하여 용적률을 강화 또는 완화하거나 개발밀도관리구역을 해제하는 등 필요한 조치를 취하여야 한다.
③ 지방도시계획위원회의 심의를 거쳐야 한다.
④ 특별시장·광역시장·특별자치시장·특별자치도지사·시장 또는 군수는 주거지역·상업지역·공업지역에서 개발행위로 인하여 기반시설이 부족할 것으로 예상되는 지역 중 기반시설의 설치가 곤란한 지역을 개발밀도관리구역으로 지정할 수 있다.
⑤ 개발밀도관리구역은 특별시장·광역시장·특별자치시장·특별자치도지사·시장 또는 군수가 지정한다.

13 中 **국토의 계획 및 이용에 관한 법령상 기반시설부담구역에 관한 설명으로 옳은 것은?**

① 기반시설부담구역은 개발밀도관리구역과 중복하여 지정할 수 있다.
② 기반시설부담구역은 기반시설이 적절하게 배치될 수 있는 규모로서 최소 30만m^2 이상의 규모가 되도록 지정하여야 한다.
③ 해당 지역의 전년도 개발행위허가 건수가 전전년도 개발행위허가 건수보다 10% 이상 증가한 지역은 기반시설부담구역으로 지정하여야 한다.
④ 녹지와 폐기물처리 및 재활용시설은 기반시설부담구역에 설치가 필요한 기반시설에 해당한다.
⑤ 기반시설부담구역의 지정·고시일부터 2년이 되는 날까지 기반시설설치계획을 수립하지 아니하면 그 2년이 되는 날에 기반시설부담구역의 지정은 해제된 것으로 본다.

키워드 기반시설부담구역

해설 ① 기반시설부담구역은 개발밀도관리구역과 중복하여 지정할 수 없다.
② 기반시설부담구역은 기반시설이 적절하게 배치될 수 있는 규모로서 최소 10만m^2 이상의 규모가 되도록 지정하여야 한다.
③ 해당 지역의 전년도 개발행위허가 건수가 전전년도 개발행위허가 건수보다 20% 이상 증가한 지역은 기반시설부담구역으로 지정하여야 한다.
⑤ 기반시설부담구역의 지정·고시일부터 1년이 되는 날까지 기반시설설치계획을 수립하지 아니하면 그 1년이 되는 날의 다음 날에 기반시설부담구역의 지정은 해제된 것으로 본다.

정답 11 ③ 12 ① 13 ④

14 국토의 계획 및 이용에 관한 법령상 광역시의 기반시설부담구역에 관한 설명으로 틀린 것은?

下

• 30회

① 기반시설부담구역이 지정되면 광역시장은 대통령령으로 정하는 바에 따라 기반시설설치계획을 수립하여야 하며, 이를 도시·군관리계획에 반영하여야 한다.

② 기반시설부담구역의 지정은 해당 광역시에 설치된 지방도시계획위원회의 심의대상이다.

③ 광역시장은 「국토의 계획 및 이용에 관한 법률」의 개정으로 인하여 행위제한이 완화되는 지역에 대하여는 이를 기반시설부담구역으로 지정할 수 없다.

④ 지구단위계획을 수립한 경우에는 기반시설설치계획을 수립한 것으로 본다.

⑤ 기반시설부담구역의 지정고시일부터 1년이 되는 날까지 광역시장이 기반시설설치계획을 수립하지 아니하면 그 1년이 되는 날의 다음 날에 기반시설부담구역의 지정은 해제된 것으로 본다.

키워드 기반시설부담구역

해 설 광역시장은 「국토의 계획 및 이용에 관한 법률」의 개정으로 인하여 행위제한이 완화되는 지역에 대하여는 이를 기반시설부담구역으로 지정하여야 한다.

15 中 **국토의 계획 및 이용에 관한 법령상 기반시설부담구역의 지정대상이 될 수 없는 지역은?**

① 이 법 또는 다른 법령의 제정·개정으로 인하여 행위제한이 완화되거나 해제되는 지역

② 이 법 또는 다른 법령에 따라 지정된 용도지역 등이 변경되거나 해제되어 행위제한이 완화되는 지역

③ 해당 지역의 전년도 개발행위허가 건수가 전전년도 개발행위허가 건수보다 20% 이상 증가한 지역

④ 해당 지역의 전년도 인구증가율이 그 지역이 속하는 특별시·광역시·시 또는 군(광역시의 관할 구역에 있는 군은 제외)의 전년도 인구증가율보다 20% 이상 높은 지역

⑤ 상업지역에서의 개발행위로 인하여 기반시설(도시·군계획시설을 포함)의 처리·공급 또는 수용능력이 부족할 것으로 예상되는 지역 중 기반시설의 설치가 곤란한 지역

키워드 기반시설부담구역

해설 상업지역에서의 개발행위로 인하여 기반시설(도시·군계획시설을 포함)의 처리·공급 또는 수용능력이 부족할 것으로 예상되는 지역 중 기반시설의 설치가 곤란한 지역은 개발밀도관리구역에 대한 설명이다.

이론플러스 **기반시설부담구역의 지정대상지역**

1. 이 법 또는 다른 법령의 제정·개정으로 인하여 행위제한이 완화되거나 해제되는 지역(①)
2. 이 법 또는 다른 법령에 따라 지정된 용도지역 등이 변경되거나 해제되어 행위제한이 완화되는 지역(②)
3. 특별시장·광역시장·특별자치시장·특별자치도지사·시장 또는 군수가 기반시설의 설치가 필요하다고 인정하는 지역으로서 다음의 어느 하나에 해당하는 지역
   - 해당 지역의 전년도 개발행위허가 건수가 전전년도 개발행위허가 건수보다 20% 이상 증가한 지역(③)
   - 해당 지역의 전년도 인구증가율이 그 지역이 속하는 특별시·광역시·특별자치시·특별자치도·시 또는 군(광역시의 관할 구역에 있는 군은 제외)의 전년도 인구증가율보다 20% 이상 높은 지역(④)

정답 14 ③ 15 ⑤

16 上 **국토의 계획 및 이용에 관한 법령상 기반시설부담구역에서의 기반시설설치비용에 관한 설명으로 <u>틀린</u> 것은?**

① 기반시설설치비용이란 단독주택 및 숙박시설 등 대통령령으로 정하는 시설의 신축·증축 행위로 인하여 유발되는 기반시설을 설치하거나 그에 필요한 용지를 확보하기 위하여 부과·징수하는 금액을 말한다.

② 기반시설설치비용의 부과대상은 단독주택 및 숙박시설 등 대통령령으로 정하는 시설로서 200m^2(기존 건축물의 연면적을 포함)를 초과하는 건축물의 신·증축 행위로 한다.

③ 특별시장·광역시장·특별자치시장·특별자치도지사·시장 또는 군수는 기반시설부담구역을 지정하면 기반시설설치계획을 수립하여야 하며, 이를 도시·군관리계획에 반영하여야 한다.

④ 기반시설설치비용을 산정하는 경우 민간 개발사업자가 부담하는 부담률은 원칙적으로 100분의 25로 한다.

⑤ 납부의무자가 기반시설을 설치하거나 그에 필요한 용지를 확보한 경우에는 기반시설설치비용에서 감면한다.

키워드 기반시설설치비용

해설 민간 개발사업자가 부담하는 부담률은 원칙적으로 100분의 20으로 하며 특별시장·광역시장·특별자치시장·특별자치도지사·시장 또는 군수가 건물의 규모, 지역 특성 등을 고려하여 100분의 25의 범위에서 부담률을 가감할 수 있다.

17 中 **국토의 계획 및 이용에 관한 법령상 기반시설부담구역 및 기반시설설치비용에 관한 설명으로 틀린 것은?**

① 기반시설부담구역 내에서 「주택법」에 따른 리모델링을 하는 건축물은 기반시설설치비용의 부과대상이 아니다.

② 기존 건축물을 철거하고 신축하는 건축행위가 기반시설설치비용의 부과대상이 되는 경우에는 기존 건축물의 건축 연면적을 초과하는 건축행위만 부과대상으로 한다.

③ 기반시설설치비용은 건축허가를 받은 날부터 2개월 이내에 납부하여야 한다.

④ 「고등교육법」에 따른 대학은 기반시설부담구역에 설치가 필요한 기반시설에 해당하지 않는다.

⑤ 기반시설설치비용의 관리 및 운용을 위하여 기반시설부담구역별로 특별회계가 설치되어야 한다.

키워드 기반시설부담구역 및 기반시설설치비용

해 설 특별시장·광역시장·특별자치시장·특별자치도지사·시장 또는 군수는 납부의무자가 건축허가를 받은 날부터 2개월 이내에 기반시설설치비용을 부과하여야 하고, 납부의무자는 납부기일의 연기 또는 분할납부가 인정되지 않는 한 사용승인(준공검사 등 사용승인이 의제되는 경우에는 그 준공검사) 신청 시까지 기반시설설치비용을 내야 한다.

정답 16 ④ 17 ③

18 上 **국토의 계획 및 이용에 관한 법령상 건축물별 기반시설유발계수가 다음 중 가장 큰 것은?** • 30회

① 단독주택
② 장례시설
③ 관광휴게시설
④ 제2종 근린생활시설
⑤ 비금속 광물제품 제조공장

키워드 기반시설유발계수

해 설 건축물별 기반시설유발계수는 다음과 같다.
① 단독주택 : 0.7
② 장례시설 : 0.7
③ 관광휴게시설 : 1.9
④ 제2종 근린생활시설 : 1.6
⑤ 비금속 광물제품 제조공장 : 1.3

19 上 **국토의 계획 및 이용에 관한 법령상 기반시설부담구역에서 기반시설설치비용의 산정에 사용되는 건축물별 기반시설유발계수가 높은 것부터 나열한 것은?** • 23회

㉠ 제2종 근린생활시설	㉡ 종교시설
㉢ 판매시설	㉣ 위락시설

① ㉡ – ㉢ – ㉠ – ㉣
② ㉢ – ㉠ – ㉣ – ㉡
③ ㉣ – ㉠ – ㉡ – ㉢
④ ㉣ – ㉡ – ㉢ – ㉠
⑤ ㉣ – ㉢ – ㉡ – ㉠

키워드 기반시설유발계수

해 설 건축물별 기반시설유발계수는 다음과 같다.
㉠ 제2종 근린생활시설 : 1.6
㉡ 종교시설 : 1.4
㉢ 판매시설 : 1.3
㉣ 위락시설 : 2.1

20 中

국토의 계획 및 이용에 관한 법령상 개발밀도관리구역과 기반시설부담구역에 관한 설명으로 <u>틀린</u> 것은?

① 동일한 지역에 대해 기반시설부담구역과 개발밀도관리구역을 중복하여 지정할 수 없다.

② 광역시장이 개발밀도관리구역을 지정하려면 지방도시계획위원회의 심의를 거쳐 국토교통부장관의 승인을 받아야 한다.

③ 주거지역에서의 개발행위로 기반시설의 용량이 부족할 것으로 예상되는 지역 중 기반시설의 설치가 곤란한 지역으로서, 향후 2년 이내에 해당 지역의 학생 수가 학교수용능력을 20% 이상 초과할 것으로 예상되는 지역은 개발밀도관리구역으로 지정될 수 있다.

④ 개발밀도관리구역에서는 해당 용도지역에 적용되는 용적률의 최대한도의 50% 범위에서 용적률을 강화하여 적용한다.

⑤ 계획관리지역에서 제2종 일반주거지역으로 변경되는 지역은 기반시설부담구역으로 지정하여야 한다.

키워드 개발밀도관리구역과 기반시설부담구역

해 설 광역시장이 개발밀도관리구역을 지정하려면 지방도시계획위원회의 심의는 거쳐야 하나, 국토교통부장관의 승인은 받지 않아도 된다.

21 中

국토의 계획 및 이용에 관한 법령상 성장관리계획구역을 지정할 수 있는 지역에 해당하지 <u>않는</u> 것은? • 29회 수정

① 주변지역과 연계하여 체계적인 관리가 필요한 주거지역

② 개발수요가 많아 무질서한 개발이 진행되고 있는 계획관리지역

③ 개발수요가 많아 무질서한 개발이 진행될 것으로 예상되는 생산관리지역

④ 주변의 토지이용 변화 등으로 향후 시가화가 예상되는 농림지역

⑤ 교통여건 변화 등으로 향후 시가화가 예상되는 자연환경보전지역

키워드 성장관리계획구역과 지정대상지역

해 설 특별시장·광역시장·특별자치시장·특별자치도지사·시장 또는 군수는 녹지지역, 관리지역, 농림지역 및 자연환경보전지역의 전부 또는 일부에 대하여 성장관리계획구역을 지정할 수 있다. 따라서 주거지역·상업지역 및 공업지역은 성장관리계획구역 지정대상에 해당하지 않는다.

정답 18 ③ 19 ③ 20 ② 21 ①

22 上

국토의 계획 및 이용에 관한 법령상 성장관리계획구역 및 성장관리계획에 관한 설명으로 틀린 것은?

① 특별시장·광역시장·특별자치시장·특별자치도지사·시장 또는 군수는 녹지지역 중 주변지역과 연계하여 체계적인 관리가 필요한 지역의 전부 또는 일부에 대하여 성장관리계획구역을 지정할 수 있다.

② 성장관리계획구역 내 계획관리지역에서는 125% 이하의 범위에서 성장관리계획으로 정하는 바에 따라 조례로 정하는 비율까지 용적률을 완화하여 적용할 수 있다.

③ 성장관리계획구역 내 생산관리지역에서는 50% 이하의 범위에서 성장관리계획으로 정하는 바에 따라 조례로 정하는 비율까지 건폐율을 완화하여 적용할 수 있다.

④ 특별시장·광역시장·특별자치시장·특별자치도지사·시장 또는 군수는 5년마다 관할 구역 내 수립된 성장관리계획에 대하여 대통령령으로 정하는 바에 따라 그 타당성 여부를 전반적으로 재검토하여 정비하여야 한다.

⑤ 성장관리계획구역에서 개발행위 또는 건축물의 용도변경을 하려면 그 성장관리계획에 맞게 하여야 한다.

키워드 성장관리계획구역과 성장관리계획

해설 성장관리계획구역 내 생산관리지역에서는 30% 이하의 범위에서 성장관리계획으로 정하는 바에 따라 조례로 정하는 비율까지 건폐율을 완화하여 적용할 수 있다.

정답 22 ③

CHAPTER

06 보칙 및 벌칙

5개년 출제빈도 분석표

28회	29회	30회	31회	32회
1			1	

빈출 키워드

☑ 도시·군계획의 조정요구

대표기출 연습

국토의 계획 및 이용에 관한 법령의 규정 내용으로 틀린 것은? • 28회

① 관계 중앙행정기관의 장은 국토교통부장관에게 시범도시의 지정을 요청하고자 하는 때에는 주민의 의견을 들은 후 관계 지방자치단체의 장의 의견을 들어야 한다.

② 국토교통부장관이 직접 시범도시를 지정함에 있어서 그 대상이 되는 도시를 공모할 경우, 시장 또는 군수는 공모에 응모할 수 있다.

③ 행정청인 도시·군계획시설사업 시행자의 처분에 대하여는 「행정심판법」에 따라 행정심판을 제기할 수 있다.

④ 국토교통부장관이 이 법률의 위반자에 대한 처분으로서 실시계획인가를 취소하려면 청문을 실시하여야 한다.

⑤ 도지사는 도시·군기본계획과 도시·군관리계획이 국가계획의 취지에 부합하지 아니하다고 판단하는 경우, 국토교통부장관에게 변경을 요구할 수 있다.

키워드 도시·군계획의 조정요구 28회

교수님 TIP 행정조직도를 정확하게 이해하는 것이 필요합니다.

해 설 국토교통부장관은 도시·군기본계획과 도시·군관리계획이 국가계획 및 광역도시계획의 취지에 부합하지 아니하거나 도시·군관리계획이 도시·군기본계획의 취지에 부합하지 아니하다고 판단하는 경우에는 특별시장·광역시장·특별자치시장·특별자치도지사·시장 또는 군수에게 기한을 정하여 도시·군기본계획과 도시·군관리계획의 조정을 요구할 수 있다.

정답 ⑤

01 中

국토의 계획 및 이용에 관한 법령상 주민의 의견청취 절차가 요구되지 않는 것은?

① 광역도시계획의 수립
② 도시·군관리계획의 입안
③ 시범도시의 지정요청
④ 기반시설부담구역의 지정
⑤ 개발밀도관리구역의 지정

키워드 주민의 의견청취

해 설 ① 광역도시계획을 수립하려면 공청회를 열어 주민과 관계 전문가 등으로부터 의견을 들어야 한다.
② 도시·군관리계획을 입안하려면 주민의 의견을 들어야 한다.
③ 관계 중앙행정기관의 장 또는 시·도지사는 국토교통부장관에게 시범도시의 지정을 요청하고자 하는 때에는 미리 설문조사·열람 등을 통하여 주민의 의견을 들은 후 지방자치단체의 장의 의견을 들어야 한다.
④ 기반시설부담구역을 지정하려면 주민의 의견을 들어야 한다.
⑤ 개발밀도관리구역을 지정하려면 지방도시계획위원회의 심의를 거쳐야 한다.

02 上

국토의 계획 및 이용에 관한 법령상 중앙도시계획위원회에 관한 설명으로 틀린 것은?

① 광역도시계획·도시·군계획 등 국토교통부장관의 권한에 속하는 사항과 다른 법률에서 중앙도시계획위원회의 심의를 거치도록 한 사항을 심의하고 도시·군계획에 관한 조사·연구를 수행하기 위하여 국토교통부에 중앙도시계획위원회를 둔다.
② 중앙도시계획위원회의 위원장은 국토교통부장관이 되며, 부위원장은 위원 중에서 호선한다.
③ 중앙도시계획위원회는 위원장·부위원장 각 1명을 포함한 25명 이상 30명 이하의 위원으로 구성한다.
④ 관계 중앙행정기관의 장, 시·도지사, 시장 또는 군수는 해당 중앙행정기관 또는 지방자치단체의 도시·군계획 관련 사항에 관하여 중앙도시계획위원회에 출석하여 발언할 수 있다.
⑤ 도시·군계획 등에 관한 중요 사항을 조사·연구하기 위하여 중앙도시계획위원회에 전문위원을 둘 수 있다.

키워드 중앙도시계획위원회

해 설 중앙도시계획위원회의 위원장과 부위원장은 위원 중에서 국토교통부장관이 임명하거나 위촉한다.

03 中 **국토의 계획 및 이용에 관한 법령상 도시·군계획시설사업에 관한 측량을 위하여 행하는 토지에의 출입 등에 관한 설명으로 옳은 것은?**

① 행정청인 도시·군계획시설사업의 시행자는 상급행정청의 승인을 받아 타인의 토지에 출입할 수 있다.

② 타인의 토지를 일시 사용하고자 하는 자는 토지를 사용하고자 하는 날의 7일 전까지 그 토지의 소유자·점유자 또는 관리인에게 알려야 한다.

③ 타인의 토지에의 출입으로 손실이 발생한 경우, 그 행위자가 직접 그 손실을 보상하여야 한다.

④ 타인의 토지를 재료적치장 또는 임시통로로 일시 사용하거나 나무·흙·돌, 그 밖의 장애물을 변경 또는 제거하고자 하는 자는 토지의 소유자·점유자 또는 관리인의 동의를 받아야 한다.

⑤ 허가를 받지 아니하고 타인의 토지에 출입한 자에 대하여는 1년 이하의 징역 또는 1천만원 이하의 벌금에 처한다.

키워드 토지에의 출입 등

해설 ① 행정청인 도시·군계획시설사업의 시행자는 허가나 승인 등의 절차 없이 타인의 토지에 출입할 수 있다.

② 타인의 토지를 일시 사용하고자 하는 자는 토지를 사용하고자 하는 날의 3일 전까지 그 토지의 소유자·점유자 또는 관리인에게 알려야 한다.

③ 타인의 토지에의 출입으로 손실이 발생한 경우, 그 행위자가 속한 행정청 또는 도시·군계획시설사업의 시행자가 그 손실을 보상하여야 한다.

⑤ 허가를 받지 아니하고 타인의 토지에 출입한 자에 대하여는 1천만원 이하의 과태료에 처한다.

정답 01 ⑤ 02 ② 03 ④

04 국토의 계획 및 이용에 관한 법령상 토지에의 출입 등에 관한 설명으로 틀린 것은?

中

① 타인토지의 출입 등으로 인하여 손실을 입은 자가 있으면 그 행위자가 속한 행정청이나 도시·군계획시설사업의 시행자가 그 손실을 보상하여야 한다.

② 타인의 토지에 출입하려는 자는 출입하려는 날의 7일 전까지 그 토지의 소유자·점유자 또는 관리인에게 그 일시와 장소를 알려야 한다.

③ 일출 전이나 일몰 후에는 그 토지소유자의 승낙 없이 택지나 담장 또는 울타리로 둘러싸인 타인의 토지에 출입할 수 없다.

④ 토지의 점유자는 정당한 사유 없이 토지에의 출입 등의 행위를 방해하거나 거부하지 못한다.

⑤ 토지에 출입하려는 자는 그 권한을 표시하는 증표와 허가증을 지니고 이를 관계인에게 내보여야 한다.

키워드 토지에의 출입 등

해 설 일출 전이나 일몰 후에는 그 토지점유자의 승낙 없이 택지나 담장 또는 울타리로 둘러싸인 타인의 토지에 출입할 수 없다.

05 국토의 계획 및 이용에 관한 법령상 시범도시에 관한 설명으로 틀린 것은?

中

① 국토교통부장관은 도시의 경제·사회·문화적인 특성을 살려 개성 있고 지속 가능한 발전을 촉진하기 위하여 필요하면 직접 시범도시(시범지구나 시범단지를 포함)를 지정할 수 있다.

② 시·도지사는 국토교통부장관에게 시범도시의 지정을 요청하고자 하는 때에는 미리 설문조사·열람 등을 통하여 주민의 의견을 들은 후 관계 지방자치단체의 장의 의견을 들어야 한다.

③ 국토교통부장관, 관계 중앙행정기관의 장 또는 시·도지사는 시범도시에 대하여 예산 및 인력을 지원할 수 있다.

④ 국토교통부장관, 관계 중앙행정기관의 장은 시범도시에 대하여 시범도시사업계획의 수립에 소요되는 비용의 50% 이하의 범위에서 보조 또는 융자를 할 수 있다.

⑤ 국토교통부장관이 직접 시범도시를 지정함에 있어서 그 대상이 되는 도시를 공모할 경우, 시장 또는 군수는 공모에 응모할 수 있다.

키워드 시범도시

해설 국토교통부장관, 관계 중앙행정기관의 장은 시범도시에 대하여 시범도시사업계획의 수립에 소요되는 비용의 80% 이하의 범위에서 보조 또는 융자를 할 수 있다.

06 中 **국토의 계획 및 이용에 관한 법령상 국토교통부장관, 시·도지사, 시장·군수 또는 구청장이 처분을 하고자 하는 때에 청문을 실시하여야 하는 경우로 옳은 것은?**

① 기반시설부담구역 지정의 취소
② 개발밀도관리구역 지정의 취소
③ 지구단위계획구역 지정의 취소
④ 광역도시계획 승인의 취소
⑤ 실시계획인가의 취소

키워드 청문사유

해설 국토교통부장관, 시·도지사, 시장·군수 또는 구청장은 다음에 해당하는 처분을 하려면 청문을 하여야 한다.

1. 개발행위허가의 취소
2. 도시·군계획시설사업의 시행자 지정의 취소
3. 실시계획인가의 취소

정답 04 ③ 05 ④ 06 ⑤

07 中

국토의 계획 및 이용에 관한 법령상 과태료 부과 대상에 해당되지 않는 것은?

① 도시·군계획시설사업의 시행자가 감독상 필요한 보고를 허위로 한 경우
② 정당한 사유 없이 타인토지에의 출입을 방해한 경우
③ 공동구에 수용하여야 하는 시설을 공동구에 수용하지 아니한 경우
④ 개발행위허가를 받은 자가 소속 공무원의 그 개발행위에 관한 업무상황의 검사를 거부한 경우
⑤ 공동구의 설치비용을 부담하지 아니한 자가 허가를 받지 않고 공동구를 사용하는 경우

키워드 과태료 부과대상

해설
① 5백만원 이하의 과태료에 처한다.
② 1천만원 이하의 과태료에 처한다.
③ 2년 이하의 징역 또는 2천만원 이하의 벌금에 처한다.
④ 1천만원 이하의 과태료에 처한다.
⑤ 1천만원 이하의 과태료에 처한다.

08 中

국토의 계획 및 이용에 관한 법령상 2년 이하의 징역 또는 2천만원 이하의 벌금 부과 대상이 아닌 것은?

① 지구단위계획에 맞지 아니하게 건축물을 건축하거나 용도를 변경한 자
② 개발행위허가를 받지 아니하거나 부정한 방법으로 허가를 받아 개발행위를 한 자
③ 도시·군관리계획의 결정이 없이 기반시설을 설치한 자
④ 용도지역 안에서의 건축물 및 그 밖의 시설의 용도·종류 및 규모 등의 제한을 위반하여 건축물을 건축한 자
⑤ 공동구에 수용하여야 하는 시설을 공동구에 수용하지 아니한 자

키워드 벌금 부과대상

해설 개발행위허가를 받지 아니하거나 부정한 방법으로 허가를 받아 개발행위를 한 자는 3년 이하의 징역 또는 3천만원 이하의 벌금에 처한다.

정답 07 ③ 08 ②

어리석은 자는 멀리서 행복을 찾고,
현명한 자는 자신의
발치에서 행복을 키워간다.

– 제임스 오펜하임(James Oppenheim)

PART

2 도시개발법

CHAPTER 01 개발계획의 수립 및 도시개발구역의 지정

CHAPTER 02 도시개발사업의 시행자 및 실시계획

CHAPTER 03 도시개발사업의 시행

CHAPTER 04 비용부담 등

최근 5개년 PART 2 출제비중

15%

PART 2 기출 REPORT

5개년 CHAPTER별 출제빈도 분석표 & 빈출 키워드

* 복합문제이거나, 법률이 개정 및 제정된 경우 분류 기준에 따라 아래 수치와 달라질 수 있습니다.

CHAPTER	문항 수					비 중	빈출 키워드
	28회	29회	30회	31회	32회		
01 개발계획의 수립 및 도시개발구역의 지정	1	1	1	1	2	20.7%	도시개발구역의 지정, 개발계획 수립시기
02 도시개발사업의 시행자 및 실시계획	2	3	2	3		34.5%	도시개발조합, 시행자 변경, 실시계획
03 도시개발사업의 시행	2	1	3	1	2	31%	수용 또는 사용 방식, 조성토지등의 공급, 환지 방식에 의한 사업 시행
04 비용부담 등	1	1		1	1	13.8%	도시개발채권

세줄요약 제33회 합격전략

☑ PART 2는 평균 약 6문제 출제!

☑ CHAPTER 02 도시개발사업의 시행자 및 실시계획, CHAPTER 03 도시개발사업의 시행 위주로 학습!

☑ 도시개발구역, 시행자, 환지 방식에 의한 사업 시행 정리는 필수!!

기출지문 OX 워밍업!

* 본격적인 문제풀이에 앞서 기출지문 OX문제를 풀어 실력점검을 해보세요.

❶ 지정권자는 도시개발사업을 환지 방식으로 시행하려고 개발계획을 수립할 때에 시행자가 지방자치단체이면 토지소유자의 동의를 받을 필요가 없다. • 31회 (O | X)

❷ 자연녹지지역에서 도시개발구역으로 지정할 수 있는 규모는 3만m^2 이상이어야 한다. • 25회 (O | X)

❸ 천재지변으로 인하여 도시개발사업을 긴급하게 할 필요가 있는 경우 국토교통부장관이 도시개발구역을 지정할 수 있다. • 30회 (O | X)

❹ 조합설립의 인가를 신청하려면 해당 도시개발구역의 토지 면적의 2분의 1 이상에 해당하는 토지소유자와 그 구역의 토지소유자 총수의 3분의 2 이상의 동의를 받아야 한다. • 31회 (O | X)

❺ 도시개발구역의 토지소유자가 미성년자인 경우에는 조합의 조합원이 될 수 없다. • 31회 (O | X)

❻ 조합은 도시개발사업 전부를 환지 방식으로 시행하는 경우에 도시개발사업의 시행자가 될 수 있다. • 31회 (O | X)

❼ 이사의 선임은 대의원회가 총회의 권한을 대행할 수 없고 총회의 의결을 거쳐야 한다. • 23회 (O | X)

❽ 도시개발사업을 시행하는 공공기관은 토지상환채권을 발행할 수 없다. • 32회 (O | X)

❾ 원형지의 면적은 도시개발구역 전체 토지 면적의 3분의 1을 초과하여 공급될 수 있다. • 30회 (O | X)

❿ 지정권자가 아닌 시행자가 조성토지등을 공급하려고 할 때에는 조성토지등의 공급계획을 작성하여 지정권자의 승인을 받아야 한다. • 26회 (O | X)

⓫ 환지 계획에는 필지별로 된 환지 명세와 필지별과 권리별로 된 청산 대상 토지 명세가 포함되어야 한다. • 30회 (O | X)

⓬ 시행자는 체비지의 용도로 환지 예정지가 지정된 경우에는 도시개발사업에 드는 비용을 충당하기 위하여 이를 처분할 수 있다. • 31회 (O | X)

⓭ 환지 계획에서 정하여진 환지는 그 환지처분이 공고된 날의 다음 날부터 종전의 토지로 본다. • 29회 (O | X)

⓮ 도시개발사업에 관한 비용부담에 대해 대도시 시장과 시·도지사 간의 협의가 성립되지 아니하는 경우에는 기획재정부장관의 결정에 따른다. • 27회 (O | X)

⓯ 도시개발채권의 상환은 2년부터 10년까지의 범위에서 지방자치단체의 조례로 정한다. • 28회 (O | X)

정답 ❶ O ❷ X ❸ O ❹ X ❺ X ❻ O ❼ O ❽ X ❾ X ❿ O ⓫ O ⓬ O ⓭ O ⓮ X ⓯ X

CHAPTER

01

개발계획의 수립 및 도시개발구역의 지정

더 많은 기출문제를 풀고 싶다면?
단원별 기출문제집
[부동산공법] pp.100~110

5개년 출제빈도 분석표

28회	29회	30회	31회	32회
1	1	1	1	2

빈출 키워드

☑ 도시개발구역의 지정
☑ 개발계획 수립시기

대표기출 연습

도시개발법령상 도시개발구역의 지정에 관한 설명으로 옳은 것은? (단, 특례는 고려하지 않음)

• 30회

① 대도시 시장은 직접 도시개발구역을 지정할 수 없고, 도지사에게 그 지정을 요청하여야 한다.

② 도시개발사업이 필요하다고 인정되는 지역이 둘 이상의 도의 행정구역에 걸치는 경우에는 해당 면적이 더 넓은 행정구역의 도지사가 도시개발구역을 지정하여야 한다.

③ 천재지변으로 인하여 도시개발사업을 긴급하게 할 필요가 있는 경우 국토교통부장관이 도시개발구역을 지정할 수 있다.

④ 도시개발구역의 총 면적이 1만m^2 미만인 경우 둘 이상의 사업시행지구로 분할하여 지정할 수 있다.

⑤ 자연녹지지역에서 도시개발구역을 지정한 이후 도시개발사업의 계획을 수립하는 것은 허용되지 아니한다.

키워드 도시개발구역의 지정 29회, 30회, 31회, 32회

교수님 TIP 도시개발구역의 지정권자를 정확히 알고 있어야 합니다.

해설 ① 대도시 시장은 직접 도시개발구역을 지정할 수 있다.
② 도시개발사업이 필요하다고 인정되는 지역이 둘 이상의 도의 행정구역에 걸치는 경우에는 도지사가 협의하여 지정할 자를 정한다.
④ 도시개발구역을 둘 이상의 사업시행지구로 분할할 수 있는 경우는 분할 후 각 사업시행지구의 면적이 각각 1만m^2 이상이어야 한다.
⑤ 자연녹지지역에서 도시개발구역을 지정한 이후 도시개발사업의 계획을 수립하는 것은 허용된다.

정답 ③

01 中 **도시개발법령상 도시개발사업의 계획**(이하 '개발계획'이라 함)**에 관한 설명으로 틀린 것은?**

① 지정권자는 도시개발구역을 지정하려면 해당 도시개발구역에 대한 개발계획을 수립하여야 한다.
② 면적이 330만m^2 이상인 도시개발구역에 관한 개발계획을 수립할 때에는 해당 구역에서 주거, 생산, 교육, 유통, 위락 등의 기능이 서로 조화를 이루도록 노력하여야 한다.
③ 지정권자는 환지 방식의 도시개발사업에 대한 개발계획을 수립하려면 환지 방식이 적용되는 지역의 토지 면적의 3분의 2 이상에 해당하는 토지소유자의 동의만 받으면 된다.
④ 지정권자는 도시개발사업을 환지 방식으로 시행하려고 개발계획을 수립하거나 변경할 때에 도시개발사업의 시행자가 국가 또는 지방자치단체이면 토지소유자의 동의를 받을 필요가 없다.
⑤ 개발계획의 작성의 기준 및 방법은 국토교통부장관이 이를 정한다.

키워드 개발계획의 수립

해설 지정권자는 도시개발사업을 환지 방식으로 시행하고자 하는 경우 개발계획을 수립하려면 환지 방식이 적용되는 지역의 토지 면적의 3분의 2 이상에 해당하는 토지소유자와 그 지역의 토지소유자 총수의 2분의 1 이상의 동의를 받아야 한다.

정답 01 ③

02 下 **도시개발법령상 도시개발구역을 지정한 후에 개발계획에 포함시킬 수 있는 내용으로 옳은 것은?**

① 존치하는 기존 건축물 및 공작물 등에 관한 계획
② 보건의료 및 복지시설의 설치계획
③ 환경보전계획
④ 인구수용계획
⑤ 임대주택건설계획 등 세입자 등의 주거 및 생활 안정 대책

키워드 개발계획의 내용

해 설 임대주택건설계획 등 세입자 등의 주거 및 생활 안정 대책은 도시개발구역의 지정 후에 이를 개발계획에 포함시킬 수 있다.

이론플러스 **개발계획에 포함되어야 하는 사항(법 제5조 제1항)**

개발계획에는 다음의 사항이 포함되어야 한다. 다만, 14.부터 17.까지의 규정에 해당하는 사항은 도시개발구역을 지정한 후에 이를 개발계획에 포함시킬 수 있다.

1. 도시개발구역의 명칭·위치 및 면적
2. 도시개발구역의 지정 목적과 도시개발사업의 시행기간
3. 도시개발구역을 둘 이상의 사업시행지구로 분할하거나 서로 떨어진 둘 이상의 지역을 하나의 구역으로 결합하여 도시개발사업을 시행하는 경우에는 그 분할이나 결합에 관한 사항
4. 도시개발사업의 시행자에 관한 사항
5. 도시개발사업의 시행방식
6. 인구수용계획(분양주택 및 임대주택으로 구분한 주택별 수용계획을 포함한다)
7. 토지이용계획
8. 원형지로 공급될 대상 토지 및 개발 방향
9. 교통처리계획
10. 환경보전계획
11. 보건의료시설 및 복지시설의 설치계획
12. 도로, 상하수도 등 주요 기반시설의 설치계획
13. 재원조달계획
14. 도시개발구역 밖의 지역에 기반시설을 설치하여야 하는 경우에는 그 시설의 설치에 필요한 비용의 부담 계획
15. 수용(收用) 또는 사용의 대상이 되는 토지·건축물 또는 토지에 정착한 물건과 이에 관한 소유권 외의 권리, 광업권, 어업권, 양식업권, 물의 사용에 관한 권리(토지 등)가 있는 경우에는 그 세부목록
16. 임대주택건설계획 등 세입자 등의 주거 및 생활 안정 대책
17. 순환개발 등 단계적 사업추진이 필요한 경우 사업추진 계획 등에 관한 사항
18. 그 밖에 대통령령으로 정하는 사항

03 中

도시개발법령상 개발계획의 수립 및 변경과 도시개발구역의 지정에 관한 설명으로 틀린 것은?

① 서울특별시와 광역시를 제외한 인구 50만 이상의 대도시의 시장은 도시개발구역을 지정할 수 있다.

② 지정권자는 직접 또는 관계 중앙행정기관의 장 또는 시장(대도시 시장은 제외)·군수·구청장의 요청을 받아 개발계획을 변경할 수 있다.

③ 광역도시계획이나 도시·군기본계획이 수립되어 있는 지역에 대하여 개발계획을 수립하려면 개발계획의 내용이 해당 광역도시계획이나 도시·군기본계획에 들어맞도록 하여야 한다.

④ 개발계획의 내용 중 재원조달계획은 도시개발구역을 지정한 후에 개발계획에 포함시킬 수 있다.

⑤ 서로 떨어진 둘 이상의 지역은 결합하여 하나의 도시개발구역으로 지정할 수 있다.

키워드 개발계획의 수립 및 도시개발구역의 지정

해 설 개발계획의 내용 중 재원조달계획은 도시개발구역을 지정한 후에 개발계획에 포함시킬 수 없다.

04 上

도시개발법령상 도시개발구역을 지정한 후에 개발계획을 수립할 수 있는 경우에 해당하지 않는 것은?

① 자연녹지지역

② 농림지역

③ 생산관리지역

④ 해당 도시개발구역에 포함되는 주거지역·상업지역·공업지역의 면적의 합계가 전체 도시개발구역 지정 면적의 100분의 30 이하인 지역

⑤ 국토교통부장관이 국가균형발전을 위하여 관계 중앙행정기관의 장과 협의하여 도시개발구역으로 지정하고자 하는 자연환경보전지역

키워드 도시개발구역의 지정

해 설 국토교통부장관이 국가균형발전을 위하여 관계 중앙행정기관의 장과 협의하여 도시개발구역으로 지정하고자 하는 지역 중 자연환경보전지역은 도시개발구역을 지정한 후에 개발계획을 수립할 수 있는 지역에서 제외된다.

정답 02 ⑤ 03 ④ 04 ⑤

05 도시개발법령상 개발계획의 수립 등에 관한 설명으로 틀린 것은?

中

① 자연녹지지역에 도시개발구역을 지정할 때에는 도시개발구역을 지정한 후에 개발계획을 수립할 수 있다.

② 개발계획은 광역도시계획이나 도시·군기본계획에 들어맞도록 하여야 한다.

③ 시행자가 국가나 지방자치단체인 때에는 지정권자는 토지소유자의 동의를 받지 않고 환지 방식의 도시개발사업에 대한 개발계획을 수립할 수 있다.

④ 지정권자는 직접 개발계획을 변경할 수는 없고, 관계 중앙행정기관의 장이나 시장·군수·구청장 또는 사업시행자의 요청을 받아 이를 변경할 수 있다.

⑤ 보건의료시설 및 복지시설의 설치계획도 개발계획에 포함되어야 한다.

키워드 개발계획의 수립

해 설 지정권자는 직접 또는 관계 중앙행정기관의 장 또는 시장(대도시 시장은 제외)·군수·구청장 또는 도시개발사업의 시행자의 요청을 받아 개발계획을 변경할 수 있다.

06 도시개발법령상 국토교통부장관이 도시개발구역을 지정할 수 있는 경우가 아닌 것은?

中

① 국가가 도시개발사업을 실시할 필요가 있는 경우

② 지방공사의 장이 도시개발구역의 지정을 요청하는 경우

③ 한국토지주택공사 사장이 30만m^2 규모로 국가계획과 밀접한 관련이 있는 도시개발구역의 지정을 제안하는 경우

④ 둘 이상의 시·도 또는 대도시의 행정구역에 걸치는 경우로서 시·도지사 또는 대도시 시장의 협의가 성립되지 아니하는 경우

⑤ 천재지변의 사유로 도시개발사업을 긴급하게 할 필요가 있는 경우

키워드 도시개발구역의 지정권자

해 설 지방공사의 장은 국토교통부장관에게 도시개발구역의 지정을 요청할 수 없다.

이론플러스 **국토교통부장관이 도시개발구역을 지정할 수 있는 경우**

1. 국가가 도시개발사업을 실시할 필요가 있는 경우
2. 관계 중앙행정기관의 장이 요청하는 경우
3. 공공기관의 장 또는 정부출연기관의 장이 30만m^2 이상으로 국가계획과 밀접한 관련이 있는 도시개발구역의 지정을 제안하는 경우
4. 둘 이상의 시·도 또는 대도시의 행정구역에 걸치는 경우로서 시·도지사 또는 대도시 시장의 협의가 성립되지 아니하는 경우
5. 천재지변, 그 밖의 사유로 인하여 도시개발사업을 긴급하게 할 필요가 있는 경우

07 中

도시개발법령상 도시개발구역의 지정에 관한 설명으로 틀린 것은?

① 자연녹지지역에서 도시개발구역으로 지정할 수 있는 규모는 1만m^2 이상이어야 한다.

② 도시개발사업의 공사 완료로 도시개발구역의 지정이 해제 의제된 경우에는 도시개발구역의 용도지역은 해당 도시개발구역 지정 전의 용도지역으로 환원되거나 폐지된 것으로 본다.

③ 계획관리지역에 도시개발구역을 지정할 때에는 도시개발구역을 지정한 후에 개발계획을 수립할 수 있다.

④ 도시개발구역을 둘 이상의 사업시행지구로 분할하는 경우, 분할 후 사업시행지구의 면적은 각각 1만m^2 이상이어야 한다.

⑤ 순환개발 등 단계적 사업추진이 필요한 경우, 사업추진계획에 관한 사항은 도시개발구역을 지정한 후에 개발계획의 내용으로 포함시킬 수 있다.

키워드 도시개발구역의 지정

해 설 도시개발사업의 공사 완료로 도시개발구역의 지정이 해제 의제된 경우에는 도시개발구역의 용도지역은 해당 도시개발구역 지정 전의 용도지역으로 환원되거나 폐지된 것으로 보지 아니한다.

정답 05 ④ 06 ② 07 ②

08 中

도시개발법령상 환지 방식의 도시개발사업에 대한 개발계획의 수립·변경을 위한 동의자 수 산정 방법으로 옳은 것은? • 22회

① 「집합건물의 소유 및 관리에 관한 법률」에 따른 구분소유자는 대표 구분소유자 1인만을 토지소유자로 본다.

② 개발계획 변경 시 개발계획의 변경을 요청받기 전에 동의를 철회하는 사람이 있는 경우 그 사람은 동의자 수에서 제외한다.

③ 개발구역의 지정이 제안된 후부터 개발계획이 수립되기 전까지의 사이에 토지소유자가 변경된 경우 변경된 토지소유자의 동의서를 기준으로 한다.

④ 개발계획의 변경을 요청받은 후부터 개발계획이 변경되기 전까지의 사이에 토지소유자가 변경된 경우 변경된 토지소유자의 동의서를 기준으로 한다.

⑤ 도시개발구역의 토지 면적을 산정하는 경우 국·공유지는 제외한다.

키워드 동의자 수 산정 방법

해 설 ① 「집합건물의 소유 및 관리에 관한 법률」에 따른 구분소유자는 구분소유자 각각을 토지소유자로 본다.
③ 도시개발구역의 지정이 제안된 후부터 개발계획이 수립되기 전까지의 사이에 토지소유자가 변경된 경우 변경 전의 토지소유자의 동의서를 기준으로 한다.
④ 개발계획의 변경을 요청받은 후부터 개발계획이 변경되기 전까지의 사이에 토지소유자가 변경된 경우 변경 전의 토지소유자의 동의서를 기준으로 한다.
⑤ 도시개발구역의 토지 면적을 산정하는 경우 국·공유지를 포함한다.

09 上

도시개발법령상 도시개발구역을 지정하는 경우, 도시개발구역 규모의 제한을 적용하지 않는 지역이 아닌 것은?

① 「국토의 계획 및 이용에 관한 법률」의 규정에 따른 자연녹지지역

② 「국토의 계획 및 이용에 관한 법률」의 규정에 따른 취락지구로 지정된 지역

③ 「국토의 계획 및 이용에 관한 법률」의 규정에 따른 개발진흥지구로 지정된 지역

④ 「국토의 계획 및 이용에 관한 법률」의 규정에 따른 지구단위계획구역으로 지정된 지역

⑤ 국토교통부장관이 국가균형발전을 위하여 관계 중앙행정기관의 장과 협의하여 도시개발구역으로 지정하고자 하는 지역(국토의 계획 및 이용에 관한 법률의 규정에 따른 자연환경보전지역은 제외)

키워드 도시개발구역 지정의 특례

해 설 「국토의 계획 및 이용에 관한 법률」의 규정에 따른 자연녹지지역은 1만m^2 이상으로 지정하여야 한다. 따라서 규모의 제한을 받는 지역이다.

10 下

도시개발법령상 사업시행자로 지정될 수 있는 자 중에서 토지소유자가 특별자치도지사·시장·군수·구청장에게 도시개발구역의 지정 제안을 하기 위하여 필요한 동의 요건으로 옳은 것은?

① 토지 면적의 5분의 4 이상
② 토지소유자 총수의 3분의 2 이상
③ 토지 면적의 2분의 1 이상
④ 토지 면적의 3분의 2 이상
⑤ 토지소유자 총수의 5분의 4 이상

키워드 도시개발구역의 지정 제안

해설 도시개발구역의 지정을 제안하고자 하는 자가 토지소유자인 경우에는 대상 구역의 토지 면적의 3분의 2 이상에 해당하는 토지소유자(지상권자 포함)의 동의를 받아야 한다.

11 中

도시개발법령상 도시개발구역의 지정 제안에 관한 설명으로 <u>틀린</u> 것은?

① 공공기관의 장 또는 정부출연기관의 장이 30만m^2 이상으로서 국가계획과 밀접한 관련이 있는 도시개발구역의 지정을 제안하는 경우에는 국토교통부장관에게 직접 제안할 수 있다.
② 도시개발구역의 지정을 제안하고자 하는 지역이 둘 이상의 시·군 또는 구의 행정구역에 걸치는 경우에는 그 지역에 포함된 면적이 가장 큰 지역의 시장·군수 또는 구청장에게 도시개발구역 지정제안서를 제출하여야 한다.
③ 토지소유자가 도시개발구역의 지정을 제안하고자 하는 경우에는 대상 구역의 토지 면적의 3분의 2 이상에 해당하는 토지소유자(지상권자 포함)의 동의를 받아야 한다.
④ 시장·군수 또는 구청장은 제안자와 협의하여 도시개발구역의 지정을 위하여 필요한 비용의 전부 또는 일부를 제안자에게 부담시킬 수 있다.
⑤ 도시개발구역 지정의 제안을 받은 국토교통부장관·특별자치도지사·시장·군수·구청장은 제안 내용의 수용 여부를 45일 이내에 제안자에게 통보하여야 한다.

키워드 도시개발구역의 지정 제안

해설 도시개발구역 지정의 제안을 받은 국토교통부장관·특별자치도지사·시장·군수·구청장은 제안 내용의 수용 여부를 1개월 이내에 제안자에게 통보하여야 한다.

정답 08 ② 09 ① 10 ④ 11 ⑤

12 도시개발법령상 도시개발구역의 지정 절차에 해당하지 않는 것은?

下

① 기초조사
② 지방의회 의견청취
③ 공람 또는 공청회
④ 관계 행정기관의 장과의 협의
⑤ 도시계획위원회의 심의

키워드 도시개발구역의 지정 절차

해설 도시개발구역 지정 시 지방의회 의견청취는 거치지 않는다.

13 도시개발법령상 도시개발구역의 지정·고시 효과에 관한 설명으로 틀린 것은?

中

① 도시개발구역이 지정·고시된 경우 해당 도시개발구역은 「국토의 계획 및 이용에 관한 법률」에 따른 도시지역과 지구단위계획구역으로 결정·고시된 것으로 본다.
② 위 ①의 경우 도시지역 외의 지역에 지정된 지구단위계획구역 및 취락지구로 지정된 지역인 경우에는 그러하지 아니하다.
③ 도시지역과 지구단위계획구역으로 결정·고시된 것으로 보는 사항에 대한 지형도면의 고시는 2년 이내에 하여야 한다.
④ 도시개발구역 안에서 건축물의 건축 등, 공작물의 설치, 토지의 형질변경, 토석의 채취, 토지분할, 물건을 쌓아놓는 행위, 죽목의 벌채 및 식재 행위를 하려는 자는 특별시장·광역시장·특별자치도지사·시장 또는 군수의 허가를 받아야 한다.
⑤ 도시개발구역의 지정 및 고시 당시 이미 관계 법령에 따라 행위허가를 받고 그 공사나 사업에 착수한 자는 30일 이내에 특별시장·광역시장·특별자치도지사·시장 또는 군수에게 신고한 후 이를 계속 시행할 수 있다.

키워드 도시개발구역의 지정·고시의 효과

해설 도시지역과 지구단위계획구역으로 결정·고시된 것으로 보는 사항에 대한 지형도면의 고시는 도시개발사업의 시행 기간에 할 수 있다.

14 ㊦ **도시개발법령상 도시개발구역으로 지정할 수 있는 대상 지역 및 규모에 관하여 (   )에 들어갈 숫자를 바르게 나열한 것은?** • 29회

> • 주거지역 및 상업지역 : (㉠)만m^2 이상
> • 공업지역 : (㉡)만m^2 이상
> • 자연녹지지역 : (㉢)만m^2 이상
> • 도시개발구역 지정면적의 100분의 30 이하인 생산녹지지역 : (㉣)만m^2 이상

① ㉠ : 1, ㉡ : 1, ㉢ : 1, ㉣ : 3
② ㉠ : 1, ㉡ : 3, ㉢ : 1, ㉣ : 1
③ ㉠ : 1, ㉡ : 3, ㉢ : 3, ㉣ : 1
④ ㉠ : 3, ㉡ : 1, ㉢ : 3, ㉣ : 3
⑤ ㉠ : 3, ㉡ : 3, ㉢ : 1, ㉣ : 1

키워드 도시개발구역의 지정규모

해 설 도시개발구역으로 지정할 수 있는 대상 지역 및 규모는 다음과 같다.

> • 주거지역 및 상업지역 : '1'만m^2 이상
> • 공업지역 : '3'만m^2 이상
> • 자연녹지지역 : '1'만m^2 이상
> • 도시개발구역 지정면적의 100분의 30 이하인 생산녹지지역 : '1'만m^2 이상

정답 12 ② 13 ③ 14 ②

15
下

도시개발법령상 도시개발구역 안에서 허가대상 개발행위가 아닌 것은?

① 가설건축물의 건축
② 토석의 채취
③ 죽목의 벌채
④ 공작물의 설치
⑤ 토지의 합병

키워드 허가대상 개발행위

해설 도시개발구역에서는 토지의 합병이 아니라 토지의 분할이 허가대상 개발행위이다.

이론플러스 **특별시장·광역시장·특별자치도지사·시장 또는 군수의 허가를 받아야 하는 행위**

1. 건축물의 건축 등 : 「건축법」에 따른 건축물(가설건축물을 포함)의 건축, 대수선 또는 용도 변경
2. 공작물의 설치 : 인공을 가하여 제작한 시설물(건축법에 따른 건축물은 제외)의 설치
3. 토지의 형질변경 : 절토(땅깎기)·성토(흙쌓기)·정지·포장 등의 방법으로 토지의 형상을 변경하는 행위, 토지의 굴착 또는 공유수면의 매립
4. 토석의 채취 : 흙·모래·자갈·바위 등의 토석을 채취하는 행위. 다만, 토지의 형질변경을 목적으로 하는 것은 위 3.에 따른다.
5. 토지분할
6. 물건을 쌓아놓는 행위 : 옮기기 쉽지 아니한 물건을 1개월 이상 쌓아놓는 행위
7. 죽목의 벌채 및 식재

16
中

도시개발법령상 도시개발구역 안에서 허가받지 아니하고 할 수 있는 개발행위로 옳은 것은?

① 경작지에서의 관상용 죽목의 임시 식재
② 경작을 위한 토지의 형질변경
③ 공유수면의 매립
④ 옮기기 쉽지 아니한 물건을 1개월 이상 쌓아놓는 행위
⑤ 흙·모래·자갈·바위 등의 토석을 채취하는 행위

키워드 도시개발구역에서 허용사항

해설 경작을 위한 토지의 형질변경은 허가를 받지 아니하고 할 수 있다.

이론플러스 **도시개발구역 안에서 허가받지 아니하고 할 수 있는 행위**

1. 재해 복구 또는 재난 수습에 필요한 응급조치를 위하여 하는 행위
2. 농림수산물의 생산에 직접 이용되는 것으로서 국토교통부령으로 정하는 간이공작물의 설치
3. 경작을 위한 토지의 형질변경
4. 도시개발구역의 개발에 지장을 주지 아니하고 자연경관을 훼손하지 아니하는 범위에서의 토석채취
5. 도시개발구역에 남겨두기로 결정된 대지에서 물건을 쌓아놓는 행위
6. 관상용 죽목의 임시 식재(경작지에서의 임시 식재는 제외한다)

17 中 **도시개발법령상 도시개발구역의 지정에 관한 설명으로 틀린 것은?**

① 시·도지사 또는 대도시 시장은 계획적인 도시개발이 필요하다고 인정하면 도시개발구역을 지정할 수 있다.

② 도시개발사업이 필요하다고 인정되는 지역이 둘 이상의 시·도 또는 대도시의 행정구역에 걸치는 경우에는 관계 시·도지사 또는 대도시 시장이 협의하여 도시개발구역을 지정할 자를 정한다.

③ 용도지역이 보전녹지지역일 때 면적 규모가 적합한 경우에는 도시개발구역으로 지정할 수 있다.

④ 도시개발구역의 지정을 제안하고자 하는 자는 도시개발구역이 둘 이상의 시·군 또는 구의 행정구역에 걸치는 경우에는 면적이 가장 큰 지역의 시장·군수 또는 구청장에게 관련 서류를 제출하여야 한다.

⑤ 도시개발조합은 도시개발구역의 지정을 제안할 수 없다.

키워드 도시개발구역의 지정

해설 도시지역 중 보전녹지지역은 도시개발구역으로 지정할 수 없다.

정답 **15** ⑤ **16** ② **17** ③

18 上

도시개발법령상 도시개발구역의 지정에 관한 설명으로 옳은 것은?

① 도시개발구역을 지정하거나 도시개발구역의 지정을 요청하려고 하는 경우에는 공람이나 공청회를 통하여 주민이나 관계 전문가 등으로부터 의견을 들어야 한다.

② 둘 이상의 시·도 또는 대도시의 행정구역에 걸치는 경우에는 관계 시·도지사 또는 대도시 시장이 협의하여 공동으로 도시개발구역을 지정한다.

③ 도시개발구역의 면적이 70만m^2인 경우에는 공람기간이 끝난 후에 공청회를 개최하여야 한다.

④ 도시개발구역의 지정은 도시개발사업의 공사 완료의 공고일에 해제된 것으로 본다.

⑤ 도시개발구역의 면적이 20만m^2인 경우에는 일간신문에 공고하지 아니하고 공보와 해당 시·군 또는 구의 인터넷 홈페이지에 공고할 수 있다.

키워드 도시개발구역의 지정

해 설 ② 둘 이상의 시·도 또는 대도시의 행정구역에 걸치는 경우에는 관계 시·도지사 또는 대도시 시장이 협의하여 도시개발구역을 지정할 자를 정한다.
③ 도시개발구역의 면적이 100만m^2 이상인 경우에는 공람기간이 끝난 후에 공청회를 개최하여 의견을 청취하여야 한다.
④ 도시개발구역의 지정은 도시개발사업의 공사 완료의 공고일의 다음 날에 해제된 것으로 본다.
⑤ 도시개발구역의 면적이 10만m^2 미만인 경우에는 일간신문에 공고하지 아니하고 공보와 해당 시·군 또는 구의 인터넷 홈페이지에 공고할 수 있다.

19 上

도시개발법령상 농림지역에 지정된 취락지구의 3만m^2에 대하여 토지소유자가 조합을 설립하여 환지 방식으로 도시개발사업을 시행하고자 할 때, 이와 관련한 설명으로 틀린 것은?

① 시장(대도시 시장은 제외)·군수·구청장이 도시개발구역 지정을 요청할 수 있으며, 시·도지사가 도시개발구역을 지정할 수 있다.

② 개발계획을 수립하려면 사업대상 토지 면적의 3분의 2 이상에 해당하는 토지소유자와 토지소유자 총수의 2분의 1 이상의 동의를 받아야 한다.

③ 도시개발구역 지정 절차로서 주민 등의 의견을 수렴하기 위하여 공람을 실시하여야 한다.

④ 도시개발구역을 지정한 후에 개발계획을 수립할 수 있다.

⑤ 도시개발구역이 지정·고시된 경우 해당 도시개발구역은 도시지역과 지구단위계획구역으로 결정되어 고시된 것으로 본다.

키워드 도시개발구역의 지정

해설 도시개발구역이 지정·고시된 경우 해당 도시개발구역은 「국토의 계획 및 이용에 관한 법률」에 따른 도시지역과 지구단위계획구역으로 결정되어 고시된 것으로 본다. 다만, 도시지역 외의 지역에 지정된 지구단위계획구역 및 취락지구인 경우에는 그러하지 아니하다.

20 도시개발법령상 도시개발구역의 지정 등에 관한 설명으로 옳은 것은?

中

① 도시개발구역의 지정은 시·도지사만이 행사할 수 있는 권한이다.

② 도시개발구역 밖의 지역에 기반시설을 설치하는 경우 비용부담계획에 관한 사항은 도시개발구역을 지정한 후에 개발계획에 포함시킬 수 있다.

③ 환지 방식에 따른 사업은 해당 사업의 공사 완료의 공고일에 도시개발구역의 지정이 해제된 것으로 본다.

④ 어린이집계획, 노인복지시설계획은 도시개발사업계획에 포함되지 않는다.

⑤ 도시개발구역의 면적이 15만m^2인 경우 구역 지정에 관한 주민의 의견청취를 위한 공고는 공보에 의한다.

키워드 도시개발구역의 지정

해설 ① 국토교통부장관도 직접 도시개발구역을 지정할 수 있는 경우가 있다.

③ 환지 방식에 따른 사업인 경우에는 그 환지처분의 공고일의 다음 날에 도시개발구역의 지정이 해제된 것으로 본다.

④ 어린이집계획, 노인복지시설계획은 개발계획에 포함된다.

⑤ 도시개발구역의 면적이 10만m^2 미만인 경우에는 일간신문에 공고하지 아니하고 공보에 공고할 수 있다.

정답 18 ① 19 ⑤ 20 ②

21 中 **도시개발법령상 도시개발구역 지정의 해제사유로 틀린 것은?**

① 도시개발구역의 지정·고시일로부터 3년 이내에 실시계획의 인가를 신청하지 않은 경우에는 3년이 되는 날의 다음 날에 도시개발구역이 해제된 것으로 본다.

② 도시개발구역 지정 후 개발계획을 수립하는 경우에는 도시개발구역을 지정·고시한 날부터 3년이 되는 날까지 개발계획을 수립·고시하지 아니한 경우에는 그 3년이 되는 날의 다음 날에 도시개발구역의 지정이 해제된 것으로 본다. 다만, 도시개발구역의 면적이 330만m^2 이상인 경우는 5년으로 한다.

③ 도시개발구역 지정 후 개발계획을 수립하는 경우에는 개발계획을 수립·고시한 날부터 3년이 되는 날까지 실시계획의 인가를 신청하지 아니하는 경우에는 그 3년이 되는 날의 다음 날에 도시개발구역의 지정이 해제된 것으로 본다. 다만, 도시개발구역의 면적이 330만m^2 이상인 경우는 5년으로 한다.

④ 수용 또는 사용 방식에 의한 도시개발사업 시행인 경우에는 도시개발사업의 공사완료 공고일의 다음 날에 도시개발구역이 해제된 것으로 본다.

⑤ 환지 방식에 따른 도시개발사업인 경우에는 그 환지처분 공고일의 다음 날에 도시개발구역의 지정이 해제된 것으로 본다.

키워드 도시개발구역의 해제

해 설 도시개발구역 지정 후 개발계획을 수립하는 경우에는 도시개발구역을 지정·고시한 날부터 2년이 되는 날까지 개발계획을 수립·고시하지 아니한 경우에는 그 2년이 되는 날의 다음 날에 도시개발구역의 지정이 해제된 것으로 본다. 다만, 도시개발구역의 면적이 330만m^2 이상인 경우에는 5년으로 한다.

정답 21 ②

CHAPTER

02 도시개발사업의 시행자 및 실시계획

더 많은 기출문제를 풀고 싶다면?
단원별 기출문제집
[부동산공법] pp.111~125

5개년 출제빈도 분석표

28회	29회	30회	31회	32회
2	3	2	3	

빈출 키워드

☑ 도시개발조합
☑ 시행자 변경
☑ 실시계획

대표기출 연습

도시개발법령상 도시개발사업을 위하여 설립하는 조합에 관한 설명으로 옳은 것은? • 29회

① 조합을 설립하려면 도시개발구역의 토지소유자 7명 이상이 국토교통부장관에게 조합설립의 인가를 받아야 한다.

② 조합이 인가받은 사항 중 주된 사무소의 소재지를 변경하려는 경우 변경인가를 받아야 한다.

③ 조합설립의 인가를 신청하려면 해당 도시개발구역의 토지 면적의 2분의 1 이상에 해당하는 토지소유자와 그 구역의 토지소유자 총수의 3분의 2 이상의 동의를 받아야 한다.

④ 금고 이상의 형을 선고받고 그 집행이 끝나지 아니한 자는 조합원이 될 수 없다.

⑤ 의결권을 가진 조합원의 수가 100인인 조합은 총회의 권한을 대행하게 하기 위하여 대의원회를 둘 수 있다.

키워드 도시개발조합 29회, 31회

교수님 TIP 도시개발조합은 매년 출제되기 때문에 세부적인 내용까지 정리하는 것이 중요합니다.

해설 ① 조합을 설립하려면 도시개발구역의 토지소유자 7명 이상이 지정권자에게 조합설립의 인가를 받아야 한다.
② 조합이 인가받은 사항 중 주된 사무소의 소재지를 변경하려는 경우 신고를 하여야 한다.
③ 조합설립의 인가를 신청하려면 해당 도시개발구역의 토지 면적의 3분의 2 이상에 해당하는 토지소유자와 그 구역의 토지소유자 총수의 2분의 1 이상의 동의를 받아야 한다.
④ 금고 이상의 형을 선고받고 그 집행이 끝나지 아니한 자는 조합원이 될 수 있다.

정답 ⑤

01 中

도시개발법령상 지정권자가 '도시개발구역 전부를 환지 방식으로 시행하는 도시개발사업'을 '지방자치단체의 장이 집행하는 공공시설에 관한 사업'과 병행하여 시행할 필요가 있다고 인정하는 경우, 이 도시개발사업의 시행자로 지정될 수 <u>없는</u> 자는? (단, 지정될 수 있는 자가 도시개발구역의 토지소유자는 아니며, 다른 법령은 고려하지 않음) • 30회

① 국가
② 지방자치단체
③ 「지방공기업법」에 따른 지방공사
④ 「한국토지주택공사법」에 따른 한국토지주택공사
⑤ 「자본시장과 금융투자업에 관한 법률」에 따른 신탁업자 중 「주식회사 등의 외부감사에 관한 법률」 제4조에 따른 외부감사의 대상이 되는 자

키워드 도시개발사업의 시행자

해설 지정권자가 '도시개발구역 전부를 환지 방식으로 시행하는 도시개발사업'을 '지방자치단체의 장이 집행하는 공공시설에 관한 사업'과 병행하여 시행할 필요가 있다고 인정하는 경우에는 지방자치단체나 한국토지주택공사, 지방공사와 「자본시장과 금융투자업에 관한 법률」에 따른 신탁업자 중 「주식회사 등의 외부감사에 관한 법률」 제4조에 따른 외부감사의 대상이 되는 자를 시행자로 지정할 수 있다. 따라서 국가는 해당하지 않는다.

02 下

도시개발법령상 도시개발구역의 지정권자가 도시개발사업의 시행자를 변경할 수 있는 경우가 <u>아닌</u> 것은? • 22회

① 시행자가 도시개발사업에 관한 실시계획의 인가를 받은 후 2년 이내에 사업에 착수하지 아니하는 경우
② 행정처분으로 시행자의 지정이 취소된 경우
③ 도시개발구역의 전부를 환지 방식으로 시행하는 시행자가 도시개발구역 지정의 고시일로부터 6개월 이내에 실시계획의 인가를 신청하지 아니한 경우
④ 시행자의 부도·파산으로 도시개발사업의 목적을 달성하기 어렵다고 인정되는 경우
⑤ 행정처분으로 실시계획의 인가가 취소된 경우

키워드 시행자 변경사유

해설 도시개발구역의 전부를 환지 방식으로 시행하는 시행자가 도시개발구역 지정의 고시일로부터 1년 이내에 도시개발사업에 관한 실시계획의 인가를 신청하지 아니한 경우에는 시행자를 변경할 수 있다.

03 中

도시개발법령상 도시개발사업의 위탁시행 등에 관한 설명으로 틀린 것은?

① 시행자는 항만·철도, 그 밖에 대통령령으로 정하는 공공시설의 건설과 공유수면의 매립에 관한 업무를 국가, 지방자치단체, 대통령령으로 정하는 공공기관·정부출연기관 또는 지방공사에 위탁하여 시행할 수 있다.

② 시행자는 도시개발사업을 위한 기초조사, 토지 매수 업무, 손실보상 업무, 주민 이주대책 사업 등을 대통령령으로 정하는 바에 따라 관할 지방자치단체, 대통령령으로 정하는 공공기관·정부출연기관·정부출자기관 또는 지방공사에 위탁할 수 있다.

③ 시행자가 업무를 위탁하여 시행하는 경우에는 국토교통부령으로 정하는 요율의 위탁 수수료를 그 업무를 위탁받아 시행하는 자에게 지급하여야 한다.

④ 「수도권정비계획법」에 따른 과밀억제권역에서 수도권 외의 지역으로 이전하는 법인인 시행자는 특별자치도지사·시장·군수·구청장의 승인을 받아 신탁업자와 신탁계약을 체결하여 도시개발사업을 시행할 수 있다.

⑤ 「한국토지주택공사법」에 따른 한국토지주택공사인 시행자는 설계·분양 등 도시개발사업의 일부를 「주택법」에 따른 주택건설사업자 등으로 하여금 대행하게 할 수 있다.

키워드 도시개발사업의 위탁시행 등

해 설 「수도권정비계획법」에 따른 과밀억제권역에서 수도권 외의 지역으로 이전하는 법인인 시행자는 지정권자의 승인을 받아 신탁업자와 신탁계약을 체결하여 도시개발사업을 시행할 수 있다.

정답 01 ① 02 ③ 03 ④

04 도시개발법령상 도시개발조합에 관한 설명으로 틀린 것은?

中

① 도시개발구역 안의 토지소유자 7명 이상이 정관을 작성하여 지정권자의 인가를 받아야 한다.

② 조합 임원으로 선임된 자가 금고 이상의 형의 선고를 받은 경우에는 그 사유가 발생한 다음 날부터 임원의 자격을 상실한다.

③ 조합설립의 인가를 신청하려면 도시개발구역의 토지 면적의 3분의 2 이상에 해당하는 토지소유자의 동의 또는 그 구역의 토지소유자 총수의 2분의 1 이상의 동의를 받아야 한다.

④ 조합의 설립인가가 있는 때에는 설립인가를 받은 날부터 30일 이내에 주된 사무소의 소재지에 설립등기를 하여야 한다.

⑤ 조합은 그 사업에 필요한 비용을 조성하기 위하여 정관으로 정하는 바에 따라 조합원에게 경비를 부과·징수할 수 있다.

키워드 도시개발조합

해 설 조합설립의 인가를 신청하려면 도시개발구역의 토지 면적의 3분의 2 이상에 해당하는 토지소유자와 그 구역의 토지소유자 총수의 2분의 1 이상의 동의를 받아야 한다(동시 요건충족).

05 도시개발법령상 지정권자의 승인대상을 모두 고른 것은?

上

㉠ 도시개발구역에 대한 개발계획 수립
㉡ 공공기관의 장이 30만m^2 이상으로 국가계획과 밀접한 관련이 있는 도시개발구역의 지정을 제안하는 경우
㉢ 토지소유자가 「자본시장과 금융투자업에 관한 법률」에 따른 신탁업자와 신탁계약의 체결
㉣ 토지상환채권의 발행
㉤ 지방공사인 시행자의 선수금 수령
㉥ 도시개발채권의 발행

① ㉠, ㉢, ㉤
② ㉢, ㉣, ㉤
③ ㉢, ㉣, ㉥
④ ㉠, ㉡, ㉢, ㉣
⑤ ㉡, ㉢, ㉣, ㉤

키워드 지정권자의 승인대상

해설 민간사업시행자의 「자본시장과 금융투자업에 관한 법률」에 따른 신탁업자와 신탁계약의 체결(ⓒ), 토지상환채권의 발행(ⓔ), 지방공사인 시행자의 선수금 수령(ⓜ)의 경우에는 지정권자의 승인을 받아야 한다.

06 下 **도시개발법령상 도시개발조합에 관한 설명으로 옳은 것은?** • 31회

① 도시개발구역의 토지소유자가 미성년자인 경우에는 조합의 조합원이 될 수 없다.

② 조합원은 보유토지의 면적과 관계없는 평등한 의결권을 가지므로, 공유토지의 경우 공유자별로 의결권이 있다.

③ 조합은 도시개발사업 전부를 환지 방식으로 시행하는 경우에 도시개발사업의 시행자가 될 수 있다.

④ 조합설립의 인가를 신청하려면 해당 도시개발구역의 토지 면적의 2분의 1 이상에 해당하는 토지소유자와 그 구역의 토지소유자 총수의 3분의 2 이상의 동의를 받아야 한다.

⑤ 토지소유자가 조합설립인가 신청에 동의하였다면 이후 조합설립인가의 신청 전에 그 동의를 철회하였더라도 그 토지소유자는 동의자 수에 포함된다.

키워드 도시개발조합

해설 ① 도시개발구역의 토지소유자가 미성년자인 경우에도 조합의 조합원이 될 수 있다.
② 공유토지의 경우에는 공유자의 동의를 받은 공유대표자 1명만 의결권이 있다.
④ 조합설립의 인가를 신청하려면 해당 도시개발구역의 토지 면적의 3분의 2 이상에 해당하는 토지소유자와 그 구역의 토지소유자 총수의 2분의 1 이상의 동의를 받아야 한다.
⑤ 토지소유자가 조합설립인가 신청에 동의하였더라도 이후 조합설립인가의 신청 전에 그 동의를 철회하면 그 토지소유자는 동의자 수에서 제외된다.

정답 04 ③ 05 ② 06 ③

07 中 도시개발법령상 도시개발조합에 관한 설명으로 옳은 것은?

① 의결권을 가진 조합원의 수가 50인 이상인 조합은 총회의 권한을 대행하게 하기 위하여 대의원회를 두어야 한다.
② 조합의 조합원은 조합설립의 동의 여부에 관계없이 도시개발구역의 토지소유자로 한다.
③ 조합의 임원은 그 조합의 다른 임원이나 직원을 겸할 수 있다.
④ 파산선고를 받은 자로서 복권되지 아니한 자도 조합의 임원이 될 수 있다.
⑤ 조합에 관하여는 「도시개발법」에 규정한 것을 제외하고는 「민법」 중 재단법인에 관한 규정을 준용한다.

키워드 도시개발조합

해설 ① 의결권을 가진 조합원의 수가 50인 이상인 조합은 총회의 권한을 대행하게 하기 위하여 대의원회를 둘 수 있다.
③ 조합의 임원은 그 조합의 다른 임원이나 직원을 겸할 수 없다.
④ 파산선고를 받은 자로서 복권되지 아니한 자는 조합의 임원이 될 수 없다.
⑤ 조합에 관하여는 「민법」 중 사단법인에 관한 규정을 준용한다.

08 中 도시개발법령상 도시개발조합에 관한 설명으로 옳은 것은?

① 조합원은 도시개발구역 내에 보유한 토지 면적에 비례하여 의결권을 가진다.
② 도시개발조합의 조합원은 도시개발구역의 토지 또는 건축물 소유자로 한다.
③ 조합설립의 인가를 신청하려면 해당 도시개발구역의 국·공유지를 제외한 토지 면적의 3분의 2 이상에 해당하는 토지소유자와 그 구역의 토지소유자 총수의 2분의 1 이상의 동의를 받아야 한다.
④ 의결권이 없는 조합원은 조합의 임원이 될 수 없다.
⑤ 조합의 이사는 그 조합의 조합장을 겸할 수 있다.

키워드 도시개발조합

해설 ① 조합원은 보유토지의 면적에 관계없이 평등한 의결권을 갖는다.
② 도시개발조합의 조합원은 도시개발구역의 토지소유자로 한다.
③ 조합설립의 인가를 신청하려면 해당 도시개발구역의 국·공유지를 포함한 토지 면적의 3분의 2 이상에 해당하는 토지소유자와 그 구역의 토지소유자 총수의 2분의 1 이상의 동의를 받아야 한다(동시요건충족).
⑤ 조합의 이사는 그 조합의 조합장을 겸할 수 없다.

09 中 **도시개발법령상 총회의 권한을 대의원회에서 대행할 수 있는 사유로 옳은 것은?** (단, 경미한 사항은 제외)

① 정관의 변경
② 조합의 해산
③ 조합장의 선임
④ 개발계획의 수립 및 변경
⑤ 환지 예정지의 지정

키워드 대의원회의 권한
해설 환지 예정지의 지정은 대의원회에서 총회의 권한을 대행할 수 있다.

10 中 **도시개발법령상 실시계획에 관한 설명으로 틀린 것은?**

① 시행자는 도시개발사업의 실시계획을 작성하여야 하며, 이 경우 실시계획에는 지구단위계획이 포함되어야 한다.
② 지정권자가 실시계획을 작성하거나 인가하는 경우 국토교통부장관인 지정권자는 시장·군수 또는 구청장의 의견을 들어야 한다.
③ 인가받은 실시계획을 변경(경미한 사항을 변경하는 경우에는 제외)하거나 폐지하는 경우에도 인가를 받아야 한다.
④ 실시계획을 고시한 경우 도시·군관리계획(지구단위계획을 포함)으로 결정하여야 하는 사항은 도시·군관리계획이 결정·고시된 것으로 본다.
⑤ 도시·군관리계획으로 결정·고시된 사항에 대한 지형도면의 고시에 대하여는 「국토의 계획 및 이용에 관한 법률」 규정에도 불구하고 개발계획에서 정한 도시개발사업 시행기간 안에 할 수 있다.

키워드 실시계획
해설 지정권자가 실시계획을 작성하거나 인가하는 경우 국토교통부장관인 지정권자는 시·도지사 또는 대도시 시장의 의견을, 시·도지사인 지정권자는 시장·군수 또는 구청장의 의견을 미리 들어야 한다.

정답 07 ② 08 ④ 09 ⑤ 10 ②

11 도시개발법령상 실시계획에 관한 설명으로 틀린 것은?

中

① 시행자는 대통령령이 정하는 바에 따라 도시개발사업에 관한 실시계획을 작성하여야 한다.

② 실시계획인가신청서에는 축척 2만 5천분의 1 또는 5만분의 1의 위치도가 첨부되어야 한다.

③ 실시계획에는 사업 시행에 필요한 설계도서, 자금계획, 시행기간, 그 밖에 대통령령으로 정하는 사항과 서류를 명시하거나 첨부하여야 한다.

④ 지정권자는 실시계획을 인가할 때 그 내용에 인·허가 등의 의제사항이 있으면 미리 관계 행정기관의 장과 협의하여야 한다. 이 경우 관계 행정기관의 장은 협의 요청을 받은 날부터 20일 이내에 의견을 제출하여야 한다.

⑤ 시행자는 사업 시행 면적을 100분의 10의 범위에서 감소시키고자 하는 경우 인가받은 실시계획에 관하여 변경인가를 받아야 한다.

키워드 실시계획

해 설 시행자는 사업 시행 면적을 100분의 10의 범위에서 감소시키고자 하는 경우 인가받은 실시계획에 관하여 변경인가를 받지 않아도 된다.

12 도시개발법령상 도시개발사업의 실시계획에 관한 설명으로 틀린 것은?

上

① 지정권자가 시행자가 아닌 경우 시행자는 작성된 실시계획에 관하여 지정권자의 인가를 받아야 한다.

② 지정권자인 국토교통부장관이 실시계획을 작성하는 경우 시·도지사 또는 대도시 시장의 의견을 미리 들어야 한다.

③ 실시계획의 인가에 의해 「하수도법」에 따른 공공하수도 공사시행의 허가는 의제될 수 없다.

④ 인가를 받은 실시계획 중 사업 시행 면적의 100분의 10이 감소된 경우 지정권자의 변경인가를 받을 필요가 없다.

⑤ 고시된 실시계획의 내용 중 「국토의 계획 및 이용에 관한 법률」에 따라 도시·군관리계획으로 결정하여야 하는 사항이 종전에 도시·군관리계획으로 결정된 사항 중 고시 내용에 저촉되는 사항은 고시된 내용으로 변경된 것으로 본다.

키워드 실시계획

해 설 실시계획을 인가할 때 지정권자가 해당 실시계획에 대한 「하수도법」에 따른 공공하수도 공사시행의 허가에 관하여 관계 행정기관의 장과 협의한 때에는 해당 허가를 받은 것으로 본다.

13 도시개발법령상 도시개발사업에 관한 설명으로 옳은 것은?

> ㉠ 지정권자가 아닌 시행자가 실시계획의 인가를 받은 후, 사업비의 100분의 10의 범위에서 사업비를 증액하는 경우 지정권자의 인가를 받지 않아도 된다.
> ㉡ 실시계획을 고시한 경우 그 고시된 내용 중 도시·군관리계획으로 결정하여야 하는 사항은 따로 도시·군관리계획으로 결정·고시하여야 한다.
> ㉢ 계획적이고 체계적인 도시개발 등 집단적인 조성과 공급이 필요한 경우에는 환지 방식으로 시행 방식을 선정한다.
> ㉣ 도시개발구역의 토지소유자는 지정권자의 승인을 받아 「자본시장과 금융투자업에 관한 법률」에 따른 신탁업자와 신탁계약을 체결하여 도시개발사업을 시행할 수 있다.

① ㉠, ㉡　　② ㉡, ㉢
③ ㉠, ㉣　　④ ㉢, ㉣
⑤ ㉠, ㉢

키워드 도시개발사업의 시행

해 설 ㉡ 실시계획을 고시한 경우 그 고시된 내용 중 도시·군관리계획으로 결정하여야 하는 사항은 도시·군관리계획으로 결정되어 고시된 것으로 본다.
㉢ 계획적이고 체계적인 도시개발 등 집단적인 조성과 공급이 필요한 경우에는 수용 또는 사용 방식으로 시행 방식을 선정한다.

정답 11 ⑤　12 ③　13 ③

14 도시개발법령상 도시개발사업의 시행에 관한 설명으로 옳은 것은? • 29회

中

① 국가는 도시개발사업의 시행자가 될 수 없다.

② 한국철도공사는 「역세권의 개발 및 이용에 관한 법률」에 따른 역세권개발사업을 시행하는 경우에만 도시개발사업의 시행자가 된다.

③ 지정권자는 시행자가 도시개발사업에 관한 실시계획의 인가를 받은 후 2년 이내에 사업을 착수하지 아니하는 경우 시행자를 변경할 수 있다.

④ 토지소유자가 도시개발구역의 지정을 제안하려는 경우에는 대상 구역 토지 면적의 2분의 1 이상에 해당하는 토지소유자의 동의를 받아야 한다.

⑤ 사업주체인 지방자치단체는 조성된 토지의 분양을 「주택법」에 따른 주택건설사업자에게 대행하게 할 수 없다.

키워드 도시개발사업의 시행

해 설 ① 국가는 도시개발사업의 시행자가 될 수 있다.
② 국가철도공단은 「역세권의 개발 및 이용에 관한 법률」에 따른 역세권개발사업을 시행하는 경우에만 도시개발사업의 시행자가 된다.
④ 토지소유자가 도시개발구역의 지정을 제안하려는 경우에는 대상 구역 토지 면적의 3분의 2 이상에 해당하는 토지소유자의 동의를 받아야 한다.
⑤ 사업주체인 지방자치단체는 조성된 토지의 분양을 「주택법」에 따른 주택건설사업자에게 대행하게 할 수 있다.

15 도시개발법령상 도시개발사업의 시행 방식과 관련된 설명으로 틀린 것은?

中

① 대지로서의 효용증진과 공공시설의 정비를 위하여 토지의 교환·분할·합병, 그 밖의 구획 변경, 지목 또는 형질의 변경이나 공공시설의 설치·변경이 필요한 경우에는 환지 방식으로 시행 방식을 정할 수 있다.

② 계획적이고 체계적인 도시개발 등 집단적인 조성과 공급이 필요한 경우에는 수용 또는 사용 방식으로 정할 수 있다.

③ 시행자는 혼용 방식으로 시행하려는 경우에는 수용 또는 사용 방식이 적용되는 지역과 환지 방식이 적용되는 지역을 사업시행지구별로 분할하여 시행할 수 있다.

④ 시행자(조합은 제외)는 대통령령으로 정하는 기준에 따라 도시개발사업의 시행 방식을 혼용 방식에서 수용 또는 사용에 의한 방식으로 변경할 수 있다.

⑤ 지정권자는 지방자치단체가 시행자인 경우에는 도시개발사업의 시행 방식을 수용 또는 사용 방식에서 전부 환지 방식으로 변경할 수 있다.

키워드 도시개발사업의 시행 방식

해 설 시행자(조합은 제외)는 대통령령으로 정하는 기준에 따라 도시개발사업의 시행 방식을 수용 또는 사용 방식에서 혼용 방식으로 변경할 수 있다. 「도시개발법」에서는 시행 방식을 변경할 수 있는 경우가 있으나, 수용 또는 사용에 의한 방식으로 변경이 인정되는 경우는 없다.

16 中 **도시개발법령상 도시개발사업의 시행 방식의 변경과 관련된 설명으로 틀린 것은?**

① 지정권자는 한국관광공사가 시행자인 경우에는 도시개발사업의 시행 방식을 혼용 방식에서 전부 수용 또는 사용 방식으로 변경할 수 있다.
② 지정권자는 토지소유자가 시행자인 경우에는 도시개발사업의 시행 방식을 수용 또는 사용 방식에서 혼용 방식으로 변경할 수 있다.
③ 지정권자는 국가가 시행자인 경우에는 도시개발사업의 시행 방식을 수용 또는 사용 방식에서 전부 환지 방식으로 변경할 수 있다.
④ 지정권자는 한국토지주택공사가 시행자인 경우에는 도시개발사업의 시행 방식을 혼용 방식에서 전부 환지 방식으로 변경할 수 있다.
⑤ 지정권자는 지방공사가 시행자인 경우에는 도시개발사업의 시행 방식을 수용 또는 사용 방식에서 혼용 방식으로 변경할 수 있다.

키워드 사업 시행 방식의 변경

해 설 지정권자는 한국관광공사가 시행자인 경우에는 도시개발사업의 시행 방식을 혼용 방식에서 전부 수용 또는 사용 방식으로 변경할 수 없다.

이론플러스 **시행 방식의 변경**

지징권자는 도시개빌구역 지정 이후 다음 어느 하나에 해당하는 경우에는 도시개발사업의 시행 방식을 변경할 수 있다.

1. 공공사업시행자가 도시개발사업의 시행 방식을 수용 또는 사용 방식에서 전부 환지 방식으로 변경하는 경우
2. 공공사업시행자가 도시개발사업의 시행 방식을 혼용 방식에서 전부 환지 방식으로 변경하는 경우
3. 도시개발조합을 제외한 시행자가 도시개발사업의 시행 방식을 수용 또는 사용 방식에서 혼용 방식으로 변경하는 경우

정답 14 ③ 15 ④ 16 ①

CHAPTER

03 도시개발사업의 시행

더 많은 기출문제를 풀고 싶다면?
단원별 기출문제집
[부동산공법] pp.126~146

5개년 출제빈도 분석표

28회	29회	30회	31회	32회
2	1	3	1	2

빈출 키워드

☑ 수용 또는 사용 방식
☑ 조성토지등의 공급
☑ 환지 방식에 의한 사업 시행

제1절 수용 또는 사용 방식

대표기출 연습

도시개발법령상 수용 또는 사용의 방식에 따른 사업 시행에 관한 설명으로 옳은 것은?

• 30회

① 「지방공기업법」에 따라 설립된 지방공사가 시행자인 경우 토지소유자 전원의 동의 없이는 도시개발사업에 필요한 토지등을 수용하거나 사용할 수 없다.
② 지방자치단체가 시행자인 경우 지급보증 없이 토지상환채권을 발행할 수 있다.
③ 지정권자가 아닌 시행자는 조성토지등을 공급받거나 이용하려는 자로부터 지정권자의 승인 없이 해당 대금의 전부 또는 일부를 미리 받을 수 있다.
④ 원형지의 면적은 도시개발구역 전체 토지 면적의 3분의 1을 초과하여 공급될 수 있다.
⑤ 공공용지가 아닌 조성토지등의 공급은 수의계약의 방법에 의하여야 한다.

키워드 수용 또는 사용 방식 30회, 32회

교수님 TIP 수용 또는 사용 방식은 매년 출제되기 때문에 토지상환채권, 원형지, 조성토지에 대한 집중적인 학습전략이 필요합니다.

해설 ① 「지방공기업법」에 따라 설립된 지방공사가 시행자인 경우 토지소유자 전원의 동의 없이도 도시개발사업에 필요한 토지등을 수용하거나 사용할 수 있다.
③ 지정권자가 아닌 시행자는 조성토지등을 공급받거나 이용하려는 자로부터 지정권자의 승인을 받아 해당 대금의 전부 또는 일부를 미리 받을 수 있다.
④ 원형지의 면적은 도시개발구역 전체 토지 면적의 3분의 1을 초과하여 공급될 수 없다.
⑤ 공공용지인 조성토지등의 공급은 수의계약의 방법으로 공급할 수 있다.

정답 ②

01 上

도시개발법령상 수용 또는 사용 방식에 의한 사업 시행에 관한 설명으로 옳은 것은?

> ㉠ 개발계획에 수용 또는 사용되는 토지의 세부목록이 포함되어 고시된 경우에는 「공익사업을 위한 토지 등의 취득 및 보상에 관한 법률」에 따른 사업인정 및 고시가 있은 것으로 본다.
> ㉡ 「한국토지주택공사법」에 따른 한국토지주택공사인 시행자는 사업대상 토지 면적의 3분의 2 이상에 해당하는 토지를 소유하고 토지소유자 총수의 2분의 1 이상에 해당하는 자의 동의를 받아야 한다.
> ㉢ 「지방공기업법」에 따라 설립된 지방공사인 시행자는 금융기관의 지급보증을 받은 경우에 한하여 토지상환채권을 발행할 수 있다.
> ㉣ 토지소유자인 시행자의 경우 선수금을 받기 위한 공사 진척률은 100분의 10 이상이다.

① ㉠, ㉡
② ㉠, ㉢
③ ㉠, ㉣
④ ㉡, ㉢
⑤ ㉡, ㉣

키워드 수용 방식에 의한 사업의 시행

해설 ㉡ 국가, 지방자치단체, 공공기관, 「지방공기업법」에 따라 설립된 지방공사와 같은 공공사업시행자는 토지소유자의 동의를 받지 않고 도시개발사업에 필요한 토지를 수용하거나 사용할 수 있다.
㉢ 금융기관의 지급보증을 받아야만 토지상환채권을 발행할 수 있는 것은 민간사업시행자에 한한다. 즉, 공공사업시행자가 토지상환채권을 발행하는 경우는 지급보증을 요하지 않는다.

정답 01 ③

02 中

도시개발법령상 도시개발사업의 시행에 관한 설명으로 틀린 것은?

① 도시개발사업의 시행 방식에는 도시개발구역 안의 토지 등을 수용·사용하는 방식과 환지 방식 외에도 이를 혼용하는 방식이 있다.

② 수용 또는 사용할 토지의 세부목록을 고시한 때에는 「공익사업을 위한 토지 등의 취득 및 보상에 관한 법률」에 따른 사업인정 및 그 고시가 있었던 것으로 본다.

③ 재결신청은 「공익사업을 위한 토지 등의 취득 및 보상에 관한 법률」의 관계 규정에도 불구하고 개발계획에서 정한 도시개발사업의 시행기간 종료일까지 행하여야 한다.

④ 시행자가 아닌 지정권자는 도시개발사업에 필요한 토지 등을 수용할 수 있다.

⑤ 지정권자가 아닌 시행자가 토지상환채권을 발행하려면 토지상환채권의 발행계획을 작성하여 미리 지정권자의 승인을 받아야 한다.

키워드 도시개발사업의 시행

해 설 시행자가 아닌 지정권자는 도시개발사업에 필요한 토지 등을 수용할 수 없다.

03 上

도시개발법령상 도시개발사업으로 조성된 토지에 대한 선수금을 받고자 하는 경우에 관한 설명으로 틀린 것은?

① 시행자는 조성토지등과 도시개발사업으로 조성되지 아니한 상태의 토지를 공급받거나 이용하려는 자로부터 대통령령으로 정하는 바에 따라 해당 대금의 전부 또는 일부를 미리 받을 수 있다.

② 시행자(지정권자가 시행자인 경우는 제외)는 해당 대금의 전부 또는 일부를 미리 받고자 하는 경우에 지정권자의 승인을 받아야 한다.

③ 국가나 지방자치단체인 시행자는 개발계획을 수립·고시한 후에 사업 시행 토지면적의 100분의 10 이상의 토지에 대한 소유권을 확보하여야 한다.

④ 토지소유자인 시행자는 해당 도시개발구역에 대하여 실시계획인가를 받은 후 공급하려는 토지에 대한 소유권을 확보하고, 해당 토지에 설정된 저당권을 말소하여야 한다.

⑤ 「한국수자원공사법」에 따른 한국수자원공사인 시행자는 공급하려는 토지에 대한 도시개발사업의 공사 진척률이 100분의 10 이상이어야 한다.

키워드 선수금

해 설 민간사업시행자는 공급하려는 토지에 대한 도시개발사업의 공사 진척률이 100분의 10 이상이어야 한다.

04 中 **도시개발법령상 토지 등의 수용 또는 사용의 방식에 따른 도시개발사업 시행에 관한 설명으로 옳은 것은?**

① 지방자치단체가 시행자인 경우 토지상환채권을 발행할 수 없다.

② 시행자가 토지상환채권을 발행할 경우, 그 발행 규모는 토지상환채권으로 상환할 토지·건축물이 도시개발사업으로 조성되는 분양토지 또는 분양건축물 면적의 3분의 2를 초과하지 않아야 한다.

③ 국가에 공급될 수 있는 원형지 면적은 도시개발구역 전체 토지 면적의 3분의 2까지로 한다.

④ 시행자는 학교를 설치하기 위한 조성토지를 공급하는 경우 해당 토지의 가격을 「감정평가 및 감정평가사에 관한 법률」에 따른 감정평가법인등이 감정평가한 가격 이하로 정할 수 있다.

⑤ 지방자치단체인 시행자가 토지를 수용하려면 사업대상 토지 면적의 3분의 2 이상의 토지를 소유하여야 한다.

키워드 수용 방식에 의한 사업의 시행

해설 ① 지방자치단체가 시행자인 경우 도지상환채권을 발행할 수 있다.
② 시행자가 토지상환채권을 발행할 경우, 그 발행 규모는 토지상환채권으로 상환할 토지·건축물이 도시개발사업으로 조성되는 분양토지 또는 분양건축물 면적의 2분의 1을 초과하지 않아야 한다.
③ 국가에 공급될 수 있는 원형지 면적은 도시개발구역 전체 토지 면적의 3분의 1까지로 한다.
⑤ 지방자치단체인 시행자가 토지를 수용하려면 사업대상 토지 면적의 3분의 2 이상의 토지를 소유하지 않아도 된다.

정답 02 ④ 03 ⑤ 04 ④

05 中

도시개발법령상 토지상환채권에 관한 설명으로 옳은 것은?

① 도시개발사업의 시행자는 토지소유자가 원하면 사업 시행으로 조성된 토지·건축물로 상환하는 채권을 발행하여야 한다.

② 한국토지주택공사가 발행하려면 금융기관이나 보험회사로부터 지급보증을 받은 경우에만 발행할 수 있다.

③ 토지소유자가 원하면 토지 등의 매수대금의 전부를 지급하기 위하여 토지상환채권을 발행할 수 있다.

④ 토지상환채권은 무기명식 증권으로 발행한다.

⑤ 토지상환채권의 이율은 발행 당시의 은행의 예금금리 및 부동산수급상황을 고려하여 발행자가 정한다.

키워드 토지상환채권

해 설 ① 도시개발사업의 시행자는 토지소유자가 원하면 사업 시행으로 조성된 토지·건축물로 상환하는 채권을 발행할 수 있다.
② 금융기관이나 보험회사로부터 지급보증을 받은 경우에만 토지상환채권을 발행할 수 있는 시행자는 민간사업시행자에 한한다.
③ 토지소유자가 원하면 토지 등의 매수대금의 일부를 지급하기 위하여 토지상환채권을 발행할 수 있다.
④ 토지상환채권은 기명식 증권으로 발행한다.

06 中

도시개발법령상 토지상환채권에 관한 설명으로 틀린 것은?

① 토지상환채권의 발행 규모는 토지상환채권으로 상환할 토지·건축물이 해당 도시개발사업으로 조성되는 분양토지 또는 분양건축물 면적의 2분의 1을 초과하지 아니하도록 하여야 한다.

② 토지상환채권은 기명식 증권으로 발행한다.

③ 토지상환채권은 양도하거나 이전할 수 없다.

④ 한국토지주택공사인 시행자는 지급보증을 받지 아니하고 토지상환채권을 발행할 수 있다.

⑤ 토지상환채권을 질권의 목적으로 할 수 있다.

키워드 토지상환채권

해 설 토지상환채권은 양도하거나 이전할 수 있다.

07 下 **도시개발법령상 원형지의 공급과 개발에 관한 설명으로 틀린 것은?** • 23회

① 원형지는 도시개발구역에서 도시개발사업으로 조성되지 아니한 상태의 토지를 말한다.

② 공급될 수 있는 원형지의 면적은 해당 도시개발구역 전체 토지 면적의 3분의 1 이내로 한정된다.

③ 원형지개발자인 지방자치단체는 10년의 범위에서 대통령령으로 정하는 기간 안에는 원형지를 매각할 수 없다.

④ 도시개발구역의 지정권자는 원형지 공급·개발의 승인을 할 때에는 교통처리계획 및 기반시설의 설치 등에 관한 이행조건을 붙일 수 있다.

⑤ 원형지를 공장부지로 직접 사용하는 자를 원형지개발자로 선정하는 경우 경쟁입찰의 방식으로 하며, 경쟁입찰이 2회 이상 유찰된 경우에는 수의계약의 방법으로 할 수 있다.

키워드 원형지의 공급과 개발

해 설 원형지개발자(국가 및 지방자치단체는 제외)는 10년의 범위에서 대통령령으로 정하는 기간 안에는 원형지를 매각할 수 없다.

08 中 **도시개발법령상 원형지의 공급과 개발에 관한 설명으로 틀린 것은?** • 25회

① 원형지를 공장부지로 직접 사용하는 자는 원형지개발자가 될 수 있다.

② 원형지는 도시개발구역 전체 토지 면적의 3분의 1 이내의 면적으로만 공급될 수 있다.

③ 원형지 공급 승인신청서에는 원형지 사용조건에 관한 서류가 첨부되어야 한다.

④ 원형지 공급가격은 개발계획이 반영된 원형지의 감정가격으로 한다.

⑤ 지방자치단체가 원형지개발자인 경우 원형지 공사완료 공고일로부터 5년이 경과하기 전에도 원형지를 매각할 수 있다.

키워드 원형지의 공급과 개발

해 설 원형지 공급가격은 개발계획이 반영된 원형지의 감정가격에 시행자가 원형지에 설치한 기반시설 등의 공사비를 더한 금액을 기준으로 시행자와 원형지개발자가 협의하여 결정한다.

정답 05 ⑤ 06 ③ 07 ③ 08 ④

09 中 **도시개발법령상 다음 시설을 설치하기 위하여 조성토지등을 공급하는 경우 시행자가 감정평가 및 감정평가사에 관한 법률에 따른 감정평가법인등이 감정평가한 가격 이하로 해당 토지의 가격을 정할 수 없는 것은?** • 24회 수정

① 학교
② 임대주택
③ 공공청사
④ 행정청이 「국토의 계획 및 이용에 관한 법률」에 따라 직접 설치하는 시장
⑤ 「사회복지사업법」에 따른 사회복지법인이 설치하는 유료의 사회복지시설

키워드 조성토지등의 공급가격

해 설 시행자는 사회복지시설을 설치하기 위한 조성토지등과 이주단지의 조성을 위한 토지를 공급하는 경우에는 해당 토지의 가격을 「감정평가 및 감정평가사에 관한 법률」에 따른 감정평가법인등이 감정평가한 가격 이하로 정할 수 있다. 다만, 「사회복지사업법」에 따른 사회복지시설의 경우에는 유료시설을 제외한 시설로서 관할 지방자치단체의 장의 추천을 받은 경우로 한정한다.

10 中 **도시개발법령상 수용 또는 사용 방식으로 조성된 토지의 공급에 관한 설명으로 틀린 것은?**

① 조성토지등의 가격평가는 감정가격으로 한다.
② 단독주택용지는 면적에 관계없이 추첨의 방법으로 분양할 수 있다.
③ 토지상환채권에 의하여 토지를 상환하는 경우에는 수의계약방법으로 조성토지등을 공급할 수 있다.
④ 도시개발사업의 시행자는 「국토의 계획 및 이용에 관한 법률」에 따른 기반시설의 원활한 설치를 위하여 필요하면 공급대상자의 자격을 제한할 수 있다.
⑤ 일반에게 분양할 수 없는 공공용지를 지방자치단체에 공급하는 경우에는 수의계약의 방법에 의할 수 있다.

키워드 조성토지등의 공급

해 설 국민주택규모 이하의 주택건설용지, 공공택지, 330m² 이하의 단독주택용지 및 공장용지에 대하여는 추첨의 방법으로 분양할 수 있다.

11 中 **도시개발법령상 도시개발사업의 시행자가 수의계약의 방법으로 조성토지등을 공급할 수 없는 경우는?**

① 「주택법」에 따른 국민주택규모 이하의 주택건설용지를 분양하는 경우
② 학교용지, 공공청사용지 등 일반에게 분양할 수 없는 공공용지를 국가, 지방자치단체, 그 밖의 법령에 따라 해당 시설을 설치할 수 있는 자에게 공급하는 경우
③ 고시한 실시계획에 따라 존치하는 시설물의 유지관리에 필요한 최소한의 토지를 공급하는 경우
④ 토지의 규모 및 형상, 입지조건 등에 비추어 토지이용가치가 현저히 낮은 토지로서, 인접 토지소유자 등에게 공급하는 것이 불가피하다고 시행자가 인정하는 경우
⑤ 「공익사업을 위한 토지 등의 취득 및 보상에 관한 법률」에 따른 협의를 하여 그가 소유하는 도시개발구역 안의 조성토지등의 전부를 시행자에게 양도한 자에게 국토교통부령으로 정하는 기준에 따라 토지를 공급하는 경우

키워드 조성토지등의 공급방법

해 설 「주택법」에 따른 국민주택규모 이하의 주택건설용지에 대하여는 추첨의 방법으로 분양할 수 있다.

정답 09 ⑤ 10 ② 11 ①

제2절 환지 방식에 의한 사업의 시행

대표기출 연습

도시개발법령상 환지 방식에 의한 사업 시행에 관한 설명으로 틀린 것은? • 31회

① 지정권자는 도시개발사업을 환지 방식으로 시행하려고 개발계획을 수립할 때에 시행자가 지방자치단체이면 토지소유자의 동의를 받을 필요가 없다.

② 시행자는 체비지의 용도로 환지 예정지가 지정된 경우에는 도시개발사업에 드는 비용을 충당하기 위하여 이를 처분할 수 있다.

③ 도시개발구역의 토지에 대한 지역권은 도시개발사업의 시행으로 행사할 이익이 없어지면 환지처분이 공고된 날이 끝나는 때에 소멸한다.

④ 지방자치단체가 도시개발사업의 전부를 환지 방식으로 시행하려고 할 때에는 도시개발사업의 시행규정을 작성하여야 한다.

⑤ 행정청이 아닌 시행자가 인가받은 환지 계획의 내용 중 종전 토지의 합필 또는 분필로 환지 명세가 변경되는 경우에는 변경인가를 받아야 한다.

키워드 환지 방식에 의한 사업 시행 29회, 30회, 31회, 32회

교수님 TIP 환지 방식은 환지 계획과 환지 예정지 및 환지처분에 대한 정확한 이해와 정리가 필요합니다.

해 설 행정청이 아닌 시행자가 인가받은 환지 계획의 내용 중 종전 토지의 합필 또는 분필로 환지 명세가 변경되는 경우에는 변경인가를 받지 않아도 된다.

정답 ⑤

12 中 **도시개발법령상 환지 계획에 포함될 내용이 아닌 것은?**

① 입체 환지를 계획하는 경우에는 입체 환지용 건축물의 명세

② 필시별로 된 환지 명세

③ 필지별과 권리별로 된 청산 대상 토지 명세

④ 청산금의 결정

⑤ 보류지 또는 체비지의 명세

키워드 환지 계획의 내용

해설 청산금의 결정은 환지 계획의 내용이 아니다.

이론플러스 **환지 계획의 내용(법 제28조 제1항)**

1. 환지 설계
2. 필지별로 된 환지 명세
3. 필지별과 권리별로 된 청산 대상 토지 명세
4. 체비지 또는 보류지의 명세
5. 입체 환지를 계획하는 경우에는 입체 환지용 건축물의 명세와 입체 환지에 따른 공급 방법·규모에 관한 사항

13 中 **도시개발법령상 환지 계획의 작성 기준에 관한 설명으로 틀린 것은?**

① 환지 계획은 종전의 토지와 환지의 위치, 지목, 면적, 토질, 수리, 이용상황, 환경, 그 밖의 사항을 종합적으로 고려하여 합리적으로 정하여야 한다.

② 행정청이 아닌 시행자가 환지 계획을 작성한 경우에는 지정권자의 인가를 받아야 한다.

③ 시행자는 토지 면적의 규모를 조정할 특별한 필요가 있으면 면적이 작은 토지는 과소(過小) 토지가 되지 아니하도록 면적을 늘려 환지를 정할 수 있다.

④ 시행자는 도시개발사업을 원활히 시행하기 위하여 특히 필요한 경우에는 토지 또는 건축물 소유자의 신청을 받아 건축물의 일부와 그 건축물이 있는 토지의 공유지분을 부여할 수 있다.

⑤ 토지평가협의회의 구성 및 운영 등에 필요한 사항은 해당 규약·정관 또는 시행규정으로 정한다.

키워드 환지 계획의 작성 기준

해설 행정청이 아닌 시행자가 환지 계획을 작성한 경우에는 특별자치도지사·시장·군수 또는 구청장의 인가를 받아야 한다.

정답 12 ④ 13 ②

14 도시개발법령상 환지 방식에 의한 사업 시행과 관련된 내용으로 옳은 것은?

上

① 환지 계획의 작성에 따른 환지 계획의 기준, 보류지의 책정 기준 등에 관하여 필요한 사항은 시행자가 정한다.

② 시행자는 도시개발사업에 필요한 경비에 충당하거나 규약, 정관, 시행규정 또는 실시계획으로 정하는 목적을 위하여 일정한 토지를 환지로 정하지 아니하고 체비지로 정할 수 있다.

③ 환지 계획에는 환지 예정지의 명세가 포함되어야 한다.

④ 입체 환지의 신청기간은 통지한 날부터 20일 이상 50일 이하로 하여야 한다.

⑤ 토지소유자가 신청하거나 동의하면 해당 토지의 전부 또는 일부에 대하여 환지를 정하지 아니할 수 있다. 다만, 해당 토지에 관하여 임차권자 등이 있는 경우에는 그 동의를 받아야 한다.

키워드 환지 방식에 의한 사업 시행

해 설 ① 환지 계획의 작성에 따른 환지 계획의 기준, 보류지(체비지·공공시설용지)의 책정 기준 등에 관하여 필요한 사항은 국토교통부령으로 정할 수 있다.

② 시행자는 도시개발사업에 필요한 경비에 충당하거나 규약, 정관, 시행규정 또는 실시계획으로 정하는 목적을 위하여 일정한 토지를 환지로 정하지 아니하고 보류지로 정할 수 있으며, 그중 일부를 체비지로 정하여 도시개발사업에 필요한 경비에 충당할 수 있다.

③ 환지 계획에는 환지 예정지의 명세가 포함되지 않는다.

④ 입체 환지의 신청기간은 통지한 날부터 30일 이상 60일 이하로 하여야 한다.

15 도시개발법령상 환지 방식에 의한 사업 시행에 관한 설명으로 틀린 것은?

中

① 시행자는 도시개발사업의 전부 또는 일부를 환지 방식으로 시행하려면 환지 계획을 작성하여야 한다.

② 환지 예정지를 지정한 경우에 해당 토지의 사용에 장애가 될 물건이 그 토지에 있는 경우 그 토지의 사용을 시작할 날을 따로 정할 수 있다.

③ 시행자는 도시개발사업의 원활한 사업 시행을 위하여 특히 필요한 경우에는 토지 또는 건축물 소유자의 신청이 없어도 건축물의 일부와 그 건축물이 있는 토지의 공유지분을 부여할 수 있다.

④ 입체 환지 계획의 작성에 관하여 필요한 사항은 국토교통부장관이 정할 수 있다.

⑤ 「공익사업을 위한 토지 등의 취득 및 보상에 관한 법률」에 해당하는 공공시설의 용지에 대하여는 환지 계획을 정할 때 그 위치·면적 등에 관하여 환지 계획 작성 기준을 적용하지 아니할 수 있다.

키워드 환지 방식에 의한 사업 시행

해설 시행자는 도시개발사업을 원활히 시행하기 위하여 특히 필요한 경우에는 토지 또는 건축물 소유자의 신청을 받아 건축물의 일부와 그 건축물이 있는 토지의 공유지분을 부여할 수 있다.

16 中

도시개발법령상 환지 계획에 관한 설명으로 틀린 것은?

① 필지별과 권리별로 된 청산 대상 토지 명세는 환지 계획에 포함되어야 한다.

② 시행자는 환지 방식이 적용되는 도시개발구역에 있는 조성토지등의 가격을 평가할 때에는 감정평가법인등의 평가를 거친 후 토지평가협의회의 심의를 거쳐 결정한다.

③ 시행자는 환지계획구역 안의 토지소유자가 도시개발사업을 위하여 부담하는 토지의 비율(토지부담률)을 산정하여야 한다.

④ 토지소유자 총수의 3분의 2 이상이 동의하는 경우에는 토지부담률을 60% 초과하여 정할 수 있다.

⑤ 해당 환지계획구역의 특성을 고려하여 지정권자가 인정하는 경우에는 평균 토지부담률을 70%까지로 할 수 있다.

키워드 환지 계획

해설 해당 환지계획구역의 특성을 고려하여 지정권자가 인정하는 경우에는 평균 토지부담률을 60%까지로 할 수 있다.

정답 14 ⑤ 15 ③ 16 ⑤

17 中 **도시개발법령상 환지 계획 작성 기준의 특례에 관한 설명으로 옳은 것은?**

① 시행자는 규약으로 정하는 목적을 위하여 일정한 토지를 환지로 정하지 아니하고 보류지로 정할 수 있다.

② 시행자는 토지 면적의 규모를 조정할 특별한 필요가 있으면 면적이 작은 토지는 과소(過小) 토지가 되지 아니하도록 면적을 늘려 환지를 정할 수는 없고, 환지 대상에서 제외하여야 한다.

③ 동의나 신청에 의한 환지부지정의 경우, 종전 토지에 임차권자 등이 있어도 토지 소유자의 동의만 받으면 임차권자 등의 동의가 없이도 환지를 정하지 아니할 수 있다.

④ 입체 환지는 행정청인 시행자만이 할 수 있다.

⑤ 시행자가 입체 환지를 하려면 해당 토지에 대한 임차권자의 동의를 받아야 한다.

키워드 환지 계획의 특례

해 설 ② 시행자는 토지 면적의 규모를 조정할 특별한 필요가 있으면 면적이 작은 토지는 과소(過小) 토지가 되지 아니하도록 면적을 늘려 환지를 정하거나 환지 대상에서 제외할 수 있다.

③ 동의 또는 신청에 의한 환지부지정의 경우에는 용익권자의 동의를 받아야 한다.

④ 입체 환지는 행정청 및 비행정청 모두 할 수 있다.

⑤ 입체 환지의 경우에는 임차권자의 동의를 받지 않아도 된다.

18 上 **도시개발법령상 조합인 시행자가 면적식으로 환지 계획을 수립하여 환지 방식에 의한 사업 시행을 하는 경우, 환지계획구역의 평균 토지부담률(%)은 얼마인가?** (단, 다른 조건은 고려하지 않음) • 27회

- 환지계획구역 면적 : 200,000m^2
- 공공시설의 설치로 시행자에게 무상귀속되는 토지 면적 : 20,000m^2
- 시행자가 소유하는 토지 면적 : 10,000m^2
- 보류지 면적 : 106,500m^2

① 40 ② 45

③ 50 ④ 55

⑤ 60

키워드 평균 토지부담률

해설 조합인 시행자의 평균 토지부담률 = [보류지 면적 − (무상귀속되는 토지 면적 + 시행자가 소유하는 토지 면적)] ÷ [환지계획구역 면적 − (무상귀속되는 토지 면적 + 시행자가 소유하는 토지 면적)] × 100%이다. 따라서 [106,500 − (20,000 + 10,000)] ÷ [200,000 − (20,000 + 10,000)] × 100% = 45%이다.

PART 2

19 中 **도시개발법령상 다음 조건에서 환지계획구역의 평균 토지부담률은?** • 22회

- 환지계획구역 면적 : 120만m^2
- 보류지 면적 : 60만m^2
- 체비지 면적 : 30만m^2
- 시행자에게 무상귀속되는 공공시설 면적 : 20만m^2
- 청산 대상 토지 면적 : 10만m^2

① 10% ② 25%
③ 40% ④ 50%
⑤ 60%

키워드 평균 토지부담률

해설 토지부담률 = (보류지 면적 − 무상귀속되는 공공시설 면적) ÷ (환지계획구역 면적 − 무상귀속되는 공공시설 면적) × 100%이다. 따라서 (60만 − 20만) ÷ (120만 − 20만) × 100% = 40%이다.

03 도시개발사업의 시행

정답 17 ① 18 ② 19 ③

20 上

도시개발법령상 환지 설계를 평가식으로 하는 경우 다음 조건에서 비례율은? (단, 제시된 조건 이외의 사항은 고려하지 않음) • 24회

- 도시개발사업으로 조성되는 토지·건축물의 평가액 합계 : 80억원
- 환지 전 토지·건축물의 평가액 합계 : 40억원
- 총 사업비 : 20억원

① 100%　② 125%
③ 150%　④ 200%
⑤ 250%

키워드 비례율

해 설 환지 설계를 평가식으로 하는 경우 비례율 = [도시개발사업으로 조성되는 토지·건축물의 평가액 합계(공공시설 또는 무상으로 공급되는 토지·건축물의 평가액 합계는 제외) − 총 사업비] ÷ 환지 전 토지·건축물의 평가액 합계(규칙 제27조 제5항 각 호에 해당하는 토지 및 같은 조 제7항에 해당하는 건축물의 평가액 합계는 제외) × 100%이다. 따라서 비례율은 (80억 − 20억) ÷ 40억 × 100% = 150%이다.

21 中

도시개발법령상 환지 예정지 지정에 관한 설명으로 틀린 것은?

① 시행자는 도시개발사업의 시행을 위하여 도시개발구역의 토지에 대하여 환지 예정지를 지정하여야 한다.
② 시행자는 종전의 토지에 대해 임차권자 등이 있는 경우에는 해당 환지 예정지에 대하여 해당 권리의 목적인 토지 또는 그 부분을 아울러 지정하여야 한다.
③ 환지 예정지가 지정되면 종전의 토지의 소유자와 임차권자 등은 환지 예정지 지정의 효력발생일부터 환지처분이 공고되는 날까지 환지 예정지나 해당 부분에 대하여 종전과 같은 내용의 권리를 행사할 수 있으며 종전의 토지는 사용하거나 수익할 수 없다.
④ 시행자는 체비지의 용도로 환지 예정지가 지정된 경우에는 도시개발사업에 드는 비용을 충당하기 위하여 이를 사용 또는 수익하게 하거나 처분할 수 있다.
⑤ 시행자는 환지 예정지를 지정한 경우에 해당 토지를 사용하거나 수익하는 데에 장애가 될 물건이 그 토지에 있거나 그 밖에 특별한 사유가 있으면 그 토지의 사용 또는 수익을 시작할 날을 따로 정할 수 있다.

키워드 환지 예정지의 지정

해 설 시행자는 도시개발사업을 시행하기 위하여 필요한 경우 도시개발구역의 토지에 대하여 환지 예정지를 지정할 수 있다.

22 中 **도시개발법령상 환지 예정지의 지정에 관한 설명으로 틀린 것은?**

① 시행자는 도시개발사업의 시행을 위하여 필요하면 도시개발구역의 토지에 대하여 환지 예정지를 지정할 수 있다.

② 시행자가 환지 예정지를 지정하려면 관계 토지소유자와 임차권자 등에게 환지 예정지의 위치·면적과 환지 예정지 지정의 효력발생시기를 알려야 한다.

③ 환지 예정지의 지정으로 이를 사용하거나 수익할 수 있는 자가 없게 된 토지 또는 해당 부분은 환지 예정지의 지정일이나 사용 또는 수익의 정지처분이 있은 날부터 환지처분을 공고한 날까지 시행자가 관리한다.

④ 시행자는 환지를 정하지 아니하기로 결정된 토지소유자나 임차권자 등에게 날짜를 정하여 그날부터 해당 토지 또는 해당 부분의 사용 또는 수익을 정지시킬 수 있다.

⑤ 체비지의 용도로 환지 예정지가 지정된 경우 시행자는 그 체비지를 사용 또는 수익하게 하거나 처분할 수 있다. 이 경우 처분된 체비지는 그 체비지를 매입한 자가 환지처분 공고일의 다음 날에 소유권을 취득한다.

키워드 환지 예정지의 지정

해 설 체비지의 용도로 환지 예정지가 지정된 경우 시행자는 그 체비지를 사용 또는 수익하게 하거나 처분할 수 있다. 이 경우 처분된 체비지는 그 체비지를 매입한 자가 소유권 이전등기를 마친 때에 소유권을 취득한다.

정답 20 ③ 21 ① 22 ⑤

23 도시개발법령상 체비지 등에 관한 설명으로 틀린 것은?

中

① 환지 계획으로 체비지를 지정한 경우에는 체비지는 시행자가 환지처분이 공고된 날의 다음 날에 해당 소유권을 취득한다.

② 체비지로 정해지지 않은 보류지는 환지 계획에서 정한 자가 환지처분이 공고된 날의 다음 날에 해당 소유권을 취득한다.

③ 환지 예정지가 체비지의 용도로 지정된 때에는 이미 처분된 체비지는 그 체비지를 매입한 자가 소유권이전등기를 마친 때에 소유권을 취득한다.

④ 도시개발사업의 준공검사 전에는 체비지를 사용할 수 없다.

⑤ 군수는 「주택법」에 따른 공동주택의 건설을 촉진하기 위하여 필요하다고 인정하면 체비지 중 일부를 같은 지역에 집단으로 정하게 할 수 있다.

키워드 체비지

해설 도시개발사업의 준공검사 전에 체비지를 사용할 수 있다.

24 도시개발법령상 환지처분에 관한 설명으로 틀린 것은?

上

① 시행자는 환지 방식의 도시개발사업 공사를 끝낸 때에는 국토교통부령이 정하는 바에 따라 공사완료보고서를 작성하여 지정권자의 준공검사를 받아야 한다.

② 공사 완료 공고를 한 때에는 공사설계서·관련도면 등을 14일 이상 일반에게 공람시켜야 한다.

③ 지정권자인 시행자는 국토교통부장관의 준공검사를 받은 후 60일 이내에 환지처분을 하여야 한다.

④ 환지처분의 공고에는 사업비의 정산내역도 포함되어야 한다.

⑤ 환지 계획에서 정해진 환지는 그 환지처분의 공고가 있은 날의 다음 날부터 종전의 토지로 본다.

키워드 환지처분

해설 지정권자인 시행자는 준공검사를 받지 않는다. 지정권자가 시행자인 경우 공사 완료 공고가 있는 때에는 60일 이내에 환지처분을 하여야 한다.

25 中 **도시개발법령상 환지처분의 효과에 관한 설명으로 옳은 것은?**

① 행정상 처분이나 재판상의 처분으로서 종전의 토지에 전속(專屬)하는 것에 관하여는 영향을 미치지 아니한다.

② 청산금은 환지처분의 공고가 있은 날에 확정된다.

③ 환지 계획에서 환지를 정하지 아니한 종전의 토지에 있던 권리는 그 환지처분이 공고된 날의 다음 날에 소멸한다.

④ 입체 환지처분을 받은 경우 종전의 토지에 대한 저당권은 환지처분이 공고된 날의 다음 날부터 종전의 토지에 존재하는 것으로 본다.

⑤ 청산금은 환지처분의 공고가 있은 후에 확정되므로 환지처분 이전에 청산금이 지급되는 경우는 없다.

키워드 환지처분

해설 ② 청산금은 환지처분이 공고된 날의 다음 날에 확정된다.

③ 환지 계획에서 환지를 정하지 아니한 종전의 토지에 있던 권리는 그 환지처분이 공고된 날이 끝나는 때에 소멸한다.

④ 입체 환지처분을 받은 경우 종전의 토지에 대한 저당권은 환지처분이 공고된 날의 다음 날부터 해당 건축물의 일부와 해당 건축물이 있는 토지의 공유지분에 존재하는 것으로 본다.

⑤ 환지를 정하지 아니하는 토지에 대하여는 환지처분 전이라도 청산금을 교부할 수 있다.

정답 23 ④ 24 ③ 25 ①

26 下 도시개발법령상 환지의 방식에 관한 내용이다. ( )에 들어갈 내용을 옳게 연결한 것은?

• 27회

> • (㉠) : 환지 전 토지에 대한 권리를 도시개발사업으로 조성되는 토지에 이전하는 방식
> • (㉡) : 환지 전 토지나 건축물(무허가 건축물은 제외)에 대한 권리를 도시개발사업으로 건설되는 구분건축물에 이전하는 방식

① ㉠ : 평면 환지, ㉡ : 입체 환지
② ㉠ : 평가 환지, ㉡ : 입체 환지
③ ㉠ : 입체 환지, ㉡ : 평면 환지
④ ㉠ : 평면 환지, ㉡ : 유동 환지
⑤ ㉠ : 유동 환지, ㉡ : 평면 환지

키워드 환지 방식

해 설 ㉠ 환지 전 토지에 대한 권리를 도시개발사업으로 조성되는 토지로 이전하는 방식은 평면 환지에 해당한다.
㉡ 환지 전 토지나 건축물(무허가 건축물은 제외)에 대한 권리를 도시개발사업으로 건설되는 구분건축물에 이전하는 방식은 입체 환지에 해당한다.

27 中 도시개발법령상 환지 방식에 따른 사업에 관한 설명으로 틀린 것은?

① 시행자는 환지 예정지를 지정하는 경우 필요하면 도시개발구역에 있는 건축물과 그 밖의 공작물이나 물건 및 죽목(竹木), 토석, 울타리 등의 장애물을 이전하거나 제거할 수 있다.
② 도시개발사업의 시행으로 행사할 이익이 없어진 지역권은 환지처분이 공고된 날의 다음 날이 끝나는 때에 소멸한다.
③ 지정권자가 시행자인 경우 법 제51조에 따른 공사 완료 공고가 있는 때에는 60일 이내에 환지처분을 하여야 한다.
④ 토지소유자의 환지 제외 신청이 있더라도 해당 토지에 관한 임차권자 등이 동의하지 않는 경우에는 해당 토지를 환지에서 제외할 수 없다.
⑤ 주거용으로 사용하고 있는 건축물을 이전하거나 철거하려고 하는 경우에는 이전하거나 철거하려는 날부터 늦어도 2개월 전에 통지를 하여야 한다.

키워드 환지 방식에 따른 사업 시행

해 설 도시개발사업의 시행으로 행사할 이익이 없어진 지역권은 환지처분이 공고된 날이 끝나는 때에 소멸한다.

28 도시개발법령상 청산금에 관한 설명으로 틀린 것은?

下

① 환지를 정하거나 그 대상에서 제외한 경우에 그 과부족분에 대하여는 종전의 토지 및 환지의 위치·지목·면적·토질·수리·이용상황·환경 그 밖의 사항을 종합적으로 고려하여 금전으로 청산하여야 한다.

② 청산금은 환지처분을 하는 때에 결정하여야 한다. 다만, 환지 대상에서 제외한 토지 등에 대하여는 청산금을 교부하는 때에 청산금을 결정할 수 있다.

③ 청산금은 이자를 붙여 분할징수하거나 분할교부할 수 있다.

④ 행정청이 아닌 시행자는 특별자치도지사, 시장·군수 또는 구청장에게 청산금의 징수를 위탁할 수 있다. 이 경우 징수한 금액의 100분의 2에 해당하는 금액을 특별자치도, 시·군 또는 구에 지급하여야 한다.

⑤ 청산금을 받을 권리 또는 징수할 권리는 5년간 이를 행사하지 아니하면 시효로 소멸한다.

키워드 청산금

해 설 행정청이 아닌 시행자는 특별자치도지사, 시장·군수 또는 구청장에게 청산금의 징수를 위탁할 수 있다. 이 경우 징수한 금액의 100분의 4에 해당하는 금액을 수수료로 지급하여야 한다.

29 도시개발법령상 청산금에 관한 설명으로 틀린 것은?

中

① 청산금은 환지처분의 공고일에 확정된다.

② 청산금은 환지처분을 하는 때에 결정하여야 한다.

③ 시행자는 환지처분의 공고가 있은 후에 확정된 청산금을 징수하거나 교부하여야 한다.

④ 환지를 정하지 아니하는 토지에 대하여는 환지처분 전이라도 청산금을 교부할 수 있다.

⑤ 행정청인 시행자는 청산금을 납부하여야 할 자가 이를 납부하지 아니한 때에는 국세체납처분 또는 지방세체납처분의 예에 따라 이를 징수할 수 있다.

키워드 청산금

해 설 청산금은 환지처분의 공고일의 다음 날에 확정된다.

정답 26 ① 27 ② 28 ④ 29 ①

30 中 **도시개발법령상 준공검사 등에 관한 설명으로 틀린 것은?** • 27회

① 도시개발사업의 준공검사 전에는 체비지를 사용할 수 없다.
② 지정권자는 효율적인 준공검사를 위하여 필요하면 관계 행정기관 등에 의뢰하여 준공검사를 할 수 있다.
③ 지정권자가 아닌 시행자는 도시개발사업에 관한 공사가 전부 끝나기 전이라도 공사가 끝난 부분에 관하여 준공검사를 받을 수 있다.
④ 지정권자가 아닌 시행자가 도시개발사업의 공사를 끝낸 때에는 공사 완료 보고서를 작성하여 지정권자의 준공검사를 받아야 한다.
⑤ 지정권자가 시행자인 경우 그 시행자는 도시개발사업의 공사를 완료한 때에 공사 완료 공고를 하여야 한다.

키워드 준공검사
해설 체비지는 도시개발사업의 준공검사 전에도 사용할 수 있다.

정답 30 ①

CHAPTER

04 비용부담 등

더 많은 기출문제를 풀고 싶다면?
단원별 기출문제집
[부동산공법] pp.147~153

5개년 출제빈도 분석표

28회	29회	30회	31회	32회
1	1		1	1

빈출 키워드

☑ 도시개발채권

01 上 **도시개발법령상 도시개발채권에 관한 설명으로 옳은 것은?**

① 도시개발조합은 도시·군계획시설사업에 필요한 자금을 조달하기 위하여 도시개발채권을 발행할 수 있다.

② 도시개발채권의 소멸시효는 상환일부터 기산(起算)하여 원금은 5년, 이자는 3년으로 한다.

③ 도시개발채권은 「주식·사채 등의 전자등록에 관한 법률」에 따라 전자등록하여 발행하거나 기명식 증권으로 발행할 수 있으며, 발행 방법에 필요한 세부적인 사항은 시·도의 조례로 정한다.

④ 수용 또는 사용 방식으로 시행하는 도시개발사업의 경우 한국토지주택공사와 공사도급계약을 체결하는 자는 도시개발채권을 매입하여야 한다.

⑤ 도시개발채권의 상환은 2년부터 10년까지의 범위에서 지방자치단체의 조례로 정한다.

키워드 도시개발채권

해설 ① 도시개발채권은 지방자치단체의 장(시·도지사)이 발행한다.
② 도시개발채권의 소멸시효는 상환일부터 기산(起算)하여 원금은 5년, 이자는 2년으로 한다.
③ 도시개발채권은 「주식·사채 등의 전자등록에 관한 법률」에 따라 전자등록하여 발행하거나 무기명으로 발행할 수 있으며, 발행 방법에 필요한 세부적인 사항은 시·도의 조례로 정한다.
⑤ 도시개발채권의 상환은 5년부터 10년까지의 범위에서 지방자치단체의 조례로 정한다.

정답 01 ④

02 도시개발법령상 도시개발채권에 관한 설명으로 옳은 것은? • 29회

中

① 도시개발채권의 매입의무자가 아닌 자가 착오로 도시개발채권을 매입한 경우에는 도시개발채권을 중도에 상환할 수 있다.

② 시·도지사는 도시개발채권을 발행하려는 경우 채권의 발행총액에 대하여 국토교통부장관의 승인을 받아야 한다.

③ 도시개발채권의 상환은 3년부터 10년까지의 범위에서 지방자치단체의 조례로 정한다.

④ 도시개발채권의 소멸시효는 상환일부터 기산하여 원금은 3년, 이자는 2년으로 한다.

⑤ 도시개발채권 매입필증을 제출받는 자는 매입필증을 3년간 보관하여야 한다.

키워드 도시개발채권

해설 ② 시·도지사는 도시개발채권을 발행하려는 경우 채권의 발행총액에 대하여 행정안전부장관의 승인을 받아야 한다.
③ 도시개발채권의 상환은 5년부터 10년까지의 범위에서 지방자치단체의 조례로 정한다.
④ 도시개발채권의 소멸시효는 상환일부터 기산하여 원금은 5년, 이자는 2년으로 한다.
⑤ 도시개발채권 매입필증을 제출받는 자는 매입필증을 5년간 보관하여야 한다.

03 도시개발법령상 도시개발사업의 비용부담에 관한 설명으로 틀린 것은? • 27회

中

① 도시개발사업에 필요한 비용은 「도시개발법」이나 다른 법률에 특별한 규정이 있는 경우를 제외하고는 시행자가 부담한다.

② 지방자치단체의 장이 발행하는 도시개발채권의 소멸시효는 상환일로부터 기산하여 원금은 5년, 이자는 2년으로 한다.

③ 시행자가 지방자치단체인 경우에는 공원·녹지의 조성비 전부를 국고에서 보조하거나 융자할 수 있다.

④ 시행자는 공동구를 설치하는 경우에는 다른 법률에 따라 그 공동구에 수용될 시설을 설치할 의무가 있는 자에게 공동구의 설치에 드는 비용을 부담시킬 수 있다.

⑤ 도시개발사업에 관한 비용 부담에 대해 대도시 시장과 시·도지사 간의 협의가 성립되지 아니하는 경우에는 기획재정부장관의 결정에 따른다.

키워드 도시개발채권

해 설 도시개발사업에 드는 비용부담에 대하여 협의가 성립되지 않으면 행정안전부장관의 결정에 따른다.

04 上 **도시개발법령상 도시개발사업의 비용부담 등에 관한 설명으로 옳은 것을 모두 고른 것은?** • 31회

> ㉠ 지정권자가 시행자가 아닌 경우 도시개발구역의 통신시설의 설치는 특별한 사유가 없으면 준공검사 신청일까지 끝내야 한다.
> ㉡ 전부 환지 방식으로 사업을 시행하는 경우 전기시설의 지중선로 설치를 요청한 사업시행자와 전기공급자는 각각 2분의 1의 비율로 그 설치비용을 부담한다.
> ㉢ 지정권자인 시행자는 그가 시행한 사업으로 이익을 얻는 시·도에 비용의 전부 또는 일부를 부담시킬 수 있다.

① ㉠
② ㉡
③ ㉠, ㉢
④ ㉡, ㉢
⑤ ㉠, ㉡, ㉢

키워드 비용부담

해 설 ㉡ 전부 환지 방식으로 사업을 시행하면서 전기시설의 지중선로 설치를 요청하는 경우, 전기시설을 공급하는 자가 3분의 2, 지중에 설치할 것을 요청하는 자가 3분의 1의 비율로 부담한다.
㉢ 지정권자가 시행자인 경우 그 시행자는 그가 시행한 도시개발사업으로 이익을 얻는 시·도가 있으면 그 도시개발사업에 소요된 비용의 2분의 1을 넘지 않는 범위 안에서 그 이익을 얻는 시·도에 부담시킬 수 있다.

정답 02 ① 03 ⑤ 04 ①

PART

3 도시 및 주거환경정비법

CHAPTER 01 총 칙

CHAPTER 02 기본계획의 수립 및 정비구역의 지정

CHAPTER 03 정비사업의 시행

최근 5개년 PART 3 출제비중

15%

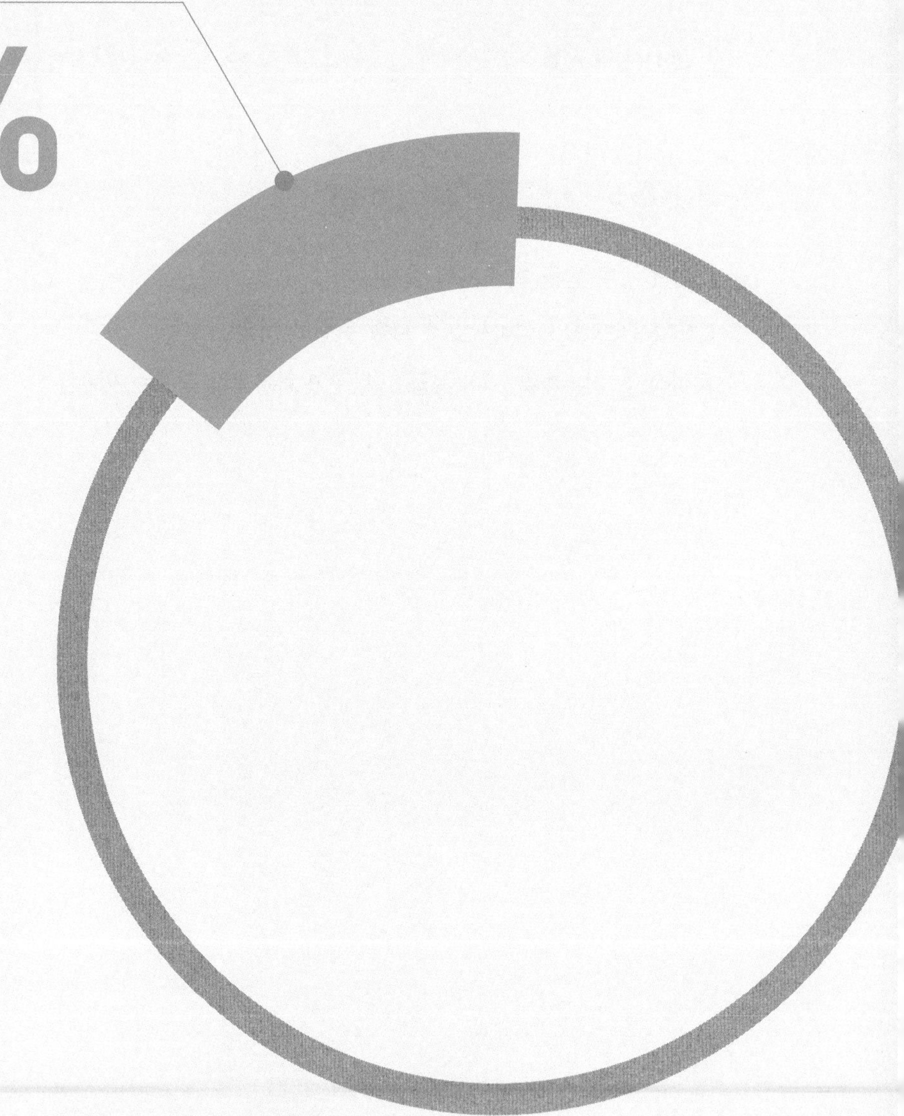

PART 3 기출 REPORT

5개년 CHAPTER별 출제빈도 분석표 & 빈출 키워드

* 복합문제이거나, 법률이 개정 및 제정된 경우 분류 기준에 따라 아래 수치와 달라질 수 있습니다.

CHAPTER	문항 수					비 중	빈출 키워드
	28회	29회	30회	31회	32회		
01 총 칙	1	1			1	10.7%	용어의 정의
02 기본계획의 수립 및 정비구역의 지정	1	1	2	1		17.9%	기본계획, 재건축사업의 안전진단, 정비구역에서의 행위제한
03 정비사업의 시행	4	4	3	5	4	71.4%	관리처분계획, 공사완료에 따른 조치

세줄요약 제33회 합격전략

☑ PART 3은 평균 약 6문제 출제!

☑ CHAPTER 03 정비사업의 시행 위주로 학습!

☑ 용어정의, 기본계획, 정비사업조합, 관리처분계획 정리는 필수!!

기출지문 OX 워밍업!

* 본격적인 문제풀이에 앞서 기출지문 OX문제를 풀어 실력점검을 해보세요.

❶ 재건축사업에 있어 토지등소유자는 정비구역에 위치한 토지 또는 건축물 소유자와 지상권자를 말한다. • 25회 (O I X)

❷ 도지사가 대도시가 아닌 시로서 기본계획을 수립할 필요가 없다고 인정하는 시에 대하여는 기본계획을 수립하지 아니할 수 있다. • 29회 (O I X)

❸ 기본계획을 수립하고자 하는 때에는 14일 이상 주민에게 공람하고 지방의회의 의견을 들어야 한다. • 26회 (O I X)

❹ 정비구역의 지정권자는 조합에 의한 재개발사업에서 토지등소유자가 정비구역으로 지정·고시된 날부터 2년이 되는 날까지 조합설립추진위원회의 승인을 신청하지 아니하는 경우에는 정비구역 등을 해제하여야 한다. • 24회 (O I X)

❺ 주거환경개선사업 시행자는 '정비구역에서 정비기반시설을 새로 설치하거나 확대하고 토지등소유자가 스스로 주택을 개량하는 방법' 및 '환지로 공급하는 방법'을 혼용할 수 있다. • 28회 (O I X)

❻ 재개발사업의 추진위원회가 조합을 설립하려면 토지등소유자의 4분의 3 이상 및 토지 면적의 2분의 1 이상의 토지소유자의 동의를 받아야 한다. • 31회 (O I X)

❼ 조합임원이 결격사유에 해당하여 퇴임한 경우 그 임원이 퇴임 전에 관여한 행위는 효력을 잃는다. • 26회 (O I X)

❽ 관리처분계획의 수립 및 변경을 의결하는 총회의 경우에는 조합원의 100분의 10 이상이 직접 출석하여야 한다. • 24회 (O I X)

❾ 조합이 재개발임대주택의 인수를 요청하는 경우 국토교통부장관이 우선하여 인수하여야 한다. • 31회 (O I X)

❿ 청산금을 징수할 권리는 소유권이전의 고시일부터 3년간 이를 행사하지 아니하면 소멸한다. • 32회 (O I X)

정답 ❶ X ❷ O ❸ O ❹ O ❺ O ❻ O ❼ X ❽ X ❾ X ❿ X

CHAPTER

01 총 칙

더 많은 기출문제를 풀고 싶다면?
단원별 기출문제집
[부동산공법] pp.156~159

5개년 출제빈도 분석표

28회	29회	30회	31회	32회
1	1			1

빈출 키워드

☑ 용어의 정의

대표기출 연습

도시 및 주거환경정비법령상 주민이 공동으로 사용하는 시설로서 공동이용시설에 해당하지 않는 것은? (단, 조례는 고려하지 않으며, 각 시설은 단독주택, 공동주택 및 제1종 근린생활시설에 해당하지 않음)

• 29회

① 유치원 ② 경로당
③ 탁아소 ④ 놀이터
⑤ 어린이집

키워드 공동이용시설 29회, 32회

교수님 TIP 정비사업의 종류와 정비기반시설 및 공동이용시설을 구별하여 정리하는 것이 중요합니다.

해 설 공동이용시설이란 주민이 공동으로 사용하는 놀이터·마을회관·공동작업장, 공동으로 사용하는 구판장·세탁장·화장실 및 수도, 탁아소·어린이집·경로당 등 노유자시설을 말한다. 유치원은 노유자시설이 아닌 교육연구시설에 해당하기 때문에 공동이용시설에 해당하지 않는다.

정답 ①

01 도시 및 주거환경정비법령상 다음의 정의에 해당하는 정비사업은? • 32회

下

> 도시저소득 주민이 집단거주하는 지역으로서 정비기반시설이 극히 열악하고 노후·불량건축물이 과도하게 밀집한 지역의 주거환경을 개선하거나 단독주택 및 다세대주택이 밀집한 지역에서 정비기반시설과 공동이용시설 확충을 통하여 주거환경을 보전·정비·개량하기 위한 사업

① 주거환경개선사업
② 재건축사업
③ 공공재건축사업
④ 재개발사업
⑤ 공공재개발사업

키워드 주거환경개선사업의 정의

해설 도시저소득 주민이 집단거주하는 지역으로서 정비기반시설이 극히 열악하고 노후·불량건축물이 과도하게 밀집한 지역의 주거환경을 개선하거나 단독주택 및 다세대주택이 밀집한 지역에서 정비기반시설과 공동이용시설 확충을 통하여 주거환경을 보전·정비·개량하기 위한 사업은 주거환경개선사업이다.

02 도시 및 주거환경정비법령상 용어의 정의에 관한 설명으로 틀린 것은?

中

① 정비구역이란 정비사업을 계획적으로 시행하기 위하여 지정·고시된 구역을 말한다.
② 재건축사업은 조합 또는 토지등소유자가 시행하거나 시장·군수등, 토지주택공사등, 건설업자 또는 등록사업자와 공동으로 시행할 수 있다.
③ 건축물이 훼손되거나 일부가 멸실되어 붕괴, 그 밖의 안전사고의 우려가 있는 건축물은 노후·불량건축물에 해당한다.
④ 재건축사업은 정비기반시설은 양호하나 노후·불량건축물에 해당하는 공동주택이 밀집한 지역에서 주거환경을 개선하기 위하여 시행하는 사업이다.
⑤ 재개발사업은 정비기반시설이 열악하고 노후·불량건축물이 밀집한 지역에서 주거환경을 개선하거나 상업지역·공업지역 등에서 도시기능의 회복 및 상권활성화 등을 위하여 도시환경을 개선하기 위한 사업을 말한다.

키워드 용어의 정의

해설 재건축사업은 토지등소유자가 사업을 시행할 수 없다.

정답 01 ① 02 ②

03 도시 및 주거환경정비법령상의 용어 및 내용에 관한 설명으로 옳은 것은?

中

① 주민이 공동으로 사용하는 공동작업장, 공원, 공용주차장 등은 공동이용시설이다.

② 재건축사업에서 토지등소유자는 정비구역에 위치한 토지 또는 건축물 소유자 또는 그 지상권자를 말한다.

③ 토지주택공사등이란 「한국토지주택공사법」에 따라 설립된 한국토지주택공사 또는 「지방공기업법」에 따른 지방공사 또는 한국자산관리공사를 말한다.

④ 주거환경개선사업에서 토지등소유자는 정비구역에 위치한 토지 또는 건축물 소유자 또는 그 지상권자를 말한다.

⑤ 재개발사업에서 토지등소유자는 정비구역에 위치한 토지 또는 건축물의 소유자와 임차권자이다.

키워드 용어의 정의

해 설 ① 주민이 공동으로 사용하는 놀이터·마을회관·공동작업장, 그 밖에 대통령령이 정하는 시설이 공동이용시설이다. 공원, 공용주차장은 정비기반시설에 해당한다.

② 재건축사업의 토지등소유자는 정비구역에 소재한 건축물 및 그 부속토지의 소유자이며, 지상권자는 포함되지 않는다.

③ 토지주택공사등이란 「한국토지주택공사법」에 따라 설립된 한국토지주택공사 또는 「지방공기업법」에 따라 주택사업을 수행하기 위하여 설립된 지방공사를 말한다.

⑤ 재개발사업의 경우 토지등소유자는 정비구역에 위치한 토지 또는 건축물의 소유자 또는 그 지상권자이다.

04 도시 및 주거환경정비법령상 정비기반시설에 해당하지 않는 것은? (단, 주거환경개선사업을 위하여 지정·고시된 정비구역이 아님)

下

• 28회

① 공동작업장

② 하천

③ 공공공지

④ 공용주차장

⑤ 공원

키워드 정비기반시설

해 설 공동작업장은 정비기반시설이 아니라 공동이용시설에 해당한다.

05 도시 및 주거환경정비법령상 재개발사업을 조합이 시행하는 경우, 조합의 구성원이 될 수 있는 자는?

下

① 정비구역 밖에 위치한 토지의 소유권자
② 정비구역 안에 위치한 건축물의 전세권자
③ 정비구역 안에 위치한 토지의 지상권자
④ 정비구역 안에 위치한 건축물의 임차권자
⑤ 정비구역 안에 위치한 토지의 지역권자

키워드 토지등소유자

해 설 정비사업의 조합원은 토지등소유자로 한다. 재개발사업의 경우 토지등소유자는 정비구역에 위치한 토지 또는 건축물의 소유자 또는 그 지상권자이다.

정답 03 ④ 04 ① 05 ③

CHAPTER

02 기본계획의 수립 및 정비구역의 지정

더 많은 기출문제를 풀고 싶다면?
단원별 기출문제집
[부동산공법] pp.160~168

5개년 출제빈도 분석표

28회	29회	30회	31회	32회
1	1	2	1	

빈출 키워드

☑ 기본계획
☑ 재건축사업의 안전진단
☑ 정비구역에서의 행위제한

대표기출 연습

도시 및 주거환경정비법령상 도시·주거환경정비기본계획(이하 '기본계획'이라 함)**의 수립에 관한 설명으로 <u>틀린</u> 것은?** • 29회 수정

① 도지사가 대도시가 아닌 시로서 기본계획을 수립할 필요가 없다고 인정하는 시에 대하여는 기본계획을 수립하지 아니할 수 있다.
② 국토교통부장관은 기본계획에 대하여 5년마다 타당성을 검토하여 그 결과를 기본계획에 반영하여야 한다.
③ 기본계획의 수립권자는 기본계획을 수립하려는 경우 14일 이상 주민에게 공람하여 의견을 들어야 한다.
④ 기본계획에는 사회복지시설 및 주민문화시설 등의 설치계획이 포함되어야 한다.
⑤ 대도시의 시장이 아닌 시장은 기본계획의 내용 중 정비사업의 계획기간을 단축하는 경우 도지사의 변경승인을 받지 아니할 수 있다.

키워드 기본계획의 수립권자와 타당성 검토 29회, 30회
교수님 TIP 기본계획의 타당성을 검토하는 주체를 정확하게 숙지하여야 합니다.

해 설 특별시장·광역시장·특별자치시장·특별자치도지사 또는 시장(이하 '기본계획의 수립권자'라 함)은 기본계획에 대하여 5년마다 타당성을 검토하여 그 결과를 기본계획에 반영하여야 한다. 국토교통부장관은 기본계획의 수립권자가 될 수 없기 때문에 5년마다 타당성을 검토하여야 하는 규정은 틀린 내용이다.

정답 ②

01 中

도시 및 주거환경정비법령상 도시·주거환경정비기본계획(이하 '기본계획'이라 함)**에 대한 설명이다. (　　)에 들어갈 내용을 순서대로 나열한 것은?**

> (　　)은(는) 기본계획을 (　　) 단위로 수립하여야 하며, (　　)마다 타당성을 검토하여 그 결과를 기본계획에 반영하여야 한다. 다만, 도지사가 대도시가 아닌 시로서 기본계획을 수립할 필요가 없다고 인정하는 시에 대하여는 기본계획을 수립하지 아니할 수 있다.

① 특별시장·광역시장·특별자치시장·특별자치도지사·시장 또는 군수, 10년, 5년
② 시장·군수 또는 구청장, 10년, 5년
③ 특별시장·광역시장·특별자치시장·특별자치도지사 또는 시장, 10년, 5년
④ 시장·군수 또는 구청장, 5년, 1년
⑤ 특별시장·광역시장·특별자치시장·특별자치도지사 또는 도지사, 5년, 5년

키워드 기본계획의 수립단위

해설 '특별시장·광역시장·특별자치시장·특별자치도지사 또는 시장'은 기본계획을 '10년' 단위로 수립하여야 하며, '5년'마다 타당성을 검토하여 그 결과를 기본계획에 반영하여야 한다. 다만, 도지사가 대도시가 아닌 시로서 기본계획을 수립할 필요가 없다고 인정하는 시에 대하여는 기본계획을 수립하지 아니할 수 있다.

02 中

도시 및 주거환경정비법령상 기본계획에 관한 설명으로 <u>틀린</u> 것은?

① 특별시장·광역시장·특별자치시장·특별자치도지사 또는 시장은 기본계획을 10년 단위로 수립하여야 한다.
② 기본계획의 내용에는 정비구역으로 지정할 예정인 구역의 개략적 범위 등이 포함된다.
③ 특별시장·광역시장·특별자치시장·특별자치도지사 또는 시장은 기본계획에 대하여 5년마다 타당성을 검토하여 그 결과를 기본계획에 반영하여야 한다.
④ 대도시 시장이 기본계획을 수립한 때에는 도지사의 승인을 받아야 한다.
⑤ 시장은 기본계획을 고시한 때에는 국토교통부령으로 정하는 방법 및 절차에 따라 국토교통부장관에게 보고하여야 한다.

키워드 기본계획의 수립

해설 대도시의 시장이 아닌 시장이 기본계획을 수립 또는 변경한 때에는 도지사의 승인을 받아야 한다.

정답 01 ③　02 ④

03 上

도시 및 주거환경정비법령상 국토교통부장관은 도시 및 주거환경을 개선하기 위하여 10년마다 기본방침을 정하고, 5년마다 타당성을 검토하여 그 결과를 기본방침에 반영하여야 한다. 다음 중 기본방침에 포함되는 사항이 아닌 것은?

① 도시 및 주거환경 정비를 위한 국가 정책 방향

② 정비예정구역의 개략적 범위

③ 도시·주거환경정비기본계획의 수립 방향

④ 노후·불량 주거지 조사 및 개선계획의 수립

⑤ 도시 및 주거환경 개선에 필요한 재정지원계획

키워드 기본방침의 내용

해 설 정비예정구역의 개략적 범위는 기본방침에 포함되는 사항이 아니라 도시·주거환경정비기본계획에 포함되어야 하는 사항이다.

이론플러스 **기본방침에 포함되는 사항(법 제3조)**

1. 도시 및 주거환경 정비를 위한 국가 정책 방향
2. 도시·주거환경정비기본계획의 수립 방향
3. 노후·불량 주거지 조사 및 개선계획의 수립
4. 도시 및 주거환경 개선에 필요한 재정지원계획

04 上

도시 및 주거환경정비법령상 기본계획의 수립절차에 관한 설명으로 틀린 것은?

① 대도시의 시장이 아닌 시장은 기본계획의 내용 중 단계별 정비사업추진계획을 변경하는 때에는 도지사의 승인을 받아야 한다.

② 기본계획을 수립 또는 변경하고자 하는 때에는 14일 이상 주민에게 공람하고 지방의회의 의견을 들어야 한다.

③ 대도시의 시장은 지방도시계획위원회의 심의를 거치기 전에 관계 행정기관의 장과 협의하여야 한다.

④ 기본계획을 수립한 때에는 지체 없이 해당 지방자치단체의 공보에 고시하여야 한다.

⑤ 기본계획의 작성 방법은 국토교통부장관이 정한다.

키워드 기본계획의 수립절차

해 설 대도시의 시장이 아닌 시장은 기본계획의 내용 중 단계별 정비사업추진계획을 변경하는 때에는 도지사의 승인을 받지 않아도 된다. 단계별 정비사업추진계획을 변경하는 것은 경미한 변경에 해당하기 때문이다.

05 中

도시 및 주거환경정비법령상 기본계획의 내용에 포함되어야 하는 사항이 아닌 것은?

① 도시의 광역적 재정비를 위한 기본방향
② 정비사업의 기본방향
③ 건축물의 건축선에 관한 계획
④ 건폐율·용적률 등에 관한 건축물의 밀도계획
⑤ 단계별 정비사업 추진계획

키워드 기본계획의 내용

해 설 건축물의 건축선에 관한 계획은 정비계획의 내용에 포함되어야 하는 사항이다.

이론플러스 **기본계획의 내용에 포함되어야 하는 사항(법 제5조 제1항)**

1. 정비사업의 기본방향
2. 정비사업의 계획기간
3. 인구·건축물·토지이용·정비기반시설·지형 및 환경 등의 현황
4. 주거지 관리계획
5. 토지이용계획·정비기반시설계획·공동이용시설설치계획 및 교통계획
6. 녹지·조경·에너지공급·폐기물처리 등에 관한 환경계획
7. 사회복지시설 및 주민문화시설 등의 설치계획
8. 도시의 광역적 재정비를 위한 기본방향
9. 정비구역으로 지정할 예정인 구역(정비예정구역)의 개략적 범위
10. 단계별 정비사업 추진계획(정비예정구역별 정비계획의 수립시기를 포함)
11. 건폐율·용적률 등에 관한 건축물의 밀도계획
12. 세입자에 대한 주거안정대책

정답 03 ② 04 ① 05 ③

06 도시 및 주거환경정비법령상 재건축사업의 안전진단에 관한 설명으로 옳은 것은?

中

• 22회 수정

① 안전진단의 실시를 요청하려면 정비예정구역에 위치한 건축물 및 그 부속토지의 소유자 3분의 1 이상의 동의를 받아야 한다.

② 주택의 구조안전상 사용금지가 필요하다고 정비계획의 입안권자가 인정할 때에는 안전진단을 실시하여야 한다.

③ 「국토안전관리원법」에 따른 국토안전관리원은 재건축사업의 안전진단을 할 수 있다.

④ 천재지변 등으로 주택이 붕괴되어 신속히 재건축을 추진할 필요가 있다고 정비계획의 입안권자가 인정할 때에는 안전진단을 실시하여야 한다.

⑤ 정비계획의 입안권자는 안전진단에 드는 비용을 해당 안전진단의 실시를 요청하는 자에게 부담하게 할 수 없다.

키워드 재건축사업의 안전진단

해 설 ① 안전진단의 실시를 요청하려면 정비예정구역에 위치한 건축물 및 그 부속토지의 소유자 10분의 1 이상의 동의를 받아야 한다.

② 주택의 구조안전상 사용금지가 필요하다고 정비계획의 입안권자가 인정할 때에는 안전진단을 실시하지 아니할 수 있다.

④ 천재지변 등으로 주택이 붕괴되어 신속히 재건축을 추진할 필요가 있다고 정비계획의 입안권자가 인정할 때에는 안전진단을 실시하지 아니할 수 있다.

⑤ 정비계획의 입안권자는 안전진단에 드는 비용을 해당 안전진단의 실시를 요청하는 자에게 부담하게 할 수 있다.

07 中 **도시 및 주거환경정비법령상 재건축사업의 안전진단에 관한 설명으로 틀린 것은?**

• 28회 수정

① 정비계획의 입안권자는 단계별 정비사업추진계획에 따른 재건축사업의 정비예정구역별 정비계획의 수립시기가 도래한 때에 안전진단을 실시하여야 한다.

② 진입도로 등 기반시설 설치를 위하여 불가피하게 정비구역에 포함된 것으로 정비계획의 입안권자가 인정하는 주택단지의 건축물은 안전진단 대상에서 제외할 수 있다.

③ 정비계획의 입안권자는 현지조사 등을 통하여 해당 건축물의 구조안전성, 건축마감, 설비노후도 및 주거환경 적합성 등을 심사하여 안전진단 실시 여부를 결정하여야 한다.

④ 시·도지사는 필요한 경우 한국건설기술연구원에 안전진단 결과의 적정성에 대한 검토를 의뢰할 수 있다.

⑤ 정비계획의 입안권자(특별자치시장 및 특별자치도지사는 제외)는 정비계획의 입안 여부를 결정한 경우에는 지체 없이 국토교통부장관에게 안전진단결과보고서를 제출하여야 한다.

키워드 재건축사업의 안전진단

해 설 정비계획의 입안권자(특별자치시장 및 특별자치도지사는 제외)는 정비계획의 입안 여부를 결정한 경우에는 지체 없이 특별시장·광역시장·도지사에게 결정내용과 해당 안전진단결과보고서를 제출하여야 한다.

정답 06 ③ 07 ⑤

08 中 **도시 및 주거환경정비법령상 재개발사업이 다음에 해당하는 경우, 정비구역의 지정권자는 정비구역 등의 지정을 해제하여야 한다. (　　)에 들어갈 내용을 바르게 나열한 것은?**

> • 토지등소유자가 시행하는 재개발사업으로서 토지등소유자가 정비구역으로 지정·고시된 날부터 (㉠)이 되는 날까지 사업시행계획인가를 신청하지 아니하는 경우
> • 재개발사업을 조합이 시행하는 경우로서 추진위원회가 추진위원회 승인일부터 (㉡)이 되는 날까지 조합설립인가를 신청하지 아니하는 경우
> • 재개발사업을 조합이 시행하는 경우로서 토지등소유자가 정비구역으로 지정·고시된 날부터 (㉢)이 되는 날까지 추진위원회의 승인을 신청하지 아니하는 경우

	㉠	㉡	㉢
①	3년	2년	2년
②	5년	3년	2년
③	4년	2년	2년
④	5년	2년	2년
⑤	5년	2년	3년

키워드 정비구역의 해제 사유

해설 정비구역의 해제 사유는 다음과 같다.

> • 토지등소유자가 시행하는 재개발사업으로서 토지등소유자가 정비구역으로 지정·고시된 날부터 '5년'이 되는 날까지 사업시행계획인가를 신청하지 아니하는 경우
> • 재개발사업을 조합이 시행하는 경우로서 추진위원회가 추진위원회 승인일부터 '2년'이 되는 날까지 조합설립인가를 신청하지 아니하는 경우
> • 재개발사업을 조합이 시행하는 경우로서 토지등소유자가 정비구역으로 지정·고시된 날부터 '2년'이 되는 날까지 추진위원회의 승인을 신청하지 아니하는 경우

09 中 **도시 및 주거환경정비법령상 정비구역에서의 행위제한에 관한 설명으로 틀린 것은?**

① 이동이 쉽지 아니한 물건을 1개월 이상 쌓아놓는 행위는 시장·군수등의 허가를 받아야 한다.

② 시장·군수등은 개발행위에 대한 허가를 하고자 하는 경우로서 사업시행자가 있는 때에는 미리 그 사업시행자의 의견을 들어야 한다.

③ 허가를 받아야 하는 행위로서 정비구역의 지정·고시 당시 이미 관계 법령에 따라 행위허가를 받아 공사에 착수한 자는 정비구역이 지정·고시된 날부터 30일 이내에 시장·군수등에게 신고한 후 이를 계속 시행할 수 있다.

④ 정비구역에서 개발행위허가를 받은 경우에는 「국토의 계획 및 이용에 관한 법률」에 따라 개발행위허가를 받은 것으로 본다.

⑤ 허가받은 사항을 변경하고자 하는 때에는 시장·군수등에게 신고하여야 한다.

키워드 정비구역에서의 행위제한

해설 허가받은 사항을 변경하고자 하는 때에도 시장·군수등의 허가를 받아야 한다.

10 下 **도시 및 주거환경정비법령상 시장·군수등의 허가를 받지 아니하고 정비구역에서 할 수 있는 행위로 옳은 것은?** • 21회 수정

① 경작을 위한 토지의 형질변경

② 공유수면의 매립

③ 토지분할

④ 「건축법」에 따른 건축물의 용도변경

⑤ 죽목의 식재

키워드 정비구역에서의 행위제한

해설 경작을 위한 토지의 형질변경은 허가를 받지 아니하고 할 수 있는 행위이다.

정답 08 ④ 09 ⑤ 10 ①

11 下

도시 및 주거환경정비법령상 정비구역에서의 행위 중 시장·군수등의 허가를 받아야 하는 것을 모두 고른 것은? (단, 재해복구 또는 재난수습과 관련 없는 행위임)

• 25회 수정

㉠ 가설건축물의 건축 ㉡ 죽목의 벌채 ㉢ 공유수면의 매립 ㉣ 이동이 쉽지 아니한 물건을 1개월 이상 쌓아놓는 행위

① ㉠, ㉡

② ㉢, ㉣

③ ㉠, ㉡, ㉢

④ ㉡, ㉢, ㉣

⑤ ㉠, ㉡, ㉢, ㉣

키워드 정비구역에서의 행위제한

해 설 정비구역에서 가설건축물의 건축(㉠), 죽목의 벌채(㉡), 공유수면의 매립(㉢), 이동이 쉽지 아니한 물건을 1개월 이상 쌓아놓는 행위(㉣)는 시장·군수등에게 허가를 받아야 한다.

이론플러스 **허가대상 개발행위**

1. 건축물의 건축 등 : 「건축법」에 따른 건축물(가설건축물을 포함)의 건축 또는 용도변경
2. 공작물의 설치 : 인공을 가하여 제작한 시설물(건축법에 따른 건축물은 제외)의 설치
3. 토지의 형질변경 : 절토(땅깎기)·성토(흙쌓기)·정지(땅고르기)·포장 등의 방법으로 토지의 형상을 변경하는 행위, 토지의 굴착 또는 공유수면의 매립
4. 토석의 채취 : 흙·모래·자갈·바위 등의 토석을 채취하는 행위(다만, 토지의 형질변경을 목적으로 하는 것은 위 3.에 따름)
5. 토지분할
6. 물건을 쌓아놓는 행위 : 이동이 쉽지 아니한 물건을 1개월 이상 쌓아놓는 행위
7. 죽목의 벌채 및 식재

12 下

도시 및 주거환경정비법령상 정비구역에서 시장·군수등의 허가를 받아야 하는 행위는? (단, 국토의 계획 및 이용에 관한 법률에 따른 개발행위허가의 대상이 아님)

• 22회 수정

① 농산물의 생산에 직접 이용되는 탈곡장의 설치
② 농산물의 생산에 직접 이용되는 비닐하우스의 설치
③ 경작을 위한 토지의 형질변경
④ 경작지에서의 관상용 죽목의 임시식재
⑤ 농산물의 생산에 직접 이용되는 종묘배양장의 설치

키워드 정비구역에서의 행위제한

해 설 경작지에서의 관상용 죽목의 임시식재는 시장·군수등의 허가를 받아야 한다.

이론플러스 **허용사항**

다음의 어느 하나에 해당하는 행위는 정비구역에서 허가를 받지 아니하고 이를 할 수 있다.
1. 재해복구 또는 재난수습에 필요한 응급조치를 위한 행위
2. 기존 건축물의 붕괴 등 안전사고의 우려가 있는 경우 해당 건축물에 대한 안전조치를 위한 행위
3. 농림수산물의 생산에 직접 이용되는 것으로서 국토교통부령으로 정하는 간이공작물의 설치 (비닐하우스, 버섯재배사, 종묘배양장, 퇴비장, 탈곡장 등)
4. 경작을 위한 토지의 형질변경
5. 정비구역의 개발에 지장을 주지 아니하고 자연경관을 손상하지 아니하는 범위에서의 토석의 채취
6. 정비구역에 존치하기로 결정된 대지에 물건을 쌓아놓는 행위
7. 관상용 죽목의 임시식재(경작지에서의 임시식재는 제외)

정답 11 ⑤ 12 ④

CHAPTER

03 정비사업의 시행

더 많은 기출문제를 풀고 싶다면?
단원별 기출문제집
[부동산공법] pp.169~200

5개년 출제빈도 분석표

28회	29회	30회	31회	32회
4	4	3	5	4

빈출 키워드

☑ 관리처분계획
☑ 공사완료에 따른 조치

제1절 시행자 및 사업시행계획

대표기출 연습

도시 및 주거환경정비법령상 정비사업의 시행에 관한 설명으로 옳은 것은? • 30회

① 조합의 정관에는 정비구역의 위치 및 면적이 포함되어야 한다.
② 조합설립인가 후 시장·군수등이 토지주택공사등을 사업시행자로 지정·고시한 때에는 그 고시일에 조합설립인가가 취소된 것으로 본다.
③ 조합은 명칭에 '정비사업조합'이라는 문자를 사용하지 않아도 된다.
④ 조합장이 자기를 위하여 조합과 소송을 할 때에는 이사가 조합을 대표한다.
⑤ 재건축사업을 하는 정비구역에서 오피스텔을 건설하여 공급하는 경우에는 「국토의 계획 및 이용에 관한 법률」에 따른 준주거지역 및 상업지역 이외의 지역에서 오피스텔을 건설할 수 있다.

키워드 정비사업의 시행 29회, 30회, 31회, 32회
교수님 TIP 조합의 정관 내용을 정확히 숙지하여야 합니다.

해설 ② 조합설립인가 후 시장·군수등이 토지주택공사등을 사업시행자로 지정·고시한 때에는 그 고시일 다음 날에 조합설립인가가 취소된 것으로 본다.
③ 조합은 명칭에 '정비사업조합'이라는 문자를 사용하여야 한다.
④ 조합장이 자기를 위하여 조합과 소송을 할 때에는 감사가 조합을 대표한다.
⑤ 재건축사업을 하는 정비구역에서 오피스텔을 건설하여 공급하는 경우에는 「국토의 계획 및 이용에 관한 법률」에 따른 준주거지역 및 상업지역에서 오피스텔을 건설할 수 있다.

정답 ①

01 中 **도시 및 주거환경정비법령상 조문의 일부이다. 다음 (　　)에 들어갈 내용을 옳게 연결한 것은?**

> 재건축사업은 정비구역에서 인가받은 관리처분계획에 따라 주택, 부대시설·복리시설 및 오피스텔(건축법 제2조 제2항에 따른 오피스텔)을 건설하여 공급하는 방법으로 한다. 이 경우 오피스텔을 건설하여 공급하는 경우에는 「국토의 계획 및 이용에 관한 법률」에 따른 (㉠)에서만 건설할 수 있다. 이 경우 오피스텔의 연면적은 전체 건축물 연면적의 (㉡) 이하이어야 한다.

	㉠	㉡
①	준주거지역 및 일반공업지역	100분의 10
②	준주거지역 및 상업지역	100분의 20
③	준공업지역 및 상업지역	100분의 30
④	준주거지역 및 준공업지역	100분의 10
⑤	준주거지역 및 상업지역	100분의 30

키워드 재건축사업의 시행 방법

해설 재건축사업은 정비구역에서 인가받은 관리처분계획에 따라 주택, 부대시설·복리시설 및 오피스텔(건축법 제2조 제2항에 따른 오피스텔)을 건설하여 공급하는 방법으로 한다. 이 경우 오피스텔을 건설하여 공급하는 경우에는 「국토의 계획 및 이용에 관한 법률」에 따른 '준주거지역 및 상업지역'에서만 건설할 수 있다. 이 경우 오피스텔의 연면적은 전체 건축물 연면적의 '100분의 30' 이하이어야 한다.

02 中 **도시 및 주거환경정비법령상 인가받은 관리처분계획에 따라 주택**(건축물을 포함) **및 부대·복리시설을 공급하는 방법과 환지로 공급하는 방법으로 시행할 수 있는 정비사업으로 옳은 것은?**

> ㉠ 주거환경개선사업　　㉡ 재개발사업
> ㉢ 재건축사업　　㉣ 주거환경관리사업

① ㉠, ㉣　　② ㉠, ㉡　　③ ㉢, ㉣
④ ㉡, ㉣　　⑤ ㉡, ㉢

키워드 정비사업의 시행 방법

해설 주거환경개선사업(㉠)과 재개발사업(㉡)에 대한 설명이다.

정답 01 ⑤　02 ②

03 도시 및 주거환경정비법령상 정비사업의 시행 방법으로 옳은 것만을 모두 고른 것은?

中

> ㉠ 재건축사업 : 사업시행자가 환지로 공급하는 방법
> ㉡ 주거환경개선사업 : 사업시행자가 정비구역에서 인가받은 관리처분계획에 따라 주택, 부대시설·복리시설 및 오피스텔을 건설하여 공급하는 방법
> ㉢ 재개발사업 : 정비구역에서 인가받은 관리처분계획에 따라 건축물을 건설하여 공급하는 방법

① ㉠
② ㉡
③ ㉢
④ ㉠, ㉢
⑤ ㉡, ㉢

키워드 정비사업의 시행 방법

해 설 ㉠ 재건축사업은 환지로 공급하는 방법으로 사업을 시행할 수 없다.
㉡ 사업시행자가 정비구역에서 인가받은 관리처분계획에 따라 주택, 부대시설·복리시설 및 오피스텔을 건설하여 공급하는 방법을 시행할 수 있는 사업은 재건축사업에 해당한다.

04 도시 및 주거환경정비법령상 정비사업의 시행자가 될 수 있는 자가 아닌 것은?

下

① 광역시장
② 토지등소유자
③ 시장·군수
④ 지방공사
⑤ 한국토지주택공사

키워드 정비사업의 시행자

해 설 광역시장은 정비사업의 시행자가 될 수 없다.

05 **도시 및 주거환경정비법령상 다음 ( )에 들어갈 내용을 순서대로 나열한 것은?** (단, 사업시행자가 정비구역의 전부 또는 일부를 수용하여 주택을 건설한 후 토지등소유자에게 우선 공급하는 방법으로 하는 경우를 전제로 함)

中

> 주거환경개선사업은 정비계획의 입안을 위한 공람 공고일 현재 해당 정비예정구역의 토지 또는 건축물의 소유자 또는 지상권자의 (㉠) 이상의 동의와 세입자 세대수 (㉡)의 동의를 각각 받아 시장·군수등이 직접 시행하거나 토지주택공사등을 사업시행자로 지정하여 이를 시행하게 할 수 있다. 다만, 세입자의 세대수가 토지등소유자의 (㉢) 이하인 경우 등 대통령령으로 정하는 사유가 있는 경우에는 세입자의 동의 절차를 거치지 아니할 수 있다.

① ㉠ : 2분의 1, ㉡ : 과반수, ㉢ : 2분의 1
② ㉠ : 2분의 1, ㉡ : 3분의 2, ㉢ : 3분의 1
③ ㉠ : 3분의 2, ㉡ : 과반수, ㉢ : 2분의 1
④ ㉠ : 3분의 2, ㉡ : 과반수, ㉢ : 3분의 1
⑤ ㉠ : 3분의 2, ㉡ : 3분의 1, ㉢ : 5분의 1

키워드 주거환경개선사업의 시행자

해 설 주거환경개선사업은 정비계획의 입안을 위한 공람 공고일 현재 해당 정비예정구역의 토지 또는 건축물의 소유자 또는 지상권자의 '3분의 2' 이상의 동의와 세입자 세대수 '과반수'의 동의를 각각 받아 시장·군수등이 직접 시행하거나 토지주택공사등을 사업시행자로 지정하여 이를 시행하게 할 수 있다. 다만, 세입자의 세대수가 토지등소유자의 '2분의 1' 이하인 경우 등 대통령령으로 정하는 사유가 있는 경우에는 세입자의 동의 절차를 거치지 아니할 수 있다.

정답 03 ③ 04 ① 05 ③

06 中

도시 및 주거환경정비법령상 정비사업의 시행에 관한 설명으로 틀린 것은?

① 재개발사업은 조합이 이를 시행하거나 조합이 조합원 과반수의 동의를 받아 시장·군수등 또는 토지주택공사등과 공동으로 시행할 수 있다.

② 재건축사업은 조합이 조합원 과반수의 동의를 받아 건설업자 또는 등록사업자와 공동으로 시행할 수 있다.

③ 재건축사업의 시행자는 선정된 시공자와 공사에 관한 계약을 체결할 때에는 기존 건축물의 철거공사에 관한 사항을 포함하여야 한다.

④ 재개발사업은 사업시행자가 '정비구역에서 인가받은 관리처분계획에 따라 건축물을 건설하여 공급하는 방법' 및 '환지로 공급하는 방법'을 혼용할 수 있다.

⑤ 조합은 조합설립인가를 받은 후 건설업자 또는 등록사업자를 시공자로 선정하여야 한다.

키워드 정비사업의 시행

해 설 재개발사업은 사업시행자가 정비구역에서 인가받은 관리처분계획에 따라 건축물을 건설하여 공급하거나 환지로 공급하는 방법으로 한다. 혼용할 수는 없다.

07 下

도시 및 주거환경정비법령상 토지등소유자가 정비사업조합을 설립하지 않고 직접 시행할 수 있는 정비사업은? (단, 토지등소유자가 20인 미만인 경우를 전제로 함)

① 주거환경개선사업 ② 재개발사업

③ 재건축사업 ④ 가로주택정비사업

⑤ 도시환경정비사업

키워드 정비사업의 시행자

해 설 재개발사업은 토지등소유자가 조합을 설립하지 않고 직접 사업을 시행할 수 있다.

08 中 **도시 및 주거환경정비법령상 정비사업의 시행에 관한 설명으로 옳은 것은?**

① 시장·군수등은 장기간 정비사업이 지연되거나 권리관계에 관한 분쟁 등으로 해당 조합 또는 토지등소유자가 시행하는 정비사업을 계속 추진하기 어렵다고 인정하는 경우에는 해당 조합 또는 토지등소유자를 대신하여 직접 정비사업을 시행할 수 있다.

② 시장·군수등이 아닌 사업대행자는 사업시행자에게 재산상의 부담을 가하는 행위를 하고자 하는 때에는 미리 사업시행자의 동의를 받아야 한다.

③ 토지등소유자가 재개발사업을 시행하는 경우에는 경쟁입찰의 방법으로 시공자를 선정하여야 한다.

④ 조합원의 수가 100명 이하인 조합은 조합설립인가를 받은 후 조합 총회에서 국토교통부장관이 정하는 경쟁입찰의 방법으로 시공자를 선정하여야 한다.

⑤ 시·도지사는 안전진단의 결과와 도시·군계획 및 지역 여건 등을 종합적으로 검토하여 정비계획의 입안 여부를 결정하여야 한다.

키워드 정비구역에서의 행위제한

해 설 ② 시장·군수등이 아닌 사업대행자는 사업시행자에게 재산상 부담을 주는 행위를 하려는 때에는 미리 시장·군수등의 승인을 받아야 한다.

③ 토지등소유자가 재개발사업을 시행하는 경우에는 사업시행계획인가를 받은 후 규약으로 정하는 바에 따라 건설업자 또는 등록사업자를 시공자로 선정하여야 한다.

④ 조합은 조합설립인가를 받은 후 조합 총회에서 경쟁입찰 또는 수의계약(2회 이상 경쟁입찰이 유찰된 경우로 한정)의 방법으로 건설업자 또는 등록사업자를 시공자로 선정하여야 한다. 다만, 조합원이 100명 이하인 정비사업은 조합 총회에서 정관으로 정하는 바에 따라 선정할 수 있다.

⑤ 정비계획의 입안권자는 안전진단의 결과와 도시·군계획 및 지역 여건 등을 종합적으로 검토하여 정비계획의 입안 여부를 결정하여야 한다.

정답 06 ④ 07 ② 08 ①

09 上 **도시 및 주거환경정비법령상 재개발사업을 시장·군수등이 직접 정비사업을 시행하거나 토지주택공사등을 사업시행자로 지정하여 정비사업을 시행하게 할 수 있는 사유가 아닌 것은?**

① 천재지변, 그 밖의 불가피한 사유로 긴급하게 정비사업을 시행할 필요가 있다고 인정하는 때

② 정비계획에서 정한 정비사업시행 예정일부터 2년 이내에 사업시행계획인가를 신청하지 아니하거나 사업시행계획인가를 신청한 내용이 위법 또는 부당하다고 인정하는 때

③ 지방자치단체의 장이 시행하는 「국토의 계획 및 이용에 관한 법률」에 따른 도시·군계획사업과 병행하여 정비사업을 시행할 필요가 있다고 인정하는 때

④ 해당 정비구역 안의 국·공유지 면적이 전체 토지 면적의 3분의 1 이상으로서 토지등소유자의 과반수가 시장·군수등 또는 토지주택공사등을 사업시행자로 지정하는 것에 동의하는 때

⑤ 해당 정비구역 안의 토지 면적 2분의 1 이상의 토지소유자와 토지등소유자의 3분의 2 이상에 해당하는 자가 시장·군수등 또는 토지주택공사등을 사업시행자로 지정할 것을 요청하는 때

키워드 재개발사업의 공공시행자

해 설 해당 정비구역의 국·공유지 면적이 전체 토지 면적의 2분의 1 이상으로서 토지등소유자의 과반수가 시장·군수등 또는 토지주택공사등을 사업시행자로 지정하는 것에 동의하는 때이다.

이론플러스 **재개발사업의 공공시행자**

1. 천재지변, 「재난 및 안전관리 기본법」 또는 「시설물의 안전 및 유지관리에 관한 특별법」에 따른 사용제한·사용금지, 그 밖의 불가피한 사유로 긴급하게 정비사업을 시행할 필요가 있다고 인정하는 때
2. 정비계획에서 정한 정비사업시행 예정일부터 2년 이내에 사업시행계획인가를 신청하지 아니하거나 사업시행계획인가를 신청한 내용이 위법 또는 부당하다고 인정하는 때(재건축사업의 경우는 제외)
3. 추진위원회가 시장·군수등의 구성승인을 받은 날부터 3년 이내에 조합설립인가를 신청하지 아니하거나 조합이 조합설립인가를 받은 날부터 3년 이내에 사업시행계획인가를 신청하지 아니한 때
4. 지방자치단체의 장이 시행하는 「국토의 계획 및 이용에 관한 법률」에 따른 도시·군계획사업과 병행하여 정비사업을 시행할 필요가 있다고 인정하는 때
5. 순환정비방식으로 정비사업을 시행할 필요가 있다고 인정하는 때

6. 사업시행계획인가가 취소된 때
7. 해당 정비구역의 국·공유지 면적 또는 국·공유지와 토지주택공사등이 소유한 토지를 합한 면적이 전체 토지 면적의 2분의 1 이상으로서 토지등소유자의 과반수가 시장·군수등 또는 토지주택공사등을 사업시행자로 지정하는 것에 동의하는 때
8. 해당 정비구역의 토지 면적 2분의 1 이상의 토지소유자와 토지등소유자의 3분의 2 이상에 해당하는 자가 시장·군수등 또는 토지주택공사등을 사업시행자로 지정할 것을 요청하는 때

10 도시 및 주거환경정비법령상 정비사업의 시행에 관한 설명으로 틀린 것은?

中

① 정비사업의 사업대행자는 사업시행자에게 청구할 수 있는 보수에 대한 권리로써 사업시행자에게 귀속될 건축물을 압류할 수 있다.

② 사업시행자는 선정된 시공자와 공사에 관한 계약을 체결할 때에는 기존 건축물의 철거 공사에 관한 사항을 포함시켜야 한다.

③ 주거환경개선사업의 사업시행자가 임시거주시설의 설치 등을 위하여 지방자치단체의 건축물을 일시 사용하고자 신청한 경우, 그 지방자치단체는 사용 신청 이전에 사용계획이 확정된 경우라도 이를 거절할 수 없다.

④ 재개발사업에서 지정개발자의 정비사업비 예치금은 청산금의 지급이 완료된 때에 반환한다.

⑤ 재개발사업은 토지등소유자가 20인 미만인 경우에는 토지등소유자가 시행하거나 토지등소유자의 과반수의 동의를 받아 시장·군수등, 토지주택공사등, 건설업자, 등록사업자와 공동으로 시행할 수 있다.

키워드 정비사업의 시행

해 설 주거환경개선사업의 사업시행자가 임시거주시설의 설치 등을 위하여 지방자치단체의 건축물을 일시 사용하고자 신청한 경우, 그 지방자치단체는 사용 신청 이전에 사용계획이 확정된 경우에는 이를 거절할 수 있다.

정답 09 ④ 10 ③

11 도시 및 주거환경정비법령상 재건축사업에 관한 설명으로 옳은 것은?

中

① 재건축사업이라 함은 정비기반시설은 열악하고 노후·불량건축물이 밀집한 지역에서 주거환경을 개선하기 위하여 시행하는 사업을 말한다.

② 재건축사업의 경우 토지등소유자라 함은 정비구역에 위치한 건축물 및 그 부속토지의 소유자를 말한다.

③ 재건축사업의 토지등소유자는 의무적으로 조합원이 된다.

④ 재건축사업은 정비구역에서 토지 등을 수용하여 주택을 건설한 후 토지등소유자에게 우선 공급하는 방법으로 사업을 시행할 수 있다.

⑤ 재건축사업의 추진위원회가 조합을 설립하려면 주택단지가 아닌 지역이 정비구역에 포함된 때에는 주택단지가 아닌 지역의 토지 면적의 4분의 3 이상의 토지소유자의 동의를 받아야 한다.

키워드 재건축사업의 시행

해 설 ① 재건축사업은 정비기반시설이 양호한 지역을 대상으로 사업을 시행한다.

③ 재건축사업의 토지등소유자가 의무적으로 조합원이 되는 것은 아니고, 재건축사업에 동의한 자에 한하여 조합원이 된다.

④ 재건축사업은 수용 방법으로는 사업을 시행할 수 없고, 인가받은 관리처분계획에 따라 주택, 부대시설·복리시설 및 오피스텔을 건설하여 공급하는 방법으로 사업을 시행하여야 한다.

⑤ 재건축사업의 추진위원회가 조합을 설립하려면 주택단지가 아닌 지역이 정비구역에 포함된 때에는 주택단지가 아닌 지역의 토지 또는 건축물 소유자의 4분의 3 이상 및 토지 면적의 3분의 2 이상의 토지소유자의 동의를 받아야 한다.

12 도시 및 주거환경정비법령상 정비사업을 시행하는 절차를 순서에 따라 옳게 나열한 것은?

下

㉠ 사업시행계획 수립 및 인가
㉡ 정비계획 수립 및 정비구역 지정
㉢ 도시·주거환경정비기본계획 수립
㉣ 준공인가
㉤ 관리처분계획 인가

① ㉠ – ㉢ – ㉡ – ㉤ – ㉣
② ㉡ – ㉢ – ㉠ – ㉤ – ㉣
③ ㉢ – ㉠ – ㉤ – ㉡ – ㉣
④ ㉢ – ㉡ – ㉠ – ㉤ – ㉣
⑤ ㉢ – ㉡ – ㉤ – ㉠ – ㉣

키워드 정비사업의 시행 절차

해설 도시·주거환경정비기본계획 수립(㉢) – 정비계획 수립 및 정비구역 지정(㉡) – 사업시행계획 수립 및 인가(㉠) – 관리처분계획 인가(㉤) – 준공인가(㉣)의 순서이다.

13 中 **도시 및 주거환경정비법령상 조합설립추진위원회가 수행할 수 있는 업무가 아닌 것은?**

① 조합의 설립을 위한 창립총회의 개최
② 재건축사업의 안전진단 신청에 관한 업무
③ 설계자의 선정 및 변경
④ 개략적인 정비사업 시행계획서의 작성
⑤ 토지등소유자의 동의서의 접수

키워드 추진위원회의 업무

해설 재건축사업의 안전진단 신청에 관한 업무는 추진위원회에서 수행하는 업무사항에 해당하지 않는다.

14 上 **도시 및 주거환경정비법령상 조합설립추진위원회**(이하 '추진위원회'라 함)**에 관한 설명으로 틀린 것은?**

① 조합을 설립하려는 경우에는 정비구역 지정·고시 후 토지등소유자 과반수의 동의를 받아 위원장을 포함한 5명 이상의 위원으로 조합설립을 위한 추진위원회를 구성하여 시장·군수등의 승인을 받아야 한다.
② 추진위원회는 추진위원회를 대표하는 추진위원장 1명과 감사를 두어야 한다.
③ 추진위원회는 조합설립 동의를 받은 후 조합설립인가신청 전에 조합설립을 위한 창립총회를 개최하여야 한다.
④ 창립총회는 추진위원장의 직권 또는 토지등소유자 10분의 1 이상의 요구로 추진위원장이 소집한다.
⑤ 추진위원회는 추진위원회가 행한 업무를 총회에 보고하여야 하며, 추진위원회가 행한 업무와 관련된 권리와 의무는 조합이 포괄 승계한다.

키워드 추진위원회의 소집

해설 창립총회는 추진위원장의 직권 또는 토지등소유자 5분의 1 이상의 요구로 추진위원장이 소집한다.

정답 11 ② 12 ④ 13 ② 14 ④

15 中 **도시 및 주거환경정비법령상의 정비사업조합에 관한 설명으로 옳은 것은?**

① 당연퇴임된 조합임원이 퇴임 전에 관여한 행위는 그 효력을 잃는다.

② 토지 또는 건축물의 소유권과 지상권이 여러 명의 공유에 속하는 때에는 그 여러 명을 모두 조합원으로 본다.

③ 조합임원은 같은 목적의 정비사업을 하는 다른 조합의 임원 또는 직원을 겸할 수 있다.

④ 조합설립인가를 받은 경우에는 따로 등기를 하지 않아도 조합이 성립된다.

⑤ 토지등소유자의 수가 100인을 초과하는 경우에는 이사의 수를 5명 이상으로 한다.

키워드 정비사업조합

해설 ① 당연퇴임된 조합임원이 퇴임 전에 관여한 행위는 그 효력을 잃지 않는다.
② 토지 또는 건축물의 소유권과 지상권이 여러 명의 공유에 속하는 때에는 그 여러 명을 대표하는 1명을 조합원으로 본다.
③ 조합임원은 같은 목적의 정비사업을 하는 다른 조합의 임원 또는 직원을 겸할 수 없다.
④ 조합은 조합설립의 인가를 받은 날부터 30일 이내에 주된 사무소의 소재지에서 대통령령이 정하는 사항을 등기하는 때에 성립한다.

16 中 **도시 및 주거환경정비법령상 추진위원회와 정비사업조합에 관한 설명으로 틀린 것은?**

① 추진위원회의 구성원은 위원장을 포함한 5명 이상의 위원으로 한다.

② 추진위원회의 조합설립을 위한 토지등소유자의 동의는 구두로는 할 수 없다.

③ 조합원은 토지등소유자(재건축사업의 경우에는 재건축사업에 동의한 자만 해당)로 하되, 토지의 소유권이 여러 명의 공유에 속하는 때에는 그 여러 명을 대표하는 1인을 조합원으로 본다.

④ 재개발사업의 추진위원회가 조합을 설립하려면 토지등소유자의 4분의 3 이상 및 토지 면적의 2분의 1 이상의 토지소유자의 동의를 받아 시장·군수등의 인가를 받아야 한다.

⑤ 재건축사업의 추진위원회가 조합을 설립하려는 때에는 주택단지의 공동주택의 각 동별 구분소유자의 과반수의 동의와 주택단지의 전체 구분소유자의 5분의 4 이상 및 토지 면적의 4분의 3 이상의 토지소유자의 동의를 받아 시장·군수등의 인가를 받아야 한다.

키워드 추진위원회와 정비사업조합

해설 재건축사업의 추진위원회가 조합을 설립하려는 때에는 주택단지의 공동주택의 각 동별 구분소유자의 과반수의 동의와 주택단지의 전체 구분소유자의 4분의 3 이상 및 토지 면적의 4분의 3 이상의 토지소유자의 동의를 받아 시장·군수등의 인가를 받아야 한다.

17 中 **도시 및 주거환경정비법령상 조합설립 등에 관하여 (　　)에 들어갈 내용을 바르게 나열한 것은?** • 29회

> • 재개발사업의 추진위원회가 조합을 설립하려면 토지등소유자의 (㉠) 이상 및 토지 면적의 (㉡) 이상의 토지소유자의 동의를 받아 시장·군수등의 인가를 받아야 한다.
> • 조합이 정관의 기재사항 중 조합원의 자격에 관한 사항을 변경하려는 경우에는 총회를 개최하여 조합원 (㉢) (이상)의 찬성으로 시장·군수등의 인가를 받아야 한다.

① ㉠ : 3분의 2, ㉡ : 3분의 1, ㉢ : 3분의 2
② ㉠ : 3분의 2, ㉡ : 2분의 1, ㉢ : 과반수
③ ㉠ : 4분의 3, ㉡ : 3분의 1, ㉢ : 과반수
④ ㉠ : 4분의 3, ㉡ : 2분의 1, ㉢ : 3분의 2
⑤ ㉠ : 4분의 3, ㉡ : 3분의 2, ㉢ : 과반수

키워드 정비사업조합의 동의요건

해설
• 재개발사업의 추진위원회가 조합을 설립하려면 토지등소유자의 '4분의 3' 이상 및 토지 면적의 '2분의 1' 이상의 토지소유자의 동의를 받아 시장·군수등의 인가를 받아야 한다.
• 조합이 정관의 기재사항 중 조합원의 자격에 관한 사항을 변경하려는 경우에는 총회를 개최하여 조합원 '3분의 2' (이상)의 찬성으로 시장·군수등의 인가를 받아야 한다.

정답 15 ⑤ 16 ⑤ 17 ④

18 上 **도시 및 주거환경정비법령상 조합을 설립하는 경우, 토지등소유자의 동의자 수 산정방법으로 옳지 않은 것은?**

① 주거환경개선사업의 경우 1필지의 토지 또는 하나의 건축물을 여럿이서 공유할 때에는 그 여럿을 대표하는 1인을 토지등소유자로 산정한다.

② 재개발사업의 경우 토지에 지상권이 설정되어 있는 경우 토지의 소유자와 해당 토지의 지상권자를 각각 토지등소유자로 산정한다.

③ 주거환경개선사업의 경우 1인이 다수 필지의 토지 또는 다수의 건축물을 소유하고 있는 경우에는 필지나 건축물의 수에 관계없이 토지등소유자를 1인으로 산정한다.

④ 국·공유지에 대해서는 그 재산관리청 각각을 토지등소유자로 산정한다.

⑤ 재건축사업의 경우 1인이 둘 이상의 소유권 또는 구분소유권을 소유하고 있는 경우에는 소유권 또는 구분소유권의 수에 관계없이 토지등소유자를 1인으로 산정한다.

키워드 동의자 수 산정방법

해 설 토지에 지상권이 설정되어 있는 경우 토지의 소유자와 해당 토지의 지상권자를 대표하는 1인을 토지등소유자로 산정한다.

19 上 **도시 및 주거환경정비법령상 재개발사업을 시행하기 위하여 조합을 설립하고자 할 때, 다음 표의 예시에서 산정되는 토지등소유자의 수로 옳은 것은?**

지 번	토지소유자	건축물소유자	지상권자
1	A	H	
2	B		D
3	F	G	
4	A	A	

① 3명 ② 4명
③ 5명 ④ 6명
⑤ 8명

키워드 동의자 수 산정방법

해 설 지번1은 A와 H 각각 1명, 지번2의 경우 B, D 중 1명, 지번3의 경우 F와 G 각각 1명, 지번4는 0명이다. 따라서 조합원은 모두 5명이다.

이론플러스 **토지등소유자 산정방법**

1. 주거환경개선사업, 재개발사업의 경우에는 다음의 기준에 따라 산정한다.
   - 1필지의 토지 또는 하나의 건축물을 여럿이서 공유할 때에는 그 여럿을 대표하는 1인을 토지등소유자로 산정할 것
   - 토지에 지상권이 설정되어 있는 경우 토지의 소유자와 해당 토지의 지상권자를 대표하는 1인을 토지등소유자로 산정할 것
   - 1인이 다수 필지의 토지 또는 다수의 건축물을 소유하고 있는 경우에는 필지나 건축물의 수에 관계없이 토지등소유자를 1인으로 산정할 것. 다만, 재개발사업으로서 토지등소유자가 재개발사업을 시행하는 경우 토지등소유자가 정비구역 지정 후에 정비사업을 목적으로 취득한 토지 또는 건축물에 대해서는 정비구역 지정 당시의 토지 또는 건축물의 소유자를 토지등소유자의 수에 포함하여 산정하되, 이 경우 동의 여부는 이를 취득한 토지등소유자에 따를 것
   - 둘 이상의 토지 또는 건축물을 소유한 공유자가 동일한 경우에는 그 공유자 여럿을 대표하는 1인을 토지등록소유자로 산정할 것
2. 재건축사업의 경우에는 다음의 기준에 따를 것
   - 소유권 또는 구분소유권을 여럿이서 공유하는 경우에는 그 여럿을 대표하는 1인을 토지등소유자로 산정할 것
   - 1인이 둘 이상의 소유권 또는 구분소유권을 소유하고 있는 경우에는 소유권 또는 구분소유권의 수에 관계없이 토지등소유자를 1인으로 산정할 것
   - 둘 이상의 소유권 또는 구분소유권을 소유한 공유자가 동일한 경우에는 그 공유자 여럿을 대표하는 1인을 토지등소유자로 할 것
3. 추진위원회의 구성 또는 조합의 설립에 동의한 자로부터 토지 또는 건축물을 취득한 자는 추진위원회의 구성 또는 조합의 설립에 동의한 것으로 볼 것
4. 토지등기부등본·건물등기부등본·토지대장 및 건축물관리대장에 소유자로 등재될 당시 주민등록번호의 기록이 없고 기록된 주소가 현재 주소와 상이한 경우로서 소재가 확인되지 아니한 자는 토지등소유자의 수 또는 공유자 수에서 제외할 것
5. 국·공유지에 대해서는 그 재산관리청 각각을 토지등소유자로 산정할 것

정답 18 ② 19 ③

20 中 **도시 및 주거환경정비법령상 재개발사업 조합의 설립을 위한 동의자 수 산정 시, 다음에서 산정되는 토지등소유자의 수는?** (단, 권리관계는 제시된 것만 고려하며, 토지는 정비구역 안에 소재함) • 25회 수정

> • A, B, C 3인이 공유한 1필지 토지에 하나의 주택을 단독 소유한 D
> • 3필지의 나대지를 단독 소유한 E
> • 1필지의 나대지를 단독 소유한 F와 그 나대지에 대한 지상권자 G

① 3명 ② 4명
③ 5명 ④ 7명
⑤ 9명

키워드 동의자 수 산정방법

해 설 • A, B, C 3인이 공유한 1필지 토지에 하나의 주택을 단독 소유한 D = 2명
• 3필지의 나대지를 단독 소유한 E = 1명
• 1필지의 나대지를 단독 소유한 F와 그 나대지에 대한 지상권자 G = 1명

21 上 **도시 및 주거환경정비법령상 조합에 관한 설명으로 옳은 것은?**

① 「도시 및 주거환경정비법」을 위반하여 벌금 100만원 이상의 형을 선고받고 10년이 지나지 아니한 자는 조합원이 될 수 없다.
② 조합이 조합원의 자격에 관한 정관을 변경하려면 총회를 개최하여 조합원 과반수의 찬성으로 시장·군수등의 인가를 받아야 한다.
③ 「주택법」에 따른 투기과열지구로 지정된 지역에서 재건축사업을 시행하는 경우, 조합설립인가 후 해당 정비사업의 건축물 또는 토지를 상속으로 양수한 자는 조합원이 될 수 없다.
④ 총회를 소집하려는 자는 총회가 개최되기 7일 전까지 회의목적·안건·일시 및 장소와 서면의결권의 행사기간 및 장소 등 서면의결권 행사에 필요한 사항을 정하여 조합원에게 통지하여야 한다.
⑤ 조합장을 포함한 이사와 감사는 대의원이 될 수 없다.

키워드 정비사업조합

해 설 ① 「도시 및 주거환경정비법」을 위반하여 벌금 100만원 이상의 형을 선고받고 10년이 지나지 아니한 자는 조합의 임원이 될 수 없다.
② 조합이 조합원의 자격에 관한 정관을 변경하려면 총회를 개최하여 조합원 3분의 2 이상의 찬성으로 시장·군수등의 인가를 받아야 한다.
③ 「주택법」 규정에 따른 투기과열지구로 지정된 지역에서 재건축사업을 시행하는 경우, 조합설립인가 후 해당 정비사업의 건축물 또는 토지를 상속으로 양수한 자는 조합원이 될 수 있다.
⑤ 조합장을 제외한 이사와 감사는 대의원이 될 수 없다.

PART 3

03 정비사업의 시행

22 上

도시 및 주거환경정비법령상 조합의 정관을 변경하기 위하여 조합원 3분의 2 이상의 찬성이 필요한 사항이 아닌 것은? • 26회 수정

① 대의원의 수 및 선임절차
② 조합원의 자격에 관한 사항
③ 정비구역의 위치 및 면적
④ 조합의 비용부담 및 조합의 회계
⑤ 시공자·설계자의 선정 및 계약서에 포함될 내용

키워드 정관의 변경

해 설 조합이 대의원의 수 및 선임절차를 변경하려면 조합원 과반수의 찬성으로 한다.

정답 20 ② 21 ④ 22 ①

23 도시 및 주거환경정비법령상 조합임원에 관한 설명으로 옳은 것은?

中

① 조합원의 수가 100명 이상인 조합은 대의원회를 둘 수 있다.

② 조합임원은 조합원 5분의 1 이상의 요구로 소집된 총회에서 조합원 과반수의 출석과 출석 조합원 과반수의 동의를 받아 해임할 수 있다.

③ 조합임원이 결격사유에 해당하게 되거나 선임 당시 그에 해당하는 자이었음이 판명된 때에는 당연퇴임하며, 퇴임된 임원이 퇴임 전에 관여한 행위는 그 효력을 잃지 아니한다.

④ 조합장의 자기를 위한 조합과의 계약이나 소송에 관하여는 이사가 조합을 대표한다.

⑤ 조합임원은 같은 목적의 정비사업을 하는 다른 조합의 임원 또는 직원을 겸할 수 있다.

키워드 정비사업조합의 임원

해 설 ① 조합원의 수가 100명 이상인 조합은 대의원회를 두어야 한다.

② 조합임원은 조합원 10분의 1 이상의 요구로 소집된 총회에서 조합원 과반수의 출석과 출석 조합원 과반수의 동의를 받아 해임할 수 있다.

④ 조합장의 자기를 위한 조합과의 계약이나 소송에 관하여는 감사가 조합을 대표한다.

⑤ 조합임원은 같은 목적의 정비사업을 하는 다른 조합의 임원 또는 직원을 겸할 수 없다.

24 도시 및 주거환경정비법령상 조합의 설립에 관한 설명으로 ( )에 들어갈 내용을 바르게 나열한 것은?

下

- 재건축사업의 추진위원회가 조합을 설립하려면 주택단지의 공동주택의 각 동별 구분소유자의 (㉠) 동의와 주택단지의 전체 구분소유자의 4분의 3 이상 및 토지 면적의 (㉡) 이상의 토지소유자의 동의를 받아 시장·군수등의 인가를 받아야 한다.
- 재건축사업의 추진위원회가 조합을 설립하려면 주택단지가 아닌 지역이 정비구역에 포함된 때에는 주택단지가 아닌 지역의 토지 또는 건축물 소유자의 (㉡) 이상 및 토지 면적의 3분의 2 이상의 토지소유자의 동의를 받아 시장·군수등의 인가를 받아야 한다.

① ㉠ : 3분의 2, ㉡ : 4분의 3

② ㉠ : 과반수, ㉡ : 3분의 2

③ ㉠ : 3분의 2, ㉡ : 4분의 1

④ ㉠ : 과반수, ㉡ : 4분의 3

⑤ ㉠ : 4분의 3, ㉡ : 4분의 2

키워드 정비사업조합의 동의요건

해설
- 재건축사업의 추진위원회가 조합을 설립하려면 주택단지의 공동주택의 각 동(복리시설의 경우에는 주택단지의 복리시설 전체를 하나의 동으로 봄)별 구분소유자의 '과반수' 동의(공동주택의 각 동별 구분소유자가 5 이하인 경우는 제외)와 주택단지의 전체 구분소유자의 4분의 3 이상 및 토지 면적의 '4분의 3' 이상의 토지소유자의 동의를 받아 시장·군수등의 인가를 받아야 한다.
- 재건축사업의 추진위원회가 조합을 설립하려면 주택단지가 아닌 지역이 정비구역에 포함된 때에는 주택단지가 아닌 지역의 토지 또는 건축물 소유자의 '4분의 3' 이상 및 토지 면적의 3분의 2 이상의 토지소유자의 동의를 받아 시장·군수등의 인가를 받아야 한다.

25 上 **도시 및 주거환경정비법령상 대의원회에서 대행할 수 없고 총회의 의결을 거쳐야 하는 사항이 아닌 것은?**

① 임기 중 궐위된 이사의 보궐선임
② 자금의 차입과 그 방법·이율 및 상환방법
③ 정관의 변경에 관한 사항
④ 조합임원의 선임 및 해임
⑤ 정비사업전문관리업자의 선정 및 변경

키워드 대의원회의 대행사유

해설 임기 중 궐위된 이사의 보궐선임에 관한 사항은 대의원회에서 총회의 권한을 대행할 수 있다.

정답 23 ③ 24 ④ 25 ①

26 中

도시 및 주거환경정비법령상 대의원회에 관한 설명으로 틀린 것은?

① 대의원은 조합원 중에서 선출하며, 대의원회 의장은 조합장이 된다.
② 조합의 감사는 대의원회에서 해임될 수 있다.
③ 조합의 합병 또는 해산(사업완료로 인한 해산의 경우는 제외)에 관한 사항은 대의원회에서 총회의 권한을 대행할 수 없다.
④ 대의원회는 재적대의원 과반수의 출석과 출석대의원 과반수의 찬성으로 의결한다. 다만, 그 이상의 범위에서 정관이 달리 정하는 경우에는 그에 따른다.
⑤ 조합의 이사는 조합의 대의원을 겸할 수 없다.

키워드 대의원회
해 설 조합의 감사는 대의원회에서 해임될 수 없다.

27 上

도시 및 주거환경정비법령상 정비사업의 시행에 관한 설명으로 옳은 것은? • 32회

① 세입자의 세대수가 토지등소유자의 3분의 1에 해당하는 경우 시장·군수등은 토지주택공사등을 주거환경개선사업 시행자로 지정하기 위해서는 세입자의 동의를 받아야 한다.
② 재개발사업은 토지등소유자가 30인인 경우에는 토지등소유자가 직접 시행할 수 있다.
③ 재건축사업 조합설립추진위원회가 구성승인을 받은 날부터 2년이 되었음에도 조합설립인가를 신청하지 아니한 경우 시장·군수등이 직접 시행할 수 있다.
④ 조합설립추진위원회는 토지등소유자의 수가 200인인 경우 5명 이상의 이사를 두어야 한다.
⑤ 주민대표회의는 토지등소유자의 과반수의 동의를 받아 구성하며, 위원장과 부위원장 각 1명과 1명 이상 3명 이하의 감사를 둔다.

키워드 정비사업의 시행
해 설 ① 세입자의 세대수가 토지등소유자의 3분의 1에 해당하는 경우 시장·군수등은 세입자의 동의 없이 토지주택공사등을 주거환경개선사업 시행자로 지정할 수 있다.
② 재개발사업은 토지등소유자가 20인 미만인 경우에는 토지등소유자가 직접 시행할 수 있다.
③ 재건축사업 조합설립추진위원회가 구성승인을 받은 날부터 3년이 되었음에도 조합설립인가를 신청하지 아니한 경우 시장·군수등이 직접 시행할 수 있다.
④ 추진위원회가 아니라 조합은 토지등소유자의 수가 100인을 초과하는 경우 이사의 수를 5명 이상으로 한다.

28 도시 및 주거환경정비법령상 사업시행계획에 관한 설명으로 옳은 것은?

中

① 토지등소유자가 재개발사업을 시행하려는 경우에는 사업시행계획인가를 신청하기 전에 사업시행계획서에 대하여 토지등소유자의 4분의 3 이상 및 토지 면적의 3분의 2 이상의 토지소유자의 동의를 받아야 한다.

② 사업시행계획서에는 사업시행기간 동안 정비구역 내 가로등 설치, 폐쇄회로 텔레비전 설치 등 범죄예방대책이 포함되어야 한다.

③ 시장·군수등은 사업시행계획인가를 하거나 사업시행계획서를 작성하려는 경우에는 대통령령으로 정하는 방법 및 절차에 따라 관계 서류의 사본을 30일 이상 일반인이 공람할 수 있게 하여야 한다.

④ 시장·군수등은 재개발사업의 사업시행계획인가를 하는 경우 해당 정비사업의 사업시행자가 지정개발자인 때에는 정비사업비의 100분의 30을 예치하게 할 수 있다.

⑤ 사업시행자는 일부 건축물의 존치 또는 리모델링에 관한 내용이 포함된 사업시행계획서를 작성하여 사업시행계획인가를 신청할 수 없다.

키워드 사업시행계획

해 설 ① 토지등소유자가 재개발사업을 시행하려는 경우에는 사업시행계획인가를 신청하기 전에 사업시행계획서에 대하여 토지등소유자의 4분의 3 이상 및 토지 면적의 2분의 1 이상의 토지소유자의 동의를 받아야 한다.

③ 시장·군수등은 사업시행계획인가를 하거나 사업시행계획서를 작성하려는 경우에는 대통령령으로 정하는 방법 및 절차에 따라 관계 서류의 사본을 14일 이상 일반인이 공람할 수 있게 하여야 한다.

④ 시장·군수등이 재개발사업의 사업시행계획인가를 하는 경우 해당 정비사업의 사업시행자가 지정개발자인 때에는 정비사업비의 100분의 20의 범위에서 시·도 조례로 정하는 금액을 예치하게 할 수 있다.

⑤ 사업시행자는 일부 건축물의 존치 또는 리모델링에 관한 내용이 포함된 사업시행계획서를 작성하여 사업시행계획인가의 신청을 할 수 있다.

정답 26 ② 27 ⑤ 28 ②

29 中 **도시 및 주거환경정비법령상 재건축사업의 사업시행자가 작성하여야 하는 사업시행계획서에 포함되어야 하는 사항이 아닌 것은?** (단, 조례는 고려하지 않음) • 31회

① 토지이용계획(건축물배치계획을 포함한다)

② 정비기반시설 및 공동이용시설의 설치계획

③ 「도시 및 주거환경정비법」 제10조(임대주택 및 주택규모별 건설비율)에 따른 임대주택의 건설계획

④ 세입자의 주거 및 이주대책

⑤ 임시거주시설을 포함한 주민이주대책

키워드 사업시행계획

해 설 임대주택의 건설계획은 재건축사업의 경우에는 사업시행계획서의 내용에서 제외된다.

이론플러스 **사업시행계획서에 포함되어야 할 내용**

1. 토지이용계획(건축물배치계획을 포함)
2. 정비기반시설 및 공동이용시설의 설치계획
3. 임시거주시설을 포함한 주민이주대책
4. 세입자의 주거 및 이주대책
5. 사업시행기간 동안 정비구역 내 가로등 설치, 폐쇄회로 텔레비전 설치 등 범죄예방대책
6. 임대주택의 건설계획(재건축사업의 경우는 제외)
7. 국민주택규모 주택의 건설계획(주거환경개선사업의 경우는 제외)
8. 공공지원민간임대주택 또는 임대관리 위탁주택의 건설계획(필요한 경우로 한정)
9. 건축물의 높이 및 용적률 등에 관한 건축계획
10. 정비사업의 시행과정에서 발생하는 폐기물의 처리계획
11. 교육시설의 교육환경 보호에 관한 계획(정비구역부터 200m 이내에 교육시설이 설치되어 있는 경우로 한정)
12. 정비사업비
13. 그 밖에 사업시행을 위한 사항으로서 대통령령으로 정하는 바에 따라 시·도조례로 정하는 사항

30 도시 및 주거환경정비법령상 다음 (　　)에 들어갈 내용으로 옳은 것은?

下

> 사업시행자는 (　　)의 시행으로 철거되는 주택의 소유자 또는 세입자에게 해당 정비구역 안과 밖에 위치한 임대주택 등의 시설에 임시로 거주하게 하거나 주택자금의 융자알선 등 임시거주에 상응하는 조치를 하여야 한다.

① 주거환경개선사업 및 재개발사업
② 재개발사업 및 재건축사업
③ 주거환경관리사업
④ 재건축사업
⑤ 주거환경개선사업 및 재건축사업

키워드 임시거주시설 설치의무

해 설 사업시행자는 '주거환경개선사업 및 재개발사업'의 시행으로 철거되는 주택의 소유자 또는 세입자에게 해당 정비구역 안과 밖에 위치한 임대주택 등의 시설에 임시로 거주하게 하거나 주택자금의 융자알선 등 임시거주에 상응하는 조치를 하여야 한다.

31 도시 및 주거환경정비법령상 사업시행계획 등에 관한 설명으로 틀린 것은?

中

① 사업시행자는 사업시행계획서에 정관 등과 그 밖에 국토교통부령으로 정하는 서류를 첨부하여 시장·군수등에게 제출하고 사업시행계획인가를 받아야 한다.
② 지정개발자가 정비사업을 시행하려는 경우에는 사업시행계획인가를 신청하기 전에 토지등소유자의 과반수의 동의 및 토지 면적의 2분의 1 이상의 토지소유자의 동의를 받아야 한다.
③ 사업시행자가 사업시행계획인가를 받은 후 대지면적을 10%의 범위에서 변경하는 경우 시장·군수등에게 인가를 받아야 한다.
④ 인가받은 사업시행계획 중 건축물이 아닌 부대·복리시설의 위치를 변경하고자 하는 경우에는 변경인가를 받아야 한다.
⑤ 시장·군수등은 사업시행계획인가를 하려는 경우 정비구역부터 200m 이내에 교육시설이 설치되어 있을 때에는 해당 지방자치단체의 교육감 또는 교육장과 협의하여야 한다.

키워드 사업시행계획

해 설 사업시행자가 사업시행계획인가를 받은 후 대지면적을 10%의 범위에서 변경하는 경우 시장·군수등에게 신고하여야 한다.

정답 29 ③ 30 ① 31 ③

32 中 **도시 및 주거환경정비법령상 정비사업 시행을 위한 조치 등에 관한 설명으로 틀린 것은?**

① 재건축사업에 따른 건축허가를 받는 때에는 「주택도시기금법」의 국민주택채권 매입에 관한 규정을 적용한다.

② 사업시행자는 재개발사업의 시행으로 철거되는 주택의 소유자 또는 세입자에게 해당 정비구역 안과 밖에 위치한 임대주택 등의 시설에 임시로 거주하게 하거나 주택자금의 융자를 알선하는 등 임시거주에 상응하는 조치를 하여야 한다.

③ 지방자치단체는 시행자로부터 위 ②의 임시거주시설에 필요한 토지의 사용신청을 받은 경우, 제3자에게 이미 사용허가를 한 경우라도 그 사용신청을 거절할 수 없다.

④ 정비사업의 시행으로 인하여 전세권의 설정 목적을 달성할 수 없는 때에는 그 권리자는 계약을 해지할 수 있다.

⑤ 재건축사업을 시행하는 경우 조합설립인가일 현재 조합원 전체의 공동소유인 토지 또는 건축물은 조합 소유의 토지 또는 건축물로 본다.

키워드 정비사업 시행을 위한 조치

해 설 지방자치단체는 시행자로부터 위 ②의 임시거주시설에 필요한 토지의 사용신청을 받은 경우, 제3자에게 이미 사용허가를 한 경우에는 그 사용신청을 거절할 수 있다.

제2절 관리처분계획 및 소유권이전

대표기출 연습

도시 및 주거환경정비법령상 관리처분계획에 따른 처분 등에 관한 설명으로 틀린 것은?

• 31회

① 정비사업의 시행으로 조성된 대지 및 건축물은 관리처분계획에 따라 처분 또는 관리하여야 한다.

② 사업시행자는 정비사업의 시행으로 건설된 건축물을 관리처분계획에 따라 토지등소유자에게 공급하여야 한다.

③ 환지를 공급하는 방법으로 시행하는 주거환경개선사업의 사업시행자가 정비구역에 주택을 건설하는 경우 주택의 공급방법에 관하여 「주택법」에도 불구하고 시장·군수등의 승인을 받아 따로 정할 수 있다.

④ 사업시행자는 분양신청을 받은 후 잔여분이 있는 경우에는 사업시행계획으로 정하는 목적을 위하여 그 잔여분을 조합원 또는 토지등소유자 이외의 자에게 분양할 수 있다.

⑤ 조합이 재개발임대주택의 인수를 요청하는 경우 국토교통부장관이 우선하여 인수하여야 한다.

키워드 관리처분계획에 따른 처분 29회, 31회, 32회

교수님 TIP 관리처분계획의 수립기준, 고시의 효과, 관리처분계획에 따른 처분 등에 관한 내용을 정확하게 숙지하여야 합니다.

해 설 조합이 재개발임대주택의 인수를 요청하는 경우 시·도지사, 시장·군수·구청장이 우선하여 인수하여야 한다.

정답 ⑤

정답 32 ③

33 도시 및 주거환경정비법령상 분양신청에 관한 설명으로 옳지 않은 것은?

中

① 사업시행자는 사업시행계획인가의 고시가 있은 날부터 120일 이내에 분양신청기간을 토지등소유자에게 통지하고 일간신문에 공고하여야 한다.
② 분양신청기간은 통지한 날부터 30일 이상 60일 이내로 하여야 한다.
③ 대지 또는 건축물에 대한 분양을 받으려는 토지등소유자는 분양신청기간에 사업시행자에게 대지 또는 건축물에 대한 분양신청을 하여야 한다.
④ 사업시행자는 분양신청기간 종료 이전에 분양신청을 철회한 경우에는 분양신청기간이 끝나는 날의 다음 날부터 90일 이내에 손실보상에 관한 협의를 하여야 한다.
⑤ 사업시행자는 손실보상에 관한 협의가 성립되지 아니하면 그 기간의 만료일 다음 날부터 60일 이내에 수용재결을 신청하거나 매도청구소송을 제기하여야 한다.

키워드 분양신청

해 설 사업시행자는 분양신청기간 종료 이전에 분양신청을 철회한 경우에는 관리처분계획이 인가·고시된 다음 날부터 90일 이내에 손실보상에 관한 협의를 하여야 한다.

34 도시 및 주거환경정비법령상 정비구역에서 시행하는 재건축사업의 시행 절차로 옳은 것은?

中

① 안전진단실시 ⇨ 정비계획의 입안 ⇨ 정비구역 지정 ⇨ 추진위원회의 구성승인 ⇨ 조합설립인가 ⇨ 사업시행계획인가 ⇨ 분양신청 ⇨ 관리처분계획인가 ⇨ 소유권이전고시
② 정비계획의 입안 ⇨ 정비구역 지정 ⇨ 추진위원회의 구성승인 ⇨ 조합설립인가 ⇨ 안전진단실시 ⇨ 사업시행계획인가 ⇨ 분양신청 ⇨ 관리처분계획인가 ⇨ 소유권이전고시
③ 정비계획의 입안 ⇨ 정비구역 지정 ⇨ 추진위원회의 구성승인 ⇨ 안전진단실시 ⇨ 조합설립인가 ⇨ 사업시행계획인가 ⇨ 분양신청 ⇨ 관리처분계획인가 ⇨ 소유권이전고시
④ 안전진단실시 ⇨ 정비계획의 입안 ⇨ 정비구역 지정 ⇨ 추진위원회의 구성승인 ⇨ 조합설립인가 ⇨ 관리처분계획인가 ⇨ 분양신청 ⇨ 사업시행계획인가 ⇨ 소유권이전고시
⑤ 정비계획의 입안 ⇨ 안전진단실시 ⇨ 정비구역 지정 ⇨ 추진위원회의 구성승인 ⇨ 조합설립인가 ⇨ 사업시행계획인가 ⇨ 분양신청 ⇨ 소유권이전고시 ⇨ 관리처분계획인가

키워드 재건축사업의 시행 절차

해설 재건축사업은 '안전진단실시 ⇨ 정비계획의 입안 ⇨ 정비구역 지정 ⇨ 추진위원회의 구성승인 ⇨ 조합설립인가 ⇨ 사업시행계획인가 ⇨ 분양신청 ⇨ 관리처분계획인가 ⇨ 소유권이전고시'의 절차에 따라 사업을 시행한다.

35 中 **도시 및 주거환경정비법령상 정비사업에 있어 관리처분계획에 관한 설명으로 옳은 것은?** (다만, 투기과열지구 또는 조정대상지역은 제외)

① 사업시행자는 토지등소유자가 분양신청을 하지 아니한 경우에 토지·건축물 또는 그 밖의 권리에 대하여 경매 처분한다.

② 사업시행자는 기존 건축물을 철거한 후에 관리처분계획을 수립하여 인가를 받아야 한다.

③ 과밀억제권역에 위치하지 아니한 재건축사업의 토지등소유자에게는 1세대가 1 이상의 주택을 소유한 경우에 1주택을 공급한다.

④ 재건축사업의 사업시행자는 관리처분계획을 수립하여 시장·군수등의 인가를 받아야 하며, 해당 관리처분계획을 중지하는 경우에는 시장·군수등에게 신고하여야 한다.

⑤ 관리처분계획에는 정비사업비의 추산액 및 그에 따른 조합원 분담규모 및 분담시기가 포함된다.

키워드 관리처분계획

해설 ① 분양신청을 하지 아니한 경우에는 관리처분계획이 인가·고시된 다음 날부터 90일 이내에 손실보상에 관한 협의를 하여야 한다.

② 사업시행자는 분양신청기간이 종료된 때에는 기존 건축물을 철거하기 전에 분양신청의 현황을 기초로 관리처분계획을 수립하여 시장·군수등의 인가를 받아야 한다.

③ 과밀억제권역에 위치하지 아니한 재건축사업의 토지등소유자에 대하여는 소유한 주택 수만큼 공급할 수 있다. 다만, 투기과열지구 또는 「주택법」에 따라 지정된 조정대상지역에서 사업시행계획인가를 신청하는 재건축사업의 토지등소유자는 제외한다.

④ 재건축사업의 사업시행자는 관리처분계획을 수립하여 시장·군수등의 인가를 받아야 하며, 해당 관리처분계획을 중지하는 경우에도 시장·군수등에게 인가를 받아야 한다.

정답 33 ④ 34 ① 35 ⑤

36 도시 및 주거환경정비법령상 관리처분계획에 관한 설명으로 틀린 것은?

中

① 분양설계에 관한 계획은 분양신청기간이 만료되는 날을 기준으로 하여 수립한다.
② 지나치게 넓은 토지 또는 건축물에 대하여 필요한 경우에는 이를 감소시켜 대지 또는 건축물이 적정 규모가 되도록 한다.
③ 정비구역 지정 후 분할된 토지를 취득한 자에 대하여 현금으로 청산할 수 없다.
④ 근로자숙소·기숙사 용도로 주택을 소유하고 있는 토지등소유자에게는 소유한 주택 수만큼 주택을 공급할 수 있다.
⑤ 재건축사업의 경우 법령상 관리처분의 기준은 조합이 조합원 전원의 동의를 받아 따로 정할 수 있다.

키워드 관리처분계획
해설 정비구역 지정 후 분할된 토지를 취득한 자에 대하여 현금으로 청산할 수 있다.

37 도시 및 주거환경정비법령상 재건축사업의 관리처분계획에 관한 설명으로 틀린 것은?

中

① 사업 시행으로 조성된 대지는 관리처분계획에 따라 처분 또는 관리하여야 한다.
② 사업시행자는 폐공가의 밀집으로 범죄발생의 우려가 있는 경우, 기존 건축물의 소유자의 동의 및 시장·군수등의 허가를 받아 해당 건축물을 철거할 수 있다.
③ 관리처분계획의 인가·고시가 있은 때에는 종전의 토지의 임차권자는 사업시행자의 동의를 받더라도 소유권의 이전고시가 있는 날까지 종전의 토지를 사용할 수 없다.
④ 주택분양에 따른 권리를 포기하는 토지등소유자에게 임대주택을 공급함에 따라 관리처분계획을 변경하는 경우에는 총회의 의결을 거치지 않아도 된다.
⑤ 매도청구에 대한 판결에 따라 관리처분계획을 변경하는 경우에는 시장·군수등에게 신고하여야 한다.

키워드 재건축사업의 관리처분계획
해설 관리처분계획의 인가·고시가 있은 때에는 종전의 토지의 임차권자는 사업시행자의 동의를 받은 경우에는 이전의 고시가 있는 날까지 종전의 토지를 사용할 수 있다.

38 도시 및 주거환경정비법령상 관리처분계획에 관한 설명으로 옳은 것은?

中

① 재개발사업의 관리처분은 정비구역의 지상권자에 대한 분양을 포함하여야 한다.

② 사업시행자는 분양신청을 받은 후 잔여분이 있는 경우에는 정관 등 또는 사업시행계획으로 정하는 목적을 위하여 그 잔여분을 보류지(건축물을 포함)로 정하거나 조합원 외의 자에게 분양할 수 있다.

③ 관리처분계획을 수립하는 경우 정비구역의 지정은 소유권 이전고시가 있은 날에 해제된 것으로 본다.

④ 사업시행자는 관리처분계획의 인가를 신청하기 전에 관계 서류의 사본을 14일 이상 토지등소유자에게 공람하게 하고 의견을 들어야 한다.

⑤ 주거환경개선사업의 사업시행자는 관리처분계획에 따라 공동이용시설을 새로 설치하여야 한다.

키워드 관리처분계획

해설 ① 재개발사업의 관리처분은 정비구역 안의 지상권자에 대한 분양은 제외한다.
③ 관리처분계획을 수립하는 경우 정비구역의 지정은 소유권 이전고시가 있은 날의 다음 날에 해제된 것으로 본다.
④ 사업시행자는 관리처분계획의 인가를 신청하기 전에 관계 서류의 사본을 30일 이상 토지등소유자에게 공람하게 하고 의견을 들어야 한다.
⑤ 주거환경개선사업의 사업시행자는 사업시행계획에 따라 공동이용시설을 새로 설치하여야 한다.

정답 36 ③ 37 ③ 38 ②

39 上 **도시 및 주거환경정비법령상 사업시행자가 인가받은 관리처분계획을 변경하는 경우 시장·군수등에게 신고를 하여야 하는 경우에 해당하지 않는 것은?**

① 사업시행자의 변동에 따른 권리·의무의 변동이 있는 경우로서 분양설계의 변경을 수반하는 경우
② 주택분양에 관한 권리를 포기하는 토지등소유자에 대한 임대주택의 공급에 따라 관리처분계획을 변경하는 경우
③ 매도청구에 대한 판결에 따라 관리처분계획을 변경하는 경우
④ 정관 및 사업시행계획인가의 변경에 따라 관리처분계획을 변경하는 경우
⑤ 계산착오·오기·누락 등에 따른 조서의 단순정정인 경우로서 불이익을 받는 자가 없는 경우

키워드 관리처분계획의 경미한 변경
해설 사업시행자의 변동에 따른 권리·의무의 변동이 있는 경우로서 분양설계의 변경을 수반하지 아니하는 경우에는 시장·군수등에게 신고를 하여야 한다.

40 中 **도시 및 주거환경정비법령상 관리처분계획의 작성기준에 관한 설명으로 틀린 것은?**

① 종전의 토지 또는 건축물의 면적·이용상황·환경, 그 밖의 사항을 종합적으로 고려하여 대지 또는 건축물이 균형 있게 분양신청자에게 배분되고 합리적으로 이용되도록 한다.
② 너무 좁은 토지 또는 건축물이나 정비구역 지정 후 분할된 토지를 취득한 자에 대하여는 현금으로 청산할 수 있다.
③ 재해 또는 위생상의 위해를 방지하기 위하여 토지의 규모를 조정할 특별한 필요가 있는 때에는 관리처분계획으로 건축물의 일부와 그 건축물이 있는 대지의 공유지분을 교부할 수 있다.
④ 분양설계에 관한 계획은 사업시행계획인가 고시가 있는 날을 기준으로 하여 수립한다.
⑤ 지나치게 좁거나 넓은 토지 또는 건축물에 대하여 필요한 경우에는 이를 증가하거나 감소시켜 대지 또는 건축물이 적정 규모가 되도록 한다.

키워드 관리처분계획의 작성기준
해설 분양설계에 관한 계획은 분양신청기간이 만료되는 날을 기준으로 하여 수립한다.

41 上 도시 및 주거환경정비법령상 관리처분계획에 관한 설명으로 틀린 것은?

① 같은 세대에 속하지 아니하는 2명 이상이 1주택 또는 1토지를 공유한 경우에는 1주택만 공급한다.

② 근로자(공무원인 근로자를 포함)숙소·기숙사 용도로 주택을 소유하고 있는 토지등 소유자에 대하여는 소유한 주택 수만큼 공급할 수 있다.

③ 국가, 지방자치단체 및 토지주택공사등에 대하여는 소유한 주택 수만큼 공급할 수 있다.

④ 관리처분계획상 분양대상자별 종전의 토지 또는 건축물의 명세에서 종전 주택의 주거전용면적이 60m²를 넘지 않는 경우에도 2주택을 공급할 수 있다.

⑤ 과밀억제권역에 위치하지 아니한 재개발사업의 토지등소유자에 대하여는 소유한 주택 수만큼 공급할 수 있다.

키워드 관리처분계획의 공급기준

해 설 과밀억제권역에 위치하지 아니한 재건축사업의 토지등소유자에 대하여는 소유한 주택 수만큼 공급할 수 있다. 다만, 투기과열지구 또는 「주택법」에 따라 지정된 조정대상지역에서 사업시행계획인가를 신청하는 재건축사업의 토지등소유자는 제외한다.

42 中 도시 및 주거환경정비법령상 관리처분계획의 인가에 관한 설명으로 틀린 것은?

① 재개발사업의 시행자는 관리처분계획을 수립하여 시장·군수등의 인가를 받아야 하며, 관리처분계획을 중지 또는 폐지하고자 하는 경우에는 신고하여야 한다.

② 재건축사업의 경우 관리처분은 조합이 조합원 전원의 동의를 받아 그 기준을 따로 정하는 경우에는 그에 따른다.

③ 시장·군수등은 사업시행자의 관리처분계획의 인가신청이 있은 날부터 30일 이내에 인가 여부를 결정하여 사업시행자에게 통보하여야 한다.

④ 주거환경개선사업의 관리처분은 정비구역의 지상권자에 대한 분양을 제외한다.

⑤ 시장·군수등은 관리처분계획을 인가하는 때에는 그 내용을 해당 지방자치단체의 공보에 고시하여야 한다.

키워드 관리처분계획의 인가

해 설 재개발사업의 시행자는 관리처분계획을 수립하여 시장·군수등의 인가를 받아야 하며, 관리처분계획을 중지 또는 폐지하고자 하는 경우에도 인가를 받아야 한다.

정답 39 ① 40 ④ 41 ⑤ 42 ①

43 도시 및 주거환경정비법령상 관리처분계획의 내용에 포함되지 않는 것은?

下

① 세입자별 손실보상을 위한 권리명세 및 그 평가액
② 분양대상자별 분양예정인 대지 또는 건축물의 추산액
③ 건축물의 높이 및 용적률 등에 관한 건축계획
④ 정비사업비의 추산액 및 그에 따른 조합원 분담규모 및 분담시기
⑤ 분양대상자의 종전 토지 또는 건축물에 관한 소유권 외의 권리명세

키워드 관리처분계획의 내용

해설 건축물의 높이 및 용적률 등에 관한 건축계획은 사업시행계획에 포함되는 내용이다.

이론플러스 **관리처분계획의 내용**

1. 분양설계
2. 분양대상자의 주소 및 성명
3. 분양대상자별 분양예정인 대지 또는 건축물의 추산액(임대관리 위탁주택에 관한 내용을 포함)
4. 일반 분양분, 공공지원민간임대주택, 임대주택, 그 밖에 부대시설·복리시설 등 보류지 등의 명세와 추산방법. 다만, 공공지원민간임대주택의 경우에는 임대사업자의 성명 및 주소(법인인 경우에는 법인의 명칭 및 소재지와 대표자의 성명 및 주소)를 포함한다.
5. 분양대상자별 종전의 토지 또는 건축물 명세 및 사업시행계획인가 고시가 있은 날을 기준으로 한 가격(사업시행계획인가 전에 철거된 건축물은 시장·군수등에게 허가를 받은 날을 기준으로 한 가격)
6. 정비사업비의 추산액(재건축사업의 경우에는 재건축초과이익 환수에 관한 법률에 따른 재건축부담금에 관한 사항을 포함) 및 그에 따른 조합원 분담규모 및 분담시기
7. 분양대상자의 종전 토지 또는 건축물에 관한 소유권 외의 권리명세
8. 세입자별 손실보상을 위한 권리명세 및 그 평가액

44 도시 및 주거환경정비법령상 A시 B구역 재개발사업의 사업시행자가 관리처분계획을 작성하기 위하여 종전의 토지가격을 ㉠ 사업시행계획인가 고시일을 기준으로 한 가격으로 ㉡ 조합총회의 의결로 선정·계약한 ㉢ 4인의 감정평가법인등이 평가한 금액을 산술평균하여 산정하였다. ㉠, ㉡, ㉢ 중 옳은 내용을 모두 고른 것은?

中

① ㉠
② ㉠, ㉡
③ ㉠, ㉢
④ ㉡, ㉢
⑤ ㉠, ㉡, ㉢

키워드 토지가격 평가방법

해설 재개발사업의 경우 분양대상자별 종전의 토지가격은 사업시행계획인가의 고시가 있은 날을 기준으로 한 가격(㉠)으로 시장·군수등이 선정·계약(㉡)한 2인 이상의 감정평가법인등이 평가한 금액을 산술평균(㉢)하여 산정한다. 따라서 ㉠과 ㉢의 내용은 옳은 내용이고, ㉡의 내용은 틀린 내용이다.

45 上 **도시 및 주거환경정비법령상 관리처분계획을 작성하기 위한 재산 또는 권리를 평가하는 방법으로 <u>틀린</u> 것은?**

① 주거환경개선사업의 경우 종전의 토지 또는 건축물의 가격은 감정평가법인등 중 시장·군수등이 선정·계약한 2인 이상의 감정평가법인등이 평가한 금액을 산술평균하여 산정한다.

② 사업시행자는 감정평가를 하려는 경우 시장·군수등에게 감정평가법인등의 선정·계약을 요청하고 감정평가에 필요한 비용을 미리 예치하여야 한다.

③ 분양대상자별 종전의 토지 또는 건축물 명세 및 사업시행계획인가 고시가 있은 날을 기준으로 한 가격을 평가한다.

④ 재건축사업의 경우 종전의 토지 또는 건축물의 가격은 감정평가법인등 중 시장·군수등이 선정·계약한 2인 이상의 감정평가법인등이 평가한 금액을 산술평균하여 산정한다.

⑤ 관리처분계획을 변경·중지 또는 폐지하려는 경우, 분양예정 대상인 대지 또는 건축물의 추산액과 종전의 토지 또는 건축물의 가격은 사업시행자 및 토지등소유자 전원이 합의하여 산정할 수 있다.

키워드 재산 또는 권리 평가방법

해설 재건축사업의 경우 종전 토지 또는 건축물의 가격은 감정평가법인등 중 시장·군수등이 선정·계약한 1인 이상의 감정평가법인등과 조합 총회의 의결로 선정·계약한 1인 이상의 감정평가법인등이 평가한 금액을 산술평균하여 산정한다.

정답 43 ③ 44 ③ 45 ④

46 中 **도시 및 주거환경정비법령상 관리처분계획의 수립 기준에 관한 조문의 일부이다. 다음 (　　)에 들어갈 내용을 바르게 나열한 것은?**

> 분양대상자별 종전의 토지 또는 건축물의 명세 및 사업시행계획인가 고시가 있은 날을 기준으로 한 가격의 범위 또는 종전 주택의 주거전용면적의 범위에서 (㉠)을 공급할 수 있고, 이 중 1주택은 주거전용면적을 (㉡)m^2 이하로 한다. 다만, (㉡)m^2 이하로 공급받은 1주택은 소유권이전고시일 다음 날부터 (㉢)이 지나기 전에는 주택을 전매(매매·증여나 그 밖에 권리의 변동을 수반하는 모든 행위를 포함하되 상속의 경우는 제외)하거나 전매를 알선할 수 없다.

	㉠	㉡	㉢
①	3주택	85	3년
②	2주택	60	3년
③	3주택	85	5년
④	3주택	60	5년
⑤	2주택	85	3년

키워드 2주택 공급기준

해 설 분양대상자별 종전의 토지 또는 건축물의 명세 및 사업시행계획인가 고시가 있은 날을 기준으로 한 가격의 범위 또는 종전 주택의 주거전용면적의 범위에서 '2주택'을 공급할 수 있고, 이 중 1주택은 주거전용면적을 '60'm^2 이하로 한다. 다만, '60'm^2 이하로 공급받은 1주택은 소유권이전고시일 다음 날부터 '3년'이 지나기 전에는 주택을 전매(매매·증여나 그 밖에 권리의 변동을 수반하는 모든 행위를 포함하되 상속의 경우는 제외)하거나 전매를 알선할 수 없다.

47 도시 및 주거환경정비법령상 정비구역에 있는 전세권자 등 용익권자를 보호하기 위한 조치에 관한 설명으로 옳지 않은 것은?

中

① 정비사업의 시행으로 인하여 지상권·전세권 또는 임차권의 설정 목적을 달성할 수 없는 때에는 그 권리자는 계약을 해지할 수 있다.

② 계약을 해지할 수 있는 자가 가지는 전세금·보증금, 그 밖의 계약상의 금전의 반환청구권은 사업시행자에게 이를 행사할 수 있다.

③ 금전의 반환청구권의 행사에 따라 해당 금전을 지급한 사업시행자는 해당 토지등소유자에게 구상할 수 있다.

④ 사업시행자는 구상이 되지 아니하는 때에는 해당 토지등소유자에게 귀속될 대지 또는 건축물을 압류할 수 있으며, 이 경우 압류한 권리는 저당권과 동일한 효력을 가진다.

⑤ 관리처분계획인가를 받은 경우 지상권·전세권설정계약 또는 임대차계약의 계약기간에 대하여는 「민법」, 「주택임대차보호법」, 「상가건물 임대차보호법」의 규정을 적용한다.

키워드 용익권자 보호규정

해 설 관리처분계획의 인가를 받은 경우 지상권·전세권설정계약 또는 임대차계약의 계약기간에 대하여는 「민법」, 「주택임대차보호법」, 「상가건물 임대차보호법」의 규정을 적용하지 아니한다.

정답 46 ② 47 ⑤

48 도시 및 주거환경정비법령상 주택의 공급에 관한 설명으로 틀린 것은?
上

① 주거환경개선사업의 사업시행자는 정비사업의 시행으로 건설된 건축물을 인가된 관리처분계획에 따라 토지등소유자에게 공급하여야 한다.

② 국토교통부장관은 조합이 요청하는 경우 재개발사업의 시행으로 건설된 임대주택을 인수하여야 한다.

③ 조합이 재개발사업의 시행으로 건설된 임대주택의 인수를 요청하는 경우, 토지주택공사등이 우선하여 인수하여야 한다.

④ 정비구역의 세입자와 대통령령으로 정하는 면적 이하의 토지 또는 주택을 소유한 자의 요청이 있는 경우, 국토교통부장관은 인수한 임대주택의 일부를 「주택법」에 따른 토지임대부 분양주택으로 전환하여 공급하여야 한다.

⑤ 사업시행자는 정비사업의 시행으로 임대주택을 건설하는 경우, 공급대상자에게 주택을 공급하고 남은 주택에 대하여 공급대상자 외의 자에게 공급할 수 있다.

키워드 주택의 공급

해 설 조합이 재개발사업의 시행으로 건설된 임대주택(이하 '재개발임대주택'이라 함)의 인수를 요청하는 경우, 시·도지사 또는 시장, 군수, 구청장이 우선하여 인수하여야 하며, 시·도지사 또는 시장, 군수, 구청장이 예산·관리인력의 부족 등 부득이한 사정으로 인수하기 어려운 경우에는 국토교통부장관에게 토지주택공사등을 인수자로 지정할 것을 요청할 수 있다.

49 도시 및 주거환경정비법령상 공사완료에 따른 조치 등에 관한 설명으로 틀린 것을 모두 고른 것은? • 31회
上

㉠ 정비사업의 효율적인 추진을 위하여 필요한 경우에는 해당 정비사업에 관한 공사가 전부 완료되기 전이라도 완공된 부분은 준공인가를 받아 대지 또는 건축물별로 분양받을 자에게 소유권을 이전할 수 있다.
㉡ 준공인가에 따라 정비구역의 지정이 해제되면 조합도 해산된 것으로 본다.
㉢ 정비사업에 관하여 소유권의 이전고시가 있은 날부터는 대지 및 건축물에 관한 등기가 없더라도 저당권 등의 다른 등기를 할 수 있다.

① ㉠
② ㉡
③ ㉠, ㉡
④ ㉠, ㉢
⑤ ㉡, ㉢

키워드 공사완료에 따른 조치

해설 ㉡ 정비구역의 해제는 조합의 존속에 영향을 주지 아니한다.
㉢ 정비사업에 관하여 소유권이전고시가 있은 날부터 소유권이전등기가 있을 때까지는 저당권 등의 다른 등기를 하지 아니한다.

50 中 **도시 및 주거환경정비법령상 소유권이전고시에 관한 설명으로 틀린 것은?**

① 사업시행자는 공사완료고시가 있은 때에는 지체 없이 대지확정측량을 하고 토지의 분할절차를 거쳐 관리처분계획에 정한 사항을 분양을 받을 자에게 통지하고 대지 또는 건축물의 소유권을 이전하여야 한다.

② 사업시행자는 대지 및 건축물의 소유권을 이전하려는 때에는 그 내용을 해당 지방자치단체의 공보에 고시한 후 이를 시장·군수등에게 보고하여야 한다.

③ 대지 또는 건축물을 분양받을 자는 소유권이전의 등기가 있은 날에 그 대지 또는 건축물에 대한 소유권을 취득한다.

④ 정비사업에 의하여 건축물을 분양받을 자에게 소유권을 이전한 경우 종전의 건축물에 설정된 저당권 등 등기된 권리는 소유권을 이전받은 건축물에 설정된 것으로 본다.

⑤ 정비사업의 효율적인 추진을 위하여 필요한 경우에는 해당 정비사업에 관한 공사가 전부 완료되기 전이라도 완공된 부분은 준공인가를 받아 대지 또는 건축물별로 분양받을 자에게 소유권을 이전할 수 있다.

키워드 소유권이전고시

해설 대지 또는 건축물을 분양받을 자는 소유권이전고시가 있은 날의 다음 날에 그 대지 또는 건축물에 대한 소유권을 취득한다.

PART 3

03 정비사업의 시행

정답 **48** ③ **49** ⑤ **50** ③

51 上

도시 및 주거환경정비법령상 사업시행계획인가를 받은 정비사업의 공사완료에 따른 조치 등에 관한 다음 절차를 진행순서에 따라 옳게 나열한 것은? (단, 관리처분계획인가를 받은 사업이고, 공사의 전부 완료를 전제로 함) • 27회

> ㉠ 준공인가
> ㉡ 관리처분계획에 정한 사항을 분양받을 자에게 통지
> ㉢ 토지의 분할절차
> ㉣ 대지 또는 건축물의 소유권이전고시

① ㉠ – ㉢ – ㉡ – ㉣
② ㉠ – ㉣ – ㉢ – ㉡
③ ㉡ – ㉠ – ㉢ – ㉣
④ ㉡ – ㉢ – ㉣ – ㉠
⑤ ㉢ – ㉣ – ㉠ – ㉡

키워드 공사완료에 따른 절차

해 설 사업시행자는 준공인가(㉠) 및 공사완료고시가 있은 때에는 지체 없이 대지확정측량을 하고 토지의 분할절차(㉢)를 거쳐 관리처분계획에 정한 사항을 분양받을 자에게 통지(㉡)하고 대지 또는 건축물의 소유권을 이전(㉣)하여야 한다.

52 中

도시 및 주거환경정비법령상 청산금에 관한 설명으로 <u>틀린</u> 것은?

① 사업시행자는 소유권이전의 고시가 있은 후에 그 차액에 상당하는 금액을 분양받은 자로부터 징수하거나 분양받은 자에게 지급하여야 한다.
② 정관 등에서 분할징수 및 분할지급에 대하여 정하고 있거나 총회의 의결을 거쳐 따로 정한 경우에는 관리처분계획인가 후부터 소유권이전의 고시일까지 일정기간별로 분할징수하거나 분할지급할 수 있다.
③ 시장·군수등이 아닌 사업시행자는 시장·군수등에게 청산금의 징수를 위탁할 수 있다.
④ 청산금을 지급받을 권리 또는 이를 징수할 권리는 소유권이전의 고시일부터 5년간 이를 행사하지 아니하면 소멸한다.
⑤ 정비사업을 시행하는 지역 안의 토지 또는 건축물에 저당권을 설정한 권리자는 소유자가 지급받을 청산금에 대하여 청산금을 지급하기 전에 압류절차를 거쳐 저당권을 행사할 수 있다.

키워드 청산금

해 설 청산금을 지급받을 권리 또는 이를 징수할 권리는 소유권이전고시일의 다음 날로부터 5년간 이를 행사하지 아니하면 소멸한다.

53 中 **도시 및 주거환경정비법령상 청산금에 관한 설명으로 옳은 것은?** • 21회 수정

① 사업시행자는 정관이나 총회의 결정에도 불구하고 소유권이전고시 이전에는 청산금을 분양대상자에게 지급할 수 없다.

② 청산금을 지급받을 권리는 소유권이전고시일의 다음 날부터 3년간 이를 행사하지 아니하면 소멸한다.

③ 사업시행자는 청산금을 일시금으로 지급하여야 하고 이를 분할하여 지급하여서는 아니 된다.

④ 정비구역에 있는 건축물의 저당권자는 청산금에 대하여 청산금을 지급하기 전에 압류절차를 거쳐 저당권을 행사할 수 있다.

⑤ 청산금을 납부할 자가 이를 납부하지 아니하는 경우 시장·군수등인 사업시행자는 지방세 체납처분의 예에 따라 이를 징수할 수 없다.

키워드 청산금

해 설 ①③ 사업시행자는 정관등에서 분할징수 및 분할지급을 정하고 있거나 총회의 의결을 거쳐 따로 정한 경우에는 관리처분계획인가 후부터 소유권이전고시가 있은 날까지 일정 기간별로 분할징수하거나 분할지급할 수 있다.

② 청산금을 지급받을 권리는 소유권이전고시일의 다음 날부터 5년간 이를 행사하지 아니하면 소멸한다.

⑤ 청산금을 납부할 자가 이를 납부하지 아니하는 경우 시장·군수등인 사업시행자는 지방세 체납처분의 예에 따라 이를 징수할 수 있다.

정답 51 ① 52 ④ 53 ④

54 도시 및 주거환경정비법령상 정비사업의 공사완료 및 청산금에 관한 설명으로 옳은 것은?

中

① 종전에 소유하고 있던 토지의 가격과 분양받은 대지의 가격은 그 토지의 규모·위치·용도·이용 상황·정비사업비 등을 참작하여 평가하여야 한다.

② 정비사업의 시행자가 시장·군수등인 경우에는 정비사업에 관한 공사를 완료한 때에 준공인가를 받아야 한다.

③ 시장·군수등은 준공인가 이전에는 입주예정자에게 완공된 건축물을 사용할 수 있도록 사업시행자에게 허가할 수 없다.

④ 건축물을 분양받을 자는 사업시행자가 소유권이전에 관한 내용을 공보에 고시한 날에 건축물에 대한 소유권을 취득한다.

⑤ 한국토지주택공사인 사업시행자가 「한국토지주택공사법」에 따라 준공인가 처리결과를 통보한 경우에도 별도로 시장·군수등의 준공인가를 받아야 한다.

키워드 공사완료 및 청산금

해 설 ② 시장·군수등이 아닌 사업시행자는 정비사업에 관한 공사를 완료한 때에는 대통령령이 정하는 방법 및 절차에 의하여 시장·군수등의 준공인가를 받아야 한다.

③ 시장·군수등은 준공인가를 하기 전이라도 완공된 건축물이 사용에 지장이 없는 등 대통령령이 정하는 기준에 적합한 경우에는 입주예정자가 완공된 건축물을 사용할 수 있도록 사업시행자에게 허가할 수 있다.

④ 대지 또는 건축물을 분양받을 자는 소유권이전고시가 있은 날의 다음 날에 그 대지 또는 건축물에 대한 소유권을 취득한다.

⑤ 사업시행자(공동시행자인 경우를 포함)가 한국토지주택공사인 경우로서 「한국토지주택공사법」에 따라 준공인가 처리결과를 시장·군수등에게 통보한 경우에는 준공인가를 받지 않아도 된다.

정답 **54 ①**

이미 끝나버린 일을 후회하기보다는
하고 싶었던 일들을 하지 못한 것을 후회하라.

– 탈무드(Talmud)

PART

4 건축법

CHAPTER 01	총 칙
CHAPTER 02	건축물의 건축 등
CHAPTER 03	건축물의 대지와 도로
CHAPTER 04	건축물의 구조 및 재료
CHAPTER 05	지역 및 지구 안의 건축물
CHAPTER 06	특별건축구역, 건축협정, 결합건축, 벌칙

최근 5개년 PART 4 출제비중

17.5%

PART 4 기출 REPORT

5개년 CHAPTER별 출제빈도 분석표 & 빈출 키워드

* 복합문제이거나, 법률이 개정 및 제정된 경우 분류 기준에 따라 아래 수치와 달라질 수 있습니다.

CHAPTER	문항 수					비 중	빈출 키워드
	28회	29회	30회	31회	32회		
01 총 칙	2	2	3	2	2	31.4%	용어의 정의, 건축법 적용대상 건축물, 신고대상 공작물
02 건축물의 건축 등	3	1	3	2	3	34.3%	건축허가의 제한, 건축허가 및 건축신고
03 건축물의 대지와 도로				1		2.9%	대지의 조경, 대지와 도로, 공개공지등
04 건축물의 구조 및 재료		2				5.7%	피난시설
05 지역 및 지구 안의 건축물		1		1		5.7%	면적 및 층수 산정방법
06 특별건축구역, 건축협정, 결합건축, 벌칙	2	1	1	1	2	20%	건축협정

세줄요약 제33회 합격전략

☑ PART 4는 평균 약 7문제 출제!

☑ CHAPTER 01 총칙, CHAPTER 02 건축물의 건축 등 위주로 학습!

☑ 용어정의, 건축물의 건축, 건축협정 개념 정리는 필수!!

❙ 기출지문 OX 워밍업!

* 본격적인 문제풀이에 앞서 기출지문 OX문제를 풀어 실력점검을 해보세요.

❶ 고층건축물에 해당하려면 건축물의 층수가 30층 이상이고 높이가 120m 이상이어야 한다. • 31회 (O | X)

❷ 건축물이 천재지변으로 멸실된 경우 그 대지에 종전 규모보다 연면적의 합계를 늘려 건축물을 다시 축조하는 것은 재축에 해당한다. • 31회 (O | X)

❸ 건축허가를 제한하는 경우 건축허가 제한기간은 2년 이내로 하며, 1회에 한하여 1년 이내의 범위에서 제한기간을 연장할 수 있다. • 32회 (O | X)

❹ 연면적이 180m^{2}이고 2층인 건축물의 대수선은 건축신고의 대상이다. • 29회 (O | X)

❺ 면적 2,000m^{2}인 대지에 건축하는 2층의 공장에 대하여는 조경 등의 조치를 하지 아니할 수 있다. • 31회 (O | X)

❻ 연면적의 합계가 2,000m^{2}인 공장의 대지는 너비 6m 이상인 도로에 4m 이상 접하여야 한다. • 25회 (O | X)

❼ 필로티 부분은 공동주택의 경우에는 바닥면적에 산입한다. • 29회 (O | X)

❽ 지하층에 설치한 기계실, 전기실의 면적은 용적률을 산정할 때 연면적에 산입한다. • 31회 (O | X)

❾ 건축협정을 폐지하려면 협정체결자 전원의 동의를 받아 건축협정인가권자의 인가를 받아야 한다. • 31회 (O | X)

❿ 건축협정의 인가를 받은 건축협정구역에서 연접한 대지에 대하여 지하층의 설치에 관한 규정을 개별 건축물마다 적용하지 아니하고 건축협정구역을 대상으로 통합하여 적용할 수 있다. • 28회 (O | X)

정답 ❶ X ❷ X ❸ O ❹ O ❺ O ❻ X ❼ X ❽ X ❾ X ❿ O

CHAPTER

01 총 칙

더 많은 기출문제를 풀고 싶다면?
단원별 기출문제집
[부동산공법] pp.204~220

5개년 출제빈도 분석표

28회	29회	30회	31회	32회
2	2	3	2	2

빈출 키워드

☑ 용어의 정의
☑ 건축법 적용대상 건축물
☑ 신고대상 공작물

대표기출 연습

건축법령상 용어에 관한 설명으로 옳은 것은? • 31회

① 건축물을 이전하는 것은 '건축'에 해당한다.
② '고층건축물'에 해당하려면 건축물의 층수가 30층 이상이고 높이가 120m 이상이어야 한다.
③ 건축물이 천재지변으로 멸실된 경우 그 대지에 종전 규모보다 연면적의 합계를 늘려 건축물을 다시 축조하는 것은 '재축'에 해당한다.
④ 건축물의 내력벽을 해체하여 같은 대지의 다른 위치로 옮기는 것은 '이전'에 해당한다.
⑤ 기존 건축물이 있는 대지에서 건축물의 내력벽을 증설하여 건축면적을 늘리는 것은 '대수선'에 해당한다.

키워드 용어의 정의 28회, 29회, 31회, 32회

교수님 TIP 건축물의 건축(신축, 증축, 개축, 재축, 이전)과 대수선을 정확하게 구별할 수 있어야 하고, 고층건축물에 대한 정의를 숙지하여야 합니다.

해 설 ② '고층건축물'에 해당하려면 건축물의 층수가 30층 이상 또는 높이가 120m 이상이어야 한다.
③ 건축물이 천재지변으로 멸실된 경우 그 대지에 종전 규모보다 연면적의 합계를 늘려 건축물을 다시 축조하는 것은 '신축'에 해당한다.
④ 건축물의 주요구조부를 해체하지 아니하고, 같은 대지의 다른 위치로 옮기는 것은 '이전'에 해당한다. 따라서 건축물의 내력벽을 해체하여 같은 대지의 다른 위치로 옮기는 것은 '이전'에 해당하지 않는다.
⑤ 기존 건축물이 있는 대지에서 건축물의 내력벽을 증설하여 건축면적을 늘리는 것은 '증축'에 해당한다.

정답 ①

01 建築法令上 용어에 관한 설명으로 틀린 것은?

中

① 내력벽 벽면적을 30m^2 이상 변경하는 경우에는 대수선에 해당한다.
② 층수가 25층이며 높이가 120m인 건축물은 고층건축물에 해당한다.
③ 지하나 고가(高架)의 공작물에 설치하는 사무소는 건축물에 해당하지 않는다.
④ 건축물을 증축하는 것은 건축에 해당한다.
⑤ 리모델링이란 건축물의 노후화를 억제하거나 기능 향상 등을 위하여 대수선하거나 일부 증축 또는 개축하는 행위를 말한다.

키워드 용어의 정의

해 설 지하나 고가(高架)의 공작물에 설치하는 사무소는 건축물에 해당한다.

02 건축법령상 용어에 관한 설명으로 옳은 것은?

中

① 주요구조부 : 내력벽, 사이 기둥, 바닥, 보, 지붕틀 및 주계단을 말한다.
② 초고층건축물 : 층수가 30층 이상이거나 높이가 120m 이상인 건축물을 말한다.
③ 도로 : 보행과 자동차 통행이 가능한 너비 4m 이상의 도로로서 예정도로는 제외한다.
④ 지하층 : 건축물의 바닥이 지표면 아래에 있는 층으로서 바닥에서 지표면까지 평균 높이가 해당 층 높이의 3분의 1 이상인 것을 말한다.
⑤ 결합건축 : 용적률을 개별 대지마다 적용하지 아니하고, 2개 이상의 대지를 대상으로 통합적용하여 건축물을 건축하는 것을 말한다.

키워드 용어의 정의

해 설 ① 주요구조부 : 내력벽(耐力壁), 기둥, 바닥, 보, 지붕틀 및 주계단(主階段)을 말한다. 다만, 사이 기둥, 최하층 바닥, 작은 보, 차양, 옥외 계단, 그 밖에 이와 유사한 것으로 건축물의 구조상 중요하지 아니한 부분은 제외한다.
② 초고층건축물 : 층수가 50층 이상이거나 높이가 200m 이상인 건축물을 말한다.
③ 도로 : 보행과 자동차 통행이 가능한 너비 4m 이상의 도로로서 예정도로를 포함한다.
④ 지하층 : 건축물의 바닥이 지표면 아래에 있는 층으로서 바닥에서 지표면까지 평균 높이가 해당 층 높이의 2분의 1 이상인 것을 말한다.

정답 01 ③ 02 ⑤

03 건축법령상 '주요구조부'에 해당하지 않는 것만을 모두 고른 것은? • 27회

下

㉠ 지붕틀	㉡ 주계단
㉢ 사이 기둥	㉣ 최하층 바닥

① ㉡ ② ㉠, ㉢

③ ㉢, ㉣ ④ ㉠, ㉡, ㉣

⑤ ㉠, ㉡, ㉢, ㉣

키워드 주요구조부

해설 사이 기둥(㉢)과 최하층 바닥(㉣)은 주요구조부에 해당하지 않는다.

04 건축법령상 지하층에 관한 설명으로 옳은 것은?

中

① 지하층은 건축물의 층수에 산입한다.

② 지하층의 면적은 용적률을 산정할 때에는 연면적에 포함한다.

③ 바닥에서 지표면까지의 평균 높이가 2m이고 해당 층 높이가 3m인 경우에는 지하층에 해당한다.

④ 지하층의 바닥으로부터 지표면까지의 높이가 다른 경우에는 가장 높은 높이를 기준으로 해서 지하층 여부를 판단한다.

⑤ 바닥에서 지표면까지의 평균 높이가 3m이고 해당 층 높이가 5m인 경우에는 지하층에 해당하지 않는다.

키워드 지하층

해설 ① 지하층은 건축물의 층수에 산입하지 아니한다.
② 지하층의 바닥면적은 용적률을 산정할 때에는 연면적에서 제외한다.
④ 지하층의 바닥으로부터 지표면까지의 높이가 다른 경우에는 가중평균한 높이의 수평면을 지표면으로 본다.
⑤ 바닥에서 지표면까지의 평균 높이가 3m이고 해당 층 높이가 5m인 경우에는 지하층에 해당한다.

05 건축법령상 다중이용 건축물에 해당하는 것은?

中 • 26회 수정

① 종교시설로 사용하는 바닥면적의 합계가 4,000m²인 5층의 성당
② 문화 및 집회시설로 사용하는 바닥면적의 합계가 5,000m²인 10층의 식물원
③ 숙박시설로 사용하는 바닥면적의 합계가 4,000m²인 16층의 관광호텔
④ 교육연구시설로 사용하는 바닥면적의 합계가 5,000m²인 15층의 연구소
⑤ 문화 및 집회시설로 사용하는 바닥면적의 합계가 5,000m²인 2층의 동물원

키워드 다중이용 건축물

해설 ① 바닥면적의 합계가 5,000m² 이하이고 16층 이하이므로 다중이용 건축물에 해당하지 않는다.
②⑤ 동물원·식물원은 다중이용 건축물 중 문화 및 집회시설에서 제외된다.
③ 다중이용 건축물은 바닥면적의 합계가 5,000m² 이상이거나 16층 이상이어야 한다. 16층의 관광호텔은 숙박시설 중 관광숙박시설이므로 다중이용 건축물에 해당한다.
④ 교육연구시설은 다중이용 건축물에 해당하지 않는다.

이론플러스 **다중이용 건축물**

1. 다음의 어느 하나에 해당하는 용도로 쓰는 바닥면적의 합계가 5,000m² 이상인 건축물
   - 문화 및 집회시설(동물원 및 식물원은 제외)
   - 종교시설
   - 판매시설
   - 운수시설 중 여객용 시설
   - 의료시설 중 종합병원
   - 숙박시설 중 관광숙박시설
2. 16층 이상인 건축물

정답 03 ③ 04 ③ 05 ③

06 上

건축법령상 다중이용 건축물에 해당하는 용도가 아닌 것은? (단, 16층 이상의 건축물은 제외하고, 해당 용도로 쓰는 바닥면적의 합계는 5천m^2 이상임) • 29회

① 관광휴게시설
② 판매시설
③ 운수시설 중 여객용 시설
④ 종교시설
⑤ 의료시설 중 종합병원

키워드 다중이용 건축물

해 설 문제에서 말하고 있는 다중이용 건축물은 문화 및 집회시설(동물원 및 식물원은 제외), 종교시설(④), 판매시설(②), 운수시설 중 여객용 시설(③), 의료시설 중 종합병원(⑤), 숙박시설 중 관광숙박시설 중 어느 하나에 해당하는 용도로 쓰는 바닥면적의 합계가 5,000m^2 이상인 건축물을 말한다. 따라서 관광휴게시설은 다중이용 건축물에 해당하지 않는다.

07 下

다음 건축물 중 건축법의 적용을 받는 것은? • 28회 수정

① 대지에 정착된 컨테이너를 이용한 주택
② 철도의 선로 부지에 있는 운전보안시설
③ 「문화재보호법」에 따른 임시지정문화재
④ 고속도로통행료 징수시설
⑤ 「하천법」에 따른 하천구역 내의 수문조작실

키워드 건축법 적용대상

해 설 대지에 정착된 컨테이너를 이용한 주택은 「건축법」의 적용을 받는 건축물에 해당한다.

이론플러스 **「건축법」이 적용되는 건축물과 적용되지 않는 건축물**

1. 「건축법」이 적용되는 건축물
   ㉠ 토지에 정착하는 공작물 중 지붕과 기둥 또는 벽이 있는 것과 이에 딸린 시설물
   ㉡ 지하 또는 고가의 공작물에 설치하는 사무소·공연장·점포·창고
2. 「건축법」을 적용하지 아니하는 건축물
   ㉠ 「문화재보호법」에 따른 지정문화재나 임시지정문화재
   ㉡ 철도나 궤도의 선로 부지에 있는 다음의 시설
      ⓐ 운전보안시설
      ⓑ 철도 선로의 위나 아래를 가로지르는 보행시설
      ⓒ 플랫폼
      ⓓ 해당 철도 또는 궤도사업용 급수·급탄 및 급유 시설

㉢ 고속도로 통행료 징수시설
㉣ 컨테이너를 이용한 간이창고(산업집적활성화 및 공장설립에 관한 법률에 따른 공장의 용도로만 사용되는 건축물의 대지에 설치하는 것으로서 이동이 쉬운 것만 해당)
㉤ 「하천법」에 따른 하천구역 내의 수문조작실

08 下 **건축법령상 하나 이상의 필지의 일부를 하나의 대지로 할 수 있는 경우가 아닌 것은?**

① 사용승인을 신청할 때 둘 이상의 필지를 하나의 필지로 합칠 것을 조건으로 건축허가를 하는 경우
② 하나 이상의 필지의 일부에 대하여 도시·군계획시설이 고시된 경우
③ 하나 이상의 필지의 일부에 대하여 「농지법」에 따른 농지전용허가를 받은 경우
④ 하나 이상의 필지의 일부에 대하여 「산지관리법」에 따른 산지전용허가를 받은 경우
⑤ 하나 이상의 필지의 일부에 대하여 「국토의 계획 및 이용에 관한 법률」에 따라 개발행위허가를 받은 경우

키워드 필지와 대지

해 설 사용승인을 신청할 때 필지를 나눌 것을 조건으로 건축허가를 하는 경우, 그 필지가 나누어지는 토지의 일부를 하나의 대지로 볼 수 있다.

정답 06 ① 07 ① 08 ①

09 中 **건축법령상 대지를 조성하기 위하여 건축물과 분리하여 공작물을 축조하려는 경우, 특별자치시장·특별자치도지사 또는 시장·군수·구청장에게 신고하여야 하는 공작물에 해당하지 않는 것은?** (단, 공용건축물에 대한 특례는 고려하지 않음) • 30회 수정

① 상업지역에 설치하는 높이 8m의 통신용 철탑

② 높이 4m의 옹벽

③ 높이 8m의 굴뚝

④ 바닥면적 $40m^2$의 지하대피호

⑤ 높이 3m의 장식탑

키워드 신고대상 공작물

해설 ① 상업지역에 설치하는 통신용 철탑은 높이가 6m를 넘어야 한다.
② 옹벽은 높이가 2m를 넘어야 한다.
③ 굴뚝은 높이가 6m를 넘어야 한다.
④ 지하대피호는 바닥면적이 $30m^2$를 넘어야 한다.
⑤ 장식탑은 높이가 4m를 넘어야 한다. 따라서 높이 3m의 장식탑은 신고대상 공작물에 해당하지 않는다.

이론플러스 **신고대상 공작물**

1. 높이 2m를 넘는 옹벽 또는 담장
2. 높이 4m를 넘는 광고탑·광고판
3. 높이 4m를 넘는 장식탑, 기념탑, 첨탑
4. 높이 6m를 넘는 굴뚝, 골프연습장 등의 운동시설을 위한 철탑과 주거지역·상업지역에 설치하는 통신용 철탑
5. 높이 8m를 넘는 고가수조
6. 높이 8m(위험방지를 위한 난간의 높이는 제외) 이하의 기계식 주차장 및 철골조립식 주차장(바닥면적이 조립식이 아닌 것을 포함)으로서 외벽이 없는 것
7. 바닥면적 $30m^2$를 넘는 지하대피호
8. 높이 5m를 넘는 「신에너지 및 재생에너지 개발·이용·보급 촉진법」에 따른 태양에너지를 이용하는 발전설비

10 上

건축법령상 특별자치시장·특별자치도지사 또는 시장·군수·구청장에게 신고하고 축조하여야 하는 공작물에 해당하는 것은? (단, 건축물과 분리하여 축조하는 경우이며, 공용건축물에 대한 특례는 고려하지 않음) • 27회 수정

① 높이 3m의 기념탑
② 높이 7m의 고가수조
③ 높이 3m의 광고탑
④ 높이 3m의 담장
⑤ 바닥면적 $25m^2$의 지하대피호

키워드 신고대상 공작물

해설 ① 기념탑은 높이가 4m를 넘어야 한다.
② 고가수조는 높이가 8m를 넘어야 한다.
③ 광고탑은 높이가 4m를 넘어야 한다.
④ 담장은 높이가 2m를 넘어야 한다.
⑤ 지하대피호는 바닥면적이 $30m^2$를 넘어야 한다.

11 中

건축법령상 건축에 관한 용어의 설명으로 틀린 것은?

① 건축물이 없는 대지에 새로 건축물을 축조하는 것(부속건축물만 있는 대지에 새로 주된 건축물을 축조하는 것을 포함)은 신축이다.
② 기존 건축물이 있는 대지에서 건축물의 건축면적, 연면적, 층수 또는 높이를 늘리는 것은 대수선이다.
③ 기존 건축물의 전부 또는 일부(내력벽·기둥·보·지붕틀 중 셋 이상이 포함되는 경우를 말함)를 해체하고 그 대지에 종전과 같은 규모의 범위에서 건축물을 다시 축조하는 것은 개축이다.
④ 건축물이 천재지변이나 그 밖의 재해로 멸실된 경우, 그 대지에 연면적 합계, 동수, 층수, 높이가 모두 종전 규모 이하로 다시 축조하는 것은 재축이다.
⑤ 건축물의 주요구조부를 해체하지 아니하고 같은 대지의 다른 위치로 옮기는 것은 이전이다.

키워드 건축물의 건축

해설 기존 건축물이 있는 대지에서 건축물의 건축면적, 연면적, 층수 또는 높이를 늘리는 것은 증축이다.

정답 09 ⑤ 10 ④ 11 ②

12 건축법령상 건축에 관한 용어의 설명으로 옳은 것은?

中

① 기존 건축물의 높이를 높이는 행위는 개축에 해당한다.

② 건축면적 200m²의 부속건축물만 있는 대지에 새로 건축면적 400m²의 주택을 축조한 행위는 증축에 해당한다.

③ 건축면적 100m²인 주택 전부를 해체하고 건축면적 300m²인 주택을 새로 축조한 행위는 신축에 해당한다.

④ 건축물이 천재지변이나 그 밖의 재해로 멸실된 경우, 종전과 같은 규모의 범위에서 다시 축조한 행위는 증축에 해당한다.

⑤ 건축물의 주요구조부를 해체하지 아니하고 다른 대지로 위치를 옮긴 행위는 이전에 해당한다.

키워드 건축물의 건축

해 설 ① 기존 건축물의 높이를 높이는 행위는 증축에 해당한다.
② 부속건축물만 있는 대지에 새로 주된 건축물을 축조한 행위는 신축에 해당한다.
④ 건축물이 천재지변이나 그 밖의 재해로 멸실된 경우, 그 대지에 연면적 합계, 동수, 층수, 높이가 모두 종전 규모 이하로 다시 축조하는 것은 재축에 해당한다.
⑤ 건축물의 주요구조부를 해체하지 아니하고 같은 대지의 다른 위치로 옮긴 행위는 이전에 해당한다.

13 건축법령상 '건축'에 해당하는 것을 모두 고른 것은?

中 • 25회 수정

㉠ 건축물이 없던 나대지에 새로 건축물을 축조하는 것
㉡ 기존 5층의 건축물이 있는 대지에서 건축물의 층수를 7층으로 늘리는 것
㉢ 태풍으로 멸실된 건축물을 그 대지에 연면적 합계, 동수, 층수, 높이가 모두 종전 규모 이하로 축조하는 것
㉣ 건축물의 주요구조부를 해체하지 아니하고 같은 대지에서 옆으로 5m 옮기는 것

① ㉠, ㉡
② ㉢, ㉣
③ ㉠, ㉡, ㉢
④ ㉡, ㉢, ㉣
⑤ ㉠, ㉡, ㉢, ㉣

키워드 건축물의 건축

해 설 '건축'이란 건축물을 신축·증축·개축·재축하거나 건축물을 이전하는 것을 말한다.

㉠ 건축물이 없던 나대지에 새로 건축물을 축조하는 것은 신축에 해당한다.

㉡ 기존 5층의 건축물이 있는 대지에서 건축물의 층수를 7층으로 늘리는 것은 증축에 해당한다.

㉢ 태풍으로 멸실된 건축물을 그 대지에 연면적 합계, 동수, 층수, 높이가 모두 종전 규모 이하로 축조하는 것은 재축에 해당한다.

㉣ 건축물의 주요구조부를 해체하지 아니하고 같은 대지에서 옆으로 5m 옮기는 것은 이전에 해당한다.

14 건축법령상 증축·개축·재축에 해당하지 아니하는 것으로서 대수선에 해당하는 것은?

中

① 한옥의 서까래를 세 개 이상 수선하는 것

② 특별피난계단을 증설 또는 해체하거나 수선 또는 변경하는 것

③ 내력벽의 벽면적을 $20m^2$ 수선하거나 변경하는 것

④ 보를 두 개 수선하거나 변경하는 것

⑤ 차양을 증설 또는 해체하거나 수선 또는 변경하는 것

키워드 건축물의 대수선

해 설 특별피난계단을 증설 또는 해체하거나 수선 또는 변경하는 것은 대수선에 해당한다.

이론플러스 **대수선**

대수선이란 건축물의 기둥, 보, 내력벽, 주계단 등의 구조나 외부형태를 수선·변경하거나 증설하는 다음의 어느 하나에 해당하는 것으로서, 증축·개축 또는 재축에 해당하지 아니하는 것을 말한다.

1. 내력벽을 증설 또는 해체하거나 내력벽의 벽면적을 $30m^2$ 이상 수선 또는 변경하는 것
2. 기둥을 증설 또는 해체하거나 기둥을 세 개 이상 수선 또는 변경하는 것
3. 보를 증설 또는 해체하거나 보를 세 개 이상 수선 또는 변경하는 것
4. 지붕틀(한옥의 경우에는 지붕틀의 범위에서 서까래는 제외)을 증설 또는 해체하거나 지붕틀을 세 개 이상 수선 또는 변경하는 것
5. 방화벽 또는 방화구획을 위한 바닥 또는 벽을 증설 또는 해체하거나 수선 또는 변경하는 것
6. 주계단·피난계단 또는 특별피난계단을 증설 또는 해체하거나 수선 또는 변경하는 것
7. 다가구주택의 가구 간 경계벽 또는 다세대주택의 세대 간 경계벽을 증설 또는 해체하거나 수선 또는 변경하는 것
8. 건축물의 외벽에 사용하는 마감재료를 증설 또는 해체하거나 벽면적 $30m^2$ 이상을 수선 또는 변경하는 것

정답 12 ③ 13 ⑤ 14 ②

15 건축법령상 대수선에 해당하지 않는 것은?

上

① 내력벽을 증설 또는 해체하거나 그 벽면적을 $30m^2$ 이상 수선 또는 변경하는 것
② 기둥을 증설 또는 해체하거나 세 개 이상 수선 또는 변경하는 것
③ 주계단·피난계단 또는 특별피난계단을 증설 또는 해체하거나 수선 또는 변경하는 것
④ 보 3개를 증설하여 건축물의 연면적을 늘리는 것
⑤ 방화벽 또는 방화구획을 위한 바닥 또는 벽을 증설 또는 해체하거나 수선 또는 변경하는 것

키워드 건축물의 대수선
해설 보 3개를 증설하여 건축물의 연면적을 늘리는 것은 증축에 해당한다.

16 건축법령상 건축물의 용도와 종류를 바르게 연결한 것은?

上

① 동물 및 식물관련시설 – 동물원·식물원·도축장·버섯재배사
② 제1종 근린생활시설 – 치과의원·안마원·안마시술소
③ 위락시설 – 노래연습장·무도장
④ 관광휴게시설 – 야외극장·야외음악당
⑤ 숙박시설 – 오피스텔·휴양콘도미니엄

키워드 건축물의 용도와 종류
해설 ① 동물원·식물원은 문화 및 집회시설에 해당한다.
② 안마시술소는 제2종 근린생활시설에 해당한다.
③ 노래연습장은 제2종 근린생활시설에 해당한다.
⑤ 오피스텔은 업무시설에 해당한다.

17 上 **건축법령상 건축물의 종류와 그 용도가 바르게 연결된 것은?**

① 유스호스텔 – 숙박시설
② 주유소 – 위험물저장 및 처리시설
③ 물류터미널 – 운수시설
④ 일반음식점·기원 – 제1종 근린생활시설
⑤ 카지노영업소 – 운동시설

키워드 건축물의 용도와 종류

해설 ① 유스호스텔 – 수련시설
③ 물류터미널 – 창고시설
④ 일반음식점·기원 – 제2종 근린생활시설
⑤ 카지노영업소 – 위락시설

18 中 **건축법령상 제1종 근린생활시설에 해당하는 것은?** (단, 같은 건축물에 해당 용도로 쓰는 바닥면적의 합계는 400m²임)

① 골프연습장
② 다중생활시설
③ 동물병원
④ 부동산중개사무소
⑤ 마을공동작업소

키워드 제1종 근린생활시설의 종류

해설 ① 같은 건축물에 해당 용도로 쓰는 바닥면적의 합계가 500m² 미만인 골프연습장은 제2종 근린생활시설에 해당한다.
② 같은 건축물에 해당 용도로 쓰는 바닥면적의 합계가 500m² 미만인 다중생활시설은 제2종 근린생활시설에 해당한다.
③ 동물병원은 제2종 근린생활시설에 해당한다.
④ 같은 건축물에 해당 용도로 쓰는 바닥면적의 합계가 30m² 이상 500m² 미만인 부동산중개사무소는 제2종 근린생활시설에 해당한다.

정답 15 ④ 16 ④ 17 ② 18 ⑤

19

下

건축법령상 건축물의 시설군과 용도를 연결한 것으로 틀린 것은?

① 산업 등의 시설군 – 자원순환 관련 시설
② 주거업무시설군 – 교정 및 군사시설
③ 영업시설군 – 위락시설
④ 교육 및 복지시설군 – 야영장시설
⑤ 문화 및 집회시설군 – 관광휴게시설

키워드 건축물의 시설군과 용도

해 설 위락시설은 문화 및 집회시설군에 해당한다.

이론플러스 **시설군과 세부 용도**

1. 자동차 관련 시설군
   - 자동차 관련 시설
2. 산업 등의 시설군
   - 운수시설
   - 창고시설
   - 공장
   - 위험물저장 및 처리시설
   - 자원순환 관련 시설
   - 묘지 관련 시설
   - 장례시설
3. 전기통신시설군
   - 방송통신시설
   - 발전시설
4. 문화 및 집회시설군
   - 문화 및 집회시설
   - 종교시설
   - 위락시설
   - 관광휴게시설
5. 영업시설군
   - 판매시설
   - 운동시설
   - 숙박시설
   - 제2종 근린생활시설 중 다중생활시설
6. 교육 및 복지시설군
   - 의료시설
   - 교육연구시설
   - 노유자시설
   - 수련시설
   - 야영장시설
7. 근린생활시설군
   - 제1종 근린생활시설
   - 제2종 근린생활시설 (다중생활시설은 제외)
8. 주거업무시설군
   - 단독주택
   - 공동주택
   - 업무시설
   - 교정 및 군사시설
9. 그 밖의 시설군
   - 동물 및 식물 관련 시설

20 中 건축법령상 건축물의 용도를 변경하고자 하는 경우, 특별자치시장·특별자치도지사 또는 시장·군수·구청장의 허가를 받아야 하는 행위로 옳은 것은?

① 판매시설을 수련시설로 변경하는 행위
② 종교시설을 창고시설로 변경하는 행위
③ 노유자시설을 제1종 근린생활시설로 변경하는 행위
④ 운동시설을 업무시설로 변경하는 행위
⑤ 공장을 장례시설로 변경하는 행위

키워드 건축물의 용도변경

해 설 ① 판매시설을 수련시설로 변경하는 행위는 신고하여야 한다.
② 종교시설을 창고시설로 변경하는 행위는 상위군에 해당하는 용도변경에 해당하여 허가사항이다.
③ 노유자시설을 제1종 근린생활시설로 변경하는 행위는 신고하여야 한다.
④ 운동시설을 업무시설로 변경하는 행위는 신고하여야 한다.
⑤ 공장을 장례시설로 변경하는 행위는 건축물대장 기재내용변경 신청대상이다.

21 中 건축법령상 특별시에서 건축물의 용도를 변경하고자 하는 경우에 관한 설명으로 옳은 것은?

① 자원순환 관련 시설을 묘지 관련 시설로 용도변경하는 경우 관할 구청장에게 건축물대장 기재내용의 변경을 신청하여야 한다.
② 발전시설을 공장으로 용도변경하는 경우 특별시장의 허가를 받아야 한다.
③ 운동시설을 수련시설로 용도변경하는 경우 관할 구청장의 허가를 받아야 한다.
④ 숙박시설을 종교시설로 용도변경하는 경우 특별시장에게 신고하여야 한다.
⑤ 업무시설을 교육연구시설로 용도변경하는 경우 특별시장에게 건축물대장 기재내용의 변경을 신청하여야 한다.

키워드 건축물의 용도변경

해 설 ② 발전시설을 공장으로 용도변경하는 경우에는 관할 구청장의 허가를 받아야 한다.
③ 운동시설을 수련시설로 용도변경하는 경우에는 관할 구청장에게 신고하여야 한다.
④ 숙박시설을 종교시설로 용도변경하는 경우에는 관할 구청장의 허가를 받아야 한다.
⑤ 업무시설을 교육연구시설로 용도변경하는 경우에는 관할 구청장의 허가를 받아야 한다.

정답 19 ③ 20 ② 21 ①

22 上

건축법령상 사용승인을 받은 건축물의 용도변경이 신고대상인 경우만을 모두 고른 것은? • 25회 수정

	용도변경 전	용도변경 후
㉠	판매시설	창고시설
㉡	숙박시설	위락시설
㉢	장례시설	종교시설
㉣	의료시설	교육연구시설
㉤	제1종 근린생활시설	업무시설

① ㉠, ㉡ ② ㉠, ㉢ ③ ㉡, ㉣
④ ㉢, ㉤ ⑤ ㉣, ㉤

키워드 건축물의 용도변경

해설 ㉠ 판매시설에서 창고시설로의 용도변경은 허가대상이다.
㉡ 숙박시설에서 위락시설로의 용도변경은 허가대상이다.
㉢ 장례시설에서 종교시설로의 용도변경은 신고대상이다.
㉣ 의료시설에서 교육연구시설로의 용도변경은 기재내용변경 신청대상이다.
㉤ 제1종 근린생활시설에서 업무시설로의 용도변경은 신고대상이다.

23 上

건축주인 甲은 4층 건축물을 병원으로 사용하던 중 이를 서점으로 용도변경하고자 한다. 건축법령상 이에 관한 설명으로 옳은 것은? (단, 다른 조건은 고려하지 않음) • 29회

① 甲이 용도변경을 위하여 건축물을 대수선할 경우 그 설계는 건축사가 아니어도 할 수 있다.
② 甲은 건축물의 용도를 서점으로 변경하려면 용도변경을 신고하여야 한다.
③ 甲은 서점에 다른 용도를 추가하여 복수용도로 용도변경 신청을 할 수 없다.
④ 甲의 병원이 준주거지역에 위치하고 있다면 서점으로 용도변경을 할 수 없다.
⑤ 甲은 서점으로 용도변경을 할 경우 피난 용도로 쓸 수 있는 광장을 옥상에 설치하여야 한다.

키워드 건축물의 용도변경

해설 ① 甲이 용도변경을 위하여 건축물을 대수선할 경우 4층인 건축물이기 때문에 그 설계는 건축사가 설계하여야 한다.
③ 甲은 서점에 다른 용도를 추가하여 복수용도로 용도변경 신청을 할 수 있다.

④ 甲의 병원이 준주거지역에 위치하고 있다면 서점으로 용도변경을 할 수 있다.
⑤ 甲은 서점으로 용도변경을 할 경우 피난 용도로 쓸 수 있는 광장을 옥상에 설치하지 않아도 된다.

24 中

건축법령상 건축법이 전면적으로 적용되는 대상지역이 아닌 것은?

① 면에 속하는 자연환경보전지역(지구단위계획구역이 아님)
② 도시지역 중 전용주거지역
③ 도시지역 중 중심상업지역
④ 도시지역 외의 지역에 지정된 지구단위계획구역
⑤ 동 또는 읍의 지역(섬인 경우 인구가 500명 이상인 지역에 한함)

키워드 건축법 적용대상지역
해 설 면에 속하는 자연환경보전지역은 「건축법」을 전면적으로 적용하는 대상지역이 아니다.

이론플러스 **「건축법」의 전부를 적용하는 지역**

1. 도시지역
2. 도시지역 외의 지역에 지정된 지구단위계획구역
3. 동 또는 읍에 속하는 지역(섬의 경우 인구가 500명 이상인 경우에 한함)

25 上

건축법령상 도시지역, 도시지역 외의 지역에 지정된 지구단위계획구역, 동 또는 읍에 속하는 지역을 제외한 지역에서도 적용되는 내용으로 옳은 것은?

① 대지와 도로와의 관계
② 도로의 지정·폐지 또는 변경
③ 건축물의 높이 제한
④ 건축선의 지정 및 건축선에 의한 건축제한
⑤ 방화지구 안의 건축물

키워드 건축법 적용범위
해 설 건축물의 높이 제한의 규정은 전면적 적용대상지역 외의 지역에서도 적용된다.

정답 22 ④ 23 ② 24 ① 25 ③

CHAPTER

02 건축물의 건축 등

더 많은 기출문제를 풀고 싶다면?
단원별 기출문제집
[부동산공법] pp.221~233

5개년 출제빈도 분석표

28회	29회	30회	31회	32회
3	1	3	2	3

빈출 키워드

☑ 건축허가의 제한
☑ 건축허가 및 건축신고

대표기출 연습

건축주 甲은 A도 B시에서 연면적이 100m²이고 2층인 건축물을 대수선하고자 건축법 제14조에 따른 신고(이하 '건축신고')를 하려고 한다. 건축법령상 이에 관한 설명으로 옳은 것은? (단, 건축법령상 특례 및 조례는 고려하지 않음) • 32회

① 甲이 대수선을 하기 전에 B시장에게 건축신고를 하면 건축허가를 받은 것으로 본다.
② 건축신고를 한 甲이 공사시공자를 변경하려면 B시장에게 허가를 받아야 한다.
③ B시장은 건축신고의 수리 전에 건축물 안전영향평가를 실시하여야 한다.
④ 건축신고를 한 甲이 신고일부터 6개월 이내에 공사에 착수하지 아니하면 그 신고의 효력은 없어진다.
⑤ 건축신고를 한 甲은 건축물의 공사가 끝난 후 사용승인 신청 없이 건축물을 사용할 수 있다.

키워드 건축신고 29회, 31회, 32회
교수님 TIP 건축신고대상에 관한 구체적인 내용을 정확하게 숙지하여야 합니다.

해 설 ② 건축신고를 한 甲이 공사시공자를 변경하려면 B시장에게 신고하여야 한다.
③ B시장은 초고층 건축물 등 대통령령으로 정하는 주요 건축물에 대하여 건축허가를 하기 전에 안전영향평가를 안전영향평가기관에 의뢰하여 실시하여야 한다.
④ 건축신고를 한 甲이 신고일부터 1년 이내에 공사에 착수하지 아니하면 그 신고의 효력은 없어진다.
⑤ 건축신고를 한 甲은 건축물의 공사가 끝난 후 사용승인을 받은 후에 건축물을 사용할 수 있다.

이론플러스 **건축신고대상**

1. 바닥면적의 합계가 85m² 이내의 증축·개축 또는 재축. 다만, 3층 이상 건축물인 경우에는 증축·개축 또는 재축하려는 부분의 바닥면적의 합계가 건축물 연면적의 10분의 1 이내인 경우로 한정한다.
2. 「국토의 계획 및 이용에 관한 법률」에 따른 관리지역, 농림지역 또는 자연환경보전지역에서 연면적이 200m² 미만이고 3층 미만인 건축물의 건축. 다만, 지구단위계획구역 또는 방재지구 등 재해취약지역으로서 대통령령으로 정하는 구역 중 어느 하나에 해당하는 구역에서의 건축은 제외한다.
3. 연면적이 200m² 미만이고 3층 미만인 건축물의 대수선
4. 주요구조부의 해체가 없는 등 대통령령으로 정하는 대수선
5. 그 밖에 소규모 건축물로서 연면적의 합계가 100m² 이하인 건축물 또는 건축물의 높이를 3m 이하의 범위에서 증축하는 건축물 중 어느 하나에 해당하는 건축물의 건축

정답 ①

PART 4

02 건축물의 건축 등

01 中 **건축법령상 건축허가의 사전결정에 관한 설명으로 틀린 것은?**

① 건축허가대상 건축물을 건축하려는 자는 건축허가를 신청하기 전에 허가권자에게 그 건축물을 해당 대지에 건축하는 것이 이 법이나 관계 법령에서 허용되는지 여부에 대한 사전결정을 신청할 수 있다.

② 사전결정을 신청하는 자는 건축위원회 심의와 「도시교통정비 촉진법」에 따른 교통영향평가서의 검토를 동시에 신청할 수 있다.

③ 허가권자는 사전결정이 신청된 건축물의 대지면적이 「환경영향평가법」에 따른 소규모 환경영향평가 대상사업인 경우 환경부장관이나 지방환경관서의 장과 협의를 하여야 한다.

④ 허가권자는 사전결정 신청을 받으면 입지, 건축물의 규모, 용도 등을 사전결정한 후 사전결정신청자에게 알려야 한다.

⑤ 사전결정신청자는 사전결정을 통지받은 날부터 1년 이내에 건축허가를 신청하여야 하며, 이 기간에 건축허가를 신청하지 아니하면 사전결정의 효력이 상실된다.

키워드 건축허가의 사전결정

해 설 사전결정신청자는 사전결정을 통지받은 날부터 2년 이내에 건축허가를 신청하여야 하며, 이 기간에 건축허가를 신청하지 아니하면 사전결정의 효력이 상실된다.

정답 01 ⑤

02 上 **건축법령상 사전결정 통지를 받은 경우에는 다음의 허가를 받거나 신고 또는 협의를 한 것으로 본다. 이에 해당하지 않는 것은?**

① 「국토의 계획 및 이용에 관한 법률」에 따른 개발행위허가
② 「도로법」에 따른 도로점용허가
③ 「산지관리법」에 따른 도시지역 안의 보전산지에 대한 산지전용허가
④ 「농지법」에 따른 농지전용허가와 농지전용신고
⑤ 「하천법」에 따른 하천점용허가

키워드 사전결정 통지의 효과
해 설 「도로법」에 따른 도로점용허가는 사전결정 통지를 받은 경우에 의제되는 사항이 아니다.
이론플러스 **사전결정 통지의 효과**

사전결정 통지를 받은 경우에는 다음의 허가를 받거나 신고 또는 협의를 한 것으로 본다.
1. 「국토의 계획 및 이용에 관한 법률」에 따른 개발행위허가
2. 「산지관리법」에 따른 산지전용허가와 산지전용신고, 같은 법에 따른 산지일시사용허가·신고. 다만, 보전산지인 경우에는 도시지역만 해당된다.
3. 「농지법」에 따른 농지전용허가·신고 및 협의
4. 「하천법」에 따른 하천점용허가

03 中 **건축법령상 건축허가에 관한 설명으로 옳은 것은?**

① 고속도로 통행료 징수시설을 대수선하려는 자는 특별자치시장·특별자치도지사 또는 시장·군수·구청장의 허가를 받아야 한다.
② 층수가 21층 이상인 공장을 광역시에 건축하려면 광역시장의 허가를 받아야 한다.
③ 허가를 받은 날부터 착공기간 이내에 공사에 착수하였으나 공사의 완료가 불가능하다고 인정되는 경우에는 허가를 취소할 수 있다.
④ 건축허가나 건축물의 착공을 제한하는 경우 제한기간은 2년 이내로 한다. 다만, 2회에 한하여 1년 이내의 범위에서 제한기간을 연장할 수 있다.
⑤ 허가권자는 위락시설이나 숙박시설에 해당하는 건축물의 경우 건축물의 용도·규모 또는 형태가 주거환경이나 교육환경 등 주변환경을 고려할 때 부적합하다고 인정되는 경우 건축위원회의 심의를 거쳐 건축허가를 하지 아니할 수 있다.

키워드 건축허가

해설 ① 고속도로 통행료 징수시설을 대수선하려는 자는 특별자치시장·특별자치도지사 또는 시장·군수·구청장의 허가를 받지 않아도 된다.
② 공장은 광역시장의 허가대상에서 제외된다.
③ 허가를 받은 날부터 착공기간 이내에 공사에 착수하였으나 공사의 완료가 불가능하다고 인정되는 경우에는 허가를 취소하여야 한다.
④ 건축허가나 건축물의 착공을 제한하는 경우 제한기간은 2년 이내로 한다. 다만, 1회에 한하여 1년 이내의 범위에서 제한기간을 연장할 수 있다.

04 上 **甲은 A광역시 B구에서 20층의 연면적 합계가 5만m²인 허가대상 건축물을 신축하려고 한다. 건축법령상 이에 관한 설명으로 틀린 것은?** (단, 건축법령상 특례규정은 고려하지 않음) •31회

① 甲은 B구청장에게 건축허가를 받아야 한다.
② 甲이 건축허가를 받은 경우에도 해당 대지를 조성하기 위해 높이 5m의 옹벽을 축조하려면 따로 공작물 축조신고를 하여야 한다.
③ 甲이 건축허가를 받은 이후에 공사시공자를 변경하는 경우에는 B구청장에게 신고하여야 한다.
④ 甲이 건축허가를 받은 경우에도 A광역시장은 지역계획에 특히 필요하다고 인정하면 甲의 건축물의 착공을 제한할 수 있다.
⑤ 공사감리자는 필요하다고 인정하면 공사시공자에게 상세시공도면을 작성하도록 요청할 수 있다.

키워드 허가대상 건축물

해설 甲이 건축허가를 받은 경우에는 해당 대지를 조성하기 위해 높이 5m의 옹벽을 축조하기 위해 따로 공작물 축조신고를 하지 않아도 된다. 건축허가를 받으면 공작물의 축조신고를 한 것으로 의제되기 때문이다.

정답 02 ② 03 ⑤ 04 ②

05 中 **건축법령상 건축허가를 받으려는 자가 해당 대지의 소유권을 확보하지 <u>않아도</u> 되는 경우만을 모두 고른 것은?**

> ㉠ 분양을 목적으로 하지 아니하는 공동주택의 건축주가 그 대지를 사용할 수 있는 권원을 확보한 경우
> ㉡ 건축주가 집합건물의 공용부분을 변경하기 위하여 「집합건물의 소유 및 관리에 관한 법률」 제15조 제1항에 따른 결의가 있었음을 증명한 경우
> ㉢ 건축하려는 대지에 포함된 국유지에 대하여 허가권자가 해당 토지의 관리청이 해당 토지를 건축주에게 매각할 것을 확인한 경우

① ㉠
② ㉡
③ ㉠, ㉢
④ ㉡, ㉢
⑤ ㉠, ㉡, ㉢

키워드 대지의 소유권 확보

해 설 건축허가를 받으려는 자가 해당 대지의 소유권을 확보하지 않아도 되는 경우는 다음과 같다.

> 1. 건축주가 대지의 소유권을 확보하지 못하였으나 그 대지를 사용할 수 있는 권원을 확보한 경우(㉠). 다만, 분양을 목적으로 하는 공동주택은 제외한다.
> 2. 건축주가 집합건물의 공용부분을 변경하기 위하여 「집합건물의 소유 및 관리에 관한 법률」 제15조 제1항에 따른 결의가 있었음을 증명한 경우(㉡)
> 3. 건축하려는 대지에 포함된 국유지 또는 공유지에 대하여 허가권자가 해당 토지의 관리청이 해당 토지를 건축주에게 매각하거나 양여할 것을 확인한 경우(㉢)
> 4. 건축주가 건축물의 노후화 또는 구조안전 문제 등 대통령령으로 정하는 사유로 건축물을 신축·개축·재축 및 리모델링을 하기 위하여 건축물 및 해당 대지의 공유자 수의 100분의 80 이상의 동의를 얻고 동의한 공유자의 지분 합계가 전체 지분의 100분의 80 이상인 경우
> 5. 건축주가 건축허가를 받아 주택과 주택 외의 시설을 동일 건축물로 건축하기 위하여 「주택법」 제21조를 준용한 대지 소유 등의 권리 관계를 증명한 경우. 다만, 「주택법」 제15조 제1항 각 호 외의 부분 본문에 따른 대통령령으로 정하는 호수 이상으로 건설·공급하는 경우에 한정한다.
> 6. 건축주가 집합건물을 재건축하기 위하여 「집합건물의 소유 및 관리에 관한 법률」 제47조에 따른 결의가 있었음을 증명한 경우

06 中

건축법령상 시장·군수가 건축허가를 하기 위해 도지사의 사전승인을 받아야 하는 건축물로 옳은 것은?

① 층수가 21층 이상인 창고
② 연면적의 합계가 10만m^2 이상인 공장
③ 자연환경을 보호하기 위하여 도지사가 지정·공고한 구역에 건축하는 연면적의 합계가 800m^2이고 2층인 일반음식점
④ 주거환경을 보호하기 위하여 도지사가 지정·공고한 구역에 건축하는 연면적의 합계가 500m^2이고 2층인 카지노 영업소
⑤ 교육환경을 보호하기 위하여 도지사가 지정·공고한 구역에 건축하는 일반업무시설

키워드 도지사의 사전승인

해설 주거환경이나 교육환경 등 주변 환경을 보호하기 위하여 필요하다고 인정하여 도지사가 지정·공고한 구역에 건축하는 위락시설 및 숙박시설에 해당하는 건축물은 도지사의 사전승인을 받아야 한다.

07 中

건축법령상 건축허가의 제한에 관한 설명으로 틀린 것은?

① 국토교통부장관은 국토관리를 위하여 특히 필요하다고 인정하면 허가권자의 건축허가를 제한할 수 있다.
② 건축허가나 건축물의 착공을 제한하는 경우 제한기간은 2년 이내로 하며, 이를 연장할 수 없다.
③ 특별시장·광역시장·도지사는 지역계획이나 도시·군계획에 특히 필요하다고 인정하면 시장·군수·구청장의 건축허가를 제한할 수 있다.
④ 환경부장관은 환경보전을 위하여 특히 필요하다고 인정하면 국토교통부장관에게 건축허가의 제한을 요청할 수 있다.
⑤ 국토교통부장관이나 특별시장·광역시장·도지사는 건축허가나 건축물의 착공을 제한하는 경우 제한 목적·기간 등을 상세하게 정하여 허가권자에게 통보하여야 하며, 통보를 받은 허가권자는 지체 없이 이를 공고하여야 한다.

키워드 건축허가의 제한

해설 건축허가나 건축물의 착공을 제한하는 경우 제한기간은 2년 이내로 한다. 다만, 1회에 한하여 1년 이내의 범위에서 제한기간을 연장할 수 있다.

정답 05 ⑤ 06 ④ 07 ②

08 건축법령상 건축허가 제한에 관한 설명으로 옳은 것은? • 32회

中

① 국방, 문화재보존 또는 국민경제를 위하여 특히 필요한 경우 주무부장관은 허가권자의 건축허가를 제한할 수 있다.

② 지역계획을 위하여 특히 필요한 경우 도지사는 특별자치시장의 건축허가를 제한할 수 있다.

③ 건축허가를 제한하는 경우 건축허가 제한기간은 2년 이내로 하며, 1회에 한하여 1년 이내의 범위에서 제한기간을 연장할 수 있다.

④ 시·도지사가 건축허가를 제한하는 경우에는 「토지이용규제 기본법」에 따라 주민의견을 청취하거나 건축위원회의 심의를 거쳐야 한다.

⑤ 국토교통부장관은 건축허가를 제한하는 경우 제한 목적·기간, 대상 건축물의 용도와 대상 구역의 위치·면적·경계를 지체 없이 공고하여야 한다.

키워드 건축허가의 제한

해 설 ① 국방, 문화재보존·환경보전 또는 국민경제를 위하여 특히 필요한 경우 주무부장관은 허가권자의 건축허가를 제한할 수 없고, 국토교통부장관에게 건축허가의 제한을 요청할 수 있다.

② 지역계획을 위하여 특히 필요한 경우 도지사는 특별자치시장의 건축허가를 제한할 수 없고, 시장·군수의 건축허가를 제한할 수 있다.

④ 시·도지사가 건축허가를 제한하는 경우에는 「토지이용규제 기본법」에 따라 주민의견을 청취한 후 건축위원회의 심의를 거쳐야 한다.

⑤ 국토교통부장관은 건축허가를 제한하는 경우 제한 목적·기간, 대상 건축물의 용도와 대상 구역의 위치·면적·경계를 허가권자에게 통보하여야 하며, 통보를 받은 허가권자는 지체 없이 이를 공고하여야 한다.

09 건축법령상 허가대상 건축물이라 하더라도 건축신고를 하면 건축허가를 받은 것으로 보는 경우를 모두 고른 것은?

上

㉠ 연면적이 150m²이고 2층인 건축물의 대수선
㉡ 보를 4개 수선하는 것
㉢ 내력벽의 면적을 50m² 수선하는 것
㉣ 소규모 건축물로서 연면적의 합계가 150m²인 건축물의 신축
㉤ 소규모 건축물로서 건축물의 높이를 5m 증축하는 것

① ㉠, ㉡, ㉢
② ㉠, ㉢, ㉣
③ ㉠, ㉣, ㉤
④ ㉡, ㉢, ㉣
⑤ ㉠, ㉢, ㉣, ㉤

키워드 신고대상 건축물

해설 ㉠ 연면적이 150m²이고 2층인 건축물의 대수선은 신고대상이다.
㉡ 보를 4개 수선하는 것은 신고대상이다.
㉢ 내력벽 면적을 50m² 수선하는 것은 신고대상이다.
㉣ 소규모 건축물로서 연면적의 합계가 150m²인 건축물을 신축하는 경우에는 허가를 받아야 한다.
㉤ 소규모 건축물로서 건축물의 높이를 5m 증축하는 경우에는 허가를 받아야 한다.

이론플러스 **건축법령상 건축신고대상**

1. 바닥면적의 합계가 85m² 이내의 증축·개축 또는 재축. 다만, 3층 이상 건축물인 경우에는 증축·개축 또는 재축하려는 부분의 바닥면적의 합계가 건축물 연면적의 10분의 1 이내인 경우로 한정한다.
2. 관리지역, 농림지역 또는 자연환경보전지역에서 연면적이 200m² 미만이고 3층 미만인 건축물의 건축. 다만, 지구단위계획구역, 방재지구, 붕괴위험지역에서의 건축은 제외한다.
3. 연면적이 200m² 미만이고 3층 미만인 건축물의 대수선
4. 주요구조부의 해체가 없는 등 다음의 어느 하나에 해당하는 대수선
   - 내력벽의 면적을 30m² 이상 수선하는 것
   - 기둥을 세 개 이상 수선하는 것
   - 보를 세 개 이상 수선하는 것
   - 지붕틀을 세 개 이상 수선하는 것
   - 방화벽 또는 방화구획을 위한 바닥 또는 벽을 수선하는 것
   - 주계단·피난계단 또는 특별피난계단을 수선하는 것
5. 그 밖의 소규모 건축물로서 다음의 어느 하나에 해당하는 건축물
   - 연면적의 합계가 100m² 이하인 건축물
   - 건축물의 높이를 3m 이하의 범위에서 증축하는 건축물
   - 표준설계도서에 따라 건축하는 건축물로서 그 용도 및 규모가 주위환경이나 미관에 지장이 없다고 인정하여 건축조례로 정하는 건축물
   - 공업지역·산업단지 및 비도시지역 안의 지구단위계획구역에서 건축하는 2층 이하인 건축물로서 연면적의 합계가 500m² 이하인 공장
   - 농업이나 수산업을 영위하기 위하여 읍·면지역(특별자치시장, 특별자치도지사, 시장 또는 군수가 지역계획 또는 도시·군계획에 지장이 있다고 지정·공고한 구역은 제외)에서 건축하는 연면적 200m² 이하인 창고 및 연면적 400m² 이하인 축사·작물재배사, 종묘배양시설, 화초 및 분재 등의 온실

정답 08 ③ 09 ①

10 건축법령상 건축신고대상이 되는 경우로 옳은 것은?

中

① 2층인 건축물의 바닥면적의 합계가 90m²인 증축
② 연면적의 합계가 100m²인 건축물의 건축
③ 건축물의 높이를 4m 증축하는 건축물
④ 공업지역에 건축하는 3층 건축물로서 연면적의 합계가 500m²인 공장
⑤ 연면적이 250m²이고 3층인 건축물의 기둥 1개 해체하는 대수선

키워드 신고대상 건축물
해 설 연면적의 합계가 100m²인 건축물의 건축은 신고대상이다.

11 건축법령상 건축신고에 관한 설명으로 <u>틀린</u> 것은?

• 23회

上

① 바닥면적의 합계가 85m² 이내인 단층의 건축물의 신축은 신고의 대상이다.
② 신고대상 건축물에 대하여 건축신고를 하면 건축허가를 받은 것으로 본다.
③ 건축허가를 받은 건축물의 건축주를 변경하는 경우에는 신고를 하여야 한다.
④ 건축신고를 하였더라도 공사에 필요한 규모로 공사용 가설건축물의 축조가 필요한 경우에는 별도로 가설건축물 축조신고를 하여야 한다.
⑤ 건축신고를 한 건축물을 주요구조부를 해체하지 아니하고 같은 대지의 다른 위치로 옮기는 경우에는 변경신고를 하여야 한다.

키워드 건축신고
해 설 건축신고를 한 경우에는 공사용 가설건축물의 축조신고를 한 것으로 의제되기 때문에 공사에 필요한 규모로 공사용 가설건축물의 축조가 필요한 경우에는 별도로 가설건축물의 축조신고를 하지 않아도 된다.

12 건축법령상 건축허가와 건축신고에 관한 설명으로 옳은 것은?

中

① 시장·군수는 연면적의 합계가 10만m^2 이상인 공장의 건축을 허가하려면 미리 도지사의 승인을 받아야 한다.

② 허가권자는 착공신고 전에 경매 또는 공매 등으로 건축주가 대지의 소유권을 상실한 때부터 6개월이 지난 이후 공사의 착수가 불가능하다고 판단되는 경우에는 허가를 취소할 수 있다.

③ 교육감이 교육환경의 개선을 위하여 특히 필요하다고 인정하여 요청하면 국토교통부장관은 허가를 받은 건축물의 착공을 제한할 수 있다.

④ 건축신고를 한 자가 신고일부터 1년 이내에 공사에 착수하지 아니하면 그 신고의 효력은 없어진다.

⑤ 특별시장·광역시장·도지사가 시장·군수·구청장의 건축허가 또는 건축물의 착공을 제한하는 경우에는 국토교통부장관의 승인을 받아야 한다.

키워드 건축허가와 건축신고

해 설 ① 공장은 도지사의 사전승인대상이 아니다.
② 허가권자는 착공신고 전에 경매 또는 공매 등으로 건축주가 대지의 소유권을 상실한 때부터 6개월이 지난 이후 공사의 착수가 불가능하다고 판단되는 경우에는 허가를 취소하여야 한다.
③ 교육감은 국토교통부장관에게 건축허가의 제한을 요청할 수 없다.
⑤ 특별시장·광역시장·도지사가 시장·군수·구청장의 건축허가 또는 건축물의 착공을 제한하는 경우에는 즉시 국토교통부장관에게 보고하여야 한다.

정답 **10** ② **11** ④ **12** ④

13 建축법령상 건축허가 및 건축신고에 관한 설명으로 틀린 것은? • 24회 수정

中

① 수질을 보호하기 위하여 도지사가 지정·공고한 구역에 시장·군수가 3층의 관광호텔의 건축을 허가하기 위해서는 도지사의 사전승인을 받아야 한다.

② 숙박시설에 해당하는 건축물의 건축을 허가하는 경우 건축물의 용도·규모 또는 형태가 주거환경이나 교육환경 등 주변 환경을 고려할 때 부적합하다고 인정되면 건축위원회의 심의를 거쳐 건축허가를 하지 않을 수 있다.

③ 특별시장·광역시장·도지사는 시장·군수·구청장의 건축허가를 제한한 경우 즉시 국토교통부장관에게 보고하여야 한다.

④ 연면적이 180m²이고 2층인 건축물의 대수선은 건축신고의 대상이다.

⑤ 건축신고를 한 자가 신고일부터 6개월 이내에 공사에 착수하지 아니하면 그 신고의 효력은 없어진다.

키워드 건축허가와 건축신고

해 설 건축신고를 한 자가 신고일부터 1년 이내에 공사에 착수하지 아니하면 그 신고의 효력은 없어진다.

14 건축법령상 건축허가 및 건축신고 등에 관한 설명으로 틀린 것은? (단, 조례는 고려하지 않음) • 25회

中

① 바닥면적이 각 80m²인 3층의 건축물을 신축하고자 하는 자는 건축허가의 신청 전에 허가권자에게 그 건축의 허용성에 대한 사전결정을 신청할 수 있다.

② 연면적의 10분의 3을 증축하여 연면적의 합계가 10만m²가 되는 창고를 광역시에 건축하고자 하는 자는 광역시장의 허가를 받아야 한다.

③ 건축물의 건축허가를 받으면 「국토의 계획 및 이용에 관한 법률」에 따른 개발행위허가를 받은 것으로 본다.

④ 연면적의 합계가 200m²인 건축물의 높이를 2m 증축할 경우 건축신고를 하면 건축허가를 받은 것으로 본다.

⑤ 건축신고를 한 자가 신고일부터 1년 이내에 공사에 착수하지 아니하면 그 신고의 효력은 없어진다.

키워드 건축허가와 건축신고

해 설 연면적의 10분의 3을 증축하여 연면적의 합계가 10만m²가 되는 창고는 광역시장의 허가대상에서 제외된다.

15 건축법령상 건축공사현장 안전관리예치금에 관한 설명으로 틀린 것은?

中

① 건축허가를 받은 자는 건축물의 건축공사를 중단하고 장기간 공사현장을 방치할 경우, 공사현장의 미관개선과 안전관리 등 필요한 조치를 하여야 한다.

② 허가권자는 연면적이 1,000m^2 이상으로서 지방자치단체의 조례로 정하는 건축물은 건축공사비 1%의 범위에서 안전관리예치금을 예치하게 할 수 있다.

③ 「지방공기업법」에 따라 건축사업을 수행하기 위하여 설립된 지방공사도 안전관리예치금을 예치하여야 한다.

④ 허가권자는 공사현장이 방치되어 도시미관을 저해하고 안전을 위해한다고 판단되면 건축허가를 받은 자에게 건축물 공사현장의 미관과 안전관리를 위한 개선을 명할 수 있다.

⑤ 안전관리를 위한 개선명령을 이행하지 않는 경우 허가권자는 대집행을 할 수 있으며, 이 경우 건축주가 예치한 안전관리예치금을 행정대집행에 필요한 비용에 사용할 수 있다.

키워드 안전관리예치금

해설 「한국토지주택공사법」에 따라 설립된 한국토지주택공사와 「지방공기업법」에 따라 건축사업을 수행하기 위하여 설립된 지방공사는 안전관리예치금의 예치대상에서 제외된다.

정답 13 ⑤ 14 ② 15 ③

16 中

건축법령상 가설건축물의 건축에 관한 설명으로 틀린 것은?

① 도시·군계획시설 또는 도시·군계획시설예정지에서 가설건축물을 건축하는 경우에는 특별자치시장·특별자치도지사 또는 시장·군수·구청장의 허가를 받아야 한다.

② 도시·군계획시설 또는 도시·군계획시설예정지에서 가설건축물을 건축하는 경우에는 층수가 3층 이하이어야 한다.

③ 허가대상의 가설건축물 외에 재해복구·흥행·전람회·공사용 등의 가설건축물을 축조하고자 하는 자는 신고한 후 착공하여야 한다.

④ 신고하여야 하는 가설건축물의 존치기간은 3년 이내로 한다.

⑤ 존치기간을 연장하려는 허가대상 가설건축물의 건축주는 존치기간 만료일 7일 전까지 특별자치시장·특별자치도지사 또는 시장·군수·구청장에게 허가를 신청하여야 한다.

키워드 가설건축물의 건축

해 설 존치기간을 연장하려는 허가대상 가설건축물의 건축주는 존치기간 만료일 14일 전까지 특별자치시장·특별자치도지사 또는 시장·군수·구청장에게 허가를 신청하여야 한다.

17 下

건축법령상 도시·군계획시설예정지에 건축하는 3층 이하의 가설건축물에 관한 설명으로 틀린 것은? (단, 조례는 고려하지 않음) • 21회 수정

① 가설건축물은 철근콘크리트조 또는 철골철근콘크리트조가 아니어야 한다.

② 가설건축물은 공동주택·판매시설·운수시설 등으로서 분양을 목적으로 하는 건축물이 아니어야 한다.

③ 가설건축물은 전기·수도·가스 등 새로운 간선 공급설비의 설치를 필요로 하는 것이 아니어야 한다.

④ 가설건축물의 존치기간은 2년 이내이어야 한다.

⑤ 가설건축물은 도시·군계획예정도로에도 건축할 수 있다.

키워드 허가대상 가설건축물

해 설 가설건축물의 존치기간은 3년 이내이어야 한다.

이론플러스 **허가대상 가설건축물의 요건**

1. 철근콘크리트조 또는 철골철근콘크리트조가 아닐 것
2. 존치기간은 3년 이내일 것. 다만, 도시·군계획사업이 시행될 때까지 그 기간을 연장할 수 있다.
3. 전기·수도·가스 등 새로운 간선 공급설비의 설치를 필요로 하지 아니할 것
4. 공동주택·판매시설·운수시설 등으로서 분양을 목적으로 건축하는 건축물이 아닐 것

18 건축법령상 사용승인에 관한 설명으로 옳은 것은?

中

① 건축주가 건축물의 건축공사를 완료한 후 그 건축물을 사용하려면 공사감리자가 작성한 감리완료보고서와 공사완료도서를 첨부하여 감리자에게 사용승인을 신청하여야 한다.

② 허가권자는 사용승인신청을 받은 경우 15일 이내에 검사를 실시하고, 검사에 합격된 건축물에 대하여는 사용승인서를 내주어야 한다.

③ 허가권자가 사용승인서 교부기간 내에 사용승인서를 교부하지 아니한 경우에도 건축주는 사용승인을 받은 후가 아니면 건축물을 사용할 수 없다.

④ 건축주가 사용승인을 받은 경우에는 「하수도법」에 따른 배수설비(排水設備)의 준공검사를 받은 것으로 본다.

⑤ 임시사용승인의 기간은 1년 이내로 한다. 다만, 허가권자는 대형 건축물 또는 암반공사 등으로 인하여 공사기간이 긴 건축물에 대하여는 그 기간을 연장할 수 있다.

키워드 사용승인

해설 ① 건축주가 건축물의 건축공사를 완료한 후 그 건축물을 사용하려면 공사감리자가 작성한 감리완료보고서와 공사완료도서를 첨부하여 허가권자에게 사용승인을 신청하여야 한다.

② 허가권자는 사용승인신청을 받은 경우 7일 이내에 검사를 실시하고, 검사에 합격된 건축물에 대하여는 사용승인서를 내주어야 한다.

③ 허가권자가 사용승인서 교부기간 내에 사용승인서를 교부하지 아니한 경우 건축주는 사용승인을 받지 아니하고도 건축물을 사용할 수 있다.

⑤ 임시사용승인의 기간은 2년 이내로 한다.

정답 16 ⑤ 17 ④ 18 ④

CHAPTER

03 건축물의 대지와 도로

더 많은 기출문제를 풀고 싶다면?
단원별 기출문제집
[부동산공법] pp.234~241

5개년 출제빈도 분석표

28회	29회	30회	31회	32회
			1	

빈출 키워드

☑ 대지의 조경
☑ 대지와 도로
☑ 공개공지등

대표기출 연습

건축법령상 도시지역에 건축하는 건축물의 대지와 도로 등에 관한 설명으로 틀린 것은?

• 25회

① 연면적의 합계가 2,000m²인 공장의 대지는 너비 6m 이상의 도로에 4m 이상 접하여야 한다.

② 쓰레기로 매립된 토지에 건축물을 건축하는 경우 성토, 지반개량 등 필요한 조치를 하여야 한다.

③ 군수는 건축물의 위치나 환경을 정비하기 위하여 필요하다고 인정하면 4m 이하의 범위에서 건축선을 따로 지정할 수 있다.

④ 담장의 지표 위 부분은 건축선의 수직면을 넘어서는 아니 된다.

⑤ 공장의 주변에 허가권자가 인정한 공지인 광장이 있는 경우 연면적의 합계가 1,000m²인 공장의 대지는 도로에 2m 이상 접하지 않아도 된다.

키워드 대지와 도로

교수님 TIP 건축물의 대지와 도로에 대한 종합적인 이해가 필요하며 대지의 조경, 공개공지등, 건축선을 중심으로 정리하여야 합니다.

해 설 연면적의 합계가 3,000m² 이상인 공장의 대지는 너비 6m 이상의 도로에 4m 이상 접하여야 한다.

정답 ①

01 건축법령상 대지의 안전에 관한 설명으로 틀린 것은?

中

① 배수에 지장이 없는 대지는 이와 인접한 도로면보다 낮아서는 아니 된다.

② 습한 토지, 물이 나올 우려가 많은 토지, 쓰레기 그 밖에 이와 유사한 것으로 매립된 토지에 건축물을 건축하는 경우에는 성토(盛土), 지반 개량 등 필요한 조치를 하여야 한다.

③ 대지에는 빗물과 오수를 배출하거나 처리하기 위하여 필요한 하수관, 하수구, 저수탱크, 그 밖에 이와 유사한 시설을 하여야 한다.

④ 성토 또는 절토하는 부분의 경사도가 1 : 1.5 이상으로서 높이가 1m 이상인 부분에는 옹벽을 설치하여야 한다.

⑤ 손궤의 우려가 있는 토지에 대지를 조성하려면 설치한 옹벽의 외벽면에는 옹벽의 지지 또는 배수를 위한 시설 외의 구조물이 밖으로 튀어 나오지 아니하게 하여야 한다.

키워드 대지의 안전

해 설 대지의 배수에 지장이 없거나 건축물의 용도상 방습이 필요 없는 경우에는 대지는 인접한 도로면보다 낮아도 된다.

02 건축법령상 건축물의 대지에 조경을 하지 않아도 되는 건축물에 해당하는 것을 모두 고른 것은? (단, 건축협정은 고려하지 않음)

下

• 27회

> ㉠ 면적 5,000m² 미만인 대지에 건축하는 공장
> ㉡ 연면적의 합계가 1,500m² 미만인 공장
> ㉢ 「산업집적활성화 및 공장설립에 관한 법률」에 따른 산업단지의 공장

① ㉠ ② ㉢

③ ㉠, ㉡ ④ ㉡, ㉢

⑤ ㉠, ㉡, ㉢

키워드 대지의 조경

해 설 면적 5,000m² 미만인 대지에 건축하는 공장(㉠), 연면적의 합계가 1,500m² 미만인 공장(㉡), 「산업집적활성화 및 공장설립에 관한 법률」에 따른 산업단지의 공장(㉢)은 조경 등의 조치를 하지 아니할 수 있다.

정답 01 ① 02 ⑤

03 中 **건축법령상 200m² 이상인 대지에 건축물을 건축하는 경우, 건축주가 조경 등의 조치를 아니할 수 있는 사유에 해당하지 않는 것은?**

① 녹지지역에 건축하는 건축물
② 연면적의 합계가 1,500m² 미만인 공장
③ 주거지역 또는 상업지역에 건축하는 연면적의 합계가 1,500m² 미만인 물류시설
④ 대지에 염분이 함유되어 있는 경우
⑤ 도시·군계획시설에 건축하는 가설건축물

키워드 대지의 조경

해 설 연면적의 합계가 1,500m² 미만인 물류시설(주거지역 또는 상업지역에 건축하는 것은 제외)로서 국토교통부령이 정하는 것은 조경 등의 조치를 하지 아니할 수 있다.

이론플러스 다음에 해당하는 건축물에 대해서는 조경 등의 조치를 하지 아니할 수 있다.

1. 녹지지역에 건축하는 건축물
2. 면적 5,000m² 미만인 대지에 건축하는 공장
3. 연면적의 합계가 1,500m² 미만인 공장
4. 「산업집적활성화 및 공장설립에 관한 법률」에 따른 산업단지의 공장
5. 대지에 염분이 함유되어 있는 경우 또는 건축물 용도의 특성상 조경 등의 조치를 하기가 곤란하거나 조경 등의 조치를 하는 것이 불합리한 경우로서 건축조례로 정하는 건축물
6. 축사
7. 도시·군계획시설 및 도시·군계획시설예정지에 건축하는 가설건축물
8. 연면적의 합계가 1,500m² 미만인 물류시설(주거지역 또는 상업지역에 건축하는 것은 제외)로서 국토교통부령이 정하는 것
9. 「국토의 계획 및 이용에 관한 법률」에 따라 지정된 자연환경보전지역·농림지역 또는 관리지역(지구단위계획구역으로 지정된 지역 제외) 안의 건축물 등
10. 다음의 어느 하나에 해당하는 건축물 중 건축조례로 정하는 건축물
    - 「관광진흥법」에 따른 관광지 또는 관광단지에 설치하는 관광시설
    - 「관광진흥법 시행령」에 따른 전문휴양업의 시설 또는 종합휴양업의 시설
    - 「국토의 계획 및 이용에 관한 법률 시행령」에 따른 관광·휴양형 지구단위계획구역에 설치하는 관광시설
    - 「체육시설의 설치·이용에 관한 법률 시행령」에 따른 골프장

04 下

건축법령상 공개공지 또는 공개공간(이하 '공개공지등'이라 함)**을 확보하여야 하는 지역이 아닌 것은?**

① 일반공업지역 ② 유통상업지역 ③ 근린상업지역
④ 일반주거지역 ⑤ 준주거지역

키워드 공개공지등의 설치대상

해설 공개공지 또는 공개공간을 설치하여야 하는 용도지역은 다음과 같다.

1. 일반주거지역(④), 준주거지역(⑤)
2. 상업지역(②, ③)
3. 준공업지역
4. 특별자치시장·특별자치도지사 또는 시장·군수·구청장이 도시화의 가능성이 크거나 노후 산업단지의 정비가 필요하다고 인정하여 지정·공고하는 지역

05 中

건축법상의 공개공지등에 관한 설명으로 옳은 것은?

① 공개공지등의 면적은 건축면적의 100분의 10 이하의 범위에서 건축조례로 정한다.
② 공개공지등을 설치하는 경우 건폐율의 1.2배 이하의 범위에서 완화하여 적용한다.
③ 조경면적을 공개공지등의 면적으로 할 수 있지만, 필로티의 구조로 설치할 수는 없다.
④ 상업지역에 바닥면적의 합계가 5,000m² 이상인 업무시설을 건축하는 건축주는 대지에 공개공지등을 확보하여야 한다.
⑤ 공개공지등에는 연간 90일 이내의 기간 동안 건축조례로 정하는 바에 따라 주민들을 위한 문화행사를 열거나 판촉활동을 할 수 있다.

키워드 공개공지등

해설 ① 공개공지등의 면적은 대지면적의 100분의 10 이하의 범위에서 건축조례로 정한다.
② 용적률 및 건축물 높이 제한은 1.2배 이하의 범위에서 완화하여 적용할 수 있다. 건폐율은 완화하여 적용할 수 있지만, 1.2배 이하의 범위에서 완화하여 적용하는 규정은 없다.
③ 공개공지는 필로티의 구조로 설치할 수 있다.
⑤ 공개공지등에는 연간 60일 이내의 기간 동안 건축조례로 정하는 바에 따라 주민들을 위한 문화행사를 열거나 판촉활동을 할 수 있다.

정답 03 ③ 04 ① 05 ④

06 건축법령상 공개공지등을 확보하여야 하는 건축물이 아닌 것은?

中

① 바닥면적의 합계가 5,000m² 이상인 문화 및 집회시설

② 바닥면적의 합계가 5,000m² 이상인 판매시설(농수산물유통시설은 제외)

③ 바닥면적의 합계가 5,000m² 이상인 종교시설

④ 바닥면적의 합계가 5,000m² 이상인 숙박시설

⑤ 바닥면적의 합계가 5,000m² 이상인 위락시설

키워드 공개공지등의 확보대상

해 설 공개공지등을 확보하여야 하는 건축물은 다음과 같다.

> 1. 바닥면적의 합계가 5,000m² 이상인 문화 및 집회시설, 종교시설, 판매시설(농수산물유통 및 가격안정에 관한 법률에 따른 농수산물유통시설은 제외), 운수시설(여객용 시설만 해당), 업무시설 및 숙박시설
> 2. 그 밖에 다중이 이용하는 시설로서 건축조례로 정하는 건축물

07 건축법령상 대지의 조경 및 공개공지등의 설치에 관한 설명으로 옳은 것은? (단, 건축법 제73조에 따른 적용특례 및 조례는 고려하지 않음)

中 • 25회

① 도시·군계획시설에서 건축하는 연면적의 합계가 1,500m² 이상인 가설건축물에 대하여는 조경 등의 조치를 하여야 한다.

② 면적 5,000m² 미만인 대지에 건축하는 공장에 대하여는 조경 등의 조치를 하지 아니할 수 있다.

③ 녹지지역에 건축하는 창고에 대하여는 조경 등의 조치를 하여야 한다.

④ 상업지역의 건축물에 설치하는 공개공지등의 면적은 대지면적의 100분의 10을 넘어야 한다.

⑤ 공개공지등을 설치하는 경우 건축물의 건폐율은 완화하여 적용할 수 있으나 건축물의 높이 제한은 완화하여 적용할 수 없다.

키워드 대지의 조경 및 공개공지등

해 설 ① 도시·군계획시설에서 건축하는 연면적의 합계가 1,500m² 이상인 가설건축물에 대하여는 조경 등의 조치를 하지 아니할 수 있다.

③ 녹지지역에 건축하는 창고에 대하여는 조경 등의 조치를 하지 아니할 수 있다.

④ 상업지역의 건축물에 설치하는 공개공지등의 면적은 대지면적의 100분의 10 이하의 범위에서 건축조례로 정한다.

⑤ 공개공지등을 설치하는 경우 건폐율, 용적률, 건축물의 높이 제한을 완화하여 적용할 수 있다.

08 건축법령상 도로에 관한 설명으로 틀린 것은?

中

① 「건축법」상의 도로는 원칙적으로 보행과 자동차 통행이 가능한 구조이어야 한다.

② 「건축법」상의 도로의 너비는 원칙적으로 4m 이상이어야 한다.

③ 현재 이용되고 있는 도로만 「건축법」상 도로이고, 예정도로는 「건축법」상의 도로에 포함되지 않는다.

④ 「국토의 계획 및 이용에 관한 법률」, 「도로법」 등 관계 법령에 의하여 신설·변경에 관한 고시가 된 도로도 「건축법」상의 도로에 포함된다.

⑤ 건축허가 또는 신고 시 시장·군수·구청장이 그 위치를 지정·공고한 도로도 「건축법」상의 도로에 포함된다.

키워드 건축법상 도로

해설 「건축법」상 도로에는 예정도로도 포함된다.

09 건축법령상 도로의 지정·폐지 또는 변경에 관한 설명으로 틀린 것은?

中

① 허가권자는 도로의 위치를 지정·공고하려면 국토교통부령으로 정하는 바에 따라 그 도로에 대한 이해관계인의 동의를 받아야 한다.

② 이해관계인이 해외에 거주하는 등 이해관계인의 동의를 받기가 곤란하다고 허가권자가 인정하는 경우에는 건축위원회의 심의를 거쳐 도로의 위치를 지정·공고할 수 있다.

③ 주민이 오랫동안 통행로로 이용하고 있는 사실상의 통로로서 해당 지방자치단체의 조례로 정하는 것인 경우에는 건축위원회의 심의를 거쳐 도로의 위치를 지정·공고할 수 있다.

④ 시장·군수·구청장이 도로의 위치를 지정·공고하려면 특별시장·광역시장·도지사의 승인을 받아야 한다.

⑤ 허가권자는 지정한 도로를 폐지하거나 변경하려면 그 도로에 대한 이해관계인의 동의를 받아야 한다.

키워드 도로의 지정·폐지 또는 변경

해설 시장·군수·구청장이 도로의 위치를 지정·공고하려면 특별시장·광역시장·도지사의 승인을 받는 것이 아니라 이해관계인의 동의를 받아야 한다.

정답 06 ⑤ 07 ② 08 ③ 09 ④

10 건축법령상 대지와 도로에 관한 설명으로 옳지 않은 것은? (단, 건축법상 적용 제외 규정 및 건축협정에 대한 특례는 고려하지 않음)

中

① 건축물의 주변에 허가권자가 인정한 유원지가 있는 경우에는 건축물의 대지가 자동차 전용도로가 아닌 도로에 2m 이상 접하지 않아도 된다.

② 연면적의 합계가 3,000m²인 작물재배사의 대지는 너비 6m 이상의 도로에 4m 이상 접하지 않아도 된다.

③ 면적 5,000m² 미만인 대지에 공장을 건축하는 건축주는 대지에 조경 등의 조치를 하지 아니할 수 있다.

④ 주민이 오랫동안 통행로로 이용하고 있는 사실상의 통로로서 해당 지방자치단체의 조례로 정한 경우의 「건축법」상 도로는 이해관계인의 동의를 받지 아니하고 건축위원회의 심의를 거쳐 그 도로를 폐지할 수 있다.

⑤ 도로면으로부터 높이 4.5m 이하에 있는 창문은 열고 닫을 때 건축선의 수직면을 넘지 아니하는 구조로 하여야 한다.

키워드 대지와 도로

해 설 허가권자가 지정한 도로를 변경하거나 폐지하려면 반드시 이해관계인의 동의를 받아야 한다.

11 건축법령상 대지와 도로에 관한 설명으로 옳은 것은?

中

① 건축물의 대지는 4m 이상을 도로(자동차만의 통행에 사용되는 것은 제외)에 접하여야 한다.

② 광장, 공원, 유원지 등 건축이 금지되고 공중의 통행에 지장이 없는 공지로서 허가권자가 인정한 것의 경우에는 건축물의 대지는 2m 이상을 도로에 접하여야 한다.

③ 막다른 도로의 길이가 30m인 경우 그 소요 너비는 2m 이상이어야 한다.

④ 공장의 주변에 허가권자가 인정한 공지인 광장이 있는 경우, 연면적의 합계가 1,000m²인 공장의 대지는 도로에 2m 이상 접하여야 한다.

⑤ 연면적의 합계가 2,000m²(공장인 경우에는 3,000m²) 이상인 건축물(축사, 작물재배사, 건축조례로 정하는 규모의 건축물은 제외)의 대지는 너비 6m 이상의 도로에 4m 이상 접하여야 한다.

키워드 대지와 도로

해설 ① 건축물의 대지는 2m 이상을 도로(자동차만의 통행에 사용되는 것은 제외)에 접하여야 한다.

② 광장, 공원, 유원지 등 건축이 금지되고 공중의 통행에 지장이 없는 공지로서 허가권자가 인정한 것의 경우에는 건축물의 대지는 2m 이상을 도로에 접하지 않아도 된다.

③ 막다른 도로의 길이가 30m인 경우 그 소요 너비는 3m 이상이어야 한다.

막다른 도로의 길이	도로의 너비
10m 미만	2m 이상
10m 이상 35m 미만	3m 이상
35m 이상	6m 이상(도시지역이 아닌 읍·면에서는 4m 이상)

④ 공장의 주변에 허가권자가 인정한 공지인 광장이 있는 경우, 연면적의 합계가 1,000m²인 공장의 대지는 도로에 2m 이상 접하지 않아도 된다.

PART 4

12 中 **건축법령상 건축선에 관한 설명으로 틀린 것은?**

① 건축선이란 도로와 대지와의 관계에 있어서 도로와 접한 부분에 건축물을 건축할 수 있는 선을 말한다.

② 건축선은 원칙적으로 대지와 도로의 경계선으로 한다.

③ 소요 너비에 못 미치는 도로 양쪽에 대지가 있을 경우에는 도로의 양측 경계선에서 소요 너비의 2분의 1을 후퇴한 선을 건축선으로 한다.

④ 소요 너비에 못 미치는 도로의 건축선은 도로의 반대쪽에 경사지·하천 등이 있는 경우에는 그 경사지 등이 있는 쪽 도로 경계선에서 소요 너비에 해당하는 수평거리를 후퇴한 선을 건축선으로 한다.

⑤ 특별자치시장·특별자치도지사 또는 시장·군수·구청장은 시가지 안에서 건축물의 위치나 환경을 정비하기 위하여 필요하다고 인정하면 도시지역에는 4m 이내의 범위에서 건축선을 따로 지정할 수 있다.

03 건축물의 대지와 도로

키워드 건축선

해설 소요 너비에 못 미치는 너비의 도로인 경우에는 그 중심선으로부터 그 소요 너비의 2분의 1의 수평거리만큼 물러난 선을 건축선으로 한다.

정답 10 ④ 11 ⑤ 12 ③

13 中

건축법령상 대지 A의 건축선을 고려한 대지면적은? (단, 도로는 보행과 자동차 통행이 가능한 통과도로로서 법률상 도로이며, 대지 A는 도시지역임) • 21회

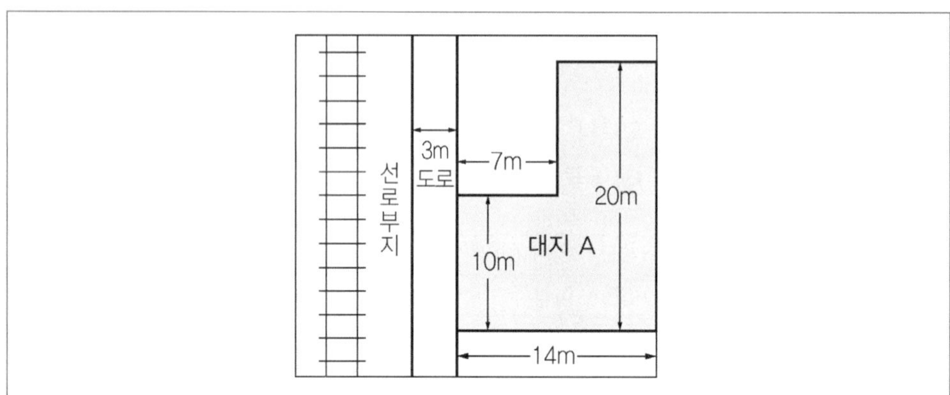

① $170m^2$　　② $180m^2$
③ $200m^2$　　④ $205m^2$
⑤ $210m^2$

키워드 대지면적 산정방법

해설 소요 너비에 못 미치는 도로로서 도로 반대쪽에 선로부지가 있으므로 선로부지가 있는 쪽의 도로경계선에서 소요 너비에 해당하는 수평거리의 선을 건축선으로 한다. 따라서 대지 A쪽으로 1m를 후퇴하여 건축선이 정해지므로 대지면적은 (7m × 10m) + (13m × 10m) = $200m^2$가 된다.

14 上

甲은 대지에 높이 4m, 연면적의 합계가 $90m^2$인 건축물을 신축하려 한다. 건축법령상 건축규제에 위반되는 것은? (단, 조례는 고려하지 않음) • 22회

① 甲은 건축을 위해 건축신고를 하였다.
② 甲의 대지는 인접한 도로면보다 낮으나, 대지의 배수에 지장이 없고 건축물의 용도상 방습의 필요가 없다.
③ 甲은 공개 공지 또는 공개 공간을 확보하지 않았다.
④ 甲의 대지는 보행과 자동차 통행이 가능한 도로에 3m 접하고 있다.
⑤ 甲의 건축물은 창문을 열었을 때 건축선의 수직면을 넘어서는 구조로 되어 있다.

키워드 건축선에 따른 건축제한

해설 甲의 건축물은 높이가 4.5m 이하에 해당하므로 창문을 열었을 때 건축선의 수직면을 넘어서는 아니 된다.

15 건축법령상 건축선과 건축선에 따른 건축제한에 관한 설명으로 옳은 것은?
中

① 담장의 지표 위 부분은 건축선의 수직면을 넘어서 건축할 수 있다.
② 도로면으로부터 5m의 높이에 있는 창문은 열고 닫을 때라도 건축선의 수직면을 넘지 아니하는 구조로 하여야 한다.
③ 지표(地表) 아래 부분은 도지사의 승인을 받아야 건축선의 수직면을 넘을 수 있다.
④ 토지소유자가 신청한 경우에도 허가권자는 지정한 도로를 폐지하거나 변경하려면 그 도로에 대한 이해관계인의 동의를 받아야 한다.
⑤ 도로의 반대쪽에 경사지, 하천, 철도, 선로부지, 그 밖에 이와 유사한 것이 있는 경우에는 도로 중심선으로부터 소요 너비 2분의 1의 수평거리만큼 물러난 선을 건축선으로 한다.

키워드 건축선에 따른 건축제한

해 설 ① 건축물과 담장은 건축선의 수직면(垂直面)을 넘어서는 건축할 수 없다.
② 도로면으로부터 높이 4.5m 이하에 있는 출입구, 창문, 그 밖에 이와 유사한 구조물은 열고 닫을 때 건축선의 수직면을 넘지 아니하는 구조로 하여야 한다.
③ 지표 아래 부분은 도지사의 승인을 받지 않아도 건축선의 수직면을 넘을 수 있다.
⑤ 도로의 반대쪽에 경사지, 하천, 철도, 선로부지, 그 밖에 이와 유사한 것이 있는 경우에는 그 경사지 등이 있는 쪽의 도로경계선에서 소요 너비에 해당하는 수평거리의 선을 건축선으로 한다.

정답 13 ③ 14 ⑤ 15 ④

CHAPTER

04 건축물의 구조 및 재료

더 많은 기출문제를 풀고 싶다면?
단원별 기출문제집
[부동산공법] pp.242~247

5개년 출제빈도 분석표

28회	29회	30회	31회	32회
	2			

빈출 키워드

☑ 피난시설

대표기출 연습

건축법령상 건축물의 피난시설에 관한 설명으로 옳은 것은? • 22회

① 건축물의 3층에 있는 출입 가능한 노대(露臺)의 주위에는 높이 1.2m 이상의 난간을 설치하여야 한다.

② 건축물의 5층이 전시장의 용도로 쓰이는 경우에는 피난 용도로 쓸 수 있는 광장을 옥상에 설치하여야 한다.

③ 층수가 12층인 건축물로서 10층 이상인 층의 바닥면적의 합계가 9,000m²인 건축물의 옥상에는 헬리포트를 설치하여야 한다.

④ 바닥면적의 합계가 2,000m²인 전시장을 지하층에 설치하는 경우에는 지하층과 피난층 사이에 천장이 개방된 외부 공간을 설치하여야 한다.

⑤ 건축물의 5층이 판매시설의 용도로 쓰이는 층으로서 그 층 거실의 바닥면적의 합계가 1,000m²인 경우에는 그 층으로부터 지상으로 통하는 옥외피난계단을 따로 설치하여야 한다.

키워드 건축물의 피난시설

교수님 TIP 건축물의 구조에 대한 문제는 매년 새로운 유형으로 출제되고 있기 때문에 기본적인 내용을 중심으로 정리할 필요가 있습니다.

해설 ② 전시장은 옥상광장 설치대상에서 제외한다.
③ 층수가 11층 이상인 건축물로서 11층 이상인 층의 바닥면적의 합계가 1만m² 이상인 건축물의 옥상에는 헬리포트를 설치하여야 한다.
④ 바닥면적의 합계가 3,000m² 이상인 전시장을 지하층에 설치하는 경우에는 지하층과 피난층 사이에 천장이 개방된 외부 공간을 설치하여야 한다.

⑤ 건축물의 3층 이상인 층(피난층은 제외)으로서 다음의 어느 하나에 해당하는 용도로 쓰는 층에는 직통계단 외에 그 층으로부터 지상으로 통하는 옥외피난계단을 따로 설치하여야 한다.

> 1. 제2종 근린생활시설 중 공연장(해당 용도로 쓰는 바닥면적의 합계가 $300m^2$ 이상인 경우만 해당), 문화 및 집회시설 중 공연장이나 위락시설 중 주점영업의 용도로 쓰는 층으로서 그 층 거실의 바닥면적의 합계가 $300m^2$ 이상인 것
> 2. 문화 및 집회시설 중 집회장의 용도로 쓰는 층으로서 그 층 거실의 바닥면적의 합계가 $1,000m^2$ 이상인 것

판매시설의 용도는 옥외피난계단 설치대상에 해당하지 않는다.

정답 ①

01 中 **건축법령상 구조 안전 확인 건축물 중 건축주가 착공신고 시 구조안전 확인서류를 제출하여야 하는 건축물이 아닌 것은?** (단, 건축법상 적용 제외 및 특례는 고려하지 않음) • 29회

① 단독주택
② 처마높이가 10m인 건축물
③ 기둥과 기둥 사이의 거리가 10m인 건축물
④ 연면적이 $330m^2$인 2층의 목구조 건축물
⑤ 다세대주택

키워드 구조안전 확인대상 건축물

해설 건축주가 착공신고 시 구조안전 확인서류를 제출하여야 하는 건축물(표준설계도서에 따라 건축하는 건축물은 제외)은 다음과 같다.

> 1. 층수가 2층(주요구조부인 기둥과 보를 설치하는 건축물로서 그 기둥과 보가 목재인 목구조 건축물의 경우에는 3층) 이상인 건축물
> 2. 연면적이 $200m^2$(목구조 건축물의 경우에는 $500m^2$) 이상인 건축물. 다만, 창고, 축사, 작물 재배사는 제외한다.
> 3. 높이가 13m 이상인 건축물
> 4. 처마높이가 9m 이상인 건축물(②)
> 5. 기둥과 기둥 사이의 거리가 10m 이상인 건축물(③)
> 6. 건축물의 용도 및 규모를 고려한 중요도가 높은 건축물로서 국토교통부령으로 정하는 건축물
> 7. 국가적 문화유산으로 보존할 가치가 있는 건축물로서 국토교통부령으로 정하는 것
> 8. 단독주택(①) 및 공동주택(⑤)

정답 01 ④

02 建築法令상 건축물의 가구·세대등 간 소음 방지를 위한 경계벽을 설치하여야 하는 경우가 아닌 것은? • 26회

上

① 숙박시설의 객실 간

② 공동주택 중 기숙사의 침실 간

③ 판매시설 중 상점 간

④ 교육연구시설 중 학교의 교실 간

⑤ 의료시설의 병실 간

키워드 소음 방지를 위한 경계벽

해 설 소음 방지를 위하여 일정한 기준에 따라 경계벽을 설치하여야 하는 경우는 다음과 같다.

1. 단독주택 중 다가구주택의 각 가구 간 또는 공동주택(기숙사는 제외)의 각 세대 간 경계벽(거실·침실 등의 용도로 쓰지 아니하는 발코니 부분은 제외)
2. 공동주택 중 기숙사의 침실(②), 의료시설의 병실(⑤), 교육연구시설 중 학교의 교실(④) 또는 숙박시설의 객실(①) 간 경계벽
3. 제1종 근린생활시설 중 산후조리원의 다음의 어느 하나에 해당하는 경계벽
   ㉠ 임산부실 간 경계벽
   ㉡ 신생아실 간 경계벽
   ㉢ 임산부실과 신생아실 간 경계벽
4. 제2종 근린생활시설 중 다중생활시설의 호실 간 경계벽
5. 노유자시설 중 「노인복지법」에 따른 노인복지주택의 각 세대 간 경계벽
6. 노유자시설 중 노인요양시설의 호실 간 경계벽

03 건축법령상의 피난시설의 설치에 관한 설명으로 틀린 것은?

中

① 건축물의 2층에 있는 출입 가능한 노대(露臺)의 주위에는 높이 1.2m 이상의 난간을 설치하여야 한다.

② 바닥면적의 합계가 3,000m² 이상인 공연장을 지하층에 설치하는 경우에는 지하층과 피난층 사이에 천장이 개방된 외부 공간을 설치하여야 한다.

③ 5층 이상의 층이 문화 및 집회시설(전시장 및 동·식물원은 제외), 종교시설, 판매시설, 장례시설 또는 위락시설 중 주점영업의 용도에 쓰이는 경우에는 피난의 용도로 쓸 수 있는 광장을 옥상에 설치하여야 한다.

④ 건축물의 높이가 250m인 건축물에는 피난층 또는 지상으로 통하는 직통계단과 직접 연결되는 피난안전구역을 지상층으로부터 최대 30개 층마다 1개소 이상 설치하여야 한다.

⑤ 층수가 12층인 건축물로서 10층 이상인 층의 바닥면적의 합계가 9,000m²인 건축물의 옥상에는 헬리포트를 설치하여야 한다.

키워드 피난시설의 설치

해설 층수가 11층 이상인 건축물로서 11층 이상인 층의 바닥면적의 합계가 1만m^2 이상인 건축물의 옥상(건축물의 지붕을 평지붕으로 하는 경우)에는 헬리포트를 설치하거나 헬리콥터를 통하여 인명 등을 구조할 수 있는 공간을 확보하여야 한다.

04 건축법령상 고층건축물의 피난시설에 관한 내용으로 ( )에 들어갈 것을 옳게 연결한 것은?

中 • 27회

> 층수가 63층이고 높이가 190m인 (㉠) 건축물에는 피난층 또는 지상으로 통하는 직통계단과 직접 연결되는 피난안전구역을 지상층으로부터 최대 (㉡)개 층마다 (㉢)개소 이상 설치하여야 한다.

① ㉠ : 준고층, ㉡ : 20, ㉢ : 1
② ㉠ : 준고층, ㉡ : 30, ㉢ : 2
③ ㉠ : 초고층, ㉡ : 20, ㉢ : 1
④ ㉠ : 초고층, ㉡ : 30, ㉢ : 1
⑤ ㉠ : 초고층, ㉡ : 30, ㉢ : 2

키워드 피난안전구역 설치대상

해설 '초고층' 건축물(층수가 50층 이상이거나 높이가 200m 이상인 건축물)에는 피난층 또는 지상으로 통하는 직통계단과 직접 연결되는 피난안전구역을 지상층으로부터 최대 '30'개 층마다 '1'개소 이싱 설치하여야 한다.

정답 02 ③ 03 ⑤ 04 ④

05 上 **건축법령상 국토교통부장관이 고시하는 범죄예방기준에 따라 건축하여야 하는 건축물이 아닌 것은?**

① 교육연구시설 중 연구소
② 업무시설 중 오피스텔
③ 숙박시설 중 다중생활시설
④ 문화 및 집회시설(동·식물원은 제외)
⑤ 다가구주택, 아파트, 연립주택 및 다세대주택

키워드 범죄예방기준

해 설 범죄예방기준에 따라 건축하여야 하는 건축물은 다음과 같다.

1. 다가구주택, 아파트, 연립주택 및 다세대주택(⑤)
2. 제1종 근린생활시설 중 일용품을 판매하는 소매점
3. 제2종 근린생활시설 중 다중생활시설
4. 문화 및 집회시설(동·식물원은 제외)(④)
5. 교육연구시설(연구소 및 도서관은 제외)
6. 노유자시설
7. 수련시설
8. 업무시설 중 오피스텔(②)
9. 숙박시설 중 다중생활시설(③)

정답 05 ①

CHAPTER

05 지역 및 지구 안의 건축물

더 많은 기출문제를 풀고 싶다면?
단원별 기출문제집
[부동산공법] pp.248~255

5개년 출제빈도 분석표

28회	29회	30회	31회	32회
	1		1	

빈출 키워드

☑ 면적 및 층수 산정방법

대표기출 연습

건축법령상 건축물 바닥면적의 산정방법에 관한 설명으로 틀린 것은? • 29회

① 벽·기둥의 구획이 없는 건축물은 그 지붕 끝부분으로부터 수평거리 1m를 후퇴한 선으로 둘러싸인 수평투영면적으로 한다.

② 승강기탑은 바닥면적에 산입하지 아니한다.

③ 필로티 부분은 공동주택의 경우에는 바닥면적에 산입한다.

④ 공동주택으로서 지상층에 설치한 조경시설은 바닥면적에 산입하지 아니한다.

⑤ 건축물의 노대의 바닥은 난간 등의 설치 여부에 관계없이 노대의 면적에서 노대가 접한 가장 긴 외벽에 접한 길이에 1.5m를 곱한 값을 뺀 면적을 바닥면적에 산입한다.

키워드 바닥면적의 산정방법 29회, 31회

교수님 TIP 건축물의 면적 및 층수의 산정방법은 반복적으로 출제되기 때문에 정확한 정리가 필요합니다.

해설 필로티 부분은 공동주택의 경우에는 바닥면적에 산입하지 아니한다.

정답 ③

01 上

1,000m²의 대지가 그림과 같이 각 지역·지구에 걸치는 경우, 건축법령상 건축물 및 대지에 적용되는 규정으로 옳은 것은? (단, 빗금친 면은 대지, 검은 면은 건축물이며, 조례는 고려하지 않음) • 22회 수정

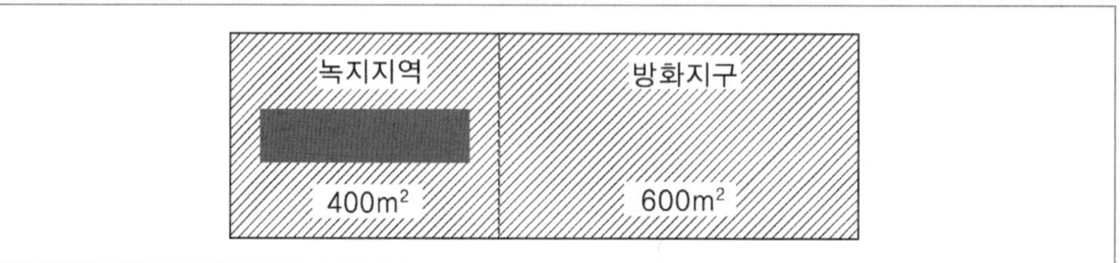

① 건축물 : 전부 방화지구에 관한 규정
대지 : 전부 방화지구에 관한 규정

② 건축물 : 전부 녹지지역에 관한 규정
대지 : 대지의 각 부분이 속한 지역·지구에 관한 규정

③ 건축물 : 전부 녹지지역에 관한 규정
대지 : 전부 방화지구에 관한 규정

④ 건축물 : 전부 방화지구에 관한 규정
대지 : 대지의 각 부분이 속한 지역·지구에 관한 규정

⑤ 건축물 : 전부 녹지지역에 관한 규정
대지 : 전부 녹지지역에 관한 규정

키워드 대지가 지역에 걸치는 경우 건축법 적용

해 설
- 건축물은 녹지지역에 위치하기 때문에 전부 녹지지역에 관한 규정을 적용한다. 건축물이 방화지구에 걸치는 경우에는 그 건축물 전부에 대하여 방화지구의 건축물에 관한 규정을 적용한다는 특례규정을 적용하지만, 방화지구가 건축물에 걸쳐 있지 않고 대지에 걸쳐 있기 때문에 특례규정이 적용되지 않는다.
- 대지가 녹지지역과 그 밖의 지역·지구 또는 구역에 걸치는 경우에는 각 지역·지구 또는 구역 안의 건축물과 대지에 관한 「건축법」의 규정을 적용한다. 그러므로 대지가 녹지지역과 방화지구에 걸치는 경우에는 각각 녹지지역과 방화지구에 관한 규정을 적용한다.

02 中

건축법령상 건폐율 및 용적률에 관한 설명으로 옳은 것은? • 23회

① 건폐율은 대지면적에 대한 건축물의 바닥면적의 비율이다.

② 용적률을 산정할 경우 연면적에는 지하층의 면적은 포함되지 않는다.

③ 「건축법」의 규정을 통하여 「국토의 계획 및 이용에 관한 법률」상 건폐율의 최대한도를 강화하여 적용할 수 있으나, 이를 완화하여 적용할 수는 없다.

④ 하나의 대지에 건축물이 둘 이상 있는 경우 용적률의 제한은 건축물별로 각각 적용한다.

⑤ 도시지역에서 건축물이 있는 대지를 분할하는 경우에는 건폐율 기준에 못 미치게 분할하는 것도 가능하다.

키워드 건폐율 및 용적률

해 설 ① 건폐율은 대지면적에 대한 건축물의 건축면적의 비율이다.

③ 「건축법」의 규정을 통하여 「국토의 계획 및 이용에 관한 법률」상 건폐율의 최대한도를 강화하여 적용하거나 완화하여 적용할 수 있다.

④ 하나의 대지에 건축물이 둘 이상 있는 경우 용적률의 제한은 건축물별로 각각 적용하는 것이 아니라, 건축물의 연면적의 합계로 산정하여 적용한다.

⑤ 도시지역에서 건축물이 있는 대지를 분할하는 경우에는 건폐율 기준에 못 미치게 분할할 수 없다.

정답 01 ② 02 ②

03 上 **건축법령상 1,000m^2의 대지에 건축한 다음 건축물의 용적률은 얼마인가?** (단, 제시된 조건 외에 다른 조건은 고려하지 않음) • 24회

- 하나의 건축물로서 지하 2개 층, 지상 5개 층으로 구성되어 있으며, 지붕은 평지붕임
- 건축면적은 500m^2이고, 지하층 포함 각 층의 바닥면적은 480m^2로 동일함
- 지하 2층은 전부 주차장, 지하 1층은 전부 제1종 근린생활시설로 사용됨
- 지상 5개 층은 전부 업무시설로 사용됨

① 240% ② 250%
③ 288% ④ 300%
⑤ 480%

키워드 용적률

해설 용적률 = 연면적 ÷ 대지면적 × 100%이다.
연면적은 하나의 건축물 각 층의 바닥면적의 합계로 하되, 용적률을 산정할 때에는 지하층의 면적, 지상층의 주차용으로 쓰는 면적, 초고층건축물과 준초고층 건축물에 설치하는 피난안전구역의 면적, 건축물의 경사지붕 아래에 설치하는 대피공간의 면적은 연면적에서 제외한다. 그러므로 연면적 = 480m^2 × 5 = 2,400m^2이다.
따라서 용적률 = 2,400m^2 ÷ 1,000m^2 × 100% = 240%가 된다.

04 下 **건축법령상 건축물이 있는 대지는 조례로 정하는 면적에 못 미치게 분할할 수 없다. 조례의 기준이 되는 용도지역별 최소 분할면적 기준으로 옳은 것은?** (단, 적용 제외는 고려하지 않음)

① 자연환경보전지역 – 100m^2 ② 준주거지역 – 150m^2
③ 근린상업지역 – 150m^2 ④ 전용공업지역 – 660m^2
⑤ 보전녹지지역 – 100m^2

키워드 대지의 분할제한

해설 건축물이 있는 대지의 분할제한 면적은 다음과 같다.

- 주거지역 – 60m^2
- 상업지역 – 150m^2
- 공업지역 – 150m^2
- 녹지지역 – 200m^2
- 기타지역 – 60m^2

05 中 **건축법령상 건축물의 면적 등의 산정방법으로 옳은 것은?** • 31회 수정

① 공동주택으로서 지상층에 설치한 생활폐기물 보관시설의 면적은 바닥면적에 산입한다.

② 지하층에 설치한 기계실, 전기실의 면적은 용적률을 산정할 때 연면적에 산입한다.

③ 「건축법」상 건축물의 높이 제한 규정을 적용할 때, 건축물의 1층 전체에 필로티가 설치되어 있는 경우 건축물의 높이는 필로티의 층고를 제외하고 산정한다.

④ 건축물의 층고는 방의 바닥구조체 윗면으로부터 위층 바닥구조체의 아랫면까지의 높이로 한다.

⑤ 건축물이 부분에 따라 그 층수가 다른 경우에는 그중 가장 많은 층수와 가장 적은 층수를 평균하여 반올림한 수를 그 건축물의 층수로 본다.

키워드 면적 등의 산정방법

해 설 ① 공동주택으로서 지상층에 설치한 생활폐기물 보관시설의 면적은 바닥면적에 산입하지 아니한다.
② 지하층에 설치한 기계실, 전기실의 면적은 용적률을 산정할 때 연면적에서 제외한다.
④ 건축물의 층고는 방의 바닥구조체 윗면으로부터 위층 바닥구조체의 윗면까지의 높이로 한다.
⑤ 건축물이 부분에 따라 그 층수가 다른 경우에는 그중 가장 많은 층수를 그 건축물의 층수로 본다.

정답 03 ① 04 ③ 05 ③

06 中

건축법령상 건축물의 면적·높이 등의 산정방법에 관한 설명으로 틀린 것은?

① 건축물이 부분에 따라 그 층수가 다른 경우에는 그중 가장 많은 층수를 그 건축물의 층수로 본다.

② 필로티의 부분은 그 부분이 공중의 통행이나 차량의 통행 또는 주차에 전용되는 경우에는 바닥면적에 산입하지 아니한다.

③ 지상층의 주차용(해당 건축물의 부속용도인 경우에 한함)으로 사용되는 면적은 용적률을 산정할 때에 연면적에서 제외한다.

④ 초고층 건축물에 설치하는 피난안전구역의 면적은 용적률을 산정할 때에 연면적에 포함한다.

⑤ 층의 구분이 명확하지 아니한 건축물은 그 건축물의 높이 4m마다 하나의 층으로 보고 그 층수를 산정한다.

키워드 면적·높이 등의 산정방법

해설 용적률을 산정할 때에 초고층 건축물에 설치하는 피난안전구역의 면적은 연면적에서 제외한다.

07 中

건축법령상 건축물의 면적 및 높이 등의 산정방법에 관한 설명으로 틀린 것은?

① 경사진 형태의 지붕의 경우, 층고가 1.5m 이하인 다락은 바닥면적에 산입하지 아니한다.

② 사용승인을 받은 후 15년 이상이 된 건축물을 리모델링하는 경우로서 열의 손실 방지를 위하여 외벽에 부가하여 마감재를 설치하는 부분은 바닥면적에 산입하지 아니한다.

③ 건축물의 경사지붕 아래에 설치하는 대피공간의 면적은 용적률을 산정할 때에 연면적에서 제외한다.

④ 공동주택으로서 지상층에 설치한 기계실의 면적은 바닥면적에 산입하지 아니한다.

⑤ 건축물의 높이는 지표면으로부터 그 건축물의 상단까지의 높이로 한다.

키워드 면적·높이 등의 산정방법

해설 경사진 형태의 지붕의 경우, 층고가 1.8m 이하인 다락은 바닥면적에 산입하지 아니한다.

08 건축법령상 건축물의 면적, 층수 등의 산정방법에 관한 설명으로 옳지 않은 것은?

中

① 지표면으로부터 1m 이하에 있는 부분은 건축면적에 산입하지 아니한다.

② 건축물의 1층이 차량의 주차에 전용(專用)되는 필로티인 경우, 그 면적은 바닥면적에 산입하지 아니한다.

③ 음식물쓰레기, 의류 등의 수거시설인 생활폐기물 보관시설은 건축면적에 산입하지 아니한다.

④ 건축물의 노대 등의 바닥은 전체가 바닥면적에 산입된다.

⑤ 승강기탑, 계단탑, 장식탑은 바닥면적에 산입하지 아니한다.

키워드 면적·층수 등의 산정방법

해 설 건축물의 노대 등의 바닥은 난간 등의 설치 여부에 관계없이 노대 등의 면적(외벽의 중심선으로부터 노대 등의 끝부분까지의 면적)에서 노대 등이 접한 가장 긴 외벽에 접한 길이에 1.5m를 곱한 값을 뺀 면적을 바닥면적에 산입한다.

09 건축법령상 건축물의 면적, 증축 등의 산정방법에 관한 설명으로 옳은 것은?

中

① 지하층은 건축물의 층수에 산입한다.

② 층고가 3m인 다락은 바닥면적에 산입하지 아니한다.

③ 건축물의 노대 등의 바닥은 난간 등의 설치 여부에 관계없이 노대 등의 면적에서 노대 등이 접한 가장 긴 외벽에 접한 길이에 1.5m를 곱한 값을 뺀 면적을 바닥면적에 산입한다.

④ 벽·기둥의 구획이 없는 건축물의 바닥면적은 그 지붕 끝부분으로부터 수평거리 1.8m를 후퇴한 선으로 둘러싸인 수평투영면적으로 한다.

⑤ 공동주택으로서 지상층에서 설치한 기계실, 전기실, 어린이놀이터, 조경시설의 면적은 바닥면적에 산입한다.

키워드 건축면적 및 바닥면적 산정방법

해 설 ① 지하층은 건축물의 층수에 산입하지 아니한다.
② 층고가 3m인 다락은 바닥면적에 산입한다.
④ 벽·기둥의 구획이 없는 건축물의 바닥면적은 그 지붕 끝부분으로부터 수평거리 1m를 후퇴한 선으로 둘러싸인 수평투영면적으로 한다.
⑤ 공동주택으로서 지상층에서 설치한 기계실, 전기실, 어린이놀이터, 조경시설의 면적은 바닥면적에 산입하지 아니한다.

정답 06 ④ 07 ① 08 ④ 09 ③

10 中

건축법령상 건축물의 높이와 층수에 관련된 내용으로 옳은 것은?

① 필로티의 부분은 그 부분이 공중의 통행이나 차량의 통행 또는 주차에 전용되는 경우에는 바닥면적에 산입하지 않지만, 공동주택의 경우에는 이를 바닥면적에 산입한다.

② 건축물이 부분에 따라 그 층수가 다른 경우에는 가중평균한 층수를 그 건축물의 층수로 본다.

③ 건축물의 옥상에 설치되는 승강기탑, 계단탑, 망루, 장식탑, 옥탑 등으로서 그 수평투영면적의 합계가 해당 건축물 연면적의 8분의 1(주택법에 따른 공동주택 중 전용면적이 85m^2 이하인 경우에는 6분의 1) 이하인 경우로서 그 부분의 높이가 12m를 넘는 경우에는 그 넘는 부분만 해당 건축물의 높이에 산입한다.

④ 층의 구분이 명확하지 아니한 건축물은 그 건축물의 높이 5m마다 하나의 층으로 보고 그 층수를 산정한다.

⑤ 층고는 방의 바닥구조체 윗면으로부터 위층 바닥구조체의 윗면까지의 높이로 한다. 다만, 한 방에서 층의 높이가 다른 부분이 있는 경우에는 그 각 부분 높이에 따른 면적에 따라 가중평균한 높이로 한다.

키워드 건축물의 높이와 층수

해설 ① 필로티의 부분은 그 부분이 공중의 통행이나 차량의 통행 또는 주차에 전용되는 경우와 공동주택의 경우에는 바닥면적에 산입하지 아니한다.

② 건축물이 부분에 따라 그 층수가 다른 경우에는 그 중 가장 많은 층수를 그 건축물의 층수로 본다.

③ 건축물의 옥상에 설치되는 승강기탑, 계단탑, 망루, 장식탑, 옥탑 등으로서 그 수평투영면적의 합계가 해당 건축물 건축면적의 8분의 1(주택법에 따른 공동주택 중 세대별 전용면적이 85m^2 이하인 경우에는 6분의 1) 이하인 경우로서 그 부분의 높이가 12m를 넘는 경우에는 그 넘는 부분만 해당 건축물의 높이에 산입한다.

④ 층의 구분이 명확하지 아니한 건축물은 그 건축물의 높이 4m마다 하나의 층으로 보고 그 층수를 산정한다.

11 中

지하층이 2개 층이고 지상층은 전체가 층의 구분이 명확하지 아니한 건축물로서, 건축물의 바닥면적은 600m²이며 바닥면적의 300m²에 해당하는 부분은 그 높이가 12m이고 나머지 300m²에 해당하는 부분의 높이는 16m이다. 이러한 건축물의 건축법령상 층수는? (단, 건축물의 높이는 건축법령에 의하여 산정한 것이고, 지표면의 고저차는 없으며, 건축물의 옥상에는 별도의 설치물이 없음) • 23회

① 1층 ② 3층
③ 4층 ④ 5층
⑤ 6층

키워드 층수 산정방법

해설 층의 구분이 명확하지 아니한 건축물은 그 건축물의 높이 4m마다 하나의 층으로 보기 때문에 높이가 12m인 경우에는 3층이 되고, 높이가 16m인 경우에는 4층의 건축물이 된다. 또한 건축물이 부분에 따라 그 층수가 다른 경우에는 그중 가장 많은 층수를 그 건축물의 층수로 보기 때문에 해당 건축물의 층수는 4층이 된다.

12 上

건축법령상 다음의 예시에서 규정하고 있는 건축물의 높이로 옳은 것은?

- 건축물의 용도 : 일반업무시설
- 건축면적 : 560m²
- 층고가 4m인 6층의 건축물
- 옥상에 설치된 높이 6m인 장식탑의 수평투영면적 60m²

① 18m ② 24m
③ 28m ④ 30m
⑤ 36m

키워드 건축물의 높이

해설
- 건축면적의 1/8은 560m² × 1/8 = 70m²가 된다.
- 옥상에 설치된 높이 6m인 장식탑의 수평투영면적이 60m²이기 때문에 건축면적의 1/8 이하에 해당한다. 따라서 옥상에 설치된 높이 6m인 장식탑의 높이는 건축물의 높이에서 제외하여야 한다.
- 따라서 층고가 4m인 6층의 건축물의 높이는 24m가 된다.

정답 10 ⑤ 11 ③ 12 ②

PART 4

05 지역 및 지구 안의 건축물

13 中 **건축법령상 건축물의 높이 제한에 관한 설명으로 <u>틀린</u> 것은?** (단, 건축법 제73조에 따른 적용특례 및 조례는 고려하지 않음) • 25회 수정

① 전용주거지역과 일반주거지역 안에서 건축하는 건축물에 대하여는 일조의 확보를 위한 높이 제한이 적용된다.

② 일반상업지역에 건축하는 공동주택으로서 하나의 대지에 두 동(棟) 이상을 건축하는 경우에는 채광의 확보를 위한 높이 제한이 적용된다.

③ 2층 이하로서 높이가 8m 이하인 건축물에는 해당 지방자치단체의 조례로 정하는 바에 따라 일조 등의 확보를 위한 건축물의 높이 제한을 적용하지 아니할 수 있다.

④ 허가권자는 같은 가로구역에서 건축물의 용도 및 형태에 따라 건축물의 높이를 다르게 정할 수 있다.

⑤ 허가권자는 가로구역별로 건축물의 높이를 지정하려면 지방건축위원회의 심의를 거쳐야 한다.

키워드 건축물의 높이 제한

해 설 일반상업지역과 중심상업지역에 건축하는 공동주택의 경우에는 채광의 확보를 위한 높이 제한이 적용되지 않는다.

14 中 **건축법령상 건축물의 높이 제한에 관한 설명으로 옳은 것은?**

① 상업지역에서 건축물을 건축하는 경우에는 일조의 확보를 위하여 건축물을 인접 대지경계선으로부터 1.5m 이상 띄어 건축하여야 한다.

② 정북방향으로 도로 등 건축이 금지된 공지에 접하는 대지인 경우 건축물의 높이를 정북방향의 인접 대지경계선으로부터의 거리에 따라 대통령령으로 정하는 높이 이하로 해야 한다.

③ 시장은 건축물의 용도 및 형태에 관계없이 같은 가로구역(도로로 둘러싸인 일단의 지역)에서는 건축물의 높이를 동일하게 정해야 한다.

④ 3층 이하로서 높이가 12m 이하인 건축물에는 지방자치단체의 조례로 정하는 바에 따라 일조 등의 확보를 위한 높이 제한에 관한 규정을 적용하지 아니할 수 있다.

⑤ 광역시장은 도시의 관리를 위하여 필요하면 가로구역별 건축물의 높이를 광역시의 조례로 정할 수 있다.

키워드 건축물의 높이 제한

해설 ① 전용주거지역과 일반주거지역 안에서 건축하는 건축물의 높이는 일조 등의 확보를 위하여 정북 방향의 인접 대지경계선으로부터의 거리에 따라 대통령령으로 정하는 높이 이하로 하여야 한다.

② 정북방향으로 도로 등 건축이 금지된 공지에 접하는 대지인 경우 건축물의 높이를 정남(正南)방향의 인접 대지경계선으로부터의 거리에 따라 대통령령으로 정하는 높이 이하로 할 수 있다.

③ 허가권자는 같은 가로구역(도로로 둘러싸인 일단의 지역)에서 건축물의 용도 및 형태에 따라 건축물의 높이를 다르게 정할 수 있다.

④ 2층 이하로서 높이가 8m 이하인 건축물에는 지방자치단체의 조례로 정하는 바에 따라 일조 등의 확보를 위한 높이 제한에 관한 규정을 적용하지 아니할 수 있다.

15 下

건축법령상 일조 등의 확보를 위한 높이 제한을 적용받는 건축물로 옳은 것은?

① 자연녹지지역에 건축하는 단독주택
② 전용주거지역에 건축하는 한의원
③ 중심상업지역에 건축하는 연립주택
④ 준주거지역에 건축하는 단독주택
⑤ 일반상업지역에 건축하는 아파트

키워드 일조 등의 확보를 위한 높이 제한

해설 일조 등의 확보를 위한 높이 제한이 적용되는 지역은 다음과 같다.

- 전용주거지역과 일반주거지역에 건축하는 건축물
- 중심상업지역과 일반상업지역을 제외한 지역에 건축하는 공동주택

정답 13 ② 14 ⑤ 15 ②

CHAPTER

06 특별건축구역, 건축협정, 결합건축, 벌칙

더 많은 기출문제를 풀고 싶다면?
단원별 기출문제집
[부동산공법] pp.256~265

5개년 출제빈도 분석표

28회	29회	30회	31회	32회
2	1	1	1	2

빈출 키워드

☑ 건축협정

대표기출 연습

건축법령상 건축협정에 관한 설명으로 옳은 것은? (단, 조례는 고려하지 않음) • 31회

① 해당 지역의 토지 또는 건축물의 소유자 전원이 합의하면 지상권자가 반대하는 경우에도 건축협정을 체결할 수 있다.

② 건축협정 체결 대상 토지가 둘 이상의 시·군·구에 걸치는 경우에는 관할 시·도지사에게 건축협정의 인가를 받아야 한다.

③ 협정체결자는 인가받은 건축협정을 변경하려면 협정체결자 과반수의 동의를 받아 건축협정인가권자에게 신고하여야 한다.

④ 건축협정을 폐지하려면 협정체결자 전원의 동의를 받아 건축협정인가권자의 인가를 받아야 한다.

⑤ 건축협정에서 달리 정하지 않는 한, 건축협정이 공고된 후에 건축협정구역에 있는 토지에 관한 권리를 협정체결자로부터 이전받은 자도 건축협정에 따라야 한다.

키워드 건축협정 28회, 31회

교수님 TIP 건축협정은 최근 출제 빈도가 높은 부분으로 건축협정 체결의 요건과 건축협정에 따른 특례를 중심으로 정리하면 됩니다.

해설 ① 해당 지역의 토지 또는 건축물의 소유자 전원이 합의하더라도 지상권자가 반대하는 경우에는 건축협정을 체결할 수 없다.

② 건축협정 체결 대상 토지가 둘 이상의 시·군·구에 걸치는 경우 건축협정 체결 대상 토지면적의 과반(過半)이 속하는 건축협정인가권자에게 인가를 신청할 수 있다.

③ 협정체결자는 인가받은 건축협정을 변경하려면 협정체결자 전원의 합의로 건축협정인가권자에게 인가를 받아야 한다.
④ 건축협정을 폐지하려는 경우에는 협정체결자 과반수의 동의를 받아 건축협정인가권자의 인가를 받아야 한다.

정답 ⑤

01 中

건축법령상 특별건축구역에 관한 설명으로 옳은 것은?

① 「도시개발법」에 따른 도시개발구역에는 특별건축구역을 지정할 수 없다.
② 「자연공원법」에 따른 자연공원에는 특별건축구역을 지정할 수 있다.
③ 특별건축구역 지정신청이 접수된 경우 국토교통부장관은 지정신청을 받은 날부터 15일 이내에 중앙건축위원회의 심의를 거쳐야 한다.
④ 특별건축구역에서는 「주차장법」에 따른 부설주차장의 설치에 관한 규정을 개별 건축물마다 적용하지 아니하고 특별건축구역 전부 또는 일부를 대상으로 통합하여 적용할 수 있다.
⑤ 특별건축구역을 지정하는 경우 「국토의 계획 및 이용에 관한 법률」에 따른 용도지역의 지정이 있는 것으로 본다.

키워드 특별건축구역

해설 ① 「도시개발법」에 따른 도시개발구역에는 특별건축구역을 지정할 수 있다.
② 「자연공원법」에 따른 자연공원에는 특별건축구역을 지정할 수 없다.
③ 국토교통부장관은 지정신청을 받은 날부터 30일 이내에 중앙건축위원회의 심의를 거쳐야 한다.
⑤ 특별건축구역을 지정하거나 변경한 경우에는 「국토의 계획 및 이용에 관한 법률」에 따라 도시·군관리계획의 결정(용도지역·지구·구역의 지정 및 변경은 제외)이 있는 것으로 본다.

정답 01 ④

02 中

건축법령상 특별건축구역에 건축하는 건축물에 대해서는 다음의 규정을 적용하지 아니할 수 있다. 이에 해당하지 않는 것은?

① 대지의 분할 제한
② 대지의 조경
③ 대지 안의 공지
④ 용적률
⑤ 건축물의 높이 제한

키워드 특별건축구역에서의 특례

해 설 특별건축구역에 건축하는 건축물에 대하여는 다음의 규정을 적용하지 않을 수 있다.

- 대지의 조경(②)
- 건축물의 건폐율
- 건축물의 용적률(④)
- 대지 안의 공지(③)
- 건축물의 높이 제한(⑤)
- 일조 등의 확보를 위한 건축물의 높이 제한
- 「주택법」 제35조(주택건설기준 등) 중 대통령령으로 정하는 규정

03 上

건축법령상 건축협정에 관한 설명으로 틀린 것은? • 27회

① 건축물의 소유자 등은 과반수의 동의로 건축물의 리모델링에 관한 건축협정을 체결할 수 있다.
② 협정체결자 또는 건축협정운영회의 대표자는 건축협정서를 작성하여 해당 건축협정인가권자의 인가를 받아야 한다.
③ 건축협정인가권자가 건축협정을 인가하였을 때에는 해당 지방자치단체의 공보에 그 내용을 공고하여야 한다.
④ 건축협정 체결 대상 토지가 둘 이상의 특별자치시 또는 시·군·구에 걸치는 경우 건축협정 체결 대상 토지면적의 과반이 속하는 건축협정인가권자에게 인가를 신청할 수 있다.
⑤ 협정체결자 또는 건축협정운영회의 대표자는 건축협정을 폐지하려는 경우 협정체결자 과반수의 동의를 받아 건축협정인가권자의 인가를 받아야 한다.

키워드 건축협정

해 설 토지 또는 건축물의 소유자 등은 전원의 합의로 리모델링에 관한 건축협정을 체결할 수 있다.

04 上 건축법령상 건축협정의 인가를 받은 건축협정구역에서 연접한 대지에 대하여 관계 법령의 규정을 개별 건축물마다 적용하지 아니하고 건축협정구역을 대상으로 통합하여 적용할 수 있는 것만을 모두 고른 것은? • 28회

> ㉠ 건폐율
> ㉡ 계단의 설치
> ㉢ 지하층의 설치
> ㉣ 「주차장법」 제19조에 따른 부설주차장의 설치
> ㉤ 「하수도법」 제34조에 따른 개인하수처리시설의 설치

① ㉠, ㉡, ㉣
② ㉠, ㉡, ㉢, ㉤
③ ㉠, ㉢, ㉣, ㉤
④ ㉡, ㉢, ㉣, ㉤
⑤ ㉠, ㉡, ㉢, ㉣, ㉤

키워드 건축협정구역에서의 특례

해 설 건축협정의 인가를 받은 건축협정구역에서 연접한 대지에 대하여는 다음의 관계 법령의 규정을 개별 건축물마다 적용하지 아니하고 건축협정구역의 전부 또는 일부를 대상으로 통합하여 적용할 수 있다.

> 1. 대지의 조경
> 2. 대지와 도로와의 관계
> 3. 지하층의 설치(㉢)
> 4. 건폐율(㉠)
> 5. 「주차장법」 제19조에 따른 부설주차장의 설치(㉣)
> 6. 「하수도법」 제34조에 따른 개인하수처리시설의 설치(㉤)

PART 4

06 특별건축구역, 건축협정, 결합건축, 벌칙

정답 02 ① 03 ① 04 ③

05 建築法令상 결합건축 대상지역으로 지정할 수 있는 지역이 아닌 것은?

上

① 「국토의 계획 및 이용에 관한 법률」에 따라 지정된 상업지역
② 「역세권의 개발 및 이용에 관한 법률」에 따라 지정된 역세권개발구역
③ 「도시 및 주거환경정비법」에 따른 정비구역 중 재개발사업의 시행을 위한 구역
④ 「도시재생 활성화 및 지원에 관한 특별법」에 따른 도시재생활성화지역
⑤ 리모델링 활성화구역

키워드 결합건축 대상지역

해 설 「도시 및 주거환경정비법」에 따라 지정된 정비구역 중 재개발사업의 시행을 위한 구역은 결합건축 대상지역으로 지정할 수 없다.

이론플러스 **결합건축 대상지역으로 지정할 수 있는 지역**

1. 「국토의 계획 및 이용에 관한 법률」에 따라 지정된 상업지역
2. 「역세권의 개발 및 이용에 관한 법률」에 따라 지정된 역세권개발구역
3. 「도시 및 주거환경정비법」에 따른 정비구역 중 주거환경개선사업의 시행을 위한 구역
4. 건축협정구역
5. 특별건축구역
6. 리모델링 활성화구역
7. 「도시재생 활성화 및 지원에 관한 특별법」에 따른 도시재생활성화지역
8. 「한옥 등 건축자산의 진흥에 관한 법률」에 따른 건축자산진흥구역

06 건축법령상 위반건축물 등에 대한 조치에 관한 설명으로 옳지 않은 것은?

中

① 허가권자는 이 법 또는 이 법에 따른 명령이나 처분에 위반되는 대지나 건축물에 대하여 이 법에 따른 허가 또는 승인을 취소할 수 있다.
② 건축법령에 따른 명령이나 처분에 위반한 바닥면적의 합계가 400m² 미만인 수산업용 창고는 영업이나 그 밖의 행위를 허가하지 아니하도록 요청할 수 있다.
③ 허가권자는 시정명령을 하는 경우 국토교통부령으로 정하는 바에 따라 건축물대장에 위반내용을 적어야 한다.
④ 허가권자는 위반건축물에 대하여 해체 등 필요한 조치를 명할 경우에는 손실 보상을 하지 않아도 된다.
⑤ 허가권자는 허가나 승인을 취소하려면 청문을 실시하여야 한다.

키워드 위반건축물에 대한 조치

해설 허가권자는 허가나 승인이 취소된 건축물 또는 시정명령을 받고 이행하지 아니한 건축물에 대하여는 다른 법령에 따른 영업이나 그 밖의 행위를 허가·면허·인가·등록·지정 등을 하지 아니하도록 요청할 수 있다. 다만, 바닥면적의 합계가 400m^2 미만인 축사와 바닥면적의 합계가 400m^2 미만인 농업용·임업용·축산업용 및 수산업용 창고의 경우에는 그러하지 아니하다.

07 中

건축법령상 이행강제금에 관한 설명으로 틀린 것은?

① 허가권자는 시정명령을 받은 후 시정기간 내에 시정명령을 이행하지 아니한 경우 최초의 시정명령이 있었던 날을 기준으로 하여 1년에 2회 이내의 범위에서 이행강제금을 부과·징수할 수 있다.

② 건축물이 건폐율이나 용적률을 초과하여 건축된 경우에는 「지방세법」에 따라 해당 건축물에 적용되는 1m^2의 시가표준액의 100분의 50에 해당하는 금액에 위반면적을 곱한 금액 이하의 범위에서 위반내용에 따라 대통령령으로 정하는 비율을 곱한 금액을 이행강제금으로 부과한다.

③ 허가권자는 영리목적을 위한 위반이나 상습적 위반의 경우에는 이행강제금 부과금액을 100분의 100의 범위에서 해당 지방자치단체의 조례로 정하는 바에 따라 가중하여야 한다.

④ 허가권자는 시정명령을 받은 자가 이를 이행하면 이미 부과된 이행강제금은 면제한다.

⑤ 허가권자는 축사 등 농업용·어업용 시설로서 500m^2(수도권정비계획법에 따른 수도권 외의 지역에서는 1,000m^2) 이하인 경우는 5분의 1을 감경할 수 있다.

키워드 이행강제금

해설 허가권자는 시정명령을 받은 자가 이를 이행하면 새로운 이행강제금의 부과를 즉시 중지하되, 이미 부과된 이행강제금은 징수하여야 한다.

정답 05 ③ 06 ② 07 ④

08 上 **건축법령상 이행강제금을 산정하기 위하여 위반 내용에 따라 곱하는 비율을 높은 순서대로 나열한 것은?** (단, 조례는 고려하지 않음) • 29회

> ㉠ 용적률을 초과하여 건축한 경우
> ㉡ 건폐율을 초과하여 건축한 경우
> ㉢ 신고를 하지 아니하고 건축한 경우
> ㉣ 허가를 받지 아니하고 건축한 경우

① ㉠ － ㉡ － ㉣ － ㉢
② ㉠ － ㉣ － ㉢ － ㉡
③ ㉡ － ㉠ － ㉣ － ㉢
④ ㉣ － ㉠ － ㉡ － ㉢
⑤ ㉣ － ㉢ － ㉡ － ㉠

키워드 이행강제금 부과비율

해 설 이행강제금을 산정하기 위하여 위반 내용에 따라 곱하는 비율은 다음과 같다.

> ㉠ 용적률을 초과하여 건축한 경우 : 100분의 90
> ㉡ 건폐율을 초과하여 건축한 경우 : 100분의 80
> ㉢ 신고를 하지 아니하고 건축한 경우 : 100분의 70
> ㉣ 허가를 받지 아니하고 건축한 경우 : 100분의 100

09 上 **건축법령상 건축 등과 관련된 분쟁으로서 건축분쟁전문위원회의 조정 및 재정의 대상이 되지 않는 것은?** (단, 건설산업기본법 제69조에 따른 조정의 대상이 되는 분쟁은 제외함) • 28회

① '공사시공자'와 '해당 건축물의 건축으로 피해를 입은 인근주민' 간의 분쟁
② '관계전문기술자'와 '해당 건축물의 건축으로 피해를 입은 인근주민' 간의 분쟁
③ '해당 건축물의 건축으로 피해를 입은 인근주민' 간의 분쟁
④ '건축허가권자'와 '건축허가신청자' 간의 분쟁
⑤ '건축주'와 '공사감리자' 간의 분쟁

키워드 건축분쟁전문위원회의 조정대상

해설 건축분쟁전문위원회의 조정 및 재정의 대상은 다음과 같다.

- 건축관계자와 해당 건축물의 건축 등으로 피해를 입은 인근주민 간의 분쟁(①)
- 관계전문기술자와 인근주민 간의 분쟁(②)
- 건축관계자와 관계전문기술자 간의 분쟁
- 건축관계자 간의 분쟁(⑤)
- 인근주민 간의 분쟁(③)
- 관계전문기술자 간의 분쟁

10 中

건축법령상 건축분쟁전문위원회(이하 '분쟁위원회'라 한다)**에 관한 설명으로 틀린 것은?**

① 분쟁위원회는 위원장과 부위원장 각 1명을 포함한 15명 이내의 위원으로 구성한다.

② 분쟁위원회의 위원장과 부위원장은 위원 중에서 국토교통부장관이 위촉한다.

③ 공무원이 아닌 위원의 임기는 3년으로 하되, 연임할 수 있으며, 보궐위원의 임기는 전임자의 남은 임기로 한다.

④ 분쟁위원회의 회의는 재적위원 과반수의 출석으로 열고 출석위원 과반수의 찬성으로 의결한다.

⑤ 관계전문기술자 간의 분쟁은 건축분쟁전문위원회의 조정 및 재정의 대상이 되지 않는다.

키워드 건축분쟁전문위원회

해설 관계전문기술자 간의 분쟁은 건축분쟁전문위원회의 조정 및 재정의 대상에 해당한다.

정답 08 ④ 09 ④ 10 ⑤

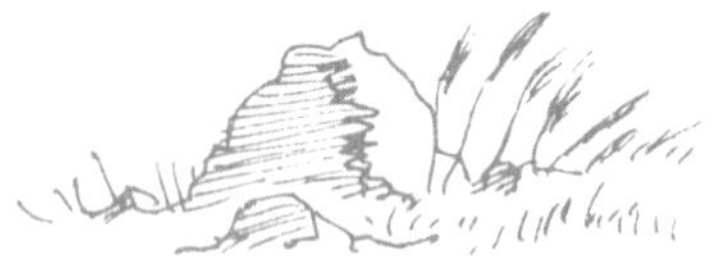

산을 움직이려는 자는
작은 돌을 들어내는 일로 시작한다.

– 공자

PART

5 주택법

CHAPTER 01 총 칙

CHAPTER 02 주택의 건설

CHAPTER 03 주택의 공급 및 리모델링

최근 5개년 PART 5 출제비중

17.5%

PART 5 기출 REPORT

5개년 CHAPTER별 출제빈도 분석표 & 빈출 키워드

* 복합문제이거나, 법률이 개정 및 제정된 경우 분류 기준에 따라 아래 수치와 달라질 수 있습니다.

CHAPTER	문항 수					비 중	빈출 키워드
	28회	29회	30회	31회	32회		
01 총 칙	1	2	1	1	2	20.6%	용어의 정의, 주택단지
02 주택의 건설	3	3	4	5	2	50%	주택조합, 주택상환사채, 사업계획승인, 매도청구
03 주택의 공급 및 리모델링	3	2	1	1	3	29.4%	주택의 공급, 전매제한의 특례, 공급질서 교란행위 금지

세줄요약 제33회 합격전략

☑ PART 5는 평균 약 7문제 출제!

☑ CHAPTER 02 주택의 건설 위주로 학습!

☑ 용어정의, 주택조합, 사업계획승인 정리는 필수!!

기출지문 OX 워밍업!

* 본격적인 문제풀이에 앞서 기출지문 OX문제를 풀어 실력점검을 해보세요.

❶ 주택단지에 해당하는 토지가 폭 10m인 도시계획예정도로로 분리된 경우, 분리된 토지를 각각 별개의 주택단지로 본다. • 32회 (O | X)

❷ 수직증축형 리모델링의 대상이 되는 기존 건축물의 층수가 12층인 경우에는 2개 층까지 증축할 수 있다. • 31회 (O | X)

❸ 공구란 하나의 주택단지에서 둘 이상으로 구분되는 일단의 구역으로서 공구별 세대수는 200세대 이상으로 해야 한다. • 28회 (O | X)

❹ 주택조합(리모델링주택조합은 제외)은 주택건설예정 세대수의 50% 이상의 조합원으로 구성하되, 조합원은 10명 이상이어야 한다. • 28회 (O | X)

❺ 조합설립인가 후에 조합원으로 추가모집되는 자가 조합원 자격요건을 갖추었는지를 판단할 때에는 추가모집공고일을 기준으로 한다. • 28회 (O | X)

❻ 지방공사가 사업주체인 경우 건축물의 설계와 용도별 위치를 변경하지 아니하는 범위에서의 건축물의 배치조정은 사업계획변경승인을 받지 않아도 된다. • 31회 (O | X)

❼ 사업계획승인권자는 사업계획승인의 신청을 받았을 때에는 정당한 사유가 없으면 신청받은 날부터 60일 이내에 사업주체에게 승인 여부를 통보하여야 한다. • 32회 (O | X)

❽ 「관광진흥법」에 따라 지정된 관광특구에서 건설·공급하는 층수가 51층이고, 높이가 140m인 아파트는 분양가상한제의 적용대상이다. • 27회 (O | X)

❾ 국토교통부장관은 해당 지역이 속하는 시·도의 주택보급률 또는 자가주택비율이 전국 평균을 초과하는 지역을 투기과열지구로 지정할 수 있다. • 29회 (O | X)

❿ 분양가상한제 적용주택을 공급받은 자가 전매하는 경우에는 한국토지주택공사가 그 주택을 우선 매입할 수 있다. • 23회 (O | X)

정답 ❶ O ❷ O ❸ X ❹ X ❺ X ❻ O ❼ O ❽ X ❾ X ❿ O

CHAPTER

01 총 칙

더 많은 기출문제를 풀고 싶다면?
단원별 기출문제집
[부동산공법] pp.268~276

5개년 출제빈도 분석표

28회	29회	30회	31회	32회
1	2	1	1	2

빈출 키워드

☑ 용어의 정의
☑ 주택단지

대표기출 연습

주택법령상 용어에 관한 설명으로 옳은 것은? • 30회

① '주택단지'에 해당하는 토지가 폭 8m 이상인 도시계획예정도로로 분리된 경우, 분리된 토지를 각각 별개의 주택단지로 본다.

② '단독주택'에는 「건축법 시행령」에 따른 다가구주택이 포함되지 않는다.

③ '공동주택'에는 「건축법 시행령」에 따른 아파트, 연립주택, 기숙사 등이 포함된다.

④ '주택'이란 세대의 구성원이 장기간 독립된 주거생활을 할 수 있는 구조로 된 건축물의 전부 또는 일부를 말하며, 그 부속토지는 제외한다.

⑤ 주택단지에 딸린 어린이놀이터, 근린생활시설, 유치원, 주민운동시설, 지역난방공급시설 등은 '부대시설'에 포함된다.

키워드 주택단지 30회, 31회, 32회

교수님 TIP 주택법령상 용어의 정의를 정확히 숙지하여야 합니다.

해 설 ② 단독주택에는 「건축법 시행령」에 따른 다가구주택이 포함된다.
③ 공동주택에는 「건축법 시행령」에 따른 아파트, 연립주택, 다세대주택이 포함된다. 따라서 기숙사는 포함되지 않는다.
④ 주택이란 세대의 구성원이 장기간 독립된 주거생활을 할 수 있는 구조로 된 건축물의 전부 또는 일부 및 그 부속토지를 말한다.
⑤ 주택단지에 딸린 어린이놀이터, 근린생활시설, 유치원, 주민운동시설은 복리시설에 해당하고, 지역난방공급시설은 부대시설에서 제외된다.

정답 ①

01 中

주택법령상 용어에 관한 설명으로 옳은 것은?

① 주택법령상 단독주택에는 「건축법 시행령」에 따른 다가구주택이 포함되지 않는다.

② 준주택이란 주택 외의 건축물과 그 부속토지로서 주거시설로 이용 가능한 시설 등을 말하며, 그 종류에는 기숙사, 다중생활시설, 노인복지주택, 오피스텔이 있다.

③ 부대시설이란 어린이놀이터, 유치원, 경로당과 같은 주택단지 안의 입주자 등의 생활복리를 위한 공동시설을 의미하며 근린생활시설도 이에 포함된다.

④ 수도권에 소재한 읍 또는 면 지역의 경우, 국민주택규모의 주택이란 1호(戶) 또는 1세대당 주거전용면적이 $100m^2$ 이하인 주택을 말한다.

⑤ 도시형 생활주택이란 150세대 미만의 국민주택규모에 해당하는 주택으로서 도시지역에 건설하는 주택을 말한다.

키워드 용어의 정의

해 설 ① 주택법령상 단독주택에는 「건축법 시행령」에 따른 다가구주택이 포함된다.

③ 어린이놀이터, 근린생활시설, 유치원, 경로당과 같은 주택단지 안의 입주자 등의 생활복리를 위한 공동시설은 복리시설에 해당한다.

④ 수도권에 소재한 읍 또는 면 지역의 경우, 국민주택규모의 주택이란 1호 또는 1세대당 주거전용면적이 $85m^2$ 이하인 주택을 말한다.

⑤ 도시형 생활주택이란 300세대 미만의 국민주택규모에 해당하는 주택으로서 도시지역에 건설하는 주택을 말한다.

PART 5 01 총칙

정답 01 ②

02 주택법령상 용어에 관한 설명으로 옳은 것은?

上

① 공구란 하나의 주택단지에서 둘 이상으로 구분되는 일단의 구역으로 공구별 세대수는 200세대 이상으로 하여야 한다.

② 리모델링이란 건축물의 노후화 억제 또는 기능 향상 등을 위하여 대수선을 하거나 사용검사일 또는 사용승인일부터 10년이 지난 공동주택을 각 세대의 주거전용면적의 30% 이내에서 전유부분을 증축하는 행위를 말한다.

③ 「공공주택 특별법」에 따른 공공주택지구조성사업에 의하여 개발·조성되는 공동주택이 건설되는 용지는 공공택지에 해당한다.

④ 민영주택이라도 국민주택규모 이하로 건축되는 경우 국민주택에 해당한다.

⑤ 세대구분형 공동주택이란 공동주택의 주택 내부 공간의 일부를 세대별로 구분하여 생활이 가능한 구조로 하되, 그 구분된 공간의 일부를 구분소유할 수 있는 주택이다.

키워드 용어의 정의

해설 ① 공구란 하나의 주택단지에서 둘 이상으로 구분되는 일단의 구역으로 공구별 세대수는 300세대 이상으로 하여야 한다.

② 리모델링이란 건축물의 노후화 억제 또는 기능 향상 등을 위하여 대수선을 하거나 사용검사일 또는 사용승인일부터 15년이 지난 공동주택을 각 세대의 주거전용면적의 30% 이내에서 전유부분을 증축하는 행위를 말한다.

④ 민영주택은 국민주택을 제외한 주택을 말한다.

⑤ 세대구분형 공동주택이란 공동주택의 주택 내부 공간의 일부를 세대별로 구분하여 생활이 가능한 구조로 하되, 그 구분된 공간의 일부를 구분소유할 수 없는 주택이다.

03 주택법령상 용어에 관한 설명으로 옳은 것을 모두 고른 것은? • 32회

中

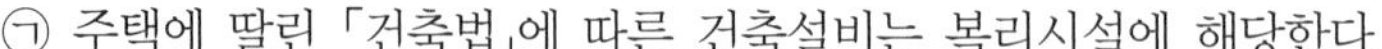

㉠ 주택에 딸린 「건축법」에 따른 건축설비는 복리시설에 해당한다.
㉡ 300세대인 국민주택규모의 단지형 다세대주택은 도시형 생활주택에 해당한다.
㉢ 민영주택은 국민주택을 제외한 주택을 말한다.

① ㉠ ② ㉢ ③ ㉠, ㉡
④ ㉡, ㉢ ⑤ ㉠, ㉡, ㉢

키워드 용어의 정의

해설 ㉠ 주택에 딸린 「건축법」에 따른 건축설비는 부대시설에 해당한다.

㉡ 도시형 생활주택은 300세대 미만으로 건설하여야 하기 때문에 300세대인 국민주택규모의 단지형 다세대주택은 도시형 생활주택에 해당하지 않는다.

04 주택법령상 용어에 관한 설명으로 옳은 것은? • 31회

中

① 「건축법 시행령」에 따른 다중생활시설은 '준주택'에 해당하지 않는다.

② 주택도시기금으로부터 자금을 지원받아 건설되는 1세대당 주거전용면적 84m²인 주택은 '국민주택'에 해당한다.

③ '간선시설'이란 도로·상하수도·전기시설·가스시설·통신시설·지역난방시설 등을 말한다.

④ 방범설비는 '복리시설'에 해당한다.

⑤ 주민공동시설은 '부대시설'에 해당한다.

키워드 용어의 정의

해 설 ① 「건축법 시행령」에 따른 다중생활시설은 '준주택'에 해당한다.

③ '간선시설'이란 도로·상하수도·전기시설·가스시설·통신시설 및 지역난방시설 등 주택단지(둘 이상의 주택단지를 동시에 개발하는 경우에는 각각의 주택단지를 말한다) 안의 기간시설을 그 주택단지 밖에 있는 같은 종류의 기간시설에 연결시키는 시설을 말한다. 도로·상하수도·전기시설·가스시설·통신시설·지역난방시설 등은 '기간시설'에 대한 설명이다.

④ 방범설비는 '부대시설'에 해당한다.

⑤ 주민공동시설은 '복리시설'에 해당한다.

05 주택법령상 도시형 생활주택에 관한 설명으로 틀린 것은?

中

① 도시형 생활주택이란 300세대 미만의 국민주택규모에 해당하는 주택으로서 대통령령으로 정하는 주택을 말한다.

② 도시형 생활주택은 소형 주택, 단지형 연립주택, 단지형 다세대주택으로 구분한다.

③ 단지형 연립주택은 건축위원회의 심의를 받은 경우에는 주택으로 쓰는 층수를 5개 층까지 건축할 수 있다.

④ 소형 주택의 세대별 주거전용면적은 60m² 이하이어야 한다.

⑤ 소형 주택은 주거전용면적이 20m² 미만인 경우에는 욕실 및 보일러실을 제외한 부분을 하나의 공간으로 구성하여야 한다.

키워드 도시형 생활주택

해 설 소형 주택은 주거전용면적이 30m² 미만인 경우에는 욕실 및 보일러실을 제외한 부분을 하나의 공간으로 구성하여야 한다.

정답 02 ③ 03 ② 04 ② 05 ⑤

06 上 **주택법령상 도시형 생활주택에 관한 설명으로 틀린 것은?**

① 500세대인 국민주택규모의 소형 주택은 도시형 생활주택에 해당하지 않는다.

② 도시형 생활주택에는 분양가상한제가 적용되지 아니한다.

③ 「수도권정비계획법」에 따른 수도권의 경우 도시형 생활주택은 1호 또는 1세대당 주거전용면적이 85m² 이하이어야 한다.

④ 하나의 건축물에는 단지형 연립주택 또는 단지형 다세대주택과 소형 주택을 함께 건축할 수 있다.

⑤ 준주거지역에서 도시형 생활주택인 소형 주택과 도시형 생활주택이 아닌 주택은 하나의 건축물에 함께 건축할 수 있다.

키워드 도시형 생활주택

해 설 하나의 건축물에는 단지형 연립주택 또는 단지형 다세대주택과 소형 주택을 함께 건축할 수 없다.

07 下 **주택법령상 소형 주택의 요건에 관한 설명으로 틀린 것은?** (단, 다른 요건은 충족됨)

① 세대별 주거전용면적이 $70m^2$인 경우 소형 주택에 해당한다.

② 세대별로 독립된 주거가 가능하도록 욕실, 부엌을 설치하여야 한다.

③ 주거전용면적이 $20m^2$인 경우 욕실 및 보일러실을 제외한 부분을 한 개의 공간으로 구성하여야 한다.

④ 주거전용면적이 $40m^2$인 경우 욕실 및 보일러실을 제외한 부분을 세 개 이하의 침실(각각의 면적이 $7m^2$ 이상인 것)과 그 밖의 공간으로 구성할 수 있다.

⑤ 각 세대를 지하층에 설치하여서는 아니 된다.

키워드 소형 주택

해 설 세대별 주거전용면적이 $60m^2$ 이하인 경우 소형 주택에 해당한다. 따라서 세대별 주거전용면적이 $70m^2$인 경우 소형 주택에 해당하지 않는다.

08 中 **주택법령상 사업계획승인을 받아 건설된 세대구분형 공동주택에 관한 설명으로 틀린 것은?**

① 세대구분형 공동주택의 세대별로 구분된 각각의 공간마다 별도의 욕실, 부엌과 현관을 설치할 것
② 세대구분형 공동주택의 세대수가 해당 주택단지 안의 공동주택 전체 세대수의 2분의 1을 넘지 아니할 것
③ 하나의 세대가 통합하여 사용할 수 있도록 세대 간에 연결문 또는 경량구조의 경계벽 등을 설치할 것
④ 세대구분형 공동주택의 세대별로 구분된 각각의 공간의 주거전용면적 합계가 해당 주택단지 전체 주거전용면적 합계의 3분의 1을 넘지 아니할 것
⑤ 공동주택의 주택 내부 공간의 일부를 세대별로 구분하여 생활이 가능한 구조로 하되, 그 구분된 공간의 일부를 구분소유할 수 없을 것

키워드 세대구분형 공동주택
해설 세대구분형 공동주택의 세대수가 해당 주택단지 안의 공동주택 전체 세대수의 3분의 1을 넘지 아니하여야 한다.

09 中 **주택법령상 용어에 관한 설명으로 틀린 것은?**

① 주택에 딸린 담장은 부대시설에 해당한다.
② 주택단지의 입주자 등의 생활복리를 위한 근린생활시설은 복리시설에 해당한다.
③ 조경시설은 복리시설에 해당한다.
④ 주택단지의 안의 전기시설과 주택단지 밖의 전기시설을 연결시키는 시설은 간선시설에 해당한다.
⑤ 주택에 딸린 관리사무소는 부대시설에 해당한다.

키워드 부대시설과 복리시설
해설 조경시설은 복리시설이 아니라 부대시설에 해당한다.

정답 06 ④ 07 ① 08 ② 09 ③

10 中

주택법령상 공공택지란 다음에 해당하는 공공사업에 의하여 개발·조성되는 공동주택이 건설되는 용지를 말한다. 이에 해당하지 않는 것은?

① 「택지개발촉진법」에 따른 택지개발사업
② 「산업입지 및 개발에 관한 법률」에 따른 산업단지개발사업
③ 「도시개발법」에 따른 도시개발사업(민간사업시행자가 환지 방식으로 시행하는 사업만 해당)
④ 「공공주택 특별법」에 따른 공공주택지구조성사업
⑤ 「혁신도시 조성 및 발전에 관한 특별법」에 따른 혁신도시개발사업

키워드 공공택지

해 설 '공공택지'란 다음에 해당하는 공공사업에 의하여 개발·조성되는 공동주택이 건설되는 용지를 말한다.

1. 「주택법」에 따라 국가·지방자치단체·한국토지주택공사 및 지방공사인 사업주체가 토지 등을 수용 또는 사용하여 시행하는 국민주택건설사업 또는 대지조성사업
2. 「택지개발촉진법」에 따른 택지개발사업(①)
3. 「산업입지 및 개발에 관한 법률」에 따른 산업단지개발사업(②)
4. 「공공주택 특별법」에 따른 공공주택지구조성사업(④)
5. 「민간임대주택에 관한 특별법」에 따른 공공지원민간임대주택 공급촉진지구 조성사업(수용 또는 사용의 방식으로 시행하는 사업만 해당)
6. 「도시개발법」에 따른 도시개발사업(수용 또는 사용의 방식으로 시행하는 사업과 혼용방식 중 수용 또는 사용의 방식이 적용되는 구역에서 시행하는 사업만 해당)
7. 「경제자유구역의 지정 및 운영에 관한 특별법」에 따른 경제자유구역개발사업(수용 또는 사용의 방식으로 시행하는 사업과 혼용방식 중 수용 또는 사용의 방식이 적용되는 구역에서 시행하는 사업만 해당)
8. 「혁신도시 조성 및 발전에 관한 특별법」에 따른 혁신도시개발사업(⑤)
9. 「신행정수도 후속대책을 위한 연기·공주지역 행정중심복합도시 건설을 위한 특별법」에 따른 행정중심복합도시건설사업
10. 「공익사업을 위한 토지 등의 취득 및 보상에 관한 법률」에 따른 공익사업으로서 대통령령으로 정하는 사업

11 下 **주택법령상 주택단지가 일정한 시설로 분리된 토지는 각각 별개의 주택단지로 본다. 그 시설에 해당하지 않는 것은?** • 32회

① 철도
② 폭 20m의 고속도로
③ 폭 10m의 일반도로
④ 폭 20m의 자동차전용도로
⑤ 폭 10m의 도시계획예정도로

키워드 주택단지

해설 폭 20m 이상의 일반도로로 분리된 토지는 각각 별개의 주택단지로 본다. 따라서 폭 10m의 일반도로로 분리된 토지는 각각 별개의 주택단지로 보는 대상에 해당하지 않는다.

12 下 **주택법령상 주택단지가 일정한 시설로 분리된 토지는 각각 별개의 주택단지로 본다. 그 시설에 해당하지 않는 것은?**

① 고속도로
② 보행자 및 자동차의 통행이 가능한 도로로서 「도로법」에 따른 일반국도
③ 폭 25m의 일반도로
④ 자동차전용도로
⑤ 폭 6m의 도시계획예정도로

키워드 주택단지

해설 폭 8m 이상인 도시계획예정도로로 분리된 주택단지는 각각 별개의 주택단지로 본다. 따라서 폭 6m의 도시계획예정도로로 분리된 주택단지는 하나의 주택단지로 본다.

정답 10 ③ 11 ③ 12 ⑤

13 주택법령상 리모델링에 관한 설명으로 틀린 것은?

中

① 리모델링이란 건축물의 노후화 억제 또는 기능 향상 등을 위하여 대수선하거나 증축하는 행위를 말한다.

② 증축의 경우 사용검사일부터 15년이 경과된 공동주택을 각 세대의 주거전용면적의 30% 이내에서 할 수 있다.

③ 세대의 주거전용면적이 85m^2 미만인 경우에는 40% 이내의 증축을 할 수 있으며, 공동주택의 기능 향상 등을 위하여 공용부분에 대하여도 별도로 증축할 수 있다.

④ 각 세대의 증축 가능 면적을 합산한 면적의 범위에서 기존 세대수의 15% 이내에서 세대수를 증가하는 증축행위를 할 수 있다.

⑤ 수직증축형 리모델링의 대상이 되는 기존 건축물의 층수가 14층 이하인 경우에는 3개 층까지 증축할 수 있다.

키워드 리모델링

해설 수직증축형 리모델링의 대상이 되는 기존 건축물의 층수가 15층 이상인 경우에는 3개 층까지 증축할 수 있고, 기존 건축물의 층수가 14층 이하인 경우에는 2개 층까지 증축할 수 있다.

14 주택법령상 공구에 관한 설명으로 틀린 것은?

中

① 주택건설사업을 시행하려는 자는 전체 세대수가 600세대 이상인 주택단지를 공구별로 분할하여 주택을 건설·공급할 수 있다.

② 공구란 하나의 주택단지에서 둘 이상으로 구분되는 일단의 구역을 말한다.

③ 공구별로 착공신고 및 사업계획승인을 별도로 수행할 수 있다.

④ 공구별 세대수는 300세대 이상으로 하여야 한다.

⑤ 「주택건설기준 등에 관한 규정」에 따라 주택단지 안의 도로를 설치하거나 공간을 조성하여 6m 이상의 폭으로 공구 간 경계를 설정하여야 한다.

키워드 공구

해설 공구별로 착공신고 및 사용검사를 별도로 수행할 수는 있지만, 사업계획승인을 별도로 수행할 수는 없다.

정답 13 ⑤ 14 ③

CHAPTER

02 주택의 건설

더 많은 기출문제를 풀고 싶다면?
단원별 기출문제집
[부동산공법] pp.277~301

5개년 출제빈도 분석표

28회	29회	30회	31회	32회
3	3	4	5	2

빈출 키워드

- ☑ 주택조합
- ☑ 주택상환사채
- ☑ 사업계획승인
- ☑ 매도청구

대표기출 연습

주택법령상 지역주택조합에 관한 설명으로 옳은 것은? • 29회

① 조합설립에 동의한 조합원은 조합설립인가가 있은 이후에는 자신의 의사에 의해 조합을 탈퇴할 수 없다.

② 총회의 의결로 제명된 조합원은 조합에 자신이 부담한 비용의 환급을 청구할 수 없다.

③ 조합임원의 선임을 의결하는 총회의 경우에는 조합원의 100분의 20 이상이 직접 출석하여야 한다.

④ 조합원을 공개모집한 이후 조합원의 자격상실로 인한 결원을 충원하려면 시장·군수·구청장에게 신고하고 공개모집의 방법으로 조합원을 충원하여야 한다.

⑤ 조합의 임원이 금고 이상의 실형을 받아 당연퇴직을 하면 그가 퇴직 전에 관여한 행위는 그 효력을 상실한다.

키워드 지역주택조합 29회

교수님 TIP 조합의 출석요건을 정확하게 암기하여야 합니다.

해설 ① 조합설립에 동의한 조합원은 조합설립인가가 있은 이후에도 자신의 의사에 의해 조합을 탈퇴할 수 있다.

② 총회의 의결로 제명된 조합원은 조합에 자신이 부담한 비용의 환급을 청구할 수 있다.

④ 조합원을 공개모집한 이후 조합원의 자격상실로 인한 결원을 충원하는 경우에는 시장·군수·구청장에게 신고하지 아니하고 선착순의 방법으로 조합원을 충원할 수 있다.

⑤ 조합의 임원이 금고 이상의 실형을 받아 당연퇴직을 하더라도 그가 퇴직 전에 관여한 행위는 그 효력을 상실하지 아니한다.

정답 ③

01 주택법령상 주택건설사업의 등록사업자에 관한 설명으로 옳은 것은?

中

① 주택건설공사를 시공할 수 있는 등록사업자가 최근 3년간 300세대 이상의 공동주택을 건설한 실적이 있는 경우에는 주택으로 쓰는 층수가 8개 층인 주택을 건설할 수 없다.

② 고용자가 그 근로자의 주택을 건설하는 경우에는 등록사업자와 공동으로 사업을 시행할 수 있다.

③ 토지소유자가 주택을 건설하는 경우에는 등록사업자와 공동으로 사업을 시행할 수 있으며, 이 경우 토지소유자와 등록사업자를 공동사업주체로 본다.

④ 지방공사인 사업주체가 연간 1만m² 이상의 대지조성사업을 시행하려는 경우에는 국토교통부장관에게 등록하여야 한다.

⑤ 등록말소 또는 영업정지처분을 받은 등록사업자는 그 처분 전에 사업계획승인을 받은 사업을 계속 수행할 수 없다.

키워드 등록사업자

해 설 ① 주택건설공사를 시공할 수 있는 등록사업자가 최근 3년간 300세대 이상의 공동주택을 건설한 실적이 있는 경우에는 주택으로 쓰는 층수가 6개 층 이상인 주택을 건설할 수 있다.

② 고용자가 그 근로자의 주택을 건설하는 경우에는 등록사업자와 공동으로 사업을 시행하여야 한다.

④ 지방공사인 사업주체가 연간 1만m² 이상의 대지조성사업을 시행하려는 경우에는 국토교통부장관에게 등록하지 않아도 된다.

⑤ 등록말소 또는 영업정지처분을 받은 등록사업자는 그 처분 전에 사업계획승인을 받은 사업을 계속 수행할 수 있다.

02 주택법령상 주택건설사업 등의 등록을 할 수 없는 자로 옳은 것은?

中

① 피한정후견인의 선고가 취소된 후 1년이 지나지 아니한 자

② 파산선고를 받은 자로서 복권된 후 1년이 지나지 아니한 자

③ 거짓으로 주택건설사업을 등록하여 그 등록이 말소된 후 2년이 지난 자

④ 「주택법」을 위반하여 금고 이상의 형의 집행유예선고를 받고 그 유예기간이 종료된 자

⑤ 「주택법」을 위반하여 금고 이상의 형의 선고를 받고 그 집행이 면제된 날부터 2년이 지나지 아니한 자

키워드 등록사업자의 결격사유

해 설 다음에 해당하는 자는 주택건설사업 등의 등록을 할 수 없다.

1. 미성년자·피성년후견인 또는 피한정후견인
2. 파산선고를 받은 자로서 복권되지 아니한 자
3. 「부정수표 단속법」 또는 「주택법」을 위반하여 금고 이상의 실형을 선고받고 그 집행이 끝나거나(집행이 끝난 것으로 보는 경우를 포함) 집행이 면제된 날부터 2년이 지나지 아니한 자
4. 「부정수표 단속법」 또는 「주택법」을 위반하여 금고 이상의 형의 집행유예를 선고받고 그 유예기간 중에 있는 자
5. 등록이 말소(위 1. 및 2.에 해당하여 말소된 경우는 제외)된 후 2년이 지나지 아니한 자
6. 임원 중에 위 1.부터 5.까지의 규정 중 어느 하나에 해당하는 자가 있는 법인

03 下

주택법령상 주택건설사업 등의 등록과 관련하여 ( ) 안에 들어갈 내용으로 옳게 연결된 것은? (단, 사업등록이 필요한 경우를 전제로 함) • 26회

> 연간 (㉠)호 이상의 단독주택건설사업을 시행하려는 자 또는 연간 (㉡)m^2 이상의 대지조성사업을 시행하려는 자는 국토교통부장관에게 등록하여야 한다.

① ㉠ : 10, ㉡ : 10만
② ㉠ : 20, ㉡ : 1만
③ ㉠ : 20, ㉡ : 10만
④ ㉠ : 30, ㉡ : 1만
⑤ ㉠ : 30, ㉡ : 10만

키워드 등록대상

해 설 연간 '20'호 이상의 단독주택건설사업을 시행하려는 자 또는 연간 '1만'm^2 이상의 대지조성사업을 시행하려는 자는 국토교통부장관에게 등록하여야 한다.

정답 01 ③ 02 ⑤ 03 ②

04 下

주택법령상 주택건설사업 또는 대지조성사업의 등록에 관한 설명으로 옳은 것은?

① 한국토지주택공사가 대지조성사업을 시행하려는 경우에는 국토교통부장관에게 등록하여야 한다.

② 지방공사가 주택건설사업을 시행하려는 경우에는 국토교통부장관에게 등록하지 않아도 된다.

③ 지방자치단체가 주택건설사업을 시행하려는 경우에는 국토교통부장관에게 등록하여야 한다.

④ 근로자를 고용하고 있는 고용자가 등록사업자와 공동으로 근로자의 주택을 건설하는 주택건설사업을 시행하려는 경우에는 국토교통부장관에게 등록하여야 한다.

⑤ 국가가 주택건설사업을 시행하려는 경우에는 국토교통부장관에게 등록하여야 한다.

키워드 등록사업자

해 설 ① 한국토지주택공사가 대지조성사업을 시행하려는 경우에는 국토교통부장관에게 등록하지 않아도 된다.

③ 지방자치단체가 주택건설사업을 시행하려는 경우에는 국토교통부장관에게 등록하지 않아도 된다.

④ 근로자를 고용하고 있는 고용자가 등록사업자와 공동으로 근로자의 주택을 건설하는 주택건설사업을 시행하려는 경우에는 국토교통부장관에게 등록하지 않아도 된다.

⑤ 국가가 주택건설사업을 시행하려는 경우에는 국토교통부장관에게 등록하지 않아도 된다.

05 中

주택법령상 지역주택조합에 관한 설명으로 틀린 것은?

① 주택조합설립인가를 받으려는 자는 해당 주택건설대지의 80% 이상에 해당하는 토지의 사용권원을 확보하고 해당 주택건설대지의 15% 이상에 해당하는 토지의 소유권을 확보하여야 한다.

② 주택조합은 그 구성원을 위하여 건설하는 주택을 그 조합원에게 우선 공급할 수 있다.

③ 주택조합은 임대주택으로 건설·공급하는 세대수는 제외하고, 주택건설 예정 세대수의 50% 이상의 조합원으로 구성하여야 한다.

④ 주택조합은 조합원의 공개모집 이후 조합원의 사망·자격상실·탈퇴 등으로 인한 결원을 충원하거나 미달된 조합원을 재모집하는 경우에는 신고하지 아니하고 선착순의 방법으로 조합원을 모집할 수 있다.

⑤ 주택조합의 설립인가 후 조합원이 사망하였더라도 조합원 수가 주택건설 예정 세대수의 50% 이상을 유지하고 있다면 조합원을 충원할 수 없다.

키워드 지역주택조합

해 설 조합원이 사망한 경우에는 조합원 수가 주택건설 예정 세대수의 50% 이상을 유지하고 있더라도 조합원을 충원할 수 있다.

정답 04 ② 05 ⑤

PART 5 02 주택의 건설

06 中

주택법령상 주택조합에 관한 설명으로 옳은 것은?

① 주택조합은 주택조합의 설립인가를 받은 날부터 2년이 되는 날까지 사업계획승인을 받지 못하는 경우 대통령령으로 정하는 바에 따라 총회의 의결을 거쳐 해산 여부를 결정하여야 한다.

② 주택조합의 발기인은 조합원 모집 신고가 수리된 날부터 3년이 되는 날까지 주택조합 설립인가를 받지 못하는 경우 주택조합 가입 신청자 전원으로 구성되는 총회 의결을 거쳐 주택조합 사업의 종결 여부를 결정하도록 하여야 한다.

③ 리모델링주택조합은 그 구성원을 위하여 건설하는 주택을 조합원에게 우선 공급하여야 하고, 직장주택조합에 대하여는 사업주체가 국민주택을 조합원에게 우선 공급하여야 한다.

④ 지역주택조합의 경우 설립인가를 받은 날부터 2년 이내에 사업계획승인을 신청하여야 한다.

⑤ 시장·군수·구청장은 주택조합이 「주택법」 제94조에 따른 명령이나 처분을 위반한 경우에 주택조합의 설립인가를 취소하여야 한다.

키워드 주택조합

해 설 ① 주택조합은 주택조합의 설립인가를 받은 날부터 3년이 되는 날까지 사업계획승인을 받지 못하는 경우 대통령령으로 정하는 바에 따라 총회의 의결을 거쳐 해산 여부를 결정하여야 한다.

② 주택조합의 발기인은 조합원 모집 신고가 수리된 날부터 2년이 되는 날까지 주택조합 설립인가를 받지 못하는 경우 대통령령으로 정하는 바에 따라 주택조합 가입 신청자 전원으로 구성되는 총회 의결을 거쳐 주택조합 사업의 종결 여부를 결정하도록 하여야 한다.

③ 주택조합(리모델링주택조합은 제외)은 그 구성원을 위하여 건설하는 주택을 그 조합원에게 우선 공급할 수 있으며, 직장주택조합에 대하여는 사업주체가 국민주택을 그 직장주택조합원에게 우선 공급할 수 있다.

⑤ 시장·군수·구청장은 주택조합 또는 그 조합의 구성원이 「주택법」 제94조에 따른 명령이나 처분을 위반한 경우에 주택조합의 설립인가를 취소할 수 있다.

07 中

주택법령상 주택조합에 관한 설명으로 옳은 것은?

① 주거전용면적 $70m^2$의 주택 1채를 소유하고 있는 세대주인 자는 국민주택을 공급받기 위하여 설립하는 직장주택조합의 조합원이 될 수 없다.

② 사업계획승인을 받아 건설한 공동주택의 소유자는 리모델링주택조합의 조합원이 될 수 없다.

③ 리모델링주택조합의 설립인가를 받으려는 자는 인가신청서에 해당 주택건설대지의 80% 이상에 해당하는 토지의 사용권원을 확보하였음을 증명하는 서류를 첨부하여 관할 시장·군수 또는 구청장에게 제출하여야 한다.

④ 국민주택을 공급받기 위하여 직장주택조합을 설립하려는 자는 관할 시·도지사의 허가를 받아야 한다.

⑤ 리모델링의 허가를 신청하기 위한 동의율을 확보한 경우 리모델링 결의를 한 리모델링주택조합은 그 리모델링 결의에 찬성하지 아니하는 자의 토지에 대하여 매도청구를 할 수 없다.

PART 5

키워드 주택조합

해설 ② 사업계획승인을 받아 건설한 공동주택의 소유자는 리모델링주택조합의 조합원이 될 수 있다.

③ 리모델링주택조합의 설립인가를 받으려는 자는 인가신청서에 해당 주택건설대지의 80% 이상에 해당하는 토지의 사용권원을 확보하였음을 증명하는 서류를 관할 시장·군수 또는 구청장에게 제출하지 않아도 된다.

④ 국민주택을 공급받기 위하여 직장주택조합을 설립하려는 자는 관할 시장·군수·구청장에게 신고하여야 한다.

⑤ 리모델링의 허가를 신청하기 위한 동의율을 확보한 경우 리모델링 결의를 한 리모델링주택조합은 그 리모델링 결의에 찬성하지 아니하는 자의 주택 및 토지에 대하여 매도청구를 할 수 있다.

02 주택의 건설

정답 06 ④ 07 ①

08 中 **주택법령상 주택단지 전체를 대상으로 증축형 리모델링을 하기 위하여 리모델링주택조합을 설립하려는 경우, 조합설립인가 신청 시 제출해야 할 첨부서류가 아닌 것은?** (단, 조례는 고려하지 않음) • 26회 수정

① 창립총회의 회의록
② 조합원 전원이 자필로 연명한 조합규약
③ 해당 주택건설대지의 80% 이상에 해당하는 토지의 사용권원을 확보하였음을 증명하는 서류
④ 해당 주택이 사용검사를 받은 후 15년 이상 경과하였음을 증명하는 서류
⑤ 조합원 명부

키워드 리모델링주택조합
해설 리모델링주택조합은 해당 주택건설대지의 80% 이상에 해당하는 토지의 사용권원을 확보한 서류를 제출하지 않는다.

09 中 **주택법령상 리모델링주택조합에 관한 설명으로 틀린 것은?**

① 수직증축형 리모델링의 경우 리모델링주택조합의 설립인가신청서에 해당 주택이 사용검사일부터 15년 이상의 기간이 지났음을 증명하는 서류를 첨부하여야 한다.
② 주택단지 전체를 리모델링하기 위하여 조합을 설립하려는 경우에는 주택단지 전체 구분소유자와 의결권의 각 3분의 2 이상의 결의 및 각 동의 구분소유자와 의결권의 과반수의 결의가 있어야 한다.
③ 리모델링의 허가를 신청하기 위한 동의율을 확보한 경우 리모델링 결의를 한 리모델링주택조합은 그 리모델링 결의에 찬성하지 아니하는 자의 주택 및 토지에 대하여 매도청구를 할 수 있다.
④ 리모델링주택조합 설립에 동의한 자로부터 건축물을 취득한 자는 리모델링주택조합 설립에 동의한 것으로 본다.
⑤ 세대수를 증가하지 아니하는 리모델링주택조합이 그 구성원의 주택을 건설하는 경우에는 등록사업자와 공동으로 사업을 시행할 수 있다.

키워드 리모델링주택조합
해설 주택조합(세대수를 증가하지 아니하는 리모델링주택조합은 제외)이 그 구성원의 주택을 건설하는 경우에는 등록사업자(지방자치단체·한국토지주택공사 및 지방공사를 포함)와 공동으로 사업을 시행할 수 있다.

10 中 **주택법령상 지역주택조합이 설립인가를 받은 후 조합원을 신규로 가입하게 할 수 있는 경우와 결원의 범위에서 충원할 수 있는 경우 중 어느 하나에도 해당하지 않는 것은?**

• 31회

① 조합원이 사망한 경우

② 조합원이 무자격자로 판명되어 자격을 상실하는 경우

③ 조합원 수가 주택건설 예정 세대수를 초과하지 아니하는 범위에서 조합원 추가모집의 승인을 받은 경우

④ 조합원의 탈퇴 등으로 조합원 수가 주택건설 예정 세대수의 60%가 된 경우

⑤ 사업계획승인의 과정에서 주택건설 예정 세대수가 변경되어 조합원 수가 변경된 세대수의 40%가 된 경우

키워드 지역주택조합

해설 조합원의 탈퇴 등으로 조합원 수가 주택건설 예정 세대수의 50% 미만인 경우에 조합원을 충원할 수 있다. 따라서 조합원의 탈퇴 등으로 조합원 수가 주택건설 예정 세대수의 60%가 된 경우에는 조합원을 충원할 수 없다.

11 中 **주택법령상 주택상환사채에 관한 설명으로 틀린 것은?**

① 한국토지주택공사와 등록사업자는 주택으로 상환하는 사채를 발행할 수 있다. 이 경우 등록사업자는 대통령령으로 정하는 기준에 맞고 금융기관 등의 보증을 받아야 한다.

② 주택상환사채를 발행하려는 자는 주택상환사채 발행계획을 수립하여 기획재정부장관의 승인을 받아야 한다.

③ 주택상환사채는 기명증권으로 하며, 액면 또는 할인의 방법으로 발행한다.

④ 등록사업자의 등록이 말소된 경우에도 그가 발행한 주택상환사채의 효력에는 영향을 미치지 아니한다.

⑤ 주택상환사채의 상환기간은 3년을 초과할 수 없다.

키워드 주택상환사채

해설 주택상환사채를 발행하려는 자는 주택상환사채 발행계획을 수립하여 국토교통부장관의 승인을 받아야 한다.

정답 08 ③ 09 ⑤ 10 ④ 11 ②

12 下

주택법령상 주택상환사채에 관한 설명으로 틀린 것은? • 31회

① 한국토지주택공사는 주택상환사채를 발행할 수 있다.

② 주택상환사채는 기명증권으로 한다.

③ 사채권자의 명의변경은 취득자의 성명과 주소를 사채원부에 기록하는 방법으로 한다.

④ 주택상환사채를 발행한 자는 발행조건에 따라 주택을 건설하여 사채권자에게 상환하여야 한다.

⑤ 등록사업자의 등록이 말소된 경우에는 등록사업자가 발행한 주택상환사채도 효력을 상실한다.

키워드 주택상환사채

해 설 등록사업자의 등록이 말소된 경우에도 등록사업자가 발행한 주택상환사채의 효력에는 영향을 미치지 아니한다.

13 下

주택법령상 주택상환사채를 양도하거나 중도에 해약할 수 있는 경우가 아닌 것은? (단, 세대원은 세대주가 포함된 세대의 구성원을 말함) • 23회

① 세대원의 취학으로 인하여 세대원 전원이 다른 행정구역으로 이전하는 경우

② 세대원의 질병치료로 인하여 세대원 전원이 다른 행정구역으로 이전하는 경우

③ 세대원의 근무로 인하여 세대원 일부가 다른 행정구역으로 이전하는 경우

④ 세대원 전원이 2년 이상 해외에 체류하고자 하는 경우

⑤ 세대원 전원이 상속에 의하여 취득한 주택으로 이전하는 경우

키워드 주택상환사채

해 설 세대원의 근무로 인하여 세대원 전원이 다른 행정구역으로 이전하는 경우에는 주택상환사채를 양도하거나 중도에 해약할 수 있다.

14 주택법령상 사업계획승인에 관한 설명으로 틀린 것은?

上

① 사업계획승인권자는 착공신고를 받은 날부터 30일 이내에 신고수리 여부를 신고인에게 통지하여야 한다.

② 지방공사인 사업주체가 주택건설사업계획의 승인을 받으려는 경우에는 해당 주택건설대지의 소유권을 확보하지 않아도 된다.

③ 국가 및 한국토지주택공사가 시행하는 경우에는 국토교통부장관의 사업계획승인을 받아야 한다.

④ 사업계획승인권자는 사업계획의 승인신청을 받은 때에는 정당한 사유가 없으면 신청받은 날부터 60일 이내에 사업주체에게 승인 여부를 통보하여야 한다.

⑤ 사업주체는 승인받은 사업계획대로 사업을 시행하여야 하고, 승인을 받은 날부터 5년(착수기간이 연장되는 경우를 제외) 이내에 공사를 시작하여야 한다.

키워드 사업계획승인

해설 사업계획승인권자는 착공신고를 받은 날부터 20일 이내에 신고수리 여부를 신고인에게 통지하여야 한다.

15 사업주체 甲은 사업계획승인권자 乙로부터 주택건설사업을 분할하여 시행하는 것을 내용으로 사업계획승인을 받았다. 주택법령상 이에 관한 설명으로 틀린 것은? •26회

中

① 乙은 사업계획승인에 관한 사항을 고시하여야 한다.

② 甲은 최초로 공사를 진행하는 공구 외의 공구에서 해당 주택단지에 대한 최초 착공신고일부터 2년 이내에 공사를 시작하여야 한다.

③ 甲이 소송 진행으로 인하여 공사 착수가 지연되어 연장신청을 한 경우, 乙은 그 분쟁이 종료된 날부터 2년의 범위에서 공사착수기간을 연장할 수 있다.

④ 주택분양보증을 받지 않은 甲이 파산하여 공사 완료가 불가능한 경우, 乙은 사업계획승인을 취소할 수 있다.

⑤ 甲이 최초로 공사를 진행하는 공구 외의 공구에서 해당 주택단지에 대한 최초 착공신고일부터 2년이 지났음에도 사업주체가 공사를 시작하지 아니한 경우 乙은 사업계획승인을 취소할 수 없다.

키워드 사업계획승인

해설 甲이 소송 진행으로 인하여 공사 착수가 지연되어 연장신청을 한 경우, 사업계획승인권자인 乙은 그 분쟁이 종료된 날부터 1년의 범위에서 공사착수기간을 연장할 수 있다.

정답 12 ⑤ 13 ③ 14 ① 15 ③

16 中 **주택법령상 ( ) 안에 들어갈 내용으로 옳게 연결된 것은?** (단, 주택 외의 시설과 주택이 동일 건축물로 건축되지 않음을 전제로 함) • 26회

- 한국토지주택공사가 서울특별시 A구에서 대지면적 10만m^2에 50호의 한옥 건설사업을 시행하려는 경우 (㉠)으로부터 사업계획승인을 받아야 한다.
- B광역시 C구에서 지역균형개발이 필요하여 국토교통부장관이 지정·고시하는 지역 안에 50호의 한옥 건설사업을 시행하는 경우 (㉡)으로부터 사업계획승인을 받아야 한다.

① ㉠ : 국토교통부장관, ㉡ : 국토교통부장관
② ㉠ : 서울특별시장, ㉡ : C구청장
③ ㉠ : 서울특별시장, ㉡ : 국토교통부장관
④ ㉠ : A구청장, ㉡ : C구청장
⑤ ㉠ : 국토교통부장관, ㉡ : B광역시장

키워드 사업계획승인권자

해설
- 한국토지주택공사인 사업주체는 '국토교통부장관'으로부터 사업계획승인을 받아야 한다.
- 지역균형개발이 필요하여 국토교통부장관이 지정·고시하는 지역 안에 50호의 한옥 건설사업을 시행하는 경우에는 '국토교통부장관'으로부터 사업계획승인을 받아야 한다.

17 下 **주택법령상 주택건설사업계획의 승인 등에 관한 설명으로 <u>틀린</u> 것은?** (단, 다른 법률에 따른 사업은 제외함) • 28회

① 주거전용 단독주택인 건축법령상의 한옥 50호 이상의 건설사업을 시행하려는 자는 사업계획승인을 받아야 한다.
② 주택건설사업을 시행하려는 자는 전체 세대수가 600세대 이상의 주택단지를 공구별로 분할하여 주택을 건설·공급할 수 있다.
③ 사업주체는 공사의 착수기간이 연장되지 않는 한 주택건설사업계획의 승인을 받은 날부터 5년 이내에 공사를 시작하여야 한다.
④ 사업계획승인권자는 사업계획승인의 신청을 받았을 때에는 정당한 사유가 없으면 신청받은 날부터 60일 이내에 사업주체에게 승인 여부를 통보하여야 한다.
⑤ 사업계획승인의 조건으로 부과된 사항을 이행함에 따라 공사 착수가 지연되는 경우, 사업계획승인권자는 그 사유가 없어진 날부터 3년의 범위에서 공사의 착수기간을 연장할 수 있다.

키워드 사업계획승인

해설 사업계획승인의 조건으로 부과된 사항을 이행함에 따라 공사 착수가 지연되는 경우, 사업계획승인권자는 그 사유가 없어진 날부터 1년의 범위에서 공사의 착수기간을 연장할 수 있다.

18 中

주택법령상 주택건설사업에 대한 사업계획의 승인에 관한 설명으로 틀린 것은?

• 29회

① 지역주택조합은 설립인가를 받은 날부터 2년 이내에 사업계획승인을 신청하여야 한다.

② 사업주체가 승인받은 사업계획에 따라 공사를 시작하려는 경우 사업계획승인권자에게 신고하여야 한다.

③ 사업계획승인권자는 사업주체가 경매로 인하여 대지소유권을 상실한 경우에는 그 사업계획의 승인을 취소하여야 한다.

④ 사업주체가 주택건설대지를 사용할 수 있는 권원을 확보한 경우에는 그 대지의 소유권을 확보하지 못한 경우에도 사업계획의 승인을 받을 수 있다.

⑤ 주택조합이 승인받은 총사업비의 10%를 감액하는 변경을 하려면 변경승인을 받아야 한다.

키워드 사업계획승인

해설 사업계획승인권자는 사업주체가 경매로 인하여 대지소유권을 상실한 경우에는 그 사업계획의 승인을 취소할 수 있다.

정답 16 ① 17 ⑤ 18 ③

19 上 **주택법령상 사업주체가 50세대의 주택과 주택 외의 시설을 동일 건축물로 건축하는 계획 및 임대주택의 건설·공급에 관한 사항을 포함한 사업계획승인신청서를 제출한 경우에 대한 설명으로 옳은 것은?** • 29회

① 사업계획승인권자는 「국토의 계획 및 이용에 관한 법률」에 따른 건폐율 및 용적률을 완화하여 적용할 수 있다.

② 사업계획승인권자가 임대주택의 건설을 이유로 용적률을 완화하는 경우 사업주체는 완화된 용적률의 70%에 해당하는 면적을 임대주택으로 공급하여야 한다.

③ 사업주체는 용적률의 완화로 건설되는 임대주택을 인수자에게 공급하여야 하며, 이 경우 시장·군수가 우선 인수할 수 있다.

④ 사업주체가 임대주택을 인수자에게 공급하는 경우 임대주택의 부속토지의 공급가격은 공시지가로 한다.

⑤ 인수자에게 공급하는 임대주택의 선정은 주택조합이 사업주체인 경우에는 조합원에게 공급하고 남은 주택을 대상으로 공개추첨의 방법에 의한다.

키워드 임대주택의 건설·공급

해설 ① 사업계획승인권자는 「국토의 계획 및 이용에 관한 법률」에 따른 용적률을 완화하여 적용할 수 있다.

② 사업계획승인권자가 임대주택의 건설을 이유로 용적률을 완화하는 경우 사업주체는 완화된 용적률의 60% 이하의 범위에서 대통령령으로 정하는 비율 이상에 해당하는 면적을 임대주택으로 공급하여야 한다.

③ 사업주체는 용적률의 완화로 건설되는 임대주택을 인수자에게 공급하여야 하며, 이 경우 시·도지사가 우선 인수할 수 있다.

④ 사업주체가 임대주택을 인수자에게 공급하는 경우 임대주택의 부속토지의 공급가격은 기부채납한 것으로 본다.

20 中 **주택법령상 사업계획승인을 받은 사업주체에게 인정되는 매도청구에 관한 설명으로 옳은 것은?**

① 사업주체는 주택건설대지 중 사용할 수 있는 권원을 확보하지 못한 대지의 소유자에게 그 대지를 감정가격으로 매도할 것을 청구할 수 있다.

② 사업주체는 주택건설대지 중 사용할 수 있는 권원을 확보하지 못한 건축물에 대해서는 매도청구를 할 수 없다.

③ 사업주체는 매도청구대상이 되는 대지의 소유자와 매도청구를 하기 전에 6개월 이상 협의를 하여야 한다.

④ 주택건설대지면적 중 90%에 대하여 사용권원을 확보한 경우에는 사용권원을 확보하지 못한 대지의 모든 소유자에게 매도청구할 수 있다.

⑤ 리모델링의 허가를 신청하기 위한 동의율을 확보한 경우 리모델링 결의를 한 리모델링주택조합은 그 리모델링 결의에 찬성하지 아니하는 자의 주택 및 토지에 대하여 매도청구를 할 수 있다.

키워드 사업주체의 매도청구

해 설 ① 사업주체는 주택건설대지 중 사용할 수 있는 권원을 확보하지 못한 대지의 소유자에게 그 대지를 시가로 매도할 것을 청구할 수 있다.
② 사업주체는 주택건설대지 중 사용할 수 있는 권원을 확보하지 못한 대지는 물론 건축물에 대해서도 매도청구를 할 수 있다.
③ 사업주체는 매도청구대상이 되는 대지의 소유자와 매도청구를 하기 전에 3개월 이상 협의를 하여야 한다.
④ 주택건설대지면적 중 95% 이상에 대하여 사용권원을 확보한 경우에는 사용권원을 확보하지 못한 대지의 모든 소유자에게 매도청구할 수 있다.

정답 19 ⑤ 20 ⑤

21 中 **주택법령상 사업계획승인을 받은 사업주체에게 인정되는 매도청구권에 관한 설명으로 옳은 것은?**

• 26회

① 주택건설대지에 사용권원을 확보하지 못한 건축물이 있는 경우 그 건축물은 매도청구의 대상이 되지 않는다.

② 사업주체는 매도청구일 전 60일부터 매도청구대상이 되는 대지의 소유자와 협의를 진행하여야 한다.

③ 사업주체가 주택건설대지면적 중 90%에 대하여 사용권원을 확보한 경우, 사용권원을 확보하지 못한 대지의 모든 소유자에게 매도청구를 할 수 있다.

④ 사업주체가 주택건설대지면적 중 80%에 대하여 사용권원을 확보한 경우, 사용권원을 확보하지 못한 대지의 소유자 중 지구단위계획구역 결정고시일 10년 이전에 해당 대지의 소유권을 취득하여 계속 보유하고 있는 자에 대하여는 매도청구를 할 수 없다.

⑤ 사업주체가 리모델링주택조합인 경우 리모델링 결의에 찬성하지 아니하는 자의 주택에 대하여는 매도청구를 할 수 없다.

키워드 사업주체의 매도청구

해 설 ① 주택건설대지에 사용권원을 확보하지 못한 건축물이 있는 경우 그 건축물도 매도청구대상에 포함된다.

② 사업주체는 매도청구를 하기 전에 3개월 이상 협의를 하여야 한다.

③ 사업주체가 주택건설대지면적 중 95% 이상에 대하여 사용권원을 확보한 경우, 사용권원을 확보하지 못한 대지의 모든 소유자에게 매도청구를 할 수 있다.

⑤ 사업주체가 리모델링의 허가를 신청하기 위한 동의율을 확보한 경우 리모델링 결의를 한 리모델링주택조합은 그 리모델링 결의에 찬성하지 아니하는 자의 주택에 대하여 매도청구를 할 수 있다.

22 中

주택법령상 주택의 사용검사 등에 관한 설명으로 틀린 것은?

① 주택건설사업을 공구별로 분할하여 시행하는 내용으로 사업계획의 승인을 받은 경우, 완공된 주택에 대하여 공구별로 사용검사를 받을 수 있다.
② 사업주체가 파산하여 주택건설사업을 계속할 수 없고 시공보증자도 없는 경우, 입주예정자대표회의가 시공자를 정하여 잔여 공사를 시공하고 사용검사를 받아야 한다.
③ 사용검사는 그 신청일부터 15일 이내에 하여야 한다.
④ 대지조성사업의 경우에는 구획별로 공사가 완료된 때 임시사용승인을 받을 수 있다.
⑤ 임시사용승인의 대상이 공동주택인 경우에는 동별이 아닌 세대별로는 임시사용승인을 받을 수 없다.

키워드 사용검사

해 설 공동주택이 동별로 공사가 완료되고 임시사용승인신청이 있는 경우, 대상 주택이 사업계획의 내용에 적합하고 사용에 지장이 없는 때에는 세대별로 임시사용승인을 할 수 있다.

정답 21 ④ 22 ⑤

CHAPTER

03 주택의 공급 및 리모델링

더 많은 기출문제를 풀고 싶다면?
단원별 기출문제집
[부동산공법] pp.302~320

5개년 출제빈도 분석표

28회	29회	30회	31회	32회
3	2	1	1	3

빈출 키워드

☑ 주택의 공급
☑ 전매제한의 특례
☑ 공급질서 교란행위 금지

대표기출 연습

주택법령상 투기과열지구 및 조정대상지역에 관한 설명으로 옳은 것은? • 29회 수정

① 국토교통부장관은 해당 지역이 속하는 시·도의 주택보급률 또는 자가주택비율이 전국 평균을 초과하는 지역을 투기과열지구로 지정할 수 있다.

② 시·도지사는 주택의 분양·매매 등 거래가 위축될 우려가 있는 지역을 시·도 주거정책심의위원회의 심의를 거쳐 조정대상지역으로 지정할 수 있다.

③ 투기과열지구의 지정기간은 3년으로 하되, 해당 지역 시장·군수·구청장의 의견을 들어 연장할 수 있다.

④ 투기과열지구로 지정되면 지구 내 주택의 입주자로 선정된 지위는 전매행위가 제한되지 않는다.

⑤ 조정대상지역으로 지정된 지역의 시장·군수·구청장은 조정대상지역으로 유지할 필요가 없다고 판단되는 경우 국토교통부장관에게 그 지정의 해제를 요청할 수 있다.

키워드 투기과열지구 및 조정대상지역 28회, 29회, 32회

교수님 TIP 투기과열지구의 지정대상지역 및 전매제한 대상은 매년 출제되기 때문에 정확하게 정리하는 것이 중요합니다.

해설 ① 국토교통부장관은 해당 지역이 속하는 시·도의 주택보급률 또는 자가주택비율이 전국 평균 이하인 지역을 투기과열지구로 지정할 수 있다.
② 국토교통부장관은 주택의 분양·매매 등 거래가 위축될 우려가 있는 지역을 주거정책심의위원회의 심의를 거쳐 조정대상지역으로 지정할 수 있다.
③ 투기과열지구의 지정기간은 법령에 규정되어 있지 않다.
④ 투기과열지구로 지정되면 지구 내 주택의 입주자로 선정된 지위는 전매행위가 제한된다.

정답 ⑤

01 中

주택법령상 주택의 공급에 관한 설명으로 틀린 것은?

① 한국토지주택공사가 입주자를 모집하려는 경우에는 시장·군수·구청장의 승인을 받아야 한다.
② 국토교통부장관은 주택가격상승률이 물가상승률보다 현저히 높은 지역으로서 주택가격의 급등이 우려되는 지역을 분양가상한제 적용지역으로 지정할 수 있다.
③ 지방공사가 사업주체로서 견본주택을 건설하는 경우에는 견본주택에 사용되는 마감자재 목록표와 견본주택의 각 실의 내부를 촬영한 영상물 등을 제작하여 시장·군수·구청장에게 제출하여야 한다.
④ 사업주체가 마감자재 목록표의 자재와 다른 마감재료를 시공·설치하려는 경우에는 그 사실을 입주예정자에게 알려야 한다.
⑤ 시장·군수·구청장은 마감자재 목록표와 영상물 등을 사용검사가 있은 날부터 2년 이상 보관하여야 하며, 입주자가 열람을 요구하는 경우에는 이를 공개하여야 한다.

키워드 주택의 공급

해설 사업주체(공공주택사업자는 제외)가 입주자를 모집하려는 경우에는 시장·군수·구청장의 승인(복리시설의 경우에는 신고)을 받아야 한다.

PART 5

03 주택의 공급 및 리모델링

정답 01 ①

02 中

주택법령상 주택의 공급에 관한 설명으로 틀린 것은?

① 주택의 사용검사 후 주택단지 내 일부 토지의 소유권을 회복한 자에게 주택소유자들이 매도청구를 하려면 해당 토지의 면적이 주택단지 전체 대지면적의 5% 미만이어야 한다.

② 「관광진흥법」에 따라 지정된 관광특구에서 건설·공급하는 층수가 51층이고, 높이가 140m인 아파트는 분양가상한제의 적용대상이다.

③ 사업주체가 마감자재 목록표의 자재와 다른 마감자재를 시공·설치하려는 경우에는 그 사실을 입주예정자에게 알려야 한다.

④ 사업주체가 일반인에게 공급하는 공동주택 중 공공택지에서 공급하는 주택의 경우에는 분양가상한제가 적용된다.

⑤ 도시형 생활주택을 공급하는 경우에는 분양가상한제가 적용되지 않는다.

키워드 주택의 공급

해 설 「관광진흥법」에 따라 지정된 관광특구에서 건설·공급하는 공동주택으로서 해당 건축물의 층수가 50층 이상이거나 높이가 150m 이상인 경우에는 분양가상한제를 적용하지 아니한다.

03 中

주택법령상 주택의 분양가격 제한에 관한 설명으로 틀린 것은?

① 분양가격은 택지비와 건축비로 구성하되, 구체적인 명세, 산정 방식, 감정평가기관 선정 방법 등은 국토교통부령으로 정한다.

② 「관광진흥법」에 따라 지정된 관광특구에서 건설·공급하는 공동주택으로서 해당 건축물의 층수가 50층 이상이거나 높이가 150m 이상인 경우 분양가상한제를 적용하지 아니한다.

③ 공공택지에서 주택을 공급하는 경우 분양가상한제 적용주택의 택지비는 해당 택지의 공급가격에 국토교통부령이 정하는 택지와 관련된 비용을 가산한 금액으로 한다.

④ 사업주체는 공공택지 외의 택지에서 공급되는 분양가상한제 적용주택에 대하여 입주자모집 승인을 하는 경우에는 분양가격을 공시하여야 한다.

⑤ 시장·군수·구청장은 분양가격의 공시 및 제한에 관한 사항을 심의하기 위하여 분양가심사위원회를 설치·운영하여야 한다.

키워드 분양가격 제한

해 설 시장·군수·구청장이 공공택지 외의 택지에서 공급되는 분양가상한제 적용주택에 대하여 입주자모집 승인을 하는 경우에는 분양가격을 공시하여야 한다.

04 주택법령상 분양가상한제 적용 지역의 지정 기준에 관한 조문의 일부이다. 다음 ( ) 안에 들어갈 숫자를 옳게 연결한 것은?

上

투기과열지구 중 다음의 어느 하나에 해당하는 지역을 말한다.

1. 분양가상한제 적용 지역으로 지정하는 날이 속하는 달의 바로 전달(이하 '분양가상한제 적용직전월')부터 소급하여 12개월간의 아파트 분양가격상승률이 물가상승률의 (㉠) 배를 초과한 지역
2. 분양가상한제적용직전월부터 소급하여 3개월간의 주택매매거래량이 전년 동기 대비 (㉡)% 이상 증가한 지역
3. 분양가상한제적용직전월부터 소급하여 주택공급이 있었던 2개월 동안 해당 지역에서 공급되는 주택의 월평균 청약경쟁률이 모두 5대 1을 초과하였거나 해당 지역에서 공급되는 국민주택규모 주택의 월평균 청약경쟁률이 모두 (㉢)대 1을 초과한 지역

	㉠	㉡	㉢
①	3	10	20
②	2	10	10
③	2	15	30
④	2	20	10
⑤	3	20	10

키워드 분양가상한제 적용 지역

해설 분양가상한제 적용 지역 지정 대상은 투기과열지구 중 다음의 어느 하나에 해당하는 지역을 말한다.

1. 분양가상한제 적용 지역으로 지정하는 날이 속하는 달의 바로 전달(이하 '분양가상한제적용직전월')부터 소급하여 12개월간의 아파트 분양가격상승률이 물가상승률의 '2'배를 초과한 지역
2. 분양가상한제적용직전월부터 소급하여 3개월간의 주택매매거래량이 전년 동기 대비 '20'% 이상 증가한 지역
3. 분양가상한제적용직전월부터 소급하여 주택공급이 있었던 2개월 동안 해당 지역에서 공급되는 주택의 월평균 청약경쟁률이 모두 5대 1을 초과하였거나 해당 지역에서 공급되는 국민주택규모 주택의 월평균 청약경쟁률이 모두 '10'대 1을 초과한 지역

정답 02 ② 03 ④ 04 ④

05 下

주택법령상 주택의 공급질서 교란 금지를 위해 일정한 양도 등이 제한되는 지위 및 행위에 해당하지 않는 것은?

① 주택을 공급받을 수 있는 조합원 지위의 매매

② 입주자저축증서의 증여

③ 주택상환사채의 상속

④ 시장·군수·구청장이 발행한 무허가건물 확인서의 증여

⑤ 공공사업의 시행으로 인한 이주대책대상자 확인서의 매매

키워드 공급질서 교란 금지

해설 누구든지 이 법에 따라 건설·공급되는 주택을 공급받거나 공급받게 하기 위하여 다음에 해당하는 증서 또는 지위를 양도·양수(매매·증여나 그 밖에 권리변동을 수반하는 모든 행위를 포함하되, 상속·저당의 경우는 제외) 또는 이를 알선하거나 양도·양수 또는 이를 알선할 목적으로 하는 광고(각종 간행물·인쇄물·전화·인터넷, 그 밖의 매체를 통한 행위를 포함)를 하여서는 아니 되며, 누구든지 거짓이나 그 밖의 부정한 방법으로 이 법에 따라 건설·공급되는 증서나 지위 또는 주택을 공급받거나 공급받게 하여서는 아니 된다.

1. 주택을 공급받을 수 있는 조합원의 지위
2. 입주자저축증서
3. 주택상환사채
4. 시장·군수·구청장이 발행한 무허가건물 확인서, 건물철거예정 증명서 또는 건물철거 확인서
5. 공공사업의 시행으로 인한 이주대책에 따라 주택을 공급받을 수 있는 지위 또는 이주대책대상자 확인서

06 ⓗ **주택법령상 주택공급과 관련하여 금지되는 공급질서 교란행위에 해당하는 것을 모두 고른 것은?** • 32회

> ㉠ 주택을 공급받을 수 있는 조합원 지위의 상속
> ㉡ 입주자저축증서의 저당
> ㉢ 공공사업의 시행으로 인한 이주대책에 따라 주택을 공급받을 수 있는 지위의 매매
> ㉣ 주택을 공급받을 수 있는 증서로서 시장·군수·구청장이 발행한 무허가건물 확인서의 증여

① ㉠, ㉡
② ㉠, ㉣
③ ㉢, ㉣
④ ㉠, ㉡, ㉢
⑤ ㉡, ㉢, ㉣

키워드 공급질서 교란행위 금지

해설 누구든지 이 법에 따라 건설·공급되는 주택을 공급받거나 공급받게 하기 위하여 다음의 어느 하나에 해당하는 증서 또는 지위를 양도·양수(매매·증여나 그 밖에 권리변동을 수반하는 모든 행위를 포함하되, 상속·저당의 경우는 제외) 또는 이를 알선하거나 양도·양수 또는 이를 알선할 목적으로 하는 광고(각종 간행물·인쇄물·전화·인터넷, 그 밖의 매체를 통한 행위를 포함)를 하여서는 아니 되며, 누구든지 거짓이나 그 밖의 부정한 방법으로 이 법에 따라 건설·공급되는 증서나 지위 또는 주택을 공급받거나 공급받게 하여서는 아니 된다.

> 1. 주택을 공급받을 수 있는 조합원의 지위
> 2. 입주자저축증서
> 3. 주택상환사채
> 4. 시장·군수·구청장이 발행한 무허가건물 확인서, 건물철거예정 증명서 또는 건물철거 확인서(㉣)
> 5. 공공사업의 시행으로 인한 이주대책에 따라 주택을 공급받을 수 있는 지위 또는 이주대책대상자 확인서(㉢)

정답 05 ③ 06 ③

PART 5

03 주택의 공급 및 리모델링

07 주택법령상 ( ) 안에 들어갈 내용을 옳게 연결한 것은?

中

> 주택건설사업주체로서의 주택조합은 사업계획승인을 받아 시행하는 주택건설사업에 따라 건설된 주택 및 대지에 대하여는 (㉠) 이후부터 입주예정자가 그 주택 및 대지의 (㉡) 동안 입주예정자의 동의 없이 해당 주택 및 대지에 전세권·지상권 또는 등기되는 부동산임차권을 설정하는 행위를 하여서는 아니 된다(다만, 그 주택의 건설을 촉진하기 위해 대통령령으로 정하는 경우를 제외).

① ㉠ : 사업계획승인 신청일
㉡ : 소유권이전등기를 신청할 수 있는 날 이후 60일까지의 기간

② ㉠ : 사업계획승인 신청일
㉡ : 소유권이전등기를 신청할 수 있는 날까지의 기간

③ ㉠ : 사업계획 승인일
㉡ : 소유권이전등기를 신청할 수 있는 날 이후 60일까지의 기간

④ ㉠ : 사업계획 승인일
㉡ : 소유권이전등기를 신청할 수 있는 날까지의 기간

⑤ ㉠ : 사업계획 승인일
㉡ : 소유권이전등기를 하는 날까지의 기간

키워드 저당권설정 등의 제한

해 설 사업주체는 사업계획승인을 받아 시행하는 주택건설사업에 따라 건설된 주택 및 대지에 대하여는 입주자 모집공고 승인 신청일(주택조합의 경우에는 '사업계획승인 신청일'을 말함) 이후부터 입주예정자가 그 주택 및 대지의 '소유권이전등기를 신청할 수 있는 날 이후 60일까지의 기간' 동안 입주예정자의 동의 없이 다음의 행위를 하여서는 아니 된다.

> 1. 해당 주택 및 대지에 저당권 또는 가등기담보권 등 담보물권을 설정하는 행위
> 2. 해당 주택 및 대지에 전세권·지상권(地上權) 또는 등기되는 부동산임차권을 설정하는 행위
> 3. 해당 주택 및 대지를 매매 또는 증여 등의 방법으로 처분하는 행위

08 中 **주택법령상 사업주체의 저당권설정 등의 제한에 관한 설명으로 옳지 않은 것은?** (단, 주택조합에 대한 적용제외는 고려하지 않음)

① 부기등기는 주택건설대지에 대하여는 입주자 모집공고 승인 신청과 동시에 하여야 한다.

② 부기등기는 건설된 주택에 대하여는 소유권이전등기와 동시에 하여야 한다.

③ 부기등기일 이후에 해당 대지 또는 주택을 양수하거나 제한물권을 설정받은 경우 또는 압류·가압류·가처분 등의 목적물로 한 경우에는 그 효력을 무효로 한다.

④ 대지의 경우 사업주체가 국가·지방자치단체·한국토지주택공사 또는 지방공사인 경우에는 부기등기를 요하지 아니한다.

⑤ 사업주체는 사업계획승인이 취소되거나 입주예정자가 소유권이전등기를 신청한 경우를 제외하고는 부기등기를 말소할 수 없다.

키워드 저당권설정 등의 제한

해설 부기등기는 주택건설대지에 대하여는 입주자 모집공고 승인 신청과 동시에 하여야 하고, 건설된 주택에 대하여는 소유권보존등기와 동시에 하여야 한다.

PART 5

03 주택의 공급 및 리모델링

정답 07 ① 08 ②

09 中

주택법령상 사업주체는 사업의 대상이 된 주택 및 대지에 대하여는 '일정 기간' 동안 입주예정자의 동의 없이 저당권설정 등을 할 수 없다. 이에 관한 설명으로 옳은 것은? (단, 주택조합에 대한 적용 제외는 고려하지 않음)

① '일정 기간'이란 입주자 모집공고 승인 신청일 이후부터 입주예정자가 소유권이전등기를 신청할 수 있는 날 이후 30일까지의 기간을 말한다.

② 위 ①에서 '소유권이전등기를 신청할 수 있는 날'이란 사업주체가 입주예정자에게 통보한 잔금지급일을 말한다.

③ 사업주체가 저당권설정 제한의 부기등기를 하는 경우, 주택건설대지에 대하여는 입주자 모집공고 승인 신청과 동시에, 건설된 주택에 대하여는 소유권보존등기와 동시에 하여야 한다.

④ 부기등기일 이후에 해당 대지 또는 주택을 양수하거나 제한물권을 설정받은 경우 또는 압류·가압류·가처분 등의 목적물로 한 경우는 취소사유에 해당한다.

⑤ 주택도시보증공사가 분양보증을 하면서 주택건설대지를 자신에게 신탁하게 할 경우 사업주체는 이를 신탁하여야 한다.

키워드 저당권설정 등의 제한

해 설 ① '일정 기간'이란 입주자 모집공고 승인 신청일 이후부터 입주예정자가 소유권이전등기를 신청할 수 있는 날 이후 60일까지의 기간을 말한다.

② '소유권이전등기를 신청할 수 있는 날'이란 입주가능일을 말한다.

④ 부기등기일 이후에 해당 대지 또는 주택을 양수하거나 제한물권을 설정받은 경우 또는 압류·가압류·가처분 등의 목적물로 한 경우에는 그 효력을 무효로 한다.

⑤ 주택도시보증공사가 분양보증을 하면서 주택건설대지를 자신에게 신탁하게 할 경우 사업주체는 이를 신탁할 수 있다.

10 下

주택건설사업이 완료되어 사용검사가 있은 후에 甲이 주택단지 일부의 토지에 대해 소유권이전등기 말소소송에 따라 해당 토지의 소유권을 회복하게 되었다. 주택법령상 이에 관한 설명으로 옳은 것은? • 29회

① 주택의 소유자들은 甲에게 해당 토지를 공시지가로 매도할 것을 청구할 수 있다.

② 대표자를 선정하여 매도청구에 관한 소송을 하는 경우 대표자는 복리시설을 포함하여 주택의 소유자 전체의 4분의 3 이상의 동의를 받아 선정한다.

③ 대표자를 선정하여 매도청구에 관한 소송을 하는 경우 그 판결은 대표자 선정에 동의하지 않은 주택의 소유자에게는 효력이 미치지 않는다.

④ 甲이 소유권을 회복한 토지의 면적이 주택단지 전체 대지면적의 5%를 넘는 경우에는 주택 소유자 전원의 동의가 있어야 매도청구를 할 수 있다.

⑤ 甲이 해당 토지의 소유권을 회복한 날부터 1년이 경과한 이후에는 甲에게 매도청구를 할 수 없다.

키워드 주택 소유자의 매도청구

해 설 ① 주택의 소유자들은 甲에게 해당 토지를 시가로 매도할 것을 청구할 수 있다.
③ 대표자를 선정하여 매도청구에 관한 소송을 하는 경우 그 판결은 주택의 소유자 전체에 대하여 효력이 있다.
④ 甲이 소유권을 회복한 토지의 면적이 주택단지 전체 대지면적의 5% 미만인 경우에는 매도청구를 할 수 있다.
⑤ 甲이 해당 토지의 소유권을 회복한 날부터 2년이 경과한 이후에는 甲에게 매도청구를 할 수 없다.

PART 5

03 주택의 공급 및 리모델링

정답 09 ③ 10 ②

11 中 **주택법령상 투기과열지구의 지정 기준에 관한 조문의 일부이다. 다음 (　　)에 들어갈 숫자를 옳게 연결한 것은?** • 28회 수정

> 1. 투기과열지구로 지정하는 날이 속하는 달의 바로 전달(이하 '투기과열지구지정직전월'이라 한다)부터 소급하여 주택공급이 있었던 (㉠)개월 동안 해당 지역에서 공급되는 주택의 월별 평균 청약경쟁률이 모두 (㉡)대 1을 초과했거나 국민주택규모 주택의 월별 평균 청약경쟁률이 모두 10대 1을 초과한 곳
> 2. 다음 각 목에 해당하는 곳으로서 주택공급이 위축될 우려가 있는 곳
>   가. 투기과열지구지정직전월의 주택분양실적이 전달보다 (㉢)% 이상 감소한 곳

	㉠	㉡	㉢
①	2	5	30
②	2	10	40
③	6	5	30
④	6	10	30
⑤	6	10	40

키워드 투기과열지구의 지정 기준

해 설 투기과열지구의 지정대상지역은 다음과 같다.

> 1. 투기과열지구로 지정하는 날이 속하는 달의 바로 전달(이하 '투기과열지구지정직전월'이라 한다)부터 소급하여 주택공급이 있었던 '2'개월 동안 해당 지역에서 공급되는 주택의 월별 평균 청약경쟁률이 모두 '5'대 1을 초과했거나 국민주택규모 주택의 월별 평균 청약경쟁률이 모두 10대 1을 초과한 곳
> 2. 투기과열지구지정직전월의 주택분양실적이 전달보다 '30'% 이상 감소하여 주택공급이 위축될 우려가 있는 곳
> 3. 「주택법」에 따른 사업계획승인 건수나 「건축법」에 따른 건축허가 건수(투기과열지구지정직전월부터 소급하여 6개월간의 건수를 말함)가 직전 연도보다 급격하게 감소하여 주택공급이 위축될 우려가 있는 곳
> 4. 시·도별 주택보급률 또는 자가주택비율이 전국 평균 이하인 지역
> 5. 해당 지역의 분양주택(투기과열지구로 지정하는 날이 속하는 연도의 직전 연도에 분양된 주택을 말함)의 수가 입주자저축에 가입한 사람으로서 주택청약 1순위자의 수보다 현저히 적은 곳

12 中 **주택법령상 투기과열지구 및 전매제한 등에 관한 설명으로 틀린 것은?** (단, 사업주체는 한국토지주택공사를 전제로 함)

① 국토교통부장관 또는 시·도지사는 주택가격의 안정을 위하여 필요한 경우 일정한 지역을 주거정책심의위원회의 심의를 거쳐 투기과열지구로 지정할 수 있다.

② 국토교통부장관이 투기과열지구를 지정하거나 이를 해제할 경우에는 미리 시·도지사의 의견을 듣고 그 의견에 대한 검토의견을 회신하여야 한다.

③ 투기과열지구에서 건설·공급되는 주택의 입주자로 선정된 자가 상속에 의하여 취득한 주택으로 세대원 전원이 이전하는 경우, 사업주체의 동의를 받으면 전매기간 제한의 적용을 받지 않는다.

④ 투기과열지구에서 건설·공급되는 주택의 입주자로 선정된 자의 세대원 전원이 해외로 이주하거나 2년 이상 해외에 체류하고자 하는 경우, 사업주체의 동의를 받으면 전매기간 제한의 적용을 받지 않는다.

⑤ 국토교통부장관은 5년마다 주거정책심의위원회의 회의를 소집하여 투기과열지구로 지정된 지역별로 해당 지역의 주택가격 안정 여건의 변화 등을 고려하여 투기과열지구 지정의 유지 여부를 재검토하여야 한다.

키워드 투기과열지구 및 전매제한

해설 국토교통부장관은 반기마다 주거정책심의위원회의 회의를 소집하여 투기과열지구로 지정된 지역별로 해당 지역의 주택가격 안정 여건의 변화 등을 고려하여 투기과열지구 지정의 유지 여부를 재검토하여야 한다.

정답 11 ① 12 ⑤

13 上

주택법령상 투기과열지구에 관한 설명으로 옳은 것은? • 25회 수정

① 일정한 지역의 주택가격상승률이 물가상승률보다 현저히 높은 경우 관할 시장·군수·구청장은 해당 지역을 투기과열지구로 지정할 수 있다.

② 시·도지사가 투기과열지구를 지정할 경우에는 해당 지역의 시장·군수·구청장과 협의하여야 한다.

③ 투기과열지구로 지정되면 투기과열지구에서 건설·공급되는 주택(해당 주택의 입주자로 선정된 지위를 포함)에 대하여는 전매제한이 적용되지 않는다.

④ 투기과열지구지정직전월의 주택분양실적이 전달보다 30% 이상 증가한 곳은 투기과열지구로 지정하여야 한다.

⑤ 투기과열지구에서 건설·공급되는 주택의 입주자로 선정된 지위를 세대원 전원이 해외로 이주하게 되어 한국토지주택공사(사업주체가 공공주택사업자인 경우에는 공공주택사업자)의 동의를 받아 전매하는 경우에는 전매제한이 적용되지 않는다.

키워드 투기과열지구

해설 ① 일정한 지역의 주택가격상승률이 물가상승률보다 현저히 높은 경우 국토교통부장관 또는 시·도지사는 해당 지역을 투기과열지구로 지정할 수 있다.

② 시·도지사가 투기과열지구를 지정할 경우에는 국토교통부장관과 협의하여야 한다.

③ 투기과열지구로 지정되면 투기과열지구에서 건설·공급되는 주택(해당 주택의 입주자로 선정된 지위를 포함)에 대하여 전매제한이 적용된다.

④ 투기과열지구지정직전월의 주택분양실적이 전달보다 30% 이상 감소한 곳은 투기과열지구로 지정할 수 있다.

14 中

주택법령상 투기과열지구에 관한 설명으로 옳은 것은?

① 투기과열지구는 주택가격의 안정을 위하여 마련된 제도이다.

② 국토교통부장관이 투기과열지구를 지정하거나 이를 해제할 경우에는 시·도지사와 협의를 하여야 한다.

③ 투기과열지구에서 건설·공급되는 주택의 입주자모집을 하여 최초로 주택공급계약 체결일부터 대통령령으로 정하는 기간 동안 전매가 제한된다.

④ 투기과열지구에서 제한되는 전매는 상속의 경우를 포함하여 권리의 변동을 수반하는 모든 행위를 말한다.

⑤ 투기과열지구에서 이혼으로 인하여 입주자로 선정된 지위 또는 주택을 그 배우자에게 이전하는 경우로서 한국토지주택공사(사업주체가 공공주택사업자인 경우에는 공공주택사업자)의 동의를 받은 경우에도 전매할 수 없다.

키워드 투기과열지구

해 설 ② 국토교통부장관이 투기과열지구를 지정하거나 해제할 경우에는 미리 시·도지사의 의견을 듣고 그 의견에 대한 검토의견을 회신하여야 하며, 시·도지사가 투기과열지구를 지정하거나 해제할 경우에는 국토교통부장관과 협의하여야 한다.

③ 투기과열지구에서 건설·공급되는 주택의 입주자모집을 하여 입주자로 선정된 날부터 대통령령으로 정하는 기간 동안 전매가 제한된다.

④ 투기과열지구에서 제한되는 전매는 상속의 경우를 제외하고 권리의 변동을 수반하는 모든 행위를 말한다.

⑤ 투기과열지구에서 이혼으로 인하여 입주자로 선정된 지위 또는 주택을 그 배우자에게 이전하는 경우로서 한국토지주택공사(사업주체가 공공주택사업자인 경우에는 공공주택사업자)의 동의를 받은 경우에는 전매할 수 있다.

정답 13 ⑤ 14 ①

15 上

주택법령상 조정대상지역 중 과열지역의 지정 기준에 관한 조문의 일부이다. (　　)에 들어갈 숫자를 옳게 연결한 것은?

> 조정대상지역으로 지정하는 날이 속하는 달의 바로 전달(이하 '조정대상지역지정직전월')부터 소급하여 3개월간의 해당 지역 주택가격상승률이 그 지역이 속하는 시·도 소비자물가상승률의 1.3배를 초과한 지역으로서 다음 각 목에 해당하는 지역을 말한다.
> 1. 조정대상지역지정직전월부터 소급하여 주택공급이 있었던 (㉠)개월 동안 해당 지역에서 공급되는 주택의 월별 평균 청약경쟁률이 모두 5대 1을 초과했거나 국민주택규모 주택의 월별 평균 청약경쟁률이 모두 (㉡)대 1을 초과한 지역
> 2. 조정대상지역지정직전월부터 소급하여 3개월간의 분양권(주택의 입주자로 선정된 지위를 말한다) 전매거래량이 직전 연도의 같은 기간보다 (㉢)% 이상 증가한 지역

	㉠	㉡	㉢
①	6	10	30
②	2	10	30
③	6	5	30
④	2	5	30
⑤	6	10	40

키워드 과열지역의 지정 기준

해 설 조정대상지역 중 과열지역의 지정대상 지역은 다음과 같다.

> 조정대상지역으로 지정하는 날이 속하는 달의 바로 전달(이하 '조정대상지역지정직전월')부터 소급하여 3개월간의 해당 지역 주택가격상승률이 그 지역이 속하는 시·도 소비자물가상승률의 1.3배를 초과한 지역으로서 다음 각 목에 해당하는 지역을 말한다.
> 1. 조정대상지역지정직전월부터 소급하여 주택공급이 있었던 '2'개월 동안 해당 지역에서 공급되는 주택의 월별 평균 청약경쟁률이 모두 5대 1을 초과했거나 국민주택규모 주택의 월별 평균 청약경쟁률이 모두 '10'대 1을 초과한 지역
> 2. 조정대상지역지정직전월부터 소급하여 3개월간의 분양권(주택의 입주자로 선정된 지위를 말한다) 전매거래량이 직전 연도의 같은 기간보다 '30'% 이상 증가한 지역
> 3. 해당 지역이 속하는 시·도의 주택보급률 또는 자가주택비율이 전국 평균 이하인 지역

16 下

주택법령상 전매가 불가피하다고 인정되는 경우로서 한국토지주택공사(사업주체가 공공주택사업자인 경우에는 공공주택사업자)**의 동의를 받은 경우에는 전매제한의 규정을 적용받지 않는다. 이에 해당하지 <u>않는</u> 것은?**

① 근무 또는 생업상의 사정이나 질병 치료·취학·결혼으로 인하여 세대원 전원이 다른 광역시, 시 또는 군으로 이전하는 경우(수도권 안에서 이전하는 경우는 제외)

② 상속에 의하여 취득한 주택으로 세대원 전원이 이전하는 경우

③ 실직·파산 또는 신용불량으로 경제적 어려움이 발생한 경우

④ 세대원 일부가 해외로 이주하거나 2년 이상 해외에 체류하고자 하는 경우

⑤ 입주자로 선정된 지위 또는 주택의 일부를 그 배우자에게 증여하는 경우

키워드 전매제한의 특례

해설 세대원 전원이 해외로 이주하거나 2년 이상 해외에 체류하고자 하는 경우에는 전매제한을 적용하지 아니한다.

PART 5

03 주택의 공급 및 리모델링

정답 15 ② 16 ④

17 中 **주택법령상 주택의 전매행위 제한에 관한 설명으로 틀린 것은?** (단, 수도권은 수도권정비계획법에 따른 것임)

• 27회 수정

① 전매제한 기간은 주택의 수급상황 및 투기우려 등을 고려하여 지역별로 달리 정할 수 있다.

② 사업주체가 공공택지 외의 택지에서 건설·공급하는 주택을 공급하는 경우에는 그 주택의 소유권을 제3자에게 이전할 수 없음을 소유권에 관한 등기에 부기등기하여야 한다.

③ 세대원 전원이 2년 이상의 기간 동안 해외에 체류하고자 하는 경우로서 한국토지주택공사(사업주체가 공공주택사업자인 경우에는 공공주택사업자)의 동의를 받은 경우에는 전매제한 주택을 전매할 수 있다.

④ 상속에 의하여 취득한 주택으로 세대원 전원이 이전하는 경우로서 한국토지주택공사(사업주체가 공공주택사업자인 경우에는 공공주택사업자)의 동의를 받은 경우에는 전매제한 주택을 전매할 수 있다.

⑤ 공공택지 외의 택지에서 건설·공급되는 주택의 소유자가 국가에 대한 채무를 이행하지 못하여 공매가 시행되는 경우에는 한국토지주택공사(사업주체가 공공주택사업자인 경우에는 공공주택사업자)의 동의 없이도 전매를 할 수 있다.

키워드 전매행위 제한

해 설 공공택지 외의 택지에서 건설·공급되는 주택의 소유자가 국가에 대한 채무를 이행하지 못하여 경매 또는 공매가 시행되는 경우에는 한국토지주택공사(사업주체가 공공주택사업자인 경우에는 공공주택사업자)의 동의를 받아야 전매할 수 있다.

18 주택법령상 주택의 전매행위 제한 등에 관한 설명으로 옳은 것은? • 25회 수정

中

① 제한되는 전매에는 매매·증여·상속이나 그 밖에 권리의 변동을 수반하는 모든 행위가 포함된다.

② 투기과열지구에서 건설·공급되는 주택의 입주자로 선정된 지위의 전매제한 기간은 3년이다.

③ 상속으로 취득한 주택으로 세대원 일부가 이전하는 경우 전매제한의 대상이 되는 주택이라도 전매할 수 있다.

④ 사업주체가 전매행위가 제한되는 분양가상한제 적용주택을 공급하는 경우 그 주택의 소유권을 제3자에게 이전할 수 없음을 소유권에 관한 등기에 부기등기하여야 한다.

⑤ 전매행위 제한을 위반하여 주택의 입주자로 선정된 지위의 전매가 이루어진 경우 사업주체가 전매대금을 지급하고 해당 입주자로 선정된 지위를 매입하여야 한다.

키워드 전매행위 제한

해설 ① 제한되는 전매에는 매매·증여나 그 밖에 권리의 변동을 수반하는 행위를 포함하되, 상속의 경우는 제외한다.

② 투기과열지구에서 건설·공급되는 주택의 입주자로 선정된 지위의 전매제한 기간은 입주자로 선정된 날부터 소유권이전등기일까지이다. 이 경우 그 기간이 5년을 초과하는 때에는 전매제한 기간은 5년으로 한다.

③ 상속으로 취득한 주택으로 세대원 전원이 이전하는 경우 전매제한의 대상이 되는 주택이라도 전매할 수 있다.

⑤ 전매행위 제한을 위반하여 주택의 입주자로 선정된 지위의 전매가 이루어진 경우 사업주체가 매입비용을 그 매수인에게 지급한 경우에는 그 지급한 날에 사업주체가 해당 입주자로 선정된 지위를 취득한 것으로 본다.

정답 17 ⑤ 18 ④

19 中

주택법령상 공동주택의 리모델링에 관한 설명으로 틀린 것은? (단, 조례는 고려하지 않음)

• 31회

① 입주자대표회의가 리모델링하려는 경우에는 리모델링 설계개요, 공사비, 소유자의 비용분담 명세가 적혀 있는 결의서에 주택단지 소유자 전원의 동의를 받아야 한다.

② 공동주택의 입주자가 공동주택을 리모델링하려고 하는 경우에는 시장·군수·구청장의 허가를 받아야 한다.

③ 사업비에 관한 사항은 세대수가 증가되는 리모델링을 하는 경우 수립하여야 하는 권리변동계획에 포함되지 않는다.

④ 증축형 리모델링을 하려는 자는 시장·군수·구청장에게 안전진단을 요청하여야 한다.

⑤ 수직증축형 리모델링의 대상이 되는 기존 건축물의 층수가 12층인 경우에는 2개 층까지 증축할 수 있다.

키워드 공동주택의 리모델링

해 설 사업비에 관한 사항은 세대수가 증가되는 리모델링을 하는 경우 수립하여야 하는 권리변동계획에 포함된다.

20 下 **주택법령상 리모델링주택조합이 시장·군수·구청장의 허가를 받기 위한 동의요건 중 (　　)에 들어갈 내용을 순서대로 옳게 나열한 것은?**

> 동별 또는 주택단지별로 설립된 리모델링주택조합이 주택단지 전체를 리모델링하는 경우에는 주택단지 전체 구분소유자 및 의결권의 각 (　　) 이상의 동의와 각 동별 구분소유자 및 의결권의 각 (　　) 이상의 동의를 받아야 하며, 동을 리모델링하는 경우에는 그 동의 구분소유자 및 의결권의 각 (　　) 이상의 동의를 받아야 한다.

① 75% − 50% − 75%
② 75% − 50% − 50%
③ 50% − 50% − 75%
④ 80% − 50% − 80%
⑤ 75% − 60% − 75%

키워드 허가를 받기 위한 동의요건

해 설 동별 또는 주택단지별로 설립된 리모델링주택조합이 주택단지 전체를 리모델링하는 경우에는 주택단지 전체 구분소유자 및 의결권의 각 '75%' 이상의 동의와 각 동별 구분소유자 및 의결권의 각 '50%' 이상의 동의를 받아야 하며, 동을 리모델링하는 경우에는 그 동의 구분소유자 및 의결권의 각 '75%' 이상의 동의를 받아야 한다.

PART 5

03 주택의 공급 및 리모델링

정답 19 ③ 20 ①

PART

6 농지법

CHAPTER 01 총 칙

CHAPTER 02 농지의 소유

CHAPTER 03 농지의 이용

CHAPTER 04 농지의 보전

최근 5개년 PART 6 출제비중

5%

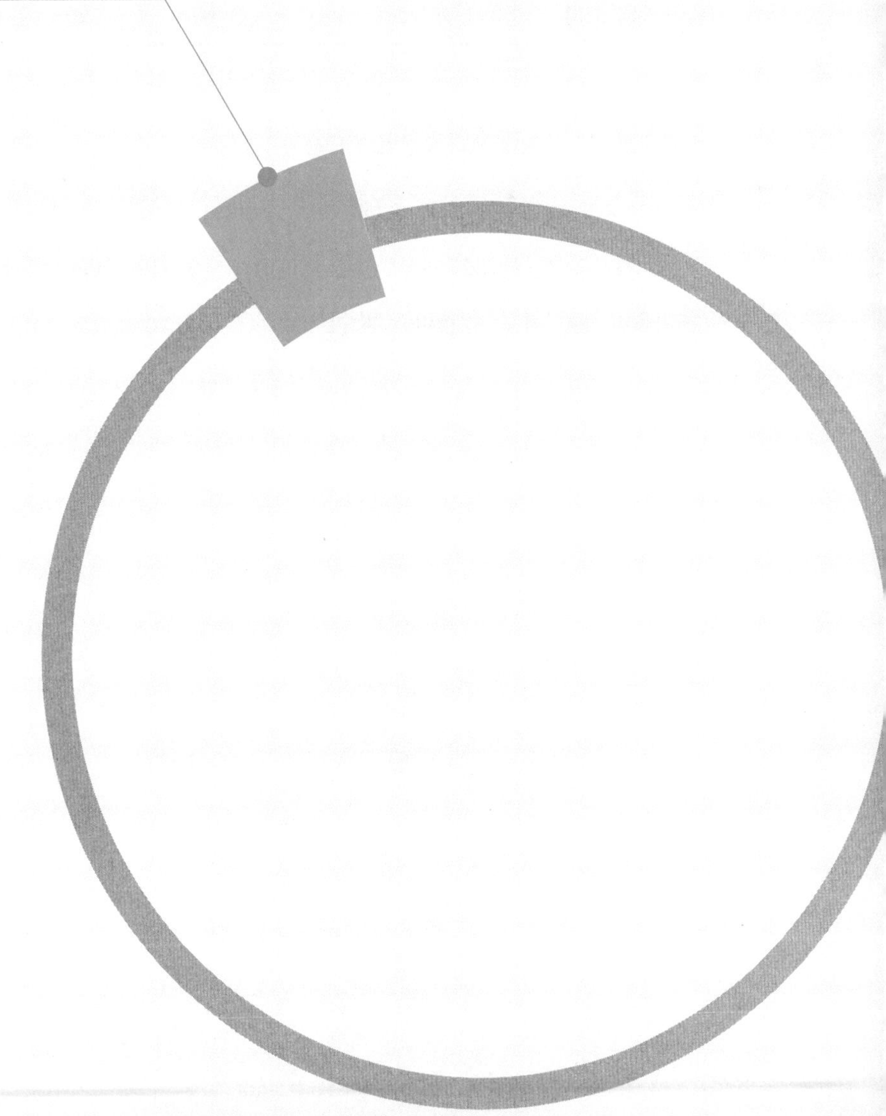

PART 6 기출 REPORT

5개년 CHAPTER별 출제빈도 분석표 & 빈출 키워드

* 복합문제이거나, 법률이 개정 및 제정된 경우 분류 기준에 따라 아래 수치와 달라질 수 있습니다.

CHAPTER	문항 수					비 중	빈출 키워드
	28회	29회	30회	31회	32회		
01 총 칙	1		1			20%	용어의 정의
02 농지의 소유		1	1		1	30%	농지의 위탁경영
03 농지의 이용	1			1	1	30%	농지의 임대차
04 농지의 보전		1		1		20%	농지의 전용

세줄요약 제33회 합격전략

☑ PART 6은 평균 약 2문제 출제!

☑ CHAPTER 02 농지의 소유, CHAPTER 03 농지의 이용 위주로 학습!

☑ 용어정의, 농지의 소유 정리는 필수!!

기출지문 OX 워밍업!

* 본격적인 문제풀이에 앞서 기출지문 OX문제를 풀어 실력점검을 해보세요.

❶ 꿀벌 10군을 사육하는 자는 농업인에 해당한다. • 28회 (O I X)

❷ 공유농지의 분할로 농지를 취득하는 경우에는 농지취득자격증명을 발급받지 아니하고 농지를 취득할 수 있다. • 32회 (O I X)

❸ 주말·체험영농을 하려고 농업진흥지역 외의 농지를 소유하는 경우에는 농지취득자격증명을 발급받지 아니하고 농지를 취득할 수 있다. • 32회 (O I X)

❹ 농지의 임차인이 농작물의 재배시설로서 비닐하우스를 설치한 농지의 임대차기간은 10년 이상으로 하여야 한다. • 31회 (O I X)

❺ 임대차계약은 그 등기가 없는 경우에도 임차인이 농지 소재지를 관할하는 시·구·읍·면의 장의 확인을 받고, 해당 농지를 인도받은 경우에는 그 다음 날부터 제3자에 대하여 효력이 생긴다. • 31회 (O I X)

❻ 지력의 증진이나 토양의 개량·보전을 위하여 필요한 기간 동안 휴경하는 농지에 대하여도 대리경작자를 지정할 수 있다. • 32회 (O I X)

❼ 대리경작자가 경작을 게을리하는 경우에는 대리경작기간이 끝나기 전이라도 대리경작자 지정을 해지할 수 있다. • 32회 (O I X)

❽ 특별시의 녹지지역은 농업진흥지역의 지정대상지역이 아니다. • 31회 (O I X)

❾ 녹지지역을 포함하는 농업진흥지역을 지정하는 경우 국토교통부장관의 승인을 받아야 한다. • 22회 (O I X)

❿ 산지전용허가를 받지 아니하고 불법으로 개간한 농지라도 이를 다시 산림으로 복구하려면 농지전용허가를 받아야 한다. • 29회 (O I X)

정답 ❶ O ❷ O ❸ X ❹ X ❺ O ❻ X ❼ O ❽ O ❾ X ❿ X

CHAPTER

01 총 칙

더 많은 기출문제를 풀고 싶다면?
단원별 기출문제집
[부동산공법] pp.324~328

5개년 출제빈도 분석표

28회	29회	30회	31회	32회
1		1		

빈출 키워드

☑ 용어의 정의

대표기출 연습

농지법령상 농업에 종사하는 개인으로서 농업인에 해당하는 자는? • 28회

① 꿀벌 10군을 사육하는 자

② 가금 500수를 사육하는 자

③ 1년 중 100일을 축산업에 종사하는 자

④ 농산물의 연간 판매액이 100만원인 자

⑤ 농지에 300m²의 비닐하우스를 설치하여 다년생식물을 재배하는 자

키워드 농업인 28회

교수님 TIP 농지와 농업인에 대한 개념을 정확하게 숙지하여야 합니다.

해 설 ① 꿀벌 10군을 사육하는 자는 농업인에 해당한다.

② 가금 1천수 이상을 사육하는 자가 농업인에 해당한다.

③ 1년 중 120일 이상 축산업에 종사하는 자가 농업인에 해당한다.

④ 농산물의 연간 판매액이 120만원 이상인 자가 농업인에 해당한다.

⑤ 농지에 330m² 이상의 비닐하우스를 설치하여 다년생식물을 재배하는 자가 농업인에 해당한다.

정답 ①

01 농지법령상 농지에 해당하는 것은?

中

① 관상용 수목과 묘목을 조경목적으로 식재한 재배지로 이용되는 토지

② 「초지법」에 따라 조성된 초지

③ 「공간정보의 구축 및 관리 등에 관한 법률」에 따른 지목이 잡종지인 토지로서 실제로 농작물의 경작에 계속하여 2년간 이용되고 있는 토지

④ 「공간정보의 구축 및 관리 등에 관한 법률」에 따른 지목이 과수원인 토지로서 실제로 다년생식물 재배지로 계속하여 2년간 이용되고 있는 토지

⑤ 「공간정보의 구축 및 관리 등에 관한 법률」에 따른 지목이 임야인 토지로서 「산지관리법」에 따른 산지전용허가를 거치지 아니하고 다년생식물의 재배에 이용되는 토지

키워드 농지의 개념

해 설 「공간정보의 구축 및 관리 등에 관한 법률」에 따른 지목이 전·답, 과수원 등인 토지로서 실제로 다년생식물 재배지로 계속하여 2년간 이용되는 토지는 농지에 해당한다.

이론플러스 **농지의 제외**

다음의 토지는 농지에서 제외한다.

1. 「공간정보의 구축 및 관리 등에 관한 법률」에 따른 지목이 전·답, 과수원이 아닌 토지로서 농작물 경작지 또는 다년생식물의 재배지로 계속하여 이용되는 기간이 3년 미만인 토지
2. 「공간정보의 구축 및 관리 등에 관한 법률」에 따른 지목이 임야인 토지로서 「산지관리법」에 따른 산지전용허가를 거치지 아니하고 농작물의 경작 또는 다년생식물의 재배에 이용되는 토지
3. 「초지법」에 따라 조성된 초지
4. 조경목적으로 식재한 관상용 수목과 그 묘목

정답 01 ④

02 農地법령상 용어에 관한 설명으로 틀린 것은? • 27회

中

① 실제로 농작물 경작지로 이용되는 토지라도 법적 지목이 과수원인 경우는 '농지'에 해당하지 않는다.

② 소가축 80두를 사육하면서 1년 중 150일을 축산업에 종사하는 개인은 '농업인'에 해당한다.

③ 3,000m²의 농지에서 농작물을 경작하면서 1년 중 80일을 농업에 종사하는 개인은 '농업인'에 해당한다.

④ 인삼의 재배지로 계속하여 이용되는 기간이 4년인 지목이 전(田)인 토지는 '농지'에 해당한다.

⑤ 농지소유자가 타인에게 일정한 보수를 지급하기로 약정하고 농작업의 일부만을 위탁하여 행하는 농업경영도 '위탁경영'에 해당한다.

키워드 용어의 정의

해 설 실제로 농작물의 경작에 이용되는 토지는 농지에 해당한다.

03 농지법령상 농업에 종사하는 농업인에 해당하지 않는 것은?

中

① 1,000m^2 이상의 농지에서 농작물을 경작하는 자
② 대가축 2두, 중가축 10두, 소가축 100두, 가금 1천수 또는 꿀벌 10군 이상을 사육하는 자
③ 농지에 500m^2인 고정식온실을 설치하여 다년생식물을 재배하는 자
④ 1년 중 90일을 축산업에 종사하는 자
⑤ 농업경영을 통한 농산물의 연간 판매액이 120만원 이상인 자

키워드 농업인의 범위

해설 1년 중 120일 이상을 축산업에 종사하는 자가 농업인에 해당한다.

이론플러스 **농업인**

농업인은 다음에 해당하는 자를 말한다.
1. 1,000m^2 이상의 농지에서 농작물 또는 다년생식물을 경작 또는 재배하거나 1년 중 90일 이상 농업에 종사하는 자
2. 농지에 330m^2 이상의 고정식온실·버섯재배사·비닐하우스 등 농업생산에 필요한 시설을 설치하여 농작물 또는 다년생식물을 경작 또는 재배하는 자
3. 대가축 2두, 중가축 10두, 소가축 100두, 가금(집에서 기르는 날짐승) 1천수 또는 꿀벌 10군 이상을 사육하거나 1년 중 120일 이상 축산업에 종사하는 자
4. 농업경영을 통한 농산물의 연간 판매액이 120만원 이상인 자

04 농지법령상 농업에 종사하는 개인으로서 농업인에 해당하지 않는 자는? • 20회

下

① 1년 중 150일을 축산업에 종사하는 자
② 1,200m^2의 농지에서 다년생식물을 재배하면서 1년 중 100일을 농업에 종사하는 자
③ 대가축 3두를 사육하는 자
④ 가금 1,200수를 사육하는 자
⑤ 농업경영을 통한 농산물의 연간 판매액이 80만원인 자

키워드 농업인의 범위

해설 농업인이란 농업경영을 통한 농산물의 연간 판매액이 120만원 이상인 자를 말한다.

정답 02 ① 03 ④ 04 ⑤

05 농지법령상 (　　) 안에 알맞은 것을 나열한 것은? • 23회

> • 유휴농지를 대리경작하는 경우 대리경작자는 수확량의 (㉠)을 그 농지의 소유권자나 임차권자에게 토지사용료로 지급하여야 한다.
> • 농업법인이란 「농어업경영체 육성 및 지원에 관한 법률」에 따라 설립된 영농조합법인과 같은 법에 따라 설립되고 업무집행권을 가진 자 중 (㉡) 이상이 농업인인 농업회사법인을 말한다.

① ㉠ : 100분의 10, ㉡ : 4분의 1
② ㉠ : 100분의 10, ㉡ : 3분의 1
③ ㉠ : 100분의 20, ㉡ : 4분의 1
④ ㉠ : 100분의 20, ㉡ : 3분의 1
⑤ ㉠ : 100분의 30, ㉡ : 2분의 1

키워드 대리경작자 및 농업법인

해 설
• 유휴농지를 대리경작하는 경우 대리경작자는 수확량의 '100분의 10'을 그 농지의 소유권자나 임차권자에게 토지사용료로 지급하여야 한다.
• 농업법인이란 「농어업경영체 육성 및 지원에 관한 법률」에 따라 설립된 영농조합법인과 같은 법에 따라 설립되고 업무집행권을 가진 자 중 '3분의 1' 이상이 농업인인 농업회사법인을 말한다.

정답 05 ②

CHAPTER

02 농지의 소유

더 많은 기출문제를 풀고 싶다면?
단원별 기출문제집
[부동산공법] pp.329~335

5개년 출제빈도 분석표

28회	29회	30회	31회	32회
	1	1		1

빈출 키워드

☑ 농지의 위탁경영

대표기출 연습

농지법령상 농지취득자격증명을 발급받지 아니하고 농지를 취득할 수 있는 경우에 해당하지 않는 것은? • 26회

① 농업법인의 합병으로 농지를 취득하는 경우
② 농지를 농업인 주택의 부지로 전용하려고 농지전용신고를 한 자가 그 농지를 취득하는 경우
③ 공유농지의 분할로 농지를 취득하는 경우
④ 상속으로 농지를 취득하는 경우
⑤ 시효의 완성으로 농지를 취득하는 경우

키워드 농지취득자격증명

교수님 TIP 농지취득자격증명을 발급받지 아니하고 농지를 취득할 수 있는 경우와 농업경영계획서를 작성하지 아니하고 농지를 취득할 수 있는 사유를 정확하게 정리하여야 합니다.

해설 농지를 농업인 주택의 부지로 전용하려고 농지전용신고를 한 자가 그 농지를 취득하는 경우에는 시장·구청장·읍장·면장으로부터 농지취득자격증명을 발급받아야 한다.

정답 ②

01 中

농지법령상 농지의 소유에 관한 설명으로 틀린 것은?

① 농지는 자기의 농업경영에 이용하거나 이용할 자가 아니면 이를 소유하지 못한다.

② 「초·중등교육법」 및 「고등교육법」에 따른 학교가 실습지로 쓰기 위하여 농지를 소유하는 경우에는 자기의 농업경영에 이용하지 아니할지라도 농지를 소유할 수 있다.

③ 농지를 임대하거나 무상사용하게 하는 경우에는 임대하거나 무상사용하게 하는 기간 동안 농지를 계속 소유할 수 있다.

④ 「농지법」에서 허용된 경우 외에는 농지 소유에 관한 특례를 정할 수 없다.

⑤ 주말·체험영농을 하려고 농업진흥지역 외의 농지를 소유하는 경우에는 자기의 농업경영에 이용하지 아니하면 농지를 소유할 수 없다.

키워드 농지의 소유

해 설 주말·체험영농을 하려고 농업진흥지역 외의 농지를 소유하는 경우에는 자기의 농업경영에 이용하지 아니할지라도 농지를 소유할 수 있다.

02 中

농지법령상 농지를 자기의 농업경영에 이용하지 아니할지라도 농지를 소유할 수 있는 경우에 해당하지 않는 것은?

① 「한국농어촌공사 및 농지관리기금법」에 따라 한국농어촌공사가 농지를 취득하여 소유하는 경우

② 농지전용협의를 마친 농지를 소유하는 경우

③ 토지수용으로 농지를 취득하여 소유하는 경우

④ 5년 이상 농업경영을 하던 사람이 이농한 후에도 이농 당시 소유하고 있던 농지를 계속 소유하는 경우

⑤ 상속으로 농지를 취득하여 소유하는 경우

키워드 경자유전의 예외규정

해 설 8년 이상 농업경영을 하던 사람은 이농한 후에도 이농 당시 소유하고 있던 농지를 계속 소유할 수 있다.

이론플러스 **경자유전의 예외규정**

다음의 어느 하나에 해당하는 경우에는 농지를 소유할 수 있다. 단, 소유농지는 농업경영에 이용되도록 하여야 한다(다음 2. 및 3.은 제외).

1. 국가나 지방자치단체가 농지를 소유하는 경우
2. 「초·중등교육법」 및 「고등교육법」에 따른 학교, 농림수산식품부령으로 정하는 공공단체·농업연구기관·농업생산자단체 또는 종묘나 그 밖의 농업 기자재 생산자가 그 목적사업을 수행하기 위하여 필요한 시험지·연구지·실습지·종묘생산지 또는 과수 인공수분용 꽃가루 생산지로 쓰기 위하여 농림수산식품부령으로 정하는 바에 따라 농지를 취득하여 소유하는 경우
3. 주말·체험영농을 하려고 농업진흥지역 외의 농지를 소유하는 경우
4. 상속(상속인에게 한 유증을 포함)으로 농지를 취득하여 소유하는 경우
5. 8년 이상 농업경영을 하던 사람이 이농한 후에도 이농 당시 소유하고 있던 농지를 계속 소유하는 경우
6. 담보농지를 취득하여 소유하는 경우(자산유동화에 관한 법률에 따른 유동화전문회사 등이 저당권자로부터 농지를 취득하는 경우를 포함)
7. 농지전용허가를 받거나 농지전용신고를 한 자가 그 농지를 소유하는 경우
8. 농지전용협의를 마친 농지를 소유하는 경우
9. 「한국농어촌공사 및 농지관리기금법」에 따른 농지의 개발사업지구에 있는 농지로서 대통령령으로 정하는 1,500m^2 미만의 농지나 「농어촌정비법」에 따른 농지를 취득하여 소유하는 경우
10. 농업진흥지역 밖의 농지 중 최상단부부터 최하단부까지의 평균경사율이 15% 이상인 농지로서 대통령령으로 정하는 농지를 소유하는 경우
11. 다음의 어느 하나에 해당하는 경우
    - 「한국농어촌공사 및 농지관리기금법」에 따라 한국농어촌공사가 농지를 취득하여 소유하는 경우
    - 「농어촌정비법」에 따라 농지를 취득하여 소유하는 경우
    - 「공유수면 관리 및 매립에 관한 법률」에 따라 매립농지를 취득하여 소유하는 경우
    - 토지수용으로 농지를 취득하여 소유하는 경우
    - 농림축산식품부장관과 협의를 마치고 「공익사업을 위한 토지 등의 취득 및 보상에 관한 법률」에 따라 농지를 취득하여 소유하는 경우
    - 「공공토지의 비축에 관한 법률」에 해당하는 토지 중 공공토지비축심의위원회가 비축이 필요하다고 인정하는 토지로서 「국토의 계획 및 이용에 관한 법률」에 따른 계획관리지역과 자연녹지지역 안의 농지를 한국토지주택공사가 취득하여 소유하는 경우. 이 경우 그 취득한 농지를 전용하기 전까지는 한국농어촌공사에 지체 없이 위탁하여 임대하거나 무상사용하게 하여야 한다.

정답 01 ⑤ 02 ④

03 中

농지법령상 농지의 소유 상한에 관한 설명으로 틀린 것은?

① 상속으로 농지를 취득하여 소유하는 경우에는 자기의 농업경영에 이용하지 아니할지라도 농지를 소유할 수 있다.

② 상속으로 농지를 취득한 사람으로서 농업경영을 하지 아니하는 사람은 그 상속 농지 중에서 총 1만m^2까지만 소유할 수 있다.

③ 8년 이상 농업경영을 한 후 이농한 사람은 이농 당시 소유 농지 중에서 총 2만m^2까지만 소유할 수 있다.

④ 주말·체험영농을 하려는 사람은 총 1,000m^2 미만의 농지를 소유할 수 있다. 이 경우 면적 계산은 그 세대원 전부가 소유하는 총 면적으로 한다.

⑤ 상속으로 농지를 취득한 사람으로서 농업경영을 하지 아니하는 사람이 소유 상한을 초과하여 소유하고 있는 농지를 한국농어촌공사에 위탁하여 임대하거나 무상사용하게 하는 경우에는 임대하거나 무상사용하게 하는 기간 동안 소유 상한을 초과하는 농지를 계속 소유할 수 있다.

키워드 농지의 소유 상한

해 설 8년 이상 농업경영을 한 후 이농한 사람은 이농 당시 소유 농지 중에서 총 1만m^2까지만 소유할 수 있다.

이론플러스 **농지의 소유 상한**

1. 상속농지 : 상속으로 농지를 취득한 사람으로서 농업경영을 하지 아니하는 사람은 그 상속 농지 중에서 총 1만m^2까지만 소유할 수 있다.
2. 이농농지 : 8년 이상 농업경영을 한 후 이농한 사람은 이농 당시 소유 농지 중에서 총 1만m^2까지만 소유할 수 있다.
3. 주말·체험영농농지 : 주말·체험영농을 하려는 사람은 총 1,000m^2 미만의 농지를 소유할 수 있다. 이 경우 면적 계산은 그 세대원 전부가 소유하는 총 면적으로 한다.

04 中 **농지법령상 농지취득자격증명에 관한 설명으로 틀린 것은?**

① 농지취득자격증명을 발급받으려는 자는 농업경영계획서 또는 주말·체험영농계획서를 작성하고 농림축산식품부령으로 정하는 서류를 첨부하여 농지 소재지를 관할하는 시장·구청장·읍장 또는 면장에게 발급을 신청하여야 한다.

② 학교, 공공단체·농업연구기관·농업생산자단체가 그 목적사업을 수행하기 위하여 필요한 시험지·연구지·실습지로 쓰기 위하여 농지를 취득하여 소유하는 경우에는 농지취득자격증명을 발급받지 아니하고 농지를 취득할 수 있다.

③ 농업법인의 합병으로 농지를 취득하는 경우에는 농지취득자격증명을 발급받지 아니하고 농지를 취득할 수 있다.

④ 시효의 완성으로 농지를 취득하는 경우에는 농지취득자격증명을 발급받지 아니하고 농지를 취득할 수 있다.

⑤ 취득대상 농지에서 농업경영을 하는 데에 필요한 노동력 및 농업 기계·장비·시설의 확보 방안은 농업경영계획서에 포함되어야 한다.

키워드 농지취득자격증명

해설 학교, 공공단체·농업연구기관·농업생산자단체가 그 목적사업을 수행하기 위하여 필요한 시험지·연구지·실습지로 쓰기 위하여 농지를 취득하여 소유하는 경우에는 농지취득자격증명을 발급받아야 한다.

정답 03 ③ 04 ②

05 농지법령상 농지취득자격증명을 받아야 하는 경우로 옳은 것은?

中

① 주말·체험영농을 하려고 농업진흥지역 외의 농지를 소유하는 경우
② 국가나 지방자치단체가 농지를 소유하는 경우
③ 상속으로 농지를 취득하여 소유하는 경우
④ 한국농어촌공사가 농지를 취득하여 소유하는 경우
⑤ 공유농지의 분할로 농지를 취득하여 소유하는 경우

키워드 농지취득자격증명

해 설 주말·체험영농을 하려고 농업진흥지역 외의 농지를 소유하는 경우에는 농지취득자격증명을 발급받아야 한다.

이론플러스 **농지취득자격증명 발급대상의 예외**

1. 국가나 지방자치단체가 농지를 소유하는 경우
2. 상속[상속인에게 한 유증(遺贈)을 포함]으로 농지를 취득하여 소유하는 경우
3. 담보농지를 취득하여 소유하는 경우
4. 농지전용협의를 마친 농지를 소유하는 경우
5. 다음의 어느 하나에 해당하는 경우
   - 「한국농어촌공사 및 농지관리기금법」에 따라 한국농어촌공사가 농지를 취득하여 소유하는 경우
   - 「농어촌정비법」에 따라 농지를 취득하여 소유하는 경우
   - 「공유수면 관리 및 매립에 관한 법률」에 따라 매립농지를 취득하여 소유하는 경우
   - 토지수용으로 농지를 취득하여 소유하는 경우
   - 농림축산식품부장관과 협의를 마치고 「공익사업을 위한 토지 등의 취득 및 보상에 관한 법률」에 따라 농지를 취득하여 소유하는 경우
6. 농업법인의 합병으로 농지를 취득하는 경우
7. 공유농지의 분할이나 그 밖에 대통령령으로 정하는 원인으로 농지를 취득하는 경우

06 中 **농지법령상 농업경영계획서를 작성하지 아니하고 농지취득자격증명의 발급을 신청할 수 있는 사유에 해당하는 것은?**

① 농업법인의 합병으로 농지를 취득하는 경우
② 농지전용협의를 마친 농지를 소유하는 경우
③ 농지전용허가를 받거나 농지전용신고를 한 자가 그 농지를 소유하는 경우
④ 담보농지를 취득하여 소유하는 경우
⑤ 시효의 완성으로 농지를 취득하는 경우

키워드 농지취득자격증명

해 설 농지전용허가를 받거나 농지전용신고를 한 자가 그 농지를 소유하는 경우에는 농업경영계획서를 작성하지 아니하고 그 농지취득자격증명의 발급을 신청할 수 있다.

이론플러스 **농업경영계획서 작성의 면제**

다음의 경우에는 농업경영계획서를 작성하지 아니하고 농지취득자격증명의 발급을 신청할 수 있다.

1. 「초·중등교육법」 및 「고등교육법」에 따른 학교, 농림수산식품부령으로 정하는 공공단체·농업연구기관·농업생산자단체 또는 종묘나 그 밖의 농업 기자재 생산자가 그 목적사업을 수행하기 위하여 필요한 시험지·연구지·실습지·종묘생산지 또는 과수 인공수분용 꽃가루 생산지로 쓰기 위하여 농림수산식품부령으로 정하는 바에 따라 농지를 취득하여 소유하는 경우
2. 농지전용허가를 받거나 농지전용신고를 한 자가 농지를 소유하는 경우
3. 「한국농어촌공사 및 농지관리기금법」에 따른 농지의 개발사업지구에 있는 농지로서 대통령령으로 정하는 1,500m^2 미만의 농지나 「농어촌정비법」에 따른 농지를 취득하여 소유하는 경우
4. 농업진흥지역 밖의 농지 중 최상단부부터 최하단부까지의 평균경사율이 15% 이상인 농지로서 대통령령으로 정하는 농지를 소유하는 경우
5. 「공공토지의 비축에 관한 법률」에 해당하는 토지 중 공공토지비축심의위원회가 비축이 필요하다고 인정하는 토지로서 「국토의 계획 및 이용에 관한 법률」에 따른 계획관리지역과 자연녹지지역 안의 농지를 한국토지주택공사가 취득하여 소유하는 경우

정답 05 ① 06 ③

07 中 농지법령상 주말·체험영농을 하려고 농지를 소유하는 경우에 관한 설명으로 틀린 것은?

• 26회

① 농업인이 아닌 개인도 농지를 소유할 수 있다.

② 세대원 전부가 소유한 면적을 합하여 총 1,000m^2 미만의 농지를 소유할 수 있다.

③ 농지를 취득하려면 농지취득자격증명을 발급받아야 한다.

④ 소유 농지를 농수산물 유통·가공시설의 부지로 전용하려면 농지전용신고를 하여야 한다.

⑤ 농지를 취득한 자가 징집으로 인하여 그 농지를 주말·체험영농에 이용하지 못하게 되면 1년 이내에 그 농지를 처분하여야 한다.

키워드 주말·체험영농

해 설 농지를 취득한 자가 징집으로 인하여 그 농지를 주말·체험영농에 이용하지 못하게 되면 농지의 처분의무가 면제된다.

08 中 농지법령상 농지의 처분의무에 관한 설명으로 틀린 것은?

① 소유 농지를 정당한 사유 없이 자기의 농업경영에 이용하지 아니하게 되었다고 시장·군수 또는 구청장이 인정한 경우에는 농지의 소유자는 해당 농지를 1년 이내에 처분하여야 한다.

② 시장·군수 또는 구청장은 처분의무기간에 처분대상 농지를 처분하지 아니한 농지소유자에게 6개월 이내에 그 농지를 처분할 것을 명할 수 있다.

③ 시장·군수 또는 구청장은 처분의무기간에 처분대상 농지를 처분하지 아니한 농지소유자가 해당 농지를 자기의 농업경영에 이용하는 경우에는 처분의무기간이 지난 날부터 3년간 처분명령을 직권으로 유예할 수 있다.

④ 농지소유자는 처분명령을 받으면 시장·군수 또는 구청장에게 그 농지의 매수를 청구할 수 있다.

⑤ 시장·군수 또는 구청장은 처분명령을 받은 후 정당한 사유 없이 지정기간까지 그 처분명령을 이행하지 아니한 자에게 감정가격 또는 개별 공시지가 중 더 높은 가액의 100분의 25에 해당하는 이행강제금을 부과한다.

키워드 농지의 처분의무

해설 농지소유자는 처분명령을 받으면 「한국농어촌공사 및 농지관리기금법」에 따른 한국농어촌공사에 그 농지의 매수를 청구할 수 있다.

09 농지법령상 농업경영에 이용하지 아니하는 농지의 처분의무에 관한 설명으로 옳은 것은?

中

• 25회

① 농지소유자가 선거에 따른 공직취임으로 휴경하는 경우에는 소유 농지를 자기의 농업경영에 이용하지 아니하더라도 농지처분의무가 면제된다.

② 농지 소유 상한을 초과하여 농지를 소유한 것이 판명된 경우에는 소유 농지 전부를 처분하여야 한다.

③ 농지처분의무기간은 처분사유가 발생한 날부터 6개월이다.

④ 농지전용신고를 하고 그 농지를 취득한 자가 질병으로 인하여 취득한 날부터 2년이 초과하도록 그 목적사업에 착수하지 아니한 경우에는 농지처분의무가 면제된다.

⑤ 농지소유자가 시장·군수 또는 구청장으로부터 농지처분명령을 받은 경우 한국토지주택공사에 그 농지의 매수를 청구할 수 있다.

키워드 농지의 처분의무

해설 ② 농지 소유 상한을 초과하여 농지를 소유한 것이 판명된 경우에는 소유 상한을 초과하는 면적에 해당하는 농지를 그 사유가 발생한 날 당시 세대를 같이하는 세대원이 아닌 자에게 처분하여야 한다.

③ 농지처분의무기간은 처분사유가 발생한 날부터 1년이다.

④ 농지전용신고를 하고 그 농지를 취득한 자가 질병으로 인하여 취득한 날부터 2년 이내에 그 목적사업에 착수하지 아니한 경우에는 해당 농지를 그 사유가 발생한 날 당시 세대를 같이하는 세대원이 아닌 자에게 처분하여야 한다.

⑤ 농지소유자는 시장·군수 또는 구청장으로부터 농지처분명령을 받으면 한국농어촌공사에 그 농지의 매수를 청구할 수 있다.

정답 07 ⑤ 08 ④ 09 ①

10 中

농지법령상 농지의 처분명령 및 매수청구에 관한 설명으로 옳지 않은 것은?

① 시장·군수 또는 구청장은 처분의무기간에 처분대상 농지를 처분하지 아니한 농지소유자에게 6개월 이내에 그 농지를 처분할 것을 명할 수 있다.

② 농지소유자는 처분명령을 받으면 「한국농어촌공사 및 농지관리기금법」에 따른 한국농어촌공사에 그 농지의 매수를 청구할 수 있다.

③ 한국농어촌공사는 매수청구를 받으면 「부동산 가격공시에 관한 법률」에 따른 감정가격을 기준으로 해당 농지를 매수할 수 있다.

④ 시장·군수 또는 구청장은 처분의무기간에 처분대상 농지를 처분하지 아니한 농지소유자가 한국농어촌공사와 해당 농지의 매도위탁계약을 체결한 경우에는 처분의무기간이 지난 날부터 3년간 처분명령을 직권으로 유예할 수 있다.

⑤ 한국농어촌공사가 농지를 매수하는 데에 필요한 자금은 「한국농어촌공사 및 농지관리기금법」에 따른 농지관리기금에서 융자한다.

키워드 농지의 처분의무

해 설 한국농어촌공사는 매수청구를 받으면 「부동산 가격공시에 관한 법률」에 따른 공시지가를 기준으로 해당 농지를 매수할 수 있다.

11 中

농지법령상 소유 농지를 농업경영에 이용하지 아니하는 농지의 처분에 관한 규정으로 틀린 것은?

① 시장·군수 또는 구청장의 처분의무의 통지

② 시장·군수 또는 구청장의 3년간 처분명령의 유예

③ 한국농어촌공사에 매수청구

④ 시장·군수 또는 구청장의 이행강제금의 부과

⑤ 시장·군수 또는 구청장의 행정대집행

키워드 농지의 처분

해 설 행정대집행은 소유 농지를 농업경영에 이용하지 아니하는 농지 등의 처분에 관한 규정과는 관련이 없는 내용이다.

12 농지법령상 소유 농지를 위탁경영할 수 있는 사유에 해당하지 않는 것은?

上

① 「병역법」에 따라 징집 또는 소집된 경우
② 3개월 이상 국외 여행 중인 경우
③ 농업법인이 청산 중인 경우
④ 부상으로 3월 이상의 치료가 필요한 경우
⑤ 주말·체험영농을 하려고 농지를 소유하는 경우

키워드 농지의 위탁경영

해설 주말·체험영농을 하려고 농지를 소유하는 경우에는 위탁하여 경영할 수 없다.

이론플러스 **농지를 위탁경영할 수 있는 사유**

1. 「병역법」에 따라 징집 또는 소집된 경우
2. 3개월 이상 국외 여행 중인 경우
3. 농업법인이 청산 중인 경우
4. 질병, 취학, 선거에 따른 공직 취임, 부상으로 3월 이상의 치료가 필요한 경우, 교도소·구치소 또는 보호감호시설에 수용 중인 경우, 임신 중이거나 분만 후 6개월 미만인 경우로 자경할 수 없는 경우
5. 농지이용증진사업 시행계획에 따라 위탁경영하는 경우
6. 농업인이 자기 노동력이 부족하여 농작업의 일부를 위탁하는 경우

13 농지법령상 농지소유자가 소유 농지를 위탁경영할 수 없는 경우는? •29회

上

① 「병역법」에 따라 현역으로 징집된 경우
② 6개월간 미국을 여행 중인 경우
③ 선거에 따른 지방의회의원 취임으로 자경할 수 없는 경우
④ 농업법인이 청산 중인 경우
⑤ 교통사고로 2개월간 치료가 필요한 경우

키워드 농지의 위탁경영

해설 교통사고로(부상으로) 3개월 이상 치료가 필요한 경우에 위탁경영할 수 있다.

정답 10 ③ 11 ⑤ 12 ⑤ 13 ⑤

CHAPTER

03 농지의 이용

더 많은 기출문제를 풀고 싶다면?
단원별 기출문제집
[부동산공법] pp.336~341

5개년 출제빈도 분석표

28회	29회	30회	31회	32회
1			1	1

빈출 키워드

☑ 농지의 임대차

대표기출 연습

농지법령상 농지의 임대차에 관한 설명으로 틀린 것은? (단, 농업경영을 하려는 자에게 임대하는 경우를 전제로 함) • 31회

① 60세 이상 농업인은 자신이 거주하는 시·군에 있는 소유 농지 중에서 자기의 농업경영에 이용한 기간이 5년이 넘은 농지를 임대할 수 있다.

② 농지를 임차한 임차인이 그 농지를 정당한 사유 없이 농업경영에 사용하지 아니할 때에는 시장·군수·구청장은 임대차의 종료를 명할 수 있다.

③ 임대차계약은 그 등기가 없는 경우에도 임차인이 농지소재지를 관할하는 시·구·읍·면의 장의 확인을 받고, 해당 농지를 인도받은 경우에는 그 다음 날부터 제3자에 대하여 효력이 생긴다.

④ 농지의 임차인이 농작물의 재배시설로서 비닐하우스를 설치한 농지의 임대차기간은 10년 이상으로 하여야 한다.

⑤ 농지임대차조정위원회에서 작성한 조정안을 임대차계약 당사자가 수락한 때에는 이를 당사자간에 체결된 계약의 내용으로 본다.

키워드 농지의 임대차 31회

교수님 TIP 농지의 임대차기간을 정확하게 암기하여야 합니다.

해설 농지의 임차인이 농작물의 재배시설로서 비닐하우스를 설치한 농지의 임대차기간은 5년 이상으로 하여야 한다.

정답 ④

01 中

농지법령상 유휴농지에 대한 대리경작자의 지정에 관한 설명으로 옳은 것은? • 32회

① 지력의 증진이나 토양의 개량·보전을 위하여 필요한 기간 동안 휴경하는 농지에 대하여도 대리경작자를 지정할 수 있다.

② 대리경작자 지정은 유휴농지를 경작하려는 농업인 또는 농업법인의 신청이 있을 때에만 할 수 있고, 직권으로는 할 수 없다.

③ 대리경작자가 경작을 게을리하는 경우에는 대리경작 기간이 끝나기 전이라도 대리경작자 지정을 해지할 수 있다.

④ 대리경작 기간은 3년이고, 이와 다른 기간을 따로 정할 수 없다.

⑤ 농지 소유권자를 대신할 대리경작자만 지정할 수 있고, 농지 임차권자를 대신할 대리경작자를 지정할 수는 없다.

키워드 대리경작자의 지정

해설 ① 지력의 증진이나 토양의 개량·보전을 위하여 필요한 기간 동안 휴경하는 농지에 대하여 대리경작자를 지정할 수 없다.
② 대리경작자 지정은 시장·군수 또는 구청장이 직권으로 지정하거나 유휴농지를 경작하려는 농업인 또는 농업법인의 신청을 받아 지정할 수 있다.
④ 대리경작 기간은 3년으로 하되, 그 기간을 따로 정할 수 있다.
⑤ 농지 소유권자나 임차권자를 대신하여 대리경작자를 지정할 수 있다.

02 中

농지법령상 대리경작자의 지정에 관한 설명으로 틀린 것은?

① 시장·군수 또는 구청장은 유휴농지에 대하여 대리경작자를 지정할 수 있다.

② 시장·군수 또는 구청장은 대리경작자를 지정하려면 농림축산식품부령으로 정하는 바에 따라 그 농지의 소유권자 또는 임차권자에게 예고하여야 한다.

③ 대리경작기간은 따로 정하지 아니하면 1년으로 한다.

④ 대리경작자는 수확량의 100분의 10을 해당 농지의 소유권 또는 임차권을 가진 자에게 토지사용료로 지급하여야 한다.

⑤ 대리경작자는 대리경작농지에서 경작한 농작물의 수확일부터 2월 이내에 토지사용료를 해당 농지의 소유권 또는 임차권을 가진 자에게 지급하여야 한다.

키워드 대리경작자의 지정

해설 대리경작기간은 따로 정하지 아니하면 3년으로 한다.

정답 01 ③ 02 ③

03 中 **농지법령상 농지의 임대차 등에 관한 설명으로 틀린 것은?** (단, 농업경영을 하려는 자에게 임대하는 경우를 전제로 함)

① 임대 농지의 양수인은 「농지법」에 따른 임대인의 지위를 승계한 것으로 본다.
② 임대차계약과 사용대차계약은 서면계약을 원칙으로 한다.
③ 임대차계약은 그 등기가 없는 경우에도 임차인이 농지소재지를 관할하는 시·구·읍·면의 장의 확인을 받고, 해당 농지를 인도받은 경우에는 그 다음 날부터 제3자에 대하여 효력이 생긴다.
④ 「농지법」에 위반된 약정으로서 임차인에게 불리한 것은 그 효력이 없다.
⑤ 「국유재산법」과 「공유재산 및 물품 관리법」에 따른 국유재산과 공유재산인 농지에 대하여도 서면계약과 임대인의 지위승계에 관한 규정을 적용하여야 한다.

키워드 농지의 임대차

해설 「국유재산법」과 「공유재산 및 물품 관리법」에 따른 국유재산과 공유재산인 농지에 대하여는 서면계약·임대차기간·묵시적 갱신 및 임대인의 지위승계의 규정을 적용하지 아니한다.

04 中 **농지법령상 농지의 임대차가 가능한 경우가 아닌 것은?**

① 8년 이상 농업경영을 하던 사람이 이농하는 경우, 이농 당시 소유하고 있던 농지를 임대하는 경우
② 질병·징집·취학·선거에 따른 공직취임 등 부득이한 사유로 인하여 일시적으로 농업경영에 종사하지 아니하게 된 자가 소유하고 있는 농지를 임대하는 경우
③ 부상으로 3개월 이상의 치료가 필요한 경우
④ 60세 이상인 사람으로서 대통령령으로 정하는 사람이 소유하고 있는 농지 중에서 자기의 농업경영에 이용한 기간이 4년이 넘은 농지를 임대하는 경우
⑤ 자기의 농업경영을 위하여 소유하고 있는 농지를 주말·체험영농을 하고자 하는 자에게 임대하는 것을 업으로 하는 자에게 임대하는 경우

키워드 농지의 임대차

해설 60세 이상인 사람으로서 대통령령으로 정하는 사람이 소유하고 있는 농지 중에서 자기의 농업경영에 이용한 기간이 5년이 넘은 농지를 임대하거나 무상사용하게 하는 경우에 임대하거나 무상사용하게 할 수 있다.

05 上 **농지법령상 국·공유재산이 아닌 A농지와 국유재산인 B농지를 농업경영을 하려는 자에게 임대차하는 경우에 관한 설명으로 옳은 것은?** • 27회 수정

① A농지의 임대차계약은 등기가 있어야만 제3자에게 효력이 생긴다.

② 임대인이 취학을 이유로 A농지를 임대하는 경우 임대차기간은 3년 또는 5년 이상으로 하여야 한다.

③ 임대인이 질병을 이유로 A농지를 임대하였다가 같은 이유로 임대차계약을 갱신하는 경우 임대차기간은 3년 또는 5년 이상으로 하여야 한다.

④ A농지의 임차인이 그 농지를 정당한 사유 없이 농업경영에 사용하지 아니할 경우 농지 소재지 읍·면장은 임대차의 종료를 명할 수 있다.

⑤ B농지의 임대차기간은 3년 또는 5년 미만으로 할 수 있다.

키워드 농지의 임대차

해설 ① A농지의 임대차계약은 그 등기가 없는 경우에도 임차인이 농지 소재지를 관할하는 시·구·읍·면의 장의 확인을 받고, 해당 농지를 인도(引渡)받은 경우에는 그 다음 날부터 제3자에 대하여 효력이 생긴다.

② 임대인이 취학을 이유로 A농지를 임대하는 경우 임대차기간을 3년 또는 5년 미만으로 정할 수 있다.

③ 임대인이 질병을 이유로 A농지를 임대하였다가 갱신하는 경우에도 임대차기간을 3년 또는 5년 미만으로 정할 수 있다.

④ A농지의 임차인이 그 농지를 정당한 사유 없이 농업경영에 사용하지 아니할 때에는 시장·군수·구청장이 임대차의 종료를 명할 수 있다.

정답 03 ⑤ 04 ④ 05 ⑤

CHAPTER

04 농지의 보전

더 많은 기출문제를 풀고 싶다면?
단원별 기출문제집
[부동산공법] pp.342~348

5개년 출제빈도 분석표

28회	29회	30회	31회	32회
	1		1	

빈출 키워드

☑ 농지의 전용

대표기출 연습

농지법령상 농지의 전용에 관한 설명으로 옳은 것은? • 29회

① 과수원인 토지를 재해로 인한 농작물의 피해를 방지하기 위한 방풍림 부지로 사용하는 것은 농지의 전용에 해당하지 않는다.

② 전용허가를 받은 농지의 위치를 동일 필지 안에서 변경하는 경우에는 농지전용신고를 하여야 한다.

③ 산지전용허가를 받지 아니하고 불법으로 개간한 농지라도 이를 다시 산림으로 복구하려면 농지전용허가를 받아야 한다.

④ 농지를 농업인 주택의 부지로 전용하려는 경우에는 농림축산식품부장관에게 농지전용신고를 하여야 한다.

⑤ 농지전용신고를 하고 농지를 전용하는 경우에는 농지를 전·답·과수원 외의 지목으로 변경하지 못한다.

키워드 농지의 전용 29회

교수님 TIP **농지의 전용에 대한 정확한 내용을 숙지하여야 합니다.**

해설 ② 전용허가를 받은 농지의 위치를 동일 필지 안에서 변경하는 경우에는 농지전용허가를 받아야 한다.

③ 산지전용허가를 받지 아니하고 불법으로 개간한 농지를 다시 산림으로 복구하려는 경우에는 농지전용허가를 받지 않아도 된다.

④ 농지를 농업인 주택의 부지로 전용하려는 경우에는 시장·군수·구청장에게 농지전용신고를 하여야 한다.

⑤ 농지전용신고를 하고 농지를 전용하는 경우에는 농지를 전·답·과수원 외의 지목으로 변경할 수 있다.

정답 ①

01 中

농지법령상 농업진흥지역의 지정에 관한 설명으로 옳은 것은?

① 농림축산식품부장관은 농지를 효율적으로 이용하고 보전하기 위하여 농업진흥지역을 지정한다.

② 농업진흥지역 지정은 「국토의 계획 및 이용에 관한 법률」에 따른 녹지지역·관리지역·농림지역 및 자연환경보전지역을 대상으로 한다. 다만, 광역시의 녹지지역은 제외한다.

③ 농업진흥지역은 농업진흥구역과 농업보호구역으로 구분하여 지정할 수 있다.

④ 농업진흥구역에서는 국방·군사시설을 설치하는 행위를 할 수 없다.

⑤ 농림축산식품부장관은 생산관리지역이 농업진흥지역에 포함될 경우에는 농업진흥지역의 지정을 승인하기 전에 국토교통부장관과 협의하여야 한다.

키워드 농업진흥지역

해 설 ① 시·도지사는 농지를 효율적으로 이용하고 보전하기 위하여 농업진흥지역을 지정한다.
② 농업진흥지역 지정은 「국토의 계획 및 이용에 관한 법률」에 따른 녹지지역·관리지역·농림지역 및 자연환경보전지역을 대상으로 한다. 다만, 특별시의 녹지지역은 제외한다.
④ 농업진흥구역에서는 국방·군사시설을 설치하는 행위를 할 수 있다.
⑤ 농림축산식품부장관은 녹지지역 또는 계획관리지역이 농업진흥지역에 포함될 경우에는 농업진흥지역의 지정을 승인하기 전에 국토교통부장관과 협의하여야 한다.

정답 01 ③

02 농지법령상 농업진흥지역에 관한 설명으로 틀린 것은?

中

① 시·도지사는 시·도 농업·농촌 및 식품산업정책심의회의 심의를 거쳐 국토교통부장관의 승인을 받아 농업진흥지역을 지정한다.

② 농업보호구역은 농업진흥구역의 용수원 확보, 수질 보전 등 농업 환경을 보호하기 위하여 필요한 지역에 지정할 수 있다.

③ 농업진흥구역에서는 어린이놀이터, 마을회관 등 농업인의 공동생활에 필요한 편의 시설을 설치할 수 있다.

④ 농업보호구역에서는 매장 문화재의 발굴행위를 할 수 있다.

⑤ 육종연구를 위한 농수산업에 관한 시험·연구시설로서 그 부지의 총면적이 3,000m² 미만인 시설은 농업진흥구역 내에 설치할 수 있다.

키워드 농업진흥지역

해 설 시·도지사는 시·도 농업·농촌 및 식품산업정책심의회의 심의를 거쳐 농림축산식품부장관의 승인을 받아 농업진흥지역을 지정한다.

03 中 **농지법령상 농업진흥구역에 설치할 수 있는 시설이 아닌 것은?**

① 농업인 주택의 설치
② 국방·군사시설의 설치
③ 하천, 제방, 그 밖에 이에 준하는 국토 보존 시설의 설치
④ 관광농원사업으로 설치하는 시설로서 그 부지가 2만m^2 미만인 것
⑤ 문화재의 보수·복원·이전

키워드 농업진흥지역

해설 관광농원사업으로 설치하는 시설로서 그 부지가 2만m^2 미만인 것은 농업보호구역에 설치할 수 있는 시설에 해당한다.

이론플러스 **농업진흥구역에 설치할 수 있는 시설**

농업진흥구역에서는 다음의 토지이용행위를 할 수 있다.

1. 대통령령으로 정하는 농수산물의 가공·처리 시설 및 농수산업 관련 시험·연구 시설의 설치
2. 어린이놀이터, 마을회관, 그 밖에 대통령령으로 정하는 농업인의 공동생활에 필요한 편의 시설 및 이용 시설의 설치
3. 대통령령으로 정하는 농업인 주택, 어업인 주택, 농업용 시설, 축산업용 시설 또는 어업용 시설의 설치
4. 국방·군사 시설의 설치
5. 하천, 제방, 그 밖에 이에 준하는 국토 보존 시설의 설치
6. 문화재의 보수·복원·이전, 매장 문화재의 발굴, 비석이나 기념탑, 그 밖에 이와 비슷한 공작물의 설치
7. 도로, 철도, 그 밖에 대통령령으로 정하는 공공시설의 설치
8. 지하자원 개발을 위한 탐사 또는 지하광물 채광과 광석의 선별 및 적치를 위한 장소로 사용하는 행위
9. 농어촌 소득원 개발 등 농어촌 발전에 필요한 시설로서 대통령령으로 정하는 시설의 설치

정답 02 ① 03 ④

04 농지법령상 농업보호구역에 설치할 수 있는 시설이 아닌 것은?

上

① 단독주택으로서 그 부지가 1,000m² 미만인 것
② 안마시술소, 노래연습장으로서 그 부지가 1,000m² 미만인 것
③ 관광농원사업으로 설치하는 시설로서 그 부지가 20,000m² 미만인 것
④ 주말농원사업으로 설치하는 시설로서 그 부지가 3,000m² 미만인 것
⑤ 양수장, 정수장, 대피소, 공중화장실로서 그 부지가 3,000m² 미만인 것

키워드 농업보호구역

해 설 안마시술소, 노래연습장으로서 그 부지가 1,000m² 미만인 것은 설치할 수 없다.

이론플러스 **농업보호구역에 허용되는 토지이용행위**

농업보호구역에서는 다음의 토지이용행위를 할 수 있다.

1. 농업진흥구역에서 예외적으로 허용되는 행위
2. 농업인 소득 증대에 필요한 시설로서 다음의 건축물·공작물, 그 밖의 시설의 설치
   ㉠ 「농어촌정비법」 규정에 따른 관광농원사업으로 설치하는 시설로서 그 부지가 2만m² 미만인 것
   ㉡ 「농어촌정비법」 규정에 따른 주말농원사업으로 설치하는 시설로서 그 부지가 3,000m² 미만인 것
   ㉢ 태양에너지 발전설비로서 그 부지가 1만m² 미만인 것
3. 농업인의 생활 여건을 개선하기 위하여 필요한 시설로서 다음의 건축물·공작물, 그 밖의 시설의 설치
   ㉠ 다음의 시설로서 그 부지가 1,000m² 미만인 것
      ⓐ 단독주택
      ⓑ 제1종 근린생활시설
         - 식품·잡화·의류·완구·서적·건축자재·의약품·의료기기 등 일용품을 판매하는 소매점
         - 의원·치과의원·한의원·침술원·접골원, 조산원, 안마원, 산후조리원
         - 탁구장, 체육도장으로서 같은 건축물에 해당 용도로 쓰는 바닥면적의 합계가 500m² 미만인 것
         - 지역자치센터·파출소·지구대·소방서·우체국·방송국·보건소·공공도서관·건강보험공단 사무소
         - 마을회관·마을공동작업소·마을공동구판장 그 밖에 이와 비슷한 것
      ⓒ 제2종 근린생활시설(단, 일반음식점, 휴게음식점, 골프연습장, 단란주점, 안마시술소, 노래연습장, 다중생활시설은 제외)
         - 공연장으로서 같은 건축물에 해당 용도로 쓰는 바닥면적의 합계가 500m² 미만인 것
         - 종교집회장으로서 같은 건축물에 해당 용도로 쓰는 바닥면적의 합계가 500m² 미만인 것
         - 서점, 총포판매소, 사진관, 표구점, 독서실, 기원

• 청소년게임제공업소, 복합유통게임제공업소, 인터넷컴퓨터게임시설제공업소, 그 밖에 이와 비슷한 게임 관련 시설로서 같은 건축물에 해당 용도로 쓰는 바닥면적의 합계가 500m² 미만인 것
• 장의사, 동물병원, 동물미용실, 그 밖에 이와 유사한 것
• 학원, 교습소, 직원훈련소로서 같은 건물에 해당 용도로 쓰는 바닥면적의 합계가 500m² 미만인 것

㉡ 다음의 시설로서 그 부지가 3,000m² 미만인 것 : 제1종 근린생활시설 중 양수장·정수장·대피소·공중화장실, 그 밖에 이와 비슷한 것

05 中

농지법령상 농지의 전용 등에 관한 설명으로 옳은 것은?

① 농업진흥지역 밖의 농지를 마을회관 부지로 전용하려는 자는 농지전용허가를 받아야 한다.

② 농지전용허가를 받은 자가 조업의 정지명령을 위반한 경우에는 그 허가를 취소하여야 한다.

③ 농지의 타용도 일시사용허가를 받으려는 자는 농지보전부담금을 농지관리기금을 운용·관리하는 자에게 내야 한다.

④ 「산지관리법」에 따른 산지전용허가를 받지 아니하거나 산지전용신고를 하지 아니하고 불법으로 개간한 농지를 산림으로 복구하는 경우에는 농지전용허가의 대상이다.

⑤ 농림축산식품부장관은 농지전용허가를 받은 자가 거짓이나 그 밖의 부정한 방법으로 허가를 받은 것이 판명된 경우에는 그 허가를 취소하여야 한다.

키워드 농지의 전용

해설 ① 농업진흥지역 밖의 농지를 마을회관 부지로 전용하려는 자는 농지전용신고를 하여야 한다.
③ 농지의 타용도 일시사용허가를 받는 자는 농지보전부담금의 납입대상이 아니다.
④ 「산지관리법」에 따른 산지전용허가를 받지 아니하거나 산지전용신고를 하지 아니하고 불법으로 개간한 농지를 산림으로 복구하는 경우에는 농지전용허가의 대상이 아니다.
⑤ 농림축산식품부장관은 농지전용허가를 받은 자가 거짓이나 그 밖의 부정한 방법으로 허가를 받은 것이 판명된 경우에는 그 허가를 취소하거나 관계 공사의 중지, 조업의 정지, 사업규모의 축소 등 필요한 조치를 명할 수 있다.

PART 6

04 농지의 보전

정답 04 ② 05 ②

06 농지법령상 농지의 전용 등에 관한 설명으로 틀린 것은? • 23회 수정

中

① 「산지관리법」에 따른 산지전용허가를 받지 아니하고 불법으로 개간한 농지를 산림으로 복구하는 경우는 농지전용허가의 대상이 아니다.

② 다른 법률에 따라 농지전용허가가 의제되는 협의를 거쳐 농지를 전용하는 경우는 농지전용허가를 받지 않아도 된다.

③ 농지를 토목공사용 토석을 채굴하기 위하여 일시 사용하려는 사인(私人)은 5년 이내의 기간 동안 사용한 후 농지로 복구한다는 조건으로 시장, 군수 또는 자치구구청장의 허가를 받아야 한다.

④ 농림축산식품부장관은 농지전용허가를 하려는 때에는 농지보전부담금의 전부 또는 일부를 미리 납부하게 하여야 한다.

⑤ 농지전용허가를 받은 자가 관계 공사의 중지명령을 위반한 경우에는 허가를 취소할 수 있다.

키워드 농지의 전용

해 설 농지전용허가를 받은 자가 관계 공사의 중지명령을 위반한 경우에는 허가를 취소하여야 한다.

07 농지법령상 농지전용허가를 받은 자의 허가를 필수적으로 취소하여야 하는 경우로 옳은 것은?

下

① 거짓이나 그 밖의 부정한 방법으로 허가를 받거나 신고한 것이 판명된 경우

② 허가 목적이나 허가 조건을 위반하는 경우

③ 허가를 받거나 신고를 한 후 정당한 사유 없이 2년 이상 농지전용 목적사업에 착수하지 아니하거나 농지전용 목적사업에 착수한 후 1년 이상 공사를 중단한 경우

④ 허가를 받은 자가 관계 공사의 중지 등 조치명령을 위반한 경우

⑤ 농지보전부담금을 내지 아니한 경우

키워드 농지전용허가의 취소

해 설 허가를 받은 자가 관계 공사의 중지 등 조치명령을 위반한 경우에는 허가를 취소하여야 한다.

08 농지법령상 농지의 전용허가에 관한 설명으로 옳은 것은?

中

① 다른 법률에 따라 농지전용의 허가가 의제되는 협의를 거쳐 농지를 전용하려는 경우에도 농지전용허가를 받아야 한다.

② 「하천법」에 따라 하천관리청의 허가를 받고 농지의 형질을 변경하거나 공작물을 설치하기 위하여 농지를 전용하는 경우는 농지전용허가의 대상이 아니다.

③ 농지를 농수산 관련 연구 시설과 양어장·양식장 등 어업용 시설로 전용하려는 자는 농림축산식품부장관의 허가를 받아야 한다.

④ 지방자치단체의 장은 계획관리지역에 지구단위계획구역을 지정할 때에 해당 구역 예정지에 농지가 포함되어 있는 경우에는 농림축산식품부장관의 승인을 받아야 한다.

⑤ 농지를 농수산물 간이처리시설의 용도로 일시 사용하려는 자는 농지보전부담금을 농지관리기금을 운용·관리하는 자에게 내야 한다.

키워드 농지의 전용허가

해설 ① 다른 법률에 따라 농지전용의 허가가 의제되는 협의를 거친 농지를 전용하는 경우에는 농지전용허가를 받은 것으로 본다.
③ 농지를 농수산 관련 연구 시설과 양어장·양식장 등 어업용 시설로 전용하려는 자는 시장·군수 또는 구청장에게 신고하여야 한다.
④ 지방자치단체의 장은 계획관리지역에 지구단위계획구역을 지정할 때에 해당 구역 예정지에 농지가 포함되어 있는 경우에는 농림축산식품부장관과 미리 농지전용에 관한 협의를 하여야 한다.
⑤ 농지를 농수산물 간이처리시설의 용도로 일시 사용하려는 자는 농지보전부담금을 납부하지 않는다.

정답 06 ⑤ 07 ④ 08 ②

끝이 좋아야 시작이 빛난다.

– 마리아노 리베라(Mariano Rivera)

memo

memo

memo

2022 공인중개사 2차 출제예상문제집+필수기출 부동산공법

발 행 일	2022년 5월 16일 초판
편 저 자	김희상
펴 낸 이	권대호
펴 낸 곳	(주)에듀윌
등록번호	제25100-2002-000052호
주 소	08378 서울특별시 구로구 디지털로34길 55 코오롱싸이언스밸리 2차 3층

ISBN 979-11-360-1749-9
979-11-360-1737-6 (2차 세트)

www.eduwill.net
대표전화 1600-6700

여러분의 작은 소리
에듀윌은 크게 듣겠습니다.

본 교재에 대한 여러분의 목소리를 들려주세요.
공부하시면서 어려웠던 점, 궁금한 점,
칭찬하고 싶은 점, 개선할 점, 어떤 것이라도 좋습니다.

에듀윌은 여러분께서 나누어 주신 의견을
통해 끊임없이 발전하고 있습니다.

에듀윌 도서몰 book.eduwill.net
- 부가학습자료 및 정오표: 에듀윌 도서몰 → 도서자료실
- 교재 문의: 에듀윌 도서몰 → 문의하기 → 교재(내용, 출간) / 주문 및 배송

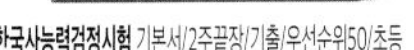
한국사능력검정시험 기본서/2주끝장/기출/우선순위50/초등

조리기능사 필기/실기

제과제빵기능사 필기/실기

SMAT 모듈A/B/C

ERP정보관리사 회계/인사/물류/생산(1, 2급)

전산세무회계 기초서/기본서/기출문제집

무역영어 1급 | 국제무역사 1급

KBS한국어능력시험 | ToKL

한국실용글쓰기

매경TEST 기본서/문제집/2주끝장

TESAT 기본서/문제집/기출문제집

운전면허 1종·2종

스포츠지도사 필기/실기구술 한권끝장

산업안전기사 | 산업안전산업기사

위험물산업기사 | 위험물기능사

토익 입문서 | 실전서 | 어휘서

컴퓨터활용능력 | 워드프로세서

정보처리기사

월간시사상식 | 일반상식

월간NCS | 매1N

NCS 통합 | 모듈형 | 피듈형

PSAT형 NCS 수문끝

PSAT 기출완성 | 6대 출제사 | 10개 영역 찐기출

한국철도공사 | 서울교통공사 | 부산교통공사

국민건강보험공단 | 한국전력공사

한수원 | 수자원 | 토지주택공사

행과연 | 휴노형 | 기업은행 | 인국공

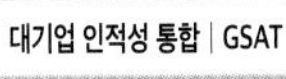
대기업 인적성 통합 | GSAT

LG | SKCT | CJ | L-TAB

ROTC·학사장교 | 부사관

※ YES24 수험서 자격증 주택관리사 베스트셀러 1위 (2010년 12월, 2011년 3월, 9월, 12월, 2012년 1월, 3월~12월, 2013년 1월~5월, 8월~11월, 2014년 2월~8월, 10월~12월, 2015년 1월~5월, 7월~12월, 2016년 1월~12월, 2017년 1월~12월, 2018년 1월~12월, 2019년 1월~12월, 2020년 1월~7월, 9월~12월, 2021년 1월~12월, 2022년 1월~5월 월별 베스트, 매월 1위 교재는 다름)

※ YES24 국내도서 해당분야 월별, 주별 베스트 기준